U0017282

王權劇場
中世紀法蘭西的慶典、儀式與權力

陳秀鳳 著

聯經出版公司
編輯委員會
王汎森（主任委員）
何寄澎、林載爵、楊儒賓
廖咸浩、錢永祥、蕭高彥

獻給
父親、母親和Li

「Sire... sur quoi régnez-vous ？」
「Sur tout,」répondit le roi, avec une grande simplicité.
——*Le Petit Prince*

「陛下⋯⋯統治什麼？」
國王莊重又單純地說：「統治一切。」
——《小王子》

自序

　　2020年到2021年是令人難忘的時光，或多或少、或深或淺，寰宇世界的人們，各自以不同的方式，遭逢相同的境遇。在這一股衝擊人類和文明的狂潮中，我意識到人類知識的有限，從而學會了在知識面前的謙卑、沉靜。在靜默中，我走入了法蘭西王權的亙古幽思，閱聽著熠熠生輝的王權史詩。這本有關法蘭西王權的吟唱，不僅僅只是身為作者的我，傳達歷史深處的王權回聲。我的角色，宛若中世紀宮廷文化的吟遊詩人，與我們的讀者交流，繼續傳唱這一闋神聖的王權樂章。

　　鮮活濃烈的王權意象，來自於帕德里克・德穆伊（Professeur Patrick Demouy）先生，以及讓一腓力・熱內（Professeur Jean-Philippe Genet）先生，他們對於我早年王權研究的啟迪，是非常巨大的。對他們的這份崇敬，在我的記憶中，永不褪色。法國羅浮宮的王權御寶首席專家——達妮耶・嘉寶麗—蕭邦夫人（Conservatrice Mme Danielle Gaborit-Chopin），曾帶著我，在王宮的迴廊中穿梭，親閱巴黎羅浮宮黎希留館（Pavillon Richelieu）御寶展覽區的王權物件。嘉寶麗—蕭邦夫人對於我在羅浮宮實習時光的面對面教導，以及她的溫柔微笑，讓我畢生難忘。在本書第五章，處處可以見到嘉寶麗—蕭邦夫人的專業身影，鐫刻在我心中的，是對她的永遠敬意和景仰。

　　在研究法蘭西王權的議題上，臺灣西洋史學界所有優秀的專家學者和朋友們，對我的協助、支持和鼓勵，使我的研究

路線更為清晰，減少許多迷惘的路途。我需要致謝的學者，不勝枚舉。這些優秀學者如黃進興院士、夏伯嘉院士、陳三井先生，以及楊肅献、林美香、李若庸、張谷銘、戴麗娟、陳正國、李尚仁、郭秀鈴、楊尹瑄、李鑑慧、劉巧楣、秦曼儀、汪采燁與陳仁姮等教授，對你們的感謝，一直保留在我心中。

　　這些年月，臺師大歷史系幾乎是第二個家──教學和研究的溫暖居所。很感謝葉高樹主任、陳登武院長、陳惠芬主任、吳翎君、楊彥彬、蔡淵洯、劉文彬、林欣宜、李宗翰、周東怡、王麒銘、呂春盛、陳昭揚、陳健文、石蘭梅、陳建元、盧省言、李峙皞、鄧世安、吳文星、林麗月、廖隆盛、邱添生等教授，以及文珠、美芳、詠芝、淑惠、桂春等同仁們，經常在教學和研究上，支持我、協助我，賦予我一個舒適愉悅的整體氛圍。我要特別感謝碩士研究生吳怡萱，本書所有的手繪圖片，皆出自她的精妙細緻手筆，以及碩士研究生安佳芸，周密細心製作的王朝世系表，她們為本書、為讀者，做出極大的貢獻。

　　衷心感謝聯經出版公司的發行人、編輯委員會、審查教授們，對於本書提供的良好建議與協助，成就了本書。在書中各處，都可以看見優秀專業的主編和出版團隊們，投入具有創意的編輯、細心的校對，以及精心的設計，讓本書在讀者眼中，是一場知性與美學的愉快體驗。

　　最後，我要感謝我的家人和Li，還有我的摯友陳惠芬教授，因為他們的愛、包容與陪伴，在本書的寫作過程中，所有的順時、逆時，都如此地甘甜流暢，讓我可以瀟灑地品味大自然的來來去去，一段精采的旅程。

目次

圖目次

圖表目次

地圖

第一章

緒　論

一、「成為國王」

　　基督教國王的祝聖典禮（Le sacre），[1]事實上是人類政治權力成功運作的一種嘗試。此儀式本身，具有非常強烈的神學意識，也寓含綿密細緻的象徵意義，給予王權的內涵與價值，一種更堅實靈活的論據基礎。

　　舊有的羅馬帝國政治、法律、社會等體制，在中世紀初期逐漸為人淡忘。政治上，法蘭克人對於最高權力的行使，最初具有濃厚的異教（pagan）色彩。當他們逐步由異教信仰走向基督教的過程中，梅洛溫國王們，仍堅持以克洛維的王室血統原則，作為王位傳承的主要依據，原先屬於日耳曼諸子平分的習俗，也依然留存。羅馬文化中，國家是屬於公眾事務的概念，已被王國屬於國王私有襲產的觀念取代。王國被視為是祖

1　國王祝聖典禮，在拉丁文《舊約聖經》中所使用的詞語為「基督」（Christus）和「塗油」（Unvit）。在古法語和現代法語，均以Le sacre或L'onction royale來表示。然而在英國的文獻與書籍中，除了拉丁文和法文的文獻，以英語來表示國王祝聖典禮的詞語為the Coronation。

先的家產遺業，國王的嫡子皆可承襲國土與頭銜。這種諸子平
分的日耳曼習俗，沿續到九世紀中葉。然而，在梅洛溫王朝轉
變為加洛林王朝的歷程中，一個新的創舉——宗教性的祝聖典
禮——被引入政權轉移之中，它改變了以血緣為主要依據的傳
統政權框架，從而賦予新政權一種更崇高與神聖的權力屬性。
這種革新的王權定義，超越慣例習俗、超越當時核心的政治觀
念，卻又依附在基督教普世價值的意識形態上，使得王權的
內在意義，具有不可碰觸的祕聖特質。「國王」，此頭銜的
意義，成為兼具聖職與俗世政權功能的複合體。這種「雙重
性」，正是法蘭西王權聖化的外在表徵。

　　西歐君主合法統治權限的劃分慣例，最初，是教會菁英從
基督教聖典中，汲取理論和概念建構而成。浸潤於中世紀西歐
的宗教氛圍，基督徒國王們銘記上帝的宣告：

　　　上帝對所羅門說：我已立你作我民的王。你既有這心
　　意，並不求資財、豐富、尊榮，也不求滅絕那恨你之人的
　　性命，又不求大壽數，只求智慧聰明好判斷我的民；我必
　　賜你智慧聰明，也必賜你資財、豐富、尊榮。在你以前的
　　列王都沒有這樣，在你以後也必沒有這樣的。[2]

　　此一智慧典範，是君主行使統治權之時，不可或缺的鑑
戒。然而，我們不禁想問：國王是如何形成，以及他的王權從
何而來？在此方面，歷史的閒談散論，夾雜並散落著人類政治

2　〈列王紀〉下，第一章十一至十二節。

社會有關權力轉移的多種潛在「形式」，提供我們一套「王位繼承的幾何學」。大多數情況，國王人選的確立，使用了親子法和世襲法；在某些情況中，也會採用選舉和遴選程序。國王的個人特質縱使有所差異，在意識形態和制度憲法的層面，以神聖的國王祝聖儀式作為王權的依據，也能有效地消解臣民對於國王個人特質的虛設爭論。因此，國王祝聖禮成為王權正當性依據的另一種選項。

　　法蘭西國王祝聖儀式的聖經淵源，昭然若揭。起初，用聖油塗抹在常人身上的儀式，僅是猶太教的一種宗教禮儀，意在使一位常人成為祭司，正如摩西首次將聖油倒在亞倫的頭上一樣；隨後，掃羅、大衛和所羅門接受膏油，做為統治人民的「印記」。古代以色列國王的膏油祝聖，不僅被認為是神聖恩典的標誌，而且也是權力合法性的憑證，這就是王家膏油的起源。《舊約聖經》有關權力聖化的意識形態，在中世紀的王家聖職儀式中被具體實踐。實際上，中世紀西歐基督教君主們，希望成為古以色列國王的承繼者。正是透過《舊約聖經》的塗油祝聖，此一膏油儀式，融入中世紀西歐的王家祝聖加冕典禮之中。

　　為了在法蘭西王權發展的脈絡中，呈現祝聖儀式的定位辯類，必須更深層解析國王祝聖典禮背後所透露的權力關係。在這個議題上，從儀式、物件與意識思維等面向，本書將細緻分梳國王祝聖加冕典禮，包含祝聖儀式的源起、禮節儀軌的進程，物質元素、權力集團的涉入為何？社會菁英和廣大民眾，對於這個「塑造國王」的慶典，如何觀看？如何接受？如何回應？藉由這些面向的擘肌分理，進一步解讀國王（統治者）與

人民（被統治者）的權力形構，以及國王、教會、權力集團和人民交纏疊合的社會關係。

二、王權——令人迷惑的議題

對於人類學和歷史學而言，「國王是神聖的」，這是不言而喻的真實。[3]君主權力的來源、君主權力的本質和君主統治權的正當性，都指向人類社會的關鍵問題——王權。國王祝聖加冕禮的研究，也是圍繞著王權質性而展開的。

在西方王權的發展歷程上，羅馬帝國時期的皇帝不僅統治所有人民，也統治帝國疆域，皇帝權力對人、事物和空間都施行占有。羅馬法的概念界定國家是公眾財產和公眾事物（*rex publica*），屬於公共領域的範疇。[4]對此，中世紀初期，聖奧古斯丁借用西塞羅（Cicero, c. 106-43 BCE）的觀點予以詮釋：「共和按字面翻譯，即是公眾的財產和事物，它涉及國家或政府的治理原則：『有效施行共和只能依據良善正義，由國王、貴族或者由全體人民來治理國家。然而，當國王行不義之事或成為暴君之時⋯⋯如此，不僅共和精神敗壞，共和的定義，亦將蕩然無存。』」[5]

3　Michelle Gilbert,"The Person of the King: Ritual and Power in a Ghanaian State," in *Rituals of Royalty: Power and Ceremonial in Traditional Societies*. Eds. David Cannadine, Simon Price（Cambridge: Cambridge University Press, 1987）, p. 298.引自Francis Oakley, *Kingship:The Politics of Enchantmant*, p. 1.

4　William Smith, A *Dictionary of Greek and Roman Antiquities*（London: John Murray, 1875）, p. 421.

5　Saint Augustin, *De Civitate Dei*. Ed. J. E. C. Welldon（London: David, 1924）,

西方教會人士對於皇權根源或王權行使的論述，由來已久。四世紀末，米蘭大主教聖安布羅修斯（Saint Ambrosius, c. 337-397）曾譴責世俗權威；他強調皇帝被包含在教會之內，而非凌駕於教會之上；皇帝是教會之子，必須服從教會的權威。[6] 五世紀末，教宗哲拉修烏斯一世（Pope Gelasius I, r. 492-496）致書皇帝阿納斯塔修斯（Anastasius Augustus, r. 491-518），在書信第二段開頭，他義正詞嚴地強調，上帝將神聖權力（*auctoritas sacrata*）和王家權力（*regalis potestas*）分別交由教會和國王，由於在最後審判中，神職者需向上帝交代，教士的職分因而更顯重要。[7] 在這封信函中，聖安布羅修斯淋漓盡致地表達，羅馬教會對於權力詮釋的基本原則。

加洛林時期的神職人士，恪守四至六世紀基督教神學家的訓示，他們重申「國王權力神聖起源」的論述，亦即國王的權力來自上帝，國王必須依據公義法則統治人民，並維護世俗的和平正義。神職人士引證伊西多爾（Isidore de Séville, c. 560 ?-636）對於國王權力的定義，指出國王（*rex*）一詞，源自「正

---

vol. I. c. 21.

6　Saint Ambrose of Milan, *Letters*, 21（Oxford, UK: James Parker, 1881）, pp. 138-142.

7　他認為，上帝將國王和祭司這兩種特殊的職權分開，並且在世界中將兩個權力分別由君主和教會各自掌理。上主經由此兩種權威來治理世界，但神職人員的責任更重，因為在最後審判的時刻，他們最終必須為了所有的人民（包括君主），向上帝交代與負責。Gelasius I, Epistolae XII, *Epistolae Romanorum Pontificum*, ed. Andreas Thiel, Vol. 1（Braunsberg: Eduard Peter, 1868）, *Letter of Gelasius nº 12*, pp. 349-358. http://www.web.pdx.edu/~ott/Gelasius/, Accessed June 01. 2020.

當行為」（*recte agere*）。換言之，國王必須按照基督信仰的美德，以公義正直來統治王國，國王為捍衛人民的利益而行使王權；反之，沒有正當行為的國王，即是暴君。[8]九世紀教會菁英和神學家，如奧爾良主教耶納斯（Jonas d'Orléans, c. 760-843）與漢斯大主教安克瑪（Hincmar archevêque de Reims, c. 806-882），雖然也承認政權與教權的功能劃分概念──國王處理世俗層面的事務、教宗與神職人員處理宗教與精神層面的事務──然而，他們也修正哲拉修烏斯一世的觀點，提出世俗權力既然來自於上帝，為了尊崇上帝，所有人民皆需服從世俗權威的統治。[9]不論是中世紀初期的教父與神學家，或中世紀下半葉的法學人士和王廷官員，對於王權本質與統治權正當性依據的辯證，從不中斷；尤其是與王權關係密切的國王祝聖加冕禮，更是權力屬性的論辯核心。然而，這些教會或世俗菁英論述國王祝聖禮的旨趣，並非以批判的視域，討論國王祝聖禮的內涵；相反地，他們以一種隱喻的方式，來彰顯王權統治的合法性。

　　對於王權相關之祝聖加冕典禮的批判性研究，直到十九世紀下半葉才真正出現。二十世紀90年代，由亞諾士・巴克（János M. Bak, c. 1929-2020）編著《加冕禮：中世紀和早期

8　Henri Xavier Arquilliere, *L'Augustinisme Politique: Essai sur la Formation des Théories Politiques au Moyen Âge*（Paris: J. Vrin, 1934），pp. 68-154.

9　這些教會菁英人士包含Smaragdus、Sedulius Scotus、Jonas d'Orléans、Hrabnus Maurus、Hincmar de Rheims、Cathulfus等神學家。引自Alexander James Carlyle, *A History of Medieval Political Theory in the West*, vol I（New York:Putnam, 1903），p. 214.

現代的君主儀式》一書，[10]對於國王祝聖禮的研究脈絡，做出
清晰且系統的分梳。在引言處，他提到，國王祝聖加冕禮的研
究傳統，肇始於格奧爾格‧魏茨（Georg Waitz, c. 1813-1886）
在1873年於《哥廷根學院學報》（*Proceedings of the Göttingen
Academy*），發表了有關國王祝聖禮之聖務指南（*Ordo/
ordines*）的評論版文本，開啟西方學界對於國王祝聖加冕禮
的歷史研究。[11]他也總結過去六十多年以來，研究加冕禮的幾
種主要方法。首先，從年代先後而論，馬克‧布洛赫（Marc
Bloch, c. 1886-1944）在《神蹟國王》（*Les Rois Thaumaturges*）
一書中，運用人種學和人類學的見解與方法，研究中世紀君
主制度，然而布洛赫並未更深一層研究這個議題。隨後，延
續魏茨等德國傳統的學者之中，出現了三種研究加冕禮的方
法或「學派」（schools），[12]但這三種主要的研究方法，未
被嚴格地區分。巴克稱這三個研究王權的主要學派──哥廷
根學派（Göttingen）、劍橋學派（Cambridge）和伯克萊學派
（Berkeley）。其一，以研究王權符號學的珀西‧恩斯特‧施
拉姆（Percy Ernst Schramm, c. 1894-1970），包括他的朋友和學
生。其二，以中世紀的政治和法律理論為研究主體的沃爾特‧
烏爾曼（Walter Ullmann, c. 1910-1983）。[13]其三，以研究政治神

---

10 János Mihaly Bak ed. *Coronations:Medieval and Early Modern Monarchic Ritual*
　　（Berkeley: University of California Press, 1990）.
11 János Mihaly Bak ed. *Coronations.*, p. 3.
12 János Mihaly Bak ed. *Coronations.*, p. 4.
13 Walter Ullmann, *The Growth of Papal Gouvernment in the Middle Ages, A Study
　　in the Ideological Relation of Clerical to Lay Power*（Londres: Methuen and

學的恩斯特・康特羅維茲（Ernst H. Kantorowicz, c. 1895-1963）
暨其學生拉夫爾・吉西（Ralph Giesey, c. 1923-2011）。[14]

　　哥廷根學派的施拉姆，基於對加冕禮的發展及其儀典書
的興趣，從中世紀國王的形象展開研究；在其研究中，對古典
傳統和中世紀疊加物之間錯綜複雜的關係，感到困惑。因此，
施拉姆認為拜占庭模型對於理解這些發展至關重要，於是轉而
關注日耳曼人和猶太人的文化根源。與此同時，施拉姆也意識
到，統治者的肖像與象徵物品緊密勾連，他認為這些物品的類
型和歷史，實與宗教儀式的行為相似。在宗教儀式中，某些象
徵物件被使用，對此現象，他從政治上、神學上、尤其是寓言
上，進行解釋。施拉姆在二十世紀30年代的「儀典書研究」
（Ordines-Studien），仍然是這領域的基礎參照。[15]

　　劍橋學派的沃爾特・烏爾曼，對聖職禮和皇家禮拜儀式的
關注，源於他對王權和教宗權、君權和領主關係的探究，這些
研究中世紀政治思想的趨勢，後來被稱為「升降主題」（the
ascending and descending themes）。儘管如此，巴克認為施拉姆
的研究貢獻，受到過度擴張和龐大目錄所累；而烏爾曼對於教
會方面的強調，以及他幾乎完全依賴書面的證據，顯示出他的
觀點似乎侷限於律法方面。此二者的研究，畸輕畸重，落入選
題與材料的窠臼，唯獨康特羅維茲（伯克萊學派）拓寬研究領
域，把前人未曾涉獵的禮拜儀式讚美詩（*Laudes*）含括進來，

Company, 1955）.

14　János Mihaly Bak ed. *Coronations.*, pp. 4-5.

15　János Mihaly Bak ed. *Coronations.*, p. 5.

進行最廣泛與全面的剖析；他對於中世紀王權觀念的總結，呈現在《國王雙體論》（*The King's Two Bodies*）一書中。[16]

　　馬克・布洛赫的《神蹟國王》一書，出版迄今近一個世紀之久，已引起學界對於心態史研究的關注。在完成此書後，布洛赫轉向經濟史和社會史領域，加上第一代、第二代年鑑史家對政治史研究缺乏興趣，因此，關於宗教禮儀、象徵符號和政治文化的研究，直到二十世紀80年代，才再度展開。喬治・杜比（Georges Duby, c. 1919-1996）對於中世紀法蘭西封建社會、三等級概念，進行深入的剖析；[17]雅克・勒戈夫（Jacques Le Goff, c. 1924-2014）對於中世紀西歐統治權的象徵意義，賦予極大的關注。中世紀的法蘭西社會階層，呈現高度不平等的性質。即使在基督教義中強調人的價值，不因其社會身分而有所區別，但社會階級化的情形，卻是不爭之實。低下階層被說服，並接受這種「上位—下位」身分位階的現象，點出了在這個時代中，有一個正當性論據支持這個觀點。基督教義反映出社會秩序的構成，出自神意的安排，除了這種宗教的觀點，世俗統治者採用象徵符號的方式，來彰顯政治權力的崇高地位，並通過某些儀式慶典，使臣民認同這個觀點。雅克・勒戈夫在〈附庸地位之象徵儀式〉一文中，[18]提出象徵符號與象徵概念，在具有強烈隸屬性、附庸性的中世紀社會，別具重要意義，這

16　János Mihaly Bak ed. *Coronations.*, pp. 5-6.

17　Georges Duby, *The Three Orders: Feudal Society Imagined*（Chicago: University of Chicago Press, 1981）.

18　Jacques Le Goff, "Le Rituel Symbolique de la Vassalité," *Un Autre Moyen Âge*（Paris: Gallimard, 1977）, Introduction, pp. 333-336.

對於理解社會中下層民眾附庸地位的概念，有了新的突破。

近二十年來，在討論政治權力象徵的議題時，「國王」成為研究儀式的美國學者極為關注的對象。在這些研究中，二十一世紀初，拉爾夫・吉西編著《十五至十七世紀法蘭西統治權》論文集，在當中一篇短文〈法蘭西王家儀式的統治權範式〉，強調國王加冕禮、王家喪禮、御臨法庭儀式（Lit de Justice）、巴黎進城儀式（Entry into Paris），以及太陽王（The Sun King）形象，是展示統治權的典範。[19]拉爾夫・吉西認為，儀式慶典足以反映一個社會特性。他從王家儀式的連續性和變化性，尤其是上述的五大法蘭西王家儀典，觀察西歐君主制正當性的形構。這些王家儀式代表著歐洲君主制的政權模式。他的研究觀點被視為是「國王雙體論」的具體實踐。

在這些儀式慶典中，君主形象不僅具有根源於人性的必死身體特性，也具有君主制不朽性之表徵與再現，它超越國王有形的、有缺陷的、有限的自然生命。從這些政治思想論述可以觀察到，中世紀下半葉法蘭西君主形象，強調國王兼具神聖性和世俗性兩種特徵。[20]吉西在早期現代法蘭西王家儀式的研究，對於往後的政治文化和儀式研究，帶來很大的便利性。從這些論點出發，開啟中世紀與早期現代關於皇家政治文化的對話平

19　Ralph E. Giesey, "Models of Rulership in French Royal Ceremonial," *Rulership in France, 15th -17th Centuries*（Aldershot: Ashgate, 2004）.

20　有關君主權力與儀式之間關係的研究，可參考吉西的研究。Ralph E. Giesey, *Cérémonial et Puissance Souveraine: France, XVe -XVIIe Siècles*（Paris: Armand Colin, 1987）. Ralph E. Giesey, *Le Roi Ne Meurt Jamais*（Paris: Flammarion, 1987）.

臺。

　　上述的研究成果，皆從廣義的王權儀式研究而論。從狹義的國王祝聖禮研究觀看，近一個多世紀的研究主題，主要涉及祝聖儀典書文本的年代確定，儀式進程的再現、重建，以及王權符號的分析等三方面，建立一個以文本和圖像為基礎的研究傳統。在研究的地域上，也涉及西歐的主要王國，如日耳曼（神聖羅馬帝國）、英格蘭、法蘭西的儀典書文本的研究典範。然而，誠如巴克所言，當代的史學家和未來史學研究者的任務，未必需要從根本上背離前輩學者的追尋方向。未經編輯的文本，依然存在；已出版的文本，也需要根據新發現和新問題，重新審視鑒察。重中之重，迄今仍然沒有加冕儀典書的完整評論版本，以及任何一個中世紀歐洲王國的祝聖禮相關文本。[21]

　　亞諾士‧巴克對於王權研究議題的呼籲和期待，也是本書的核心關懷和寫作的出發點。在學界既有的研究基礎上，本書取徑年鑑之長時段歷史研究的視角，將深入剖析法蘭西國王祝聖加冕禮與政治思想理論、政治文化之間的關係。對於法蘭西國王祝聖禮的發展脈絡，本書將提出一個整體性的觀念，暨系統與完整的論述擘析。

三、百合王權神聖光環的反思

　　百合花徽是法蘭西王室的象徵，在法蘭西舊體制時代，

21　János Mihaly Bak ed. *Coronations.*, p. 7.

舉行國王祝聖加冕禮的空間場域，不論宮殿、教堂、城門、街道、器物、服飾，乃至文士筆墨，皆充滿華彩灼然的百合花身影。金色百合花，是法蘭西王權的神聖標記；國王祝聖加冕禮，是法蘭西神聖王權的嶄新語言，也是本書觀看與探問的主要對象。

本書以環視的角度，將法蘭西國王祝聖加冕禮的探索，限制在與王權相關的儀式、物件和心態思維的互動與滲透。至於國王祝聖儀典書的考證，以及基督教各王國祝聖禮的比較，暫且擱置一旁。雖然，國王祝聖禮的研究傳統，關注祝聖儀典書的考證批判，從比較史觀點研究國王祝聖禮也深具意義，這些層面都是推演論述國王祝聖加冕禮，應當設想的部分。但凡事皆有一體兩面，在另一方面，涵括如此眾多的面向，可能損及法蘭西國王祝聖禮從內部視覺觀察的純粹性和細緻性，而本書亦將流於體積龐大壅塞之虞。因而，在王權和國王祝聖加冕禮的研究脈絡中，本書必須持守某種謙遜。

在本書中，我們不指望窮究某一儀典書文本的細辨深考，也無法針對基督教各王國的祝聖加冕禮儀，逐一省視，以達到一種支配中世紀西歐王權相關儀式的綜合性論述。因此，本書自覺地稍作偏離祝聖儀典書考證的研究傳統，改由社會文化、物質文化和心態史的致思路徑，從禮儀儀軌、物件、心態思維等層面，來閱看、聆聽王權的回聲。面對著法蘭西國王祝聖加冕禮，我們作為一個純粹的閱聽人，對於中世紀西歐的儀式慶典，不流於總是明悉所以、評斷一切之至高臨下的傲氣。正如前述的謙虛，本書試著以閱看、反覆聆聽儀式、物件、思維氣息的回音，使中世紀法蘭西國王祝聖加冕禮的存在，映入我們

的存在之中。換言之，由於國王祝聖加冕禮總是動態的，法蘭西王權意象在禮節儀軌的序列中流動，並對我們言說，給予我們的想像力，活動的空間；我們在聆聽中世紀儀式慶典之際，重新體驗君王儀式的激情脈動。在這層面上，我們是中世紀法蘭西國王祝聖加冕典禮框架外的同樂閱聽人；在聆聽閱看這些回聲之餘，我們自身彷彿也走入祝聖加冕禮的幽微意識深處，看見其更寬闊的意涵與神奇的魔力。

　　本書透過儀式、物件和心態思維，討論中世紀法蘭西國王祝聖禮與王權的互動關係。內文使用的史料性質，大多屬於原始檔案文獻，包括官方史料、微型彩繪、法蘭西國王敕令、中世紀的編年史、日誌與文人記事、地方的檔案史料，乃至十四至十七世紀法蘭西官方的財產清冊等；並輔以後人的著述，博物館的策展出版刊物等。在章節安排方面，除了第一章緒論和第九章結語，尚包含七個章節。

　　在第二章和第三章中，將中世紀法蘭西國王祝聖典禮的淵源、發展軌跡與旨趣，置於西歐政治與社會文化脈絡中討論。法蘭克國王取得政權，並不訴諸於任何明確形式的儀式或典禮，來證明王權正當性。換言之，最初階段的梅洛溫國王，並未仰賴或使用膏油祝聖來確認王權，國王僅需獲得法蘭克人民的認同，立即成為國王。克洛維建立梅洛溫王朝，其子嗣依靠血緣便可成為國王，並無尋求宗教儀式的確認。國王祝聖典禮的嚆矢，可推溯《舊約聖經》中以色列祭司膏立神選者成為國王。在中世紀西歐基督教社會中，加洛林首位君主矮子丕平（Pépin le Bref, r. 751-768）取代梅洛溫政權之際，採行國王祝聖禮。此一先例，開啟最高權力轉移的一種新範式。祝聖加冕禮

具有「賦魅」的特性，它確定新國王的身分與職權，並賦予國王一種神聖性不容侵犯的權威。一方面，隆重莊嚴的祝聖加冕典禮使參與者感受深刻，洋溢著強烈的人文意涵；另一方面，國王祝聖加冕禮的存續，也仰賴人民對王權崇拜的認同。這個儀式慶典，是一場關於人的社會經歷。

膏油賦予國王一種準祭司的性質，法蘭西的君主不僅是世俗權力的持有者，且被視為神聖的人物。直到十三世紀末，國王的世俗權力與教宗的屬靈權力之間的衝突加劇。菁英人士對於採用祝聖儀式為君主權力的合法性依據，提出嚴重的質疑；他們堅持「死者的遺產在死後立即歸屬繼承人」（ le mort saisit le vif）的法則，「出生」、「王室血統」才是成為國王的必要條件。這股新的法學概念引入，世襲繼承輔以長子繼承原則，祝聖儀式被剝離作為王權正當性的法制依據，法蘭西王國逐步進入了下一個新階段——王權國家（*Monachia*）。

第四章和第五章，著重在祝聖加冕禮相關之王權物件的探討。國王祝聖加冕典禮的完備，除了聖油膏抹，還包含屬於物質元素「王權御寶」（*Regalia*）的授予和展示。「王權御寶」一詞，來自英格蘭，泛指所有象徵王室權力的標誌和物件，如王冠、權杖、正義之手、劍、馬刺、戒指、扣環別針和王家服飾。在祝聖加冕典禮上，它們依循既定的序列，逐一地被引入，從而確立起一系列神聖凡俗互動滲透的意象。對觀者而言，這些王權標記，傳遞著王權本質與權力行使模式的重要資訊，它們是君主權力的一部分。在這兩章中，將全面討論王權象徵物件，包含禮拜儀式、法蘭西王權御寶的系譜，追溯這些王權物件的演變軌跡，以便建立法蘭西「王權御寶」的完整清

單，並進行分析探討。通過各種檔案和史料，以及現有的祝聖
物件或這些物件的殘存碎片，來說明「王權御寶」各物件的年
代和演變，及其在儀式中的作用與意義。然而，關於上述各物
件具體日期的討論，學者仍有論辯的空間。

　　本書最後三章，聚焦討論十二至十五世紀國王祝聖加冕
典禮，在政治、司法和心態思維的變化。第六章前半部，考察
九至十五世紀國王宣誓的發展軌跡，試著釐清國王祝聖禮在法
理和意識形態的轉變。中世紀上半葉，國王的政權行使被祝聖
禮的國王宣誓所框限，然而，經由這種公開的宣誓儀式，法蘭
西國王也獲得人民的效忠。國王宣誓融入祝聖加冕禮中，旨在
保證國王和人民的交互認同。它不僅反映教權和王權的纏繞互
動，也是法蘭西王權神聖性和絕對性的法制依據。第六章後半
部關注祝聖加冕禮的另一個重要構成，亦即「法蘭西貴族團」
在整個典禮的意義。「法蘭西貴族團」機制，可能出現在十二
世紀末。在最初階段，「法蘭西貴族團」中各位顯貴，都在
典禮中承擔某一職責，特別是在王冠加冕的階段。在這個儀式
上，12位法蘭西貴族共同扶持國王頭上的王冠，這一行為象徵
著臣民服從國王。「法蘭西貴族團」這一特殊的權力機制，在
法律、政治領域具有卓越的地位。隨著時間推移，法蘭西貴族
的人數擴增，並逐漸出現世俗化的趨勢。新、舊法蘭西貴族的
權限，在祝聖加冕禮中是否有所區別？隨後幾個世紀的祝聖典
禮中，他們的性質是否轉變？都是本章論述的重點。

　　在第七章、第八章中，我們將藉由十五世紀中葉之前，
菁英觀點與民眾輿論，檢視國王祝聖禮賦予統治權合法性的問
題。第七章旨在探討中世紀下半葉，神聖性王權趨向世俗化的

理論基礎與發展脈絡。十二世紀下半葉，西歐大學中的羅馬法復興。法學研究的興盛，造就一批捍衛王權的政論家和律師。這些知識菁英質疑祝聖儀式的法制價值，他們聲稱「出生」和「王室血統」，決定了王位世襲即時性的原則。至於宗教性的祝聖典禮，僅被視為授予國王神聖尊嚴的隆重慶典，祝聖儀典對王權確認毫無任何效力。這種新意識形態的孕育發生，是基於羅馬法所有權的概念，將最高權力牢牢地聯繫在統治者權力的自我構成，抗拒外界權力的支配。儘管中世紀下半葉法蘭西王國，出現諸多政治與社會的紛擾騷動，國王祝聖加冕典禮內含的法制與象徵意象，在法蘭西民眾的思維中扎根並發酵。由於「聖油瓶」傳說，法蘭西人民仍然相信，國王祝聖禮真正造就法蘭西國王。對法蘭西國王或民眾而言，上帝賜下恩典的「天上聖油」，才是國王御觸治病的淵始。在全體基督教世界中，只有法蘭西國王能夠在祝聖禮完成後，創造神蹟。由於這個傳說，法蘭西國王有別於其他基督教國王，成為「最基督徒的國王」（*Rex Christianissimus*）。雅克・克里寧（Jacques Krynen）在其《國王的帝國》一書中提到，「最基督徒的國王」一詞的使用，由來已久。從中世紀前半葉以來，這詞語是一種對個人的敬意，或純粹的禮敬行為。儘管矮子丕平和查理曼被極力推崇為「最基督徒的國王」，但是，這個詞語並非授予全部法蘭西國王系譜的一種頭銜。事實上，直到十四至十五世紀，法蘭西國王才永久獲得這個頭銜。[22]從查理五世開始，他

22　Jacques Krynen, *L'Empire du Roi, Idées et Croyances Politiques en France XIIIe-XVe Siècle*（Paris: Gallimard, 1993），pp. 345- 383.

把這種敬意變成了一種特權，一種永久的頭銜，這是卡佩王國具有永久性神聖尊貴的封號。在十五世紀，似乎無人不知「最基督徒的國王」的頭銜本身，就是法蘭西國王。

延續第七章的菁英意識的討論，我們進一步追問心智與統治之間的關係。中世紀下半葉法蘭西王權雖然高度發展，然而，「瘋狂失能」的法蘭西國王，是否能行使王權？國王「瘋狂失能」，引起法蘭西社會出現許多的臆測言論。針對查理六世瘋狂病因的猜測與治療方式，引發民眾和菁英不同的反應。國王無法親自視政，也引起法蘭西的政治危機，患有瘋狂病的查理六世能否行使王權，這問題涉及中世紀末關於君主政治功能的討論，以及「無能君主」理論的建構，這是本書第八章鑽探的議題。

整體而論，法蘭西國王祝聖歷史，與中世紀西歐的政治、基督教義和法律觀念，有著密切的聯繫。中世紀西歐的政權和教權，經由包括祝聖儀式在內的各種人類社會機制，充分表達君王的權力和威望。國王祝聖禮既是教會和君主之間的聯繫渠道，也是人民和國王之間情感強化的有力手段。更重要的是，它是法蘭西神聖性王權的核心。

四、「凡俗─神聖」相互過渡

浸潤在現代自由體制的人們，尤其是歐美、東亞、紐澳等地的人民，受到民主政治的洗禮，在思考人類政治制度時，無不歌頌古希臘雅典城邦經驗的偉大成就，認為這是人類文明璀璨的一頁。其耀眼的光芒足以震懾我們的心目，或多或少使人

遺忘，在人類歷史上，直到十八至十九世紀，世界上的各個角落曾經歷數千年的君主統治，王權制度是規範人民之政治生活的唯一圖景。[23]

　　在現今的《劍橋英語辭典》，君主政體（monarchy）指涉一個有國王或女王的政體，或者一個有這種政府體制的國家。[24]在《韋氏辭典》中，對於君主政體有三種定義，其一、由一個人擁有之不可分割的統治或絕對主權，例如由君主政體統治的沙烏地阿拉伯。其二、擁有君主政體的國家，如大不列顛暨北愛爾蘭聯合王國（英國）。其三、世襲國家元首的政府，擁有終身任期，其統治權，從名義上的權力到絕對權力或有差異，此種型態的世襲君主制延續數個世紀。[25]王權（kingship）的定義，根據《韋氏辭典》，指涉國王的地位、官職、尊嚴、屬性，或是國王的統治。[26]從上述的定義可以得知，君主政體是由一個人進行之不可分割的統治，單一的統治或主權，或者由擁有國王、女王、皇帝或女皇頭銜的君主進行統治，或與之等同的君主的統治。王權表示一個國王的官職和尊嚴，或是國王的統治。在一個實施君主政體的王國中，國王被定義為一個獨立國家的男性主權統治者，其地位要麼是純世襲的，要麼是在某

23　Francis Oakley, *Kingship:The Politics of Enchantmant*, p. 3.

24　*Cambridge Dictionary*, https://dictionary.cambridge.org/dictionary/english/monarchy, Accessed Octobre 05. 2020.

25　*Merriam-Webster Dictionary*, https://www.merriam-webster.com/dictionary/kingship, Accessed Octobre 05. 2020.

26　*Merriam-Webster Dictionary*, https://www.merriam-webster.com/dictionary/king, Accessed Octobre 05. 2020.

些法律條件下世襲的，或者，如果是選舉產生的，則被認為是占有與（純粹或部分）世襲統治者相同的屬性和等級。[27]

　　中世紀在西方政治思想史上，是一個相當特殊的時期。政治思想從標準規範偏向宗教性。在這一段時期，屬於自然類別的政治哲學，被超自然傾向推到神聖性的一邊。研究政治思想的沃爾特·烏爾曼，提出了「世俗─宗教─世俗」（secular-religious-secular）觀點。他認為在古典時代，本質上，生活是世俗的統一；在希臘城邦衰落之後，希臘人傾向將超自然引入政治。換句話說，基督教使純粹的政治思想成為不可能；基督教提出的教會與國家之特殊問題，引起極大的混亂，曾經使人們對國家的思想脫離其應有的政治軌道。[28]然而，王權卻源於一種古老的心態，這種屬於一元論的心態，認為人與神之間並沒有不可跨越的鴻溝；在自然世界和公民社會的循環節奏中，直覺地認識到神性是內在的，並以某種方式融入這個自然過程之中。王權的主要功能被視為基本的宗教功能，包括維護宇宙秩序和人類與自然世界的和諧統一。因此，古代的國王和後來在基督教世界中類似的國王，皆被視為具有祭司或神聖形象的人物。神聖王權的各種形式，以及它們所假定和所限定的一切，共同構成古代文化的原型模式。[29]

　　十八世紀以來，神聖性王權的理論與世俗性的現代政治思維，扞格不入。西歐社會自啟蒙以來，現代性侵蝕的力量，反

27　Francis Oakley, *Kingship:The Politics of Enchantmant*, p. 2.

28　Francis Oakley, *Kingship:The Politics of Enchantmant*, p. 6.

29　Francis Oakley, *Kingship:The Politics of Enchantmant*, p. 8.

映在對政治和宗教的公共生活作出新的區分。古代君主神聖性
的模式，遭到嘲諷與責難，現代性的世俗政治圖景，建構出政
治與宗教二分的共識。然而，從政治制度的古老性和普世性而
言，王權制度是人類文明中最普遍的形式。無論西方文藝復興
的人文學者，對古典城邦的共和理想高度迷戀；抑或啟蒙時代
的哲士，振聲疾呼政治與宗教的祛魅，王權統治在人類政治體
制中，注定扮演一個不凡的角色。

　　自西部羅馬帝國傾頹以來，中世紀初期日耳曼人建立的王
國，穿越中世紀而沿續發展至早期現代，王權的確立與發展，
皆是各王國君主關注之事。迨中世紀的文化基礎逐漸轉變，在
基督教倫理建構的社會秩序中，封建政治型態的法蘭西王國沒
有現代語彙的民族概念。十至十二世紀的法蘭西王國，社會上
明顯區分出孤立的教士、貴族與市民階級，至十五世紀，主權
（sovereignty）與「國族」（nation）兩大主軸，逐漸鮮明地開
展，呈現新時代的徵兆。中央的統轄權與司法權限擴及地方各
層級的現象，顯現出中世紀下半葉幾個世紀由封建政治轉變為
王權國家的趨勢。中世紀的法蘭西國王，雖非如絕對王權時期
的君主——國家的唯一代表；即使如此，他卻是王國的核心人
物。君主的權力，投射在一連串寓涵神聖性與世俗性的王家政
治儀式之中。

　　一般探討法蘭西君主權，都是從政治上某些新創機制，經
濟與社會上的財稅制度轉變，或是從英法百年戰爭期間戰術、
軍隊的進步，來探討法蘭西王權國家的確立。換言之，以官
僚體制中的財稅機制、司法機制甚至是國王具有立法權，作為
法蘭西朝向中央君主權發展的指標。政治機制和財稅制度的強

化，固然是中央君主權興起的表徵。然而，我們也不應忽視法蘭西國王透過特殊意涵的儀式慶典，致力於王權的宣傳，形塑出兼具神聖性、世俗性、人文性的王權型態，這是法蘭西王權有別於其他西歐基督教王國的特徵。

在中世紀法蘭西王權議題的研究上，我們可以觀察到從中世紀下半葉至早期現代，法蘭西國王在行使政權與治術的同時，也刻意強化君主權力和宣揚統治權的正當性。除了從政治制度和法律層面的改革，法蘭西君主是否也使用其他策略，來達成這些目的，尤其是他們如何讓人民感知王權的存在？在這個問題上，我們希望跳脫以往從制度或司法較為刻板形式，轉而從祝聖加冕儀式，以及從儀式相關的王權物件、心態思維、人物互動，來觀察法蘭西王權。

研究中世紀法蘭西王權與國王祝聖加冕禮的議題時，除了推理和論述的系統建構，更應該做到「在場／臨在」（presence）。換言之，即是在舉行國王祝聖加冕禮的那一刻，將個人置身儀典的面前。

若要理解法蘭西國王祝聖加冕禮的意義，觀察者必須待在儀典出現之際，對其展現的獨特意象，徹底認同；理解中世紀西歐人民的心態和氣息，如同理解中世紀西歐的儀式慶典一般。更重要的是，具有心理上的新穎性，不囿於人在現代社會長期形成的科學思維模式，將中世紀西歐文化與思維，視為與現代社會的斷裂。相反地，我們將新觀念納入對中世紀西歐儀式慶典的思考之餘，必須承認中世紀西歐社會的儀式慶典本身，有一個緊密相連的過去，可以讓人們去追尋、醞釀並完成的軌跡。

　　這種對中世紀西歐儀式慶典的時間觀，不全然屬於亞里斯多德的時間概念，將時間看作是「*此前和此後*」，事件被視為彼此分離的；沿著時間的第四維度延伸開來，即可按照彼此之間或前或後，來確定物體的位置。在這種觀點中，時間被視為許多彼此同一瞬間的無限接續，而每一個瞬間，都可以確定為「前於」或「後於」另一個瞬間。[30]這種抽象的時間形式，是一種現代的、均質的鐘點時間，實際上，只是一種事物表達法，正如米德（Georges Herbert Mead, c. 1863-1931）所稱的，時鐘、日曆的抽象時間，只不過是一種言說方式。[31]相反地，對於中世紀法蘭西國王祝聖加冕禮的思考，端看儀式和物體本身屬於何種情境，更類似於聖奧古斯丁的時間形式，即「*過去─現在─未來*」的關係。易言之，過去的事件在某些程度上還保留在現在，隨著又被帶向未來。過去並非單純地在此之前，而是融入現在，也體現了對於未來的某些期待。[32]

　　在本書中，我們將要討論國王祝聖加冕禮和沉睡在現代心靈深處的王權意象之間的關係。透過儀式、物件與人的互動撞擊，中世紀法蘭西的神聖性王權傳來回響。這些回響、回音，曾在西方古代、中世紀和早期現代的世界裡反射，並漸次地在現代消失。法蘭西國王祝聖加冕禮在彼時，具有新穎性和主動

30　Bryan S. Turner ed. *The Blackwell Companion to Social Theory*, 2nd edition（Oxford: Blackwell publisher, 2000）, p. 419.

31　Georges Herbert Mead, *The Philosophy of the Present*, ed. Arthur Murphy（La Salle, Illinois: Open Court, 1959）, p. 33. 引自Bryan S.Turner ed. *The Blackwell Companion to Social Theory*, p. 420.

32　Bryan S. Turner ed. *The Blackwell Companion to Social Theory*, p. 419.

性，是西歐中世紀特有的意識所創造的傑作，它反映中世紀人民的豐富想像力與獻身式的熱情，它是中世紀法蘭西人民真正經歷過的生存形式。作為閱聽人與觀察者的我們，要聆聽國王祝聖禮的回響，凝視它的形象，並在我們現代的思維中，與之共舞。

聲稱中世紀法蘭西國王祝聖加冕禮，存在於「過去—現在—未來」的交纏，是一個嚴肅的宣告。因果性的支配觀點，並不能充分解釋它的出現、它具有出人意表的特徵；更無法說服我們，它如何能在當時人們的思維中，激起認同。法蘭西國王祝聖禮，必須在西方基督教文化的大敘事中理解。它過去輝煌的尊貴淵源，將王權的神聖意象烙印在當時中世紀人民的心版，投射於永恆的和平秩序之中。此儀式慶典所映現之「過去—現在—未來」的交流性，是國王祝聖禮作為人類社會一個重要機制的最佳註腳。

時代錯置的危險始終存在，歷史詮釋的自戀，容易使我們的思想模式，強加在本質上與我們格格不入的古代思維之上。我們必須竭力避開任何流於個人化的詮釋企圖——雖然這並非易事——，而致力於捕捉儀式慶典所呈現的每一環節、每一細部的景觀，可見或不可見的元素，都應該納入考慮。首先，我們好奇的是，法蘭西國王祝聖加冕禮，何以能作為最高統治權之本質的濃縮依據？此一稍縱即逝的儀式慶典，何以能排除人的理性、常識的障礙，引起中世紀無數心靈的認同，並成為西方文化的寶貴襲產？

雖然本書議題的研究定位，歸屬於社會文化史的範疇；但為了回應這些提問，物質文化史、心態史和廣義政治史的跨學

科領域的研究，是可行且必要的。本書的研究視域，採環視的
視角。換句話說，閱聽人和觀察者，將自己投到儀式的內部中
心、圓心的位置，在中世紀法蘭西國王祝聖加冕禮的意識中，
考察這個儀式慶典的起源、發展與變遷，才能協助我們捕捉中
世紀法蘭西王權的輪廓與本質。我們也必須將國王祝聖禮與法
蘭西王權的主客二分關係，不斷地重新排置，來回顛倒，以呈
現這兩者之間彼此映射的關係。易言之，我們必須把握祝聖禮
之千變萬化的細節。以微觀的方式，使慶典的禮節儀軌、兼具
物質性與非物質性的物件，人的在場、人的思維、意識、集體
心態和氣息，展示在我們的眼目之中。讓中世紀法蘭西國王祝
聖禮成為自身的故事源泉、成為言說者，並為其內在的激情辯
護。

　　最高權力的行使，涉及國王與臣民的互動秩序，它必須被
編織到規模漸增的社會各階層構成的厚密網絡中。為了更精緻
地捕捉中世紀法蘭西王權的回音，在本書的以下章節，將透過
儀式、物件、心態和人，來闡明法蘭西國王祝聖禮與王權的關
聯性。在進入慶典的門檻前，請閱聽人、路過者稍稍地把現代
思維放在案上，修飾好心靈的服裝儀容，髮際別上想像力的髮
簪，愉快地走入充滿神聖性、世俗性和人文性之人的盛會。

第二章

揭開王權神聖性的封印

　　五至七世紀，日耳曼民族改信基督教的過程中，教會的神學家，經常以《聖經》的隱喻來詮釋俗世政權。政治上的權力，是人類原罪的直接後果，在〈創世紀〉中，關於王權的來源已現出端倪。就基督教義觀點而言，人的本質腐敗墮落，需要一個至高的機制來修正毫無節制的行為。政權便是在司法權與強制權的基礎，從人的原罪和上帝的意願中而產生的。中世紀歐洲政治思想的論辯核心，大多集中於國王，較不關注人民權利和政治體制。因此，一個國王具有好特質或是無能者，影響甚鉅。在當時的政治意識形態上，國王的政權來自上帝恩典（Gratia Dei），而政權的行使，須透過教會的媒介與建議而運作。政權的功能，更被視為服務上帝、造福人民的神聖工作，其最終目的仍是宗教性的——靈魂救贖。因此，從加洛林王朝的建立到十世紀，無論經由選舉或世襲產生的國王，都必須經過宗教性的祝聖禮，公開確定統治權的正當性。

　　中世紀上半葉以來的西歐社會結構，出現一種等級化的現象，其主要特徵在於國王與封臣附庸之間的交互承認，並切實履行法律與軍事的權利義務。在此政治結構上，逐漸形成封

建君主權的樣態。中世紀的基督教王國，至高統治權的政治思維，基本上植基於一個根深柢固的觀念——君主政權蘊含神聖與世俗的兼容並備。從八世紀以來的法蘭克王國，王權神聖性的理念被刻意強調。其主要根據「聖油瓶」的不朽傳說，賦予國王一種既是王權的、又是聖職權的雙重特性。這種模稜兩可的政權雙重性，根植於基督教的意識形態辨證。它的功能運作，肇始於羅馬教會和世俗政權緊密結援的關係，象徵了權力的兩大層面——教權和政權。

　　國王祝聖典禮，目的在尋求國王和上帝的相互連結；並試著藉由這個儀式，擴大國王政權雙重本質——既是王權也是聖職權——的可能性，其中的關鍵，在於膏油儀式。在西方文化中，膏油（unction）源自《舊約聖經》，具有分別為聖和淨化的意涵。根據〈出埃及記〉，在曠野期間，耶和華曉諭摩西要以上品的香料，包含沒藥、香肉桂、菖蒲、桂皮和橄欖油，調和製成聖膏油。最初用來膏抹會幕、法櫃和一切會幕物品，使之成為至聖。隨後，又命令膏立亞倫和他的兒子，使他們成聖，做祭司的職分。在《舊約聖經》文本中，亞倫成為首位大祭司被證實，這一點可視為膏油儀式的起源。[1]古以色列人在進入職權之前，不論是大祭司、聖職者或國王，皆須經過膏油儀式，正如最初的掃羅王（King Saul, r. 1050-1010 BCE）和大衛王（King David, r. 1010–970 BCE）。即使在以色列和猶大王國滅亡後，「彌賽亞」（Mashia'h）一詞，也具有受膏之意。在希伯來文的《聖經》中，彌賽亞是用聖油膏立的國王或大祭司，希

1　〈出埃及記〉，第三十章十七到三十節。

臘文中的「彌賽亞」，是猶太末世論中的受膏救世主。總之，在基督教文化背景中，膏油的功能，在於區分俗聖。大祭司的膏油意味著成聖與淨化，而國王的形象，即使通過明顯的類比而保留神聖光環，卻更傾向賦予權威、使權力合法化的行為。[2] 基於此，歐洲中世紀的基督教國王，極力仿效《舊約聖經》中的掃羅、大衛和所羅門（King Salomon, r. 970-931 BCE）的膏油聖事。這個現象，點出了基督教意識形態在西方歷史的延續性，同時也是西方文化的源泉。國王即位時的祝聖典禮，在中世紀初的幾個世紀中，逐漸演變、日臻完備。不論在政治上或思想上，藉著教會的龐大影響力，祝聖典禮成為一種備受尊崇的神聖制度。尤其在統治權正當性這個關鍵點上，別具司法的和宗教的效力。因此，我們可以探問，在中世紀法蘭西歷史的發展軌跡中，祝聖典禮究竟扮演何種角色，具有何特殊意義？為了回應此問題，必須從源頭加以剖析。

一、法蘭克國王祝聖典禮溯源

（一）　祝聖禮和《聖經》的塗油傳統

祝聖儀式雖然肇始於中世紀，實際上是西方人民長期經驗的結果。在中世紀的意識形態中，祝聖禮詮釋了人和上帝之間，一種奠基和象徵的聯繫，它賦予國王職權某種真實的存在

2　Marc B. de Launay, "L'onction," *Archives de Sciences Sociales des Religions*, Janvier-mars 2015, 60e Année, N° 169（Janvier-mars 2015）, p. 54.

性。換言之，從宗教與制度層面，即是對統治權力合法性的公開確認。

　　國王祝聖禮的緣起，毫無疑問源自《聖經》的先例，可以回溯古代以色列歷史時期，大祭司為國王塗油。這種將國王神聖化的膏油儀式，派生極其複雜的意涵，其中最關鍵者，在於緊密橋接宗教塗油的神聖觀念和轉移政權的政治概念。膏油聖禮賦予國王神聖特質，國王因此成為「神的基督」（*Christus Domini*）或「受上帝膏立者」（Oint du Seigneur），亦即上帝在世俗的代理人（Vicar du Seigneur）。事實上，中世紀基督教王國是《聖經》王國的延伸，中世紀法蘭西國王與以色列國王，存在一種類比關係。《舊約聖經》中的例證，為我們提供了關於國王神聖不可侵犯的敘事。在〈撒母耳記〉中，描繪了掃羅如何被塗油，而成為領袖：

> 撒母耳拿了一瓶油膏，倒在掃羅頭上，親吻他，說：上帝以油膏塗抹你，立你作他子民以色列的統治者；你將治理他的子民，救他們脫離所有的仇敵。以下就是上帝選立你作他子民之統治者的證據。[3]

3　有關於《聖經》的引言，在這一章採用中世紀的通俗版聖經*Biblia Sacra Vulgatae*《通俗版拉丁文聖經》和法文版的《聖經》，再翻譯為中文。*Biblia Sacra Vulgatae, Ier Livre Samuel,* 10, 1: « Tulit autem Samuel lenticulam olei et effudit super caput ejus et deosculatus est eum et ait: Ecce unxit te Dominus super hereditatem suam in principem et liberabis populum suum de manibus inimicorum ejus, qui in circuitu ejus sunt. Et hoc tibi signum, quia unxit te Deus in principem ». *Biblia Sacra Vulgatae*（Venetiis: ex typographia Remondiana, 1757）.

　　大衛和所羅門的祝聖膏油儀式與掃羅類似。在大衛的例子中，我們看到撒母耳拿出油膏，在眾兄長面前，膏抹大衛。上帝的靈立刻支配大衛，從那天起跟他同在；[4]以及「大衛對部下說：願上帝阻止我做出任何傷害我主人的事；他是上帝所選立的君王！我絕不可傷害他；因為他是王，是上帝所選立的。」[5]所羅門的情形，也相當類似。〈列王記〉所載：「撒督從安放約櫃的聖幕裡，帶來一個盛滿聖油的角來塗抹所羅門。於是他們吹號，人們都歡呼：所羅門王萬歲。」[6]這些關乎以色列國王膏油的記載，除了顯示早在中世紀之前，已經出現國王祝聖禮的雛形。以色列慣例的塗油儀式，是基督教膏油祝聖儀式的典範。這種膏油儀式在中世紀初期被引入西歐——西哥德王國和法蘭克王國。

　　上述所提《聖經》的先例，更引起我們對於「基督」（*Christus*）和「塗油」（*Unvit*）這些詞語的注意，「神的基督」（*Christus Domini*）和「受上帝膏立者」（Oint du Seigneur），代表了權力的正當性來源。這個觀念，不僅存在

4　*Biblia Sacra Vulgatae, Ier Livre Samuel*, 16, 13: "Tulit ergo Samuel cornu olei et unxit eum in medio fratrum ejus: et directus est Spiritus Domini a die iela in David et deinceps."

5　*Biblia Sacra Vulgatae, Ier Livre Samuel*, 24, 7: "*Dixitque ad viros suos: Propitius fit mihi Dominus, ne faciam hanc rem domino meo, Christo Domini, ut mittam manum meam in eum, quia Christus Domini est.*" *La Bible de Jérusalem, Ier, Samuel*, 24,7.

6　*Biblia Sacra Vulgatae, Ier Livre de Rois*, 1, 39: "Sumpsitque Sadoc sacerdos cornu olei de tabernaculo et unxit Salomonem: et cecinerunt buccina et dixit omnis populus: Vivat rex Salomon."

於古代以色列人民的信念中，隨著基督教在歐洲傳播和發展，在往後的世紀裡，逐漸根植於當代人民的思維中，並且在政治領域顯現出來。在詞源學上，「基督」一詞具有宣告的特質，它賦予了「神選者」一種如「救世主」（Messie）的特殊神聖使命。受過膏油儀式者，即是上帝的服務者，以上帝的形象，在世俗界行使權力。《舊約聖經》的記載，提供了此種神學概念的線索，例如撒母耳對他們說：「上帝向你們作見證，受膏油者今天也向你們作見證。」[7]又如在戰鬥中，大衛王並未殺害掃羅王，只是象徵性地割下掃羅王的外衣下襬一塊布。[8]這些例證，揭示一個受過膏油的國王，他受到神聖印記的保護，是何其深遠。而大衛得知掃羅王之死，說道：「你怎麼敢殺害上帝所膏立的王呢？那隨從就把那個亞瑪力人刺死。大衛對他說：『你罪有應得！你承認殺死上帝所膏立的王，無疑地替自己定了死罪。』」[9]從《舊約聖經》的敘事中，顯示膏油對於個人具有特殊功用，賦予受膏者一種人們無法觸及的神聖尊嚴和特質。

正如前述，《聖經》首次提到塗油，是摩西從耶和華領受了命令，要把聖油塗在亞倫和他兒子的頭上，使他們分別為聖，立為大祭司和祭司。[10]從燒瓶裡倒出來的聖油，塗在未來國王的頭上，賦予他的王權一個完全神聖的起源。正如上面引用的經文所載，撒母耳拿起一個油瓶，倒在掃羅的頭上，或是

7　*La Bible de Jérusalem*, version française, *Ier, Samuel*, 12, 5.

8　*Biblia Sacra Vulgatae*, *Ier Livre Samuel*, 24, 7.

9　*La Bible de Jérusalem*, version française, *II, Samuel*, 1,14-16.

10　Exode, 29, 7, et Exode, 30, 30.

圖1　大衛的膏油（The Anointment of David, c. 1555 from Paolo Veronese, c. 1528–1588, in Kunsthistorisches Museum, Wien）。
© Yelkrokoyade / Wikimedia Commons

撒母耳吩咐掃羅前去神之丘（Guibha de Dieu），在那裡遇見從丘壇下來的先知，說「你要變作新人」。[11]這種神聖性，在大衛接受塗油之後，也顯現出來（圖1）。因此，經過祝聖儀式，一個常人成為神選者，足以承擔神聖的使命。《舊約聖經》的膏油意義，在中世紀下半葉，皇帝康拉德二世（Conrad II, r. 1024-1039）的祝聖禮也呈現出來。梅茨大主教阿里波（Aribo, Archbishop of Mainz, r. 1021-1031）對康拉德皇帝說：「今天上帝的恩典，將你轉變為新人，讓你成為其神性的一部分。」[12]這些記載，都指向膏油儀式對於個別的人，具有超乎自然的意義，它賦予君王超越凡俗的核心特徵，以及神聖不為他人侵犯

11　*La Bible de Jérusalem*, version française, *Ier, Samuel*, 10, 6.
12　*Vita Chuonradi II*. Imp. capitulaire. III. - *De Consecratione Regis*, *MGH*., SS., t, II, 260.

的尊嚴。然而，我們必須留意的是，不論是掃羅或大衛的膏油儀式，與他們真正成為國王一事，並無直接的關連性。他們被尊為國王是較遲之後的事情，而且還經過另一個獨立於前次的儀式。如掃羅是在對亞捫人的勝利後，在上帝面前，莊嚴隆重地被立為國王；[13]而大衛也在掃羅王去世後，才登上聖地希伯倫，經由猶大人民的支持，大衛接受膏油儀式，被承認為猶大的國王。[14]

從《舊約聖經》以色列人的歷史觀看，膏油儀式作為權力的定位點，不僅奠基性地建構國王神命的尊嚴，同時也引入國王在其王國執行權力的法制確認。關於這一點，可以從猶大與以色列再度聯合時，大衛王以整個猶太民族的國王身分再度接受祝聖儀式，獲得印證。[15]祝聖儀式確認權力的正當性，被應用到王位繼承問題上，也從大衛王時代開始。為了使其子所羅門繼承王位，大衛仍然在世之時，決定立刻讓所羅門接受膏油祝聖的儀式。在當時，這是顛覆常規的舉動，然而及至後世，預立繼承人選卻成為政權移轉的模式。[16]

膏油的最初意義，是接受神聖使命的印記，但隨着西歐基督教義的發展，它標誌著國王正式即位。根據大衛的命令，獻祭者撒督和先知拿單為所羅門塗油，使他成為國王。[17]撒督按照

13　*La Bible de Jérusalem*, version française, *Ier, Samuel*, 11, 15.

14　*La Bible de Jérusalem, version française, II, Samuel*, 2, 4.

15　*La Bible de Jérusalem, version française, II, Samuel*, 5, 3.

16　基於現實的需要，為了加強政權轉移之穩定，這種提前確立王位繼承人的措施，在中世紀時代為加洛林與卡佩諸王所仿效。

17　*La Bible de Jérusalem, version française, Ier Livre de Rois*, 1, 39

大衛所吩咐的，把油膏抹在所羅門的頭上，如同亞倫父子成為祭司的膏抹。[18]國王被比作大祭司，但只有頭上膏油，而大祭司除了在頭上膏油，尚需在手上塗油。頭是精神的象徵，頭部膏油象徵擁有權柄和尊嚴。手是行事的象徵，手部膏油象徵祭司們擁有聖職服事的功能。

隨着所羅門的去世，以色列王國的繼承危機開始浮現。經過一段混亂時期，亞達莉雅（Athalie）見其子亞哈謝去世，就起來剿滅王室。當時約蘭王的女兒——亞哈謝之妹約示巴，將亞哈謝的兒子約阿施（Joas）從那被殺的王子中偷出來，並在耶和華的殿中，藏匿了六年，最後宣告為國王：「祭司耶何耶大領王子出來，給他戴上冠冕，將律法書交給他，膏他作王；眾人就拍掌說：國王萬歲！」[19]這個事例，標誌著在祝聖塗油儀式上，首次出現戴冠。

追問「基督」這個詞語，可以觀察到，它通常用來表述油膏或塗油（Unvit）的事件。諸如此類的事物，帶有濃厚的象徵意義：當世俗國王接受了膏油儀式，同時也接受了基督的神聖特質，因此在神學觀點上，被冠上「基督」之名。對世俗與神聖的表現性對應，凱撒利亞主教優西比（Eusèbe de Césarée, 265?-339）曾加以解釋：

> 由於宗教的象徵性，古以色列人不僅以基督之名，尊崇受過膏油禮的大祭司，也尊崇那些受上帝啟示的國王和

---

18 *La Bible de Jérusalem, version française, Exode,* 30, 23-30.

19 *La Bible de Jérusalem, version française, II, Rois,* 11, 12.

先知。他們接受膏油儀式，並表現如同上帝的形象。事
實上，他們身上帶有王權的形象，同時也具有統治眾人，
一種最崇高、唯一真實的基督和聖言（Verbe divin）之特
性。[20]

　　這種情形，出現在掃羅被立為王的時候，撒母耳對聚集
的百姓說：「我在這裡。在耶和華和他的基督面前，為我作見
證。」[21]撒母耳總結說：「你們在我手裡沒有找著什麼，有耶和
華和他的受膏者今日為證。他們說：願他為證。」[22]即使是大
衛，在戰爭時也不追擊掃羅，因為掃羅在他受膏之時，保留神
選者的神聖印記。以至於當掃羅被殺害的時候，殺他的人出現
在大衛面前，大衛說：「你為什麼膽敢出手，使永生的基督滅
亡呢？」[23]

　　受膏者獲得神性取決於膏油儀式，這種論述最初源自神學
觀點，最終落實在政治實踐的領域。與聖油的直接接觸，國王
就成為「受上帝恩典膏立的人」，或成為「基督」，接受上帝
授予的神聖職務。因此，在人身的國王與神性的基督之間，膏
油儀式成為當中的轉換樞紐。塗抹聖油的儀式，象徵了人、神
之間的聯合與一致。聖奧古斯丁（Saint Augustine of Hippo, c.
354-430）對此觀點，予以回應：「這位在合一中得救的祭司，

20　Eusèbe de Césarée, *Histoire Ecclésiastique*, trans. Emile Grappin（Paris: Picard,
　　1905），t. I, 35.
21　*La Bible de Jérusalem, version française, Ier, Samuel*, 12, 3.
22　*La Bible de Jérusalem, version française, Ier, Samuel*, 12, 5.
23　*La Bible de Jérusalem, version française, II, Samuel*, 1, 14.

是在基督身體的形象裡受膏油的。事實上，基督的名字來自於
聖油，也就是膏油儀式。」[24]藉著塗聖油儀式，古以色列國王是
世俗的上帝代表。聖奧古斯丁在《上帝之城》中，討論掃羅政
權的正當性時，也提到：「我們應當把這油膏當作極神祕的事
物。用此油膏，他（指掃羅王）接受祝聖儀式；憑藉油膏，賦
予他基督之名。」[25]在《上帝之城》另一章節，他更深入詮釋：

> 難道他是對我們的宗教，完全陌生的人嗎？從四面八
> 方發出的聲音，他能全然充耳不聞，以至於無視基督是由
> 於祝聖和膏油而得稱呼的？……以色列的諸王，被稱為基
> 督，實因他們在祝聖中被聖油膏抹，被稱為基督。即使是
> 大衛，也給掃羅起了基督這名稱；然而真正的基督，只有
> 一位，所有前述的這些基督，只是祂的形象。[26]

　　八世紀英格蘭編年史家貝德（Bède le Vénérable, c. 673?-
735）也帶有同樣的評論。他提到，「國王的膏油儀式，經由
它，使得國王在其人身之中，帶有基督的神聖特質。」[27]這種

24　*Cap. CIV*, 238, *Patrologiae Cursus Completus, Accurante, Series Latina,* 43,
　　col. 341: "sicut, inquit, ungitur unitas sicut uncti sunt sacerdotes," Augustin
　　répondit: "*Verum dicis. Nam illud sacerdotium in figura corporis Christi habebat
　　unctionem, quod unitatis compage fit salvum. Nam et ipse Christus a chrismate
　　appellatur, id est, ab unctione.*"

25　Saint Augustin, *La Cité de Dieu.* Trans. Émile Edmond Saisset（Paris:
　　Charpentier, 1855）, Liv. XVII, ch. VI. t.III, p. 307.

26　Saint Augustin, *La Cité de Dieu*, Liv. XVII, ch. 10 et 10. t. 3, p. 330.

27　Beda Venerabilis, *De Tabernaculo, De Templo, Quaestiones in Libros Regum,*

神學上的概念，成為中世紀歐洲君主政體意識形態的根基。經由這原初純屬宗教的儀式，轉化為新的「王權崇拜」（le culte royal）。路易・布雷伊業（Louis Bréhier, c.1868-1951）在《漢斯大教堂立面的雕塑和祝聖禮的禮拜禱詞》指出，

> 　　這些雕塑，讓人憶起神聖膏油儀式所伴隨的話語，也將法蘭西國王的權威，置於大衛和所羅門共享的神聖保護中。這一切絕非巧合。據此，他們將自身權力與《舊約聖經》國王的權力，橋接聯繫，提升統治權的正統性。[28]

　　經由上帝恩典（Grâce divine）的印記，古以色列諸王和法蘭克君主，以「受上帝膏抹者」，構成他們的政權正當性，並以此來治理人民。中世紀法蘭克社會，延續了《舊約聖經》政權意識的典範，統治權正當性所援用的神學依據，也建立在祝聖膏油的不變傳統之中，這一點符合教會宣揚上帝權威的核心理念。透過羅馬教會和各地方教會的轉譯與傳揚，這種王權聖化的意識形態浸入西歐政治的實踐領域，從而模塑君權神授的政治思維。

Lib. 2, cap. V et IX. St. Gallen, Stiftsbibliothek, Codex Sang, p. 266.

28　路易・布雷伊業，《漢斯大教堂立面的雕塑和祝聖禮的禮拜禱詞》：Louis Bréhier, *Les Sculptures de la Façade de la Cathédrale de Reims et les Prières Liturgiques du Sacre*（Paris: Laurens, 1920），p. 157.

（二）　克洛維的洗禮

追溯國王祝聖禮在法蘭西王國的起源，不難看出克洛維（Clovis, r. 481-511）受洗為基督徒一事，不僅對於法蘭西歷史的演變深具意義，甚至在歐洲中世紀王權歷史的發展中，也是劃時代事件。

起初，只有以色列祭司和國王才接受膏油，這是基督受膏的象徵。中世紀初期，除了多神異教信仰的法蘭克人和薩克森人，許多日耳曼王國接受非正統基督教的亞略主義（Arianism）。在此情境中，異教信仰的克洛維，在聖誕節皈依基督教，也誕生了法蘭克教會，克洛維成為當時第一位信奉正統基督教的日耳曼國王。在漢斯大教堂中，聖荷密主教為克洛維舉行洗禮。這個事實，不僅賦予漢斯教區的特權地位，也形塑法蘭西君主的傳奇意象。這一點，在後續九世紀中期的「聖油瓶」傳說中，顯現出來。

克洛維接受正統基督信仰一事，記載在兩份重要史料。一是克洛維同時代的〈聖亞維祝賀克洛維書信〉（La Lettre de Félicitations Adressée par l'Évêque Avit de Vienne au Roi Clovis），另一是稍後的《法蘭克人史》（*Historiae Francorum*）。根據這兩份文獻的記載，皆提到克洛維的洗禮，在基督聖誕之日舉行；至於確切的年分，出現不同的意見。學者大致認定是在498到508年之間的聖誕夜。根據胡煦（Michel Rouche）的研究，克洛維的受洗禮是499年12月25日。[29]他的解釋是，首先，克洛維

---

29 Michel Rouche, *Clovis, Histoire et Mémoire*（Paris: Presses de l'Université

必須清除政治上的障礙。其次，由於西羅馬的崩潰，人民對於時代的絕望心情。最後，一般人民確信世界末日來臨的恐懼，唯有經過受洗重生，而引導出一個新世紀的希望。因此，他認為五世紀之末最有可能。

　　克洛維受洗的一手史料，是同時代維恩主教聖亞維（Avitus of Vienne, c. 450-519?）的〈祝賀克洛維書信〉：

> 在今日，慶祝我主誕生之時，也是為了慶祝您（重生）；因為，您是從基督而生，在同一天，基督為了拯救世人而生。在這日子，您將靈魂託付上帝、將生命奉獻給人民；您的名字，將傳誦後世。[30]

　　另一份史料，是稍後時期都爾主教格列哥爾的《法蘭克人史》。在此書第2卷第31章的前半部，描述了克洛維舉行洗禮的教堂裝飾：

> 王后要求漢斯主教聖荷密私下祕密地接見克洛維，敦促

Paris-Sorbonne, 1996），pp. 272-277.根據帕德里克‧德穆伊的看法，他認為「聖誕節舉行洗禮是眾所周知，至於確切是哪一年，情況並不那麼樂觀。我們似乎有必要將這一事件，延長二至三年（約498、499年），儘管傳統的日期──集體記憶的日期，是496年。因此，法國在1996年舉行『克洛維洗禮』1500年的慶祝。」Patrick Demouy, *Reims, Ville d'Art et d'Histoire*, p. 18.

30 Chanoine Ulysse Chevalier ed. *Une Nouvelle Édition des Œuvres Complètes de Saint Avit, Évêque de Vienne. Notice sur Saint Avit*（Lyon: librairie générale catholique et classique, 1890），p. 75.

他向國王介紹救贖之道。於是主教暗暗地請他（克洛維）前來，勸他信那創造天地的真神……，所有的人都齊聲喊道：「哦，虔誠的國王，我們拒絕凡間之神，準備追隨荷密主教所宣揚的不朽上帝。」主教聽了，非常高興，吩咐眾人備好洗禮盆，廣場上覆蓋着織錦華蓋，教堂裡裝飾白色的窗簾，洗禮堂也收拾妥當；香爐芬芳馥郁，香薰蠟燭明亮地燃燒，洗禮堂瀰漫着神聖的芳菲：上帝賜給站立兩旁觀禮眾人，如此的恩典，以至於人們以為置身在天堂的芬芳之中。[31]

格列哥爾繼續描述克洛維受洗的情形：

國王是第一位要求主教洗禮的人，「新君士坦丁」來到洗禮池，終止了古代的痲瘋病，用清水滌淨長期以來的塵垢瑕玷。當他接受洗禮之時，上帝的聖徒開始說：「西杰伯（Sigamber），輕輕彎曲你的頸項，敬拜以前你燒毀的，而將你從前崇拜的偶像焚棄。」……於是，在三位一體中，國王承認全能的上帝，奉聖父、聖子和聖靈之名受洗，受神聖膏油塗抹，畫上基督十字的記號。他的軍士中，受洗者達三千多人……。[32]

31　Gregory Bishop of Tours, *History of the Franks*, Selections, Translated with Notes by Ernest Brehaut, Ph.D.（New York: Columbia University Press, 1916），book II, pp. 40-41.

32　Gregory Bishop of Tours, *History of the Franks*, book II, p. 41.

　　漢斯主教聖荷密以神聖油膏，使克洛維國王受洗為基督徒。從那時起，法蘭克王國成為基督信仰的中心，此舉對於國王政權的鞏固，以及法蘭克王國維護基督信仰的正統地位，具有絕對正面的意義。這一點，在〈聖亞維祝賀書信〉中，躍然紙上：「您的信仰就是我們的勝利。您在四方戰鬥，我們將勝利帶回。」[33] 同時，法蘭克王國和羅馬教會的緊密關係，也經由克洛維受洗一事，奠定下來。他是西方首位信仰基督教的日耳曼國王，自然而然地，成為教會和基督徒的保護者。

　　克洛維的受洗，不僅是一種宗教行為，也可視為政治行為。作為正統基督教君主的新地位，賦予克洛維傳播基督教的神聖義務。這一點，從聖亞維書信呈現出來：「我們期望克洛維派遣適當特使，向那些仍處於無知和邪惡信仰的王國，提供進步的信仰。」[34]克洛維皈依基督教，是教會和法蘭克人民聯盟的創始事件。正如帕德里克‧德穆伊（Patrick Demouy）所言：

　　　　國王的洗禮對於征服和勝利，提供活力……甚至是萊茵河中游，河濱法蘭克王國也歸附克洛維，從而建立一個法蘭克王國。克洛維的洗禮，顯然是法蘭克王國建立的重要事件，但這事件的意義遠超過建國。在此事件中，以教宗

33　Chanoine Ulysse Chevalier ed. *Une Nouvelle Édition des Œuvres Complètes de Saint Avit, Évêque de Vienne. Notice sur Saint Avit*, p. 75.

34　Chanoine Ulysse Chevalier ed. *Une Nouvelle Édition des Œuvres Complètes de Saint Avit, Évêque de Vienne. Notice sur Saint Avit*, p. 76. 引自Léon Levillain, "La Conversion et le Baptême de Clovis," *RHEF*（Paris: Société d'Histoire Religieuse de la France, t. XXI, 1935）, t. 21, p. 161.

為代表的羅馬遺產，與克洛維代表的新日耳曼力量，達成雙方的虔誠聯盟，標誌新社會的誕生。此一新社會，充滿著基督教印記的活力，中世紀誕生於漢斯大教堂的克洛維洗禮。[35]

基督教社會需要一位世俗保護者，對抗亞略異端信仰者的迫害，法蘭克國王因而贏得教會的支持，教會與法蘭克人的互動聯繫從不間斷。都爾主教格列哥爾稱呼克洛維是「新君士坦丁」，[36]寄望他成為捍衛基督信仰的君王。

對於此事，羅馬教會更加肯定法蘭克人是基督的子民。《撒利克法》被認為是克洛維晚年開始收錄編定的法規，其序言充分顯現這個特質：

> 深愛法蘭克人的基督，願祂保守他們的國！願祂恩典的光，充滿他們的國王，願祂保護他們的軍隊，願祂賜給他們信心的能量。經由上帝的憐憫，賜給他們和平的喜樂，賜給他們幸福的日子。因為這個王國，在承認信仰和接受洗禮之後，用黃金和寶石鑲嵌了殉道者的遺體。[37]

原屬異教的克洛維皈依基督教，是法蘭西王權發展的里程碑，它的影響力超越克洛維統治的法蘭克王國。在隨後幾個世

---

35 Patrick Demouy, *Reims, Ville d'Art et d'Histoire*, p. 18.

36 Gregory Bishop of Tours, *History of the Franks*, book II, p. 41.

37 *Lex Salica.* Ed. Richard Behrend（Weimar: H. Bôhlau's Nachfolger, 1897）, p. 70.

紀中，它持續影響歐洲的政治與文化。經由這一層關係，法蘭克國王在外交政策上，莫不結合羅馬教廷，鞏固他們在基督教世界各王國中的優勢地位。克洛維的洗禮，產生了第一個建立在西方羅馬帝國廢墟上的正統基督教日耳曼王國，法蘭克國王對基督信仰的堅持，確保了基督教在西方的勝利，這個事件使法蘭西成為教會的長女，法蘭西君主獲得「最基督徒國王」的顯赫尊稱。換言之，這個事件，緻密鏈接王座和祭壇（即王權和教權），賦予後續的法蘭西君主在西歐社會更大的能動性。

（三） 西班牙地區哥德人的膏油

　　克洛維皈依受洗，是引導法蘭克民族走向基督教的開始。但是，他並非首位接受祝聖儀式的基督徒國王。祝聖儀式發展成確認王權正當性的普遍通例，必須同時具備教理上和思想上的基礎。教理上的依據，必須仰賴當世的教會菁英——塞維爾主教聖伊西多爾，和托雷多宗教會議（Concile de Tolède）的高級教士，[38]他們致力於教規的詮釋，定義王權的本質和綱領。六世紀中葉，西哥德王國成為基督教信仰的另一中心。這些高級教士透過政治改革，構築了祝聖儀式和承繼統治權之間交互纏繞的動態關係。

　　由於教會的努力與教士的傳道，西方的日耳曼王國，在

---

38 François Guizot, *Histoire de la Civilisation en Europe depuis la Chute de l'Empire Romain jusqu'à la Révolution Française*（Paris: Pichon et Didier, 1882）, pp. 86-90：「在西班牙，教會本身試圖重新開始基督教文明，托雷多宗教會議取代了舊的日耳曼大會議。」

六、七世紀間，紛紛改宗正統的基督教。在高盧南部和西班牙的西哥德王國中，亞略異端的信仰遭逢基督教的積極傳播而逐漸衰退；最終，在六世紀末，西哥德人放棄亞略異端。587年國王瑞卡瑞德（Récarède, r. 587-601）即位，宣布改宗。他在托雷多宗教會議上，公開宣稱西哥德信仰羅馬教會的正統教義。同時，他也接受塞維爾大主教雷昂德爾（Léandre de Séville, c. 534-600）為他進行畫十字的膏油儀式，而非僅在頭上塗抹聖油。

西哥德國王原先所信仰的亞略異端，是屬於基督教中的一個支派。由於對教義的解釋不同，在325年尼西亞宗教公會議（First Council of Nicaea）時，已被判定為異端。即使如此，亞略異端信徒為數仍多。成為亞略異端（heresy）信徒，在入教前，也經由教士的膏油受洗儀式。因此，對於異端者重返羅馬教會，在當時需要提出信仰的聲明書（Profession de Foi）和施以按手禮（L'imposition des mains）。除了這些要求，東方的教會還需加上象徵聖靈的膏油禮。[39]

在君士坦丁堡宗教會議中，教宗格列哥里一世（Pope Gregory I, r. 590-604）透過一封致奇里庫斯主教（Quiricus）和西班牙主教們的書信，闡釋了東、西教會在儀式上的差異：

　　那些以三位一體之名受洗的異端信仰者，當他們回歸神

---

39 根據381年在君士坦丁堡召開的第七次宗教法規會議（7ᵉ canon du concile），信仰亞略異端的教徒，若要回歸基督教的正統信仰，除了交付棄絕異端信仰的書面聲明之外，還必須接受在頭、口、鼻、耳各部位的塗聖油儀式。Cardinal Joseph Hefele, *Conciliengeschichte, nach den Quellen*（Freiburg: Herder, 1887）, t. II, pp. 25-26.

聖的教會時，可以經由聖油的膏油儀式，或是單獨的信仰
聲明書。西方教會對於亞略異端者施以按手禮，而東方教
會則必須進行塗聖油禮，方能使異端信仰者重返神聖的教
會。[40]

然而，我們必須思考的是，這個屬於拜占庭教會的禮拜儀
式，是如何在西哥德的宗教儀式中被採用？

觀看六世紀中葉地中海區域的政治樣態，拜占庭勢力延伸
到西班牙南部的海岸地帶。雷昂德爾不僅是塞維爾大主教，也
是國王瑞卡瑞德的叔父。他停留在君士坦丁堡時，曾觀看拜占
庭的改宗儀式。由於他和瑞卡瑞德的親密關係，在589年5月的
第三次托雷多宗教會議上，瑞卡瑞德國王交付信仰聲明書。在
多位主教見證中，由國王代理人宣讀這份簽名的信仰聲明書，
表明國王信仰正統基督教的強烈意願。這篇信仰聲明書，可視
為確立西哥德基督教王權的憲章：

> 經由您的手，極崇高神聖的教父，我對主上帝奉獻我們
> 尊貴的民族，作為一種神聖的獻禮，……因此，請接受經
> 由我與我們民族簽字所寫下並確認的聲明，保留著這份信
> 仰聲明，在上帝與人之前，我們的人民棄絕過去的錯誤，
> 在教會中，經由聖油的膏油儀式，接受了與聖父、聖子同

40　Wilfelm Gundlach ed. *Monumenta Germaniae Historica, Epistulae Merovingici et Karolini Aaevi*（Beronlini: Weidmannos, 1895）, vol. II, Epistola 67 ad Quiricum, p. 325.

樣能力的聖靈，祂的撫慰力量。[41]

　　關於西哥德王瑞卡瑞德的改宗膏油儀式，是否為首次的祝聖膏油儀式，學界對於此問題的雜聲頗多，仍未有定論；反觀，史料明確記載首位接受祝聖儀式的西哥德國王，是七世紀下半葉的萬巴國王（Wamba, r. 672-680）。祝聖膏油儀式在西哥德被採用，似乎為了賦予王權一種公開宣告的正當性，從而保障國王的地位和權威。自從阿馬拉里克國王（Amalaric I, r. 526-531）在531年遭暗殺去世，不僅王位傳承的方式轉為選舉制，也使得西哥德王權衰微、貴族勢力大為擴張。

　　在傳統的西哥德政治意識中，缺乏世襲王朝的概念。因此，王位世襲制不被接受，尤有甚者，更被貴族和教會視為異端。伊西多爾曾在托雷多宗教會議中，極力譴責貴族慣於陰謀反叛。[42]瑞卡瑞德國王之子蘇安提拉國王（Suinthila, r. 621-631），在633年被第四次托雷多宗教會議判罪，理由是他有意扶立其子為國王，重建王位世襲制。在托雷多宗教會議中，蘇安提拉國王被降格為平民、沒收所有財產。儘管西哥德國王建立世襲王位的意圖失敗，但伊西多爾也抨擊對國王人身殺害的

41　Jean Dominique Mansi ed. *Sacrorum Conciliorum Nova et Amplissima Collectio*（Florence: A. Zatta, 1759-1798）, t. IX, ann. 536-590, p. 980.

42　Isidore de Séville, *De Ecclesiasticis Officiis*, t. II: *De Chrismate*, n° 1. *Patrologiae Cursus Completus, Series Latina*, ed. Jean Paul Migne（Paris: Les Belles Lettres, 1844-1864）, vol. 83, col. 721. 此外，根據都爾主教格列哥爾的《法蘭克人史》，高盧人（即法蘭克人）和勃根地人，一如哥德人具有這種令人厭惡的習慣——刺殺他們所不喜愛的國王，代之以令他們稱意的國王。見Gregory Bishop of Tours, *History of the Franks*, book II, pp. 33, 35, 40, 48.

惡習。他引用《舊約聖經》中大衛的話：「誰能殺害上帝所選立的國王，仍然無辜不受懲罰？」[43] 從這點來看，他表達了膏油禮作為宗教聖事的崇高價值。經過膏油儀式，俗世之人「轉換」，不再是凡俗者，他成為「神選者」──上帝的世俗代理人，因而具有「不得觸及」的極特殊尊嚴。這個觀念，強烈反映在中世紀的基督教思維中，並挪用於政治事務。它扮演一個崇高神聖的指導原則，並在十二世紀的西歐社會，形成「宗教第八聖事」（le Huitième Sacrement）的概念。[44]

在第四次托雷多宗教會議上，決定採行王位轉移選舉制。換句話說，西哥德王位傳承，必須提交貴族與主教的大會議中，由貴族和神職者選立。這項宗教決議，在636年第五次托雷多宗教會議的第三條教規，以及638年第六次托雷多宗教會議的第27條教規，再度確認。由於王位選舉制的緣故，西哥德國王的統治權大為衰弱。與此相反，在同一時期，拜占庭的皇位傳承卻是世襲王朝型態，法蘭克王國的梅洛溫王朝，世襲制也已成慣例。[45]因此，如何強化一個由選舉制產生，而非經由世襲制

43　Isidore de Séville, *De Ecclesiasticis Officiis*, t. II: *De Chrismate*, n° 1. vol. 83, col. 736-826.

44　中世紀宗教聖禮的發展，由原先二個增加至七個。在1215年第四次拉特郎（Latran）宗教會議，明白定為七個聖禮，除洗禮和聖餐外，還有堅信禮、告解禮、臨終膏油禮、神品禮和婚禮。陶理博士主編，李伯明，林牧野譯：《基督教二千年史》，三版（香港：海天書樓，2001），頁265-267. 但是法蘭西人民堅持將國王的祝聖膏油儀式，當作宗教第八聖事。見Richard A. Jackson, *Vivat Rex*（Paris: Ophrys, 1984），p. 36.

45　Dom Paul Séjourne, *Le Dernier Père de l'Église: Saint Isidore de Séville. Son Rôle dans l'Histoire du Droit Canonique*（Paris: Gabriel Beauchesne, 1929），p. 259.

產生的國王政權？如何保障國王的合法性統治地位，便是七世紀末葉，萬巴國王即位前遭逢的難題。

　　前述的蘇安提拉國王被廢黜後，西哥德王國歷經一段王位更迭頻繁的時期，直到642年慶達蘇音（Chindasuinth, r. 642-653）從亞略異端改宗正統基督教信仰，他經由貴族選舉和主教膏油，成為西哥德國王。他以教會改革為名，在646年召開第七次托雷多宗教會議，在會議中強行通過叛國者逐出教會的法令。在隨後的一段內戰時期，他處決了數百名貴族和神職人士，並沒收敵對者的財產。慶達蘇音國王的暴君屬性，使教士和貴族屈從於他；在撒拉戈薩主教布勞里奧（Braulio of Zaragoza, c. 590-651）和許多顯貴支持中，649年他將兒子瑞斯溫德並立為國王，試圖重建世襲制王權。653年瑞斯溫德王（Receswinthe, r. 653-672）即位之後，在同年12月16日召開的第八次托雷多宗教會議，第10條法規確定國王的選舉，由貴族和主教們執行，前國王去世之地即是新國王的選舉地點。國王即位必須獲得貴族和主教們的同意，這情況在宗教會議法規明確呈現，「不容否認的王家權威，並非來自國王自身，而是他所擁有的權威；成為國王並非源於自身，而是法律，賦予其職權的尊嚴。」[46]這個觀念，導致國王即位需要貴族和主教出席神聖儀式，也是隨後出現祝聖儀式的主要背景。

　　672年9月1日，當瑞斯溫德王在薩拉馬克（Salamanque）的

46　*Canones Apostolorum et Conciliorum Veterium Selecti: Collegit atque Insignioris Lectionum Varietatis Notationes Subiunxit.* Ed. Bruns, Hermann Theodor（Berolini: Typis et sumptibus G. Reimeri, 1839）, p. 270.

杰帝哥城（Gerticos）去世後，似乎沒有任何子嗣。西哥德大貴族和主教們，隨即在此地選舉萬巴為繼任的國王。此事記載在托雷多朱利安的《萬巴王歷史》（*Histoire de Wamba*）中。最初，萬巴拒絕貴族們選他為王，但最後他讓步了：

> 不是因為貴族們的請求，而是因為貴族們的威脅，他只好屈服，接受了王位。然而，他的即位延遲了19天，為了在托雷多舉行祝聖膏油儀式。（國王）選舉的地點在杰帝哥城，距離王室所在地約二十哩。9月初，老國王瑞斯溫德駕崩，人民在選舉儀式完成之後，歡呼新國王。在上帝的啟示、人群的熱切期望和順從下，承擔重責的貴族們，已經將王權的榮耀交付此人（指萬巴王）。儘管如此，在抵達王室所在地之前，他拒絕進行祝聖膏油儀式。在那裡（指托雷多），他認為才是接受神聖膏油的場域，他耐心地等待國王的選舉，能受到遠地人民的承認。[47]

萬巴王即位的膏油儀式，在托雷多的聖彼得教堂中舉行。他站在祭壇前，在眾人注目中，戴著王權的標誌，並向人民作出慣例的宣誓，然後跪下接受奇里庫斯主教（Quiricus）親自舉行的膏油禮。[48] 經由這個儀式，從選舉制取得的政權，以宗教性的典禮使其制度化與正當化。從這個事件起，具法制特質的

---

47 Julien de Tolède, *Histoire de Wamba*, in *Monumenta Germaniae Historica. Scriptores Rerum Merovingicarum.* Ed. Bruno Krusch（Hanover: Hahn, 1883）, t. V, p. 502.

48 Julien de Tolède, *Histoire de Wamba*, p. 502.

國王祝聖儀式開始出現。在半個多世紀之後，矮子丕平（即丕平三世，Pépin III, le Bref, r. 751-768）以同樣的方式，確定統治權的正當性地位，同時也開啟了加洛林王朝（The Carolingian Dynasty, 751-987）。

二、加洛林與祝聖加冕的會遇

（一） 加洛林家族與祝聖典禮

矮子丕平開創加洛林新王朝，不僅是長期以來丕平家族（Pippinides）對權力的野心，也是法蘭克人和羅馬教廷相互依援的結果，這種新型有機的連結，建立在王權合法性的需求基礎上。

梅洛溫首位君主克洛維在511年崩逝後，按照日耳曼人遺產共享的原則，法蘭克王國由他的合法子嗣平分。國王幾任婚姻的不同支系後嗣，相互競爭，在六世紀中葉引發多次的內戰。長此以往，不僅削弱了王室的權力，並且造成國內軍事巨頭的實力大增，強勢貴族逐漸擴大他們對於王室的影響力。克洛泰爾二世（Clotaire II, r. 584-629）在613年結束內戰，再度將法蘭克王國統一起來，他酬庸任命兩個貴族家系——阿努爾夫（Arnulf of Metz, c. 580-641）為梅茨主教，蘭登丕平（Pépin de Landen, c. 580-640）為奧斯特拉西亞的宮相（maire du palais d'Austrasie）。爾後，這兩個家族聯姻，成為加洛林人的祖先。在此時，國內的軍事巨頭極為強悍，使得國王克洛泰爾二世在行使王權上，幾乎無能為力；尤其在奧斯特拉西亞地區，貴族

們甚至厭倦服從他，想要擁立另一位國王。於是在622年，克洛泰爾二世將其子達戈伯特一世（Dagobert I, r. 629-639）交由宮相蘭登丕平和梅茨主教阿努爾夫監護。

　　蘭登丕平來自默茲河區（la Meuse）一個擁有大片土地的家族，他迎娶一位富有的女繼承人伊塔（Itta of Metz, c. 592-652）為妻，伊塔是特里爾主教莫多阿德（Modoald, évêque de Trèves, c. 584-648）之妹。通過這一結合，梅茨和特里爾兩個極為重要的教區，成為早期加洛林家族的物質財富基礎。640年，當宮相蘭登丕平去世時，他的兒子格里莫阿德（Grimoald, c. 616-657）被趕下臺；三年後，反對丕平家族的阿吉若芬家族（les Agilolfides）成員鄂圖（Otto）被暗殺後，格里莫阿德成為西格伯特三世（Sigebert III of Austrasie, r. 633-656）的宮相，他的影響力大大增強，甚至在656年西格伯特三世國王去世時，發動一場政變，把國王之子流放到愛爾蘭的修道院，預計安排自己子嗣成為國王。然而，當時梅洛溫王朝的氣數仍在，奧斯特拉派和紐斯特利亞派的貴族，聯合起來反對格里莫阿德的統治。在巴黎，他更遭遇紐斯特利亞王后欽內奇爾德（reine Chimnechilde de Neustrie）和後來成為奧斯特拉西亞宮相伍夫爾德公爵（Wulfoald）的聯合審判，最後被判處死刑。丕平家族因此被排除於政權之外，將近二十年之久。格里莫阿德的失敗，證明加洛林的時代尚未到來。

　　蘭登丕平之子——丕平二世（Pépin II, c. 635-714），於679年成為奧斯特拉西亞的宮相。在特爾崔利戰役（Battle of Tertry，687年），他擊敗紐斯特利亞和勃根地的聯合軍隊。隨後，他兼任紐斯特利亞的宮相，並獲得「法蘭克公爵與親王」

（*Dux et Princeps Francorum*）頭銜。714年丕平二世死後，其私生子查理（Charles Martel, c. 688-741）繼承他的頭銜、權力。查理對紐斯特利亞的叛亂，以及對弗里斯蘭人（Frisians）和阿拉曼人（Alamans）採取了軍事行動，爾後更擊退薩拉森人，被時人尊稱「馬特爾」（Martel）亦即「鐵鎚」之意，以歌頌查理的勇武事功。「法蘭克公爵與親王」的查理馬特爾，也是教會和修道院的保護者。然而，為了鞏固他的權力，他將主教區和修道院作為政治工具，分發教會地產給眾多為他服務者和征戰者，建立起為他效忠的騎士武力。儘管他的宗教政策受到批評，但教宗格列哥里三世（pope Gregory III, r. 731-741）的信函，仍稱呼他「極為虔誠之子」，並呼籲他保護教會和上帝的子民，排除倫巴人的侵擾。儘管如此，為了對抗巴伐利亞的阿吉若芬家族和薩拉森人，強化法蘭克人在巴伐利亞的權威，查理在739年仍選擇與倫巴王柳特普蘭（Liutprand, r. 712-744）結盟，柳特普蘭更成為其子矮子丕平的教父。

　　737年，梅洛溫國王提奧德里克（Theoderic IV, r. 721-737）去世後，查理馬特爾是法蘭克王國唯一的統治者。741年，他甚至把整個王國分給二子——長子卡羅曼擁有奧斯特拉西亞、阿拉曼尼亞和圖林吉的土地；次子丕平領有紐斯特利亞、勃根地和普羅旺斯等地。同年，查理馬特爾在奇爾西（Quierzy）去世，儘管加洛林家族的聲望很高，但卡羅曼和丕平感到家族實力難以籠罩王國全境，無法直取王權。與此同時，梅洛溫家族的擁護者眾，以至於在743年，他們擁立一位新梅洛溫國王——希爾德里克三世（Childeric III, r. 743-751）。

　　八世紀中葉，矮子丕平決定取代梅洛溫末代國王希爾德里

克三世。有關加洛林王朝建立的事件，根據《法蘭克王年鑑》（*Annales Regni Francorum*）的記載，矮子丕平在750年決定跨出歷史性的一步，他派遣神職人員——神甫福拉德（Fulrad the chaplain）和伍茲堡主教布爾夏（Burchard of Würzbourg），帶著這層使命前往羅馬拜見教宗札卡里（Pope Zacharie, r. 741-752），主要詢問教宗對於丕平稱王一事的意見。他們向教宗提出：「何者適合為王？是那位有名無實權者，或是那位在手中握有全部權力，以及承擔王國重任者？」教宗很明確地回答：「被稱為國王者，最好是具有權力者，而非那位喪失王權的人，用以捍衛秩序不遭破壞。據此，教宗命令神職人員，膏立丕平為國王。」[49]

　　從上述史料的記載，可看出在751年的改朝換代，主要關鍵在於教宗對此事的意向。值得探討的是，教宗為何迴護矮子丕平？教宗的態度，部分原因來自倫巴人南侵，教廷急需法蘭克人的援助。長久以來，梅洛溫諸王依據克洛維後裔的正宗血統，作為政權合法性憑證。因此，丕平家族要獲取最高政權，必須訴求一個超越王室血統的實據，也就是《舊約聖經》的神聖性王權。這解釋了矮子丕平成為國王之前，尋求教廷支持的

---

49 關於此事件的真實性，羅莎蒙德‧麥克基特里克（Rosamond McKitterick）在〈加洛林王朝編年史中的王權幻象〉文章中，透過多份史料的比對分析，認為後人對加洛林王朝王權及其實際表現的理解，是獲勝一方（少數人）之巧妙創造，不僅是為了說服後代，更重要的是，讓同時代人相信加洛林王朝和法蘭克王朝的成功，是不可避免的。Rosamond McKitterick, "The Illusion of Royal Power in the Carolingian Annals," *The English Historical Review*, Vol. 115, No. 460（Feb., 2000）, pp. 1-20.

深層意識。

在斯瓦松（Soissons）大會議中，矮子丕平經由貴族們的選舉與歡呼，成為法蘭克人的國王。同時，經由日耳曼主教之手，接受膏油儀式。[50] 這是在法國歷史上，首次明確記載國王的祝聖典禮。對法蘭克人而言，國王即位時的祝聖禮，在政治上是一種創舉；在神學上，它賦予矮子丕平一種「神選者」的超凡身分。丕平的王權被提升到神聖事物的領域，從而排除已知的凡俗法則。經由宗教性祝聖儀式的運用，矮子丕平成功地為國王的身分正名，[51]讓反對者與一般大眾，淡忘他以強大的武力優勢取得王權的事實。三年後在聖丹尼，他再次接受教宗史蒂芬二世（pope Stephen II, r. 752-757）的祝聖儀式。在同一儀式中，他的二子——查理曼（Charlemagne, r. 768-814）和卡羅曼（Carloman I, r. 768-771），也接受教宗膏油。由教宗親自施予的王室膏油禮，不僅再度確認矮子丕平成為正統的法蘭克國王，同時也奠定他的子孫，以世襲制方式承繼王位，保障了新

---

50 *Annales Regni Francorum*, Ann. 750年記載：「經由大主教鮑尼法斯之手的膏油儀式……。」*Annales Regni Francorum*, in *Monumenta Germaniae Historica. Scriptores Rerum Germanicarum in Usum Scholarum.* Ed. Friedrich Kurze（Hanover: Hahn, 1895），pp. 8-10. *La Clausula de Unctione Pippini Regis*（簡稱*La Clausula*）中記載著：「經由真福的高盧聖職者之手的神聖基督膏油儀式……。」Bruno Krusch ed. *Monumenta Germaniae Historica, La Clausula*（Hanover: Hahn, 1885），t. I, p. 465.

51 路易・阿爾芬（Louis Halphen）對於此事的結論：「……我們可以確信的是，舊約聖經的先例，在八世紀教會人士的思想中，縈繞不散；丕平從這種啟示汲取了力量和威嚴，使人們遺忘他取得政權曾採用具革命性淵源的事實。」Louis Halphen, *Charlemagne et l'Empire Carolingien*（Paris: Albin Michel, 1995），p. 31.

政權的正當性與神聖性。

　　對於朝代更迭一事，羅馬教宗的態度極為關鍵。教廷與世俗政權的連結，從羅馬時代已經建立。中世紀初葉，教宗的傳統保護者是拜占庭皇帝，然而拜占庭權力當局的保護，鞭長莫及，無法制止倫巴人侵略羅馬的野心。羅馬教會面臨困境，迫使教宗不得不在西方世界中，尋求一個世俗政權的保護者——法蘭克王國的當權者。739年，教宗曾致函查理馬特爾，但當時查理馬特爾選擇和倫巴人結盟，共同對抗薩拉森回教徒（Sarrasins），因此，法蘭克宮相查理馬特爾並未回應教宗的要求。倫巴人對教廷的威脅持續不斷，753年，教宗史蒂芬二世前往法蘭克王國，請求法蘭克國王拯救羅馬教廷。翌年初，矮子丕平與教宗在龐提翁（Ponthion）會面，他向教宗承諾將率軍征伐倫巴王國。這件事記錄在〈史蒂芬二世的生平〉：

> 在王宮的小禮拜堂裡，教宗眼中含淚坐在（法蘭克）國王的身邊，以和平的協約，為了維護聖彼得使徒和羅馬人的共和精神，向他請求。當時，國王承諾將竭盡全力遵守教宗的訓諭，使教宗滿意。只要教宗願意，無論以任何方式，他將歸還固屬於羅馬教會的權利和地方。[52]

　　返回羅馬之前，教宗再度為丕平舉行膏油禮，確認丕平的統治權正當性。關於754年丕平和二子的祝聖典禮，明確記錄此

52　《教宗傳》Mgr. Louis Duchesne ed. *Liber Pontificalis*（Paris: Ernest Thorin, 1886），vol. I, pp. 447-448.

事的唯一文件，稱為《丕平膏油儀式的條目》：

> 在那天，經由教宗史蒂芬二世之手，在聖丹尼教堂中，
> 以神聖三位一體之名，他（指丕平）和查理和卡羅曼（其
> 二子），同時接受膏油禮的祝福，成為國王與族長。當日
> 在同一教堂，教宗也祝福王后貝爾塔德……。在開除教籍
> 法則中，法蘭克的重要貴族們聯合聲明——從此以後，絕
> 不在丕平家族之外的另一家族中，選立國王。[53]

從這裡我們可以觀察到，由教宗親自為丕平舉行的祝聖膏
油儀式，是教宗和新建立的加洛林王朝之間，一個維護雙方利
益的協定。從教宗史蒂芬二世對丕平的話語，可以看出雙方鏈
結的關係：

> 經由我卑微的媒介，那是透過聖彼得使徒，上帝以油膏
> 立你們為王；使神聖的教會藉由你們而受到宣揚，也讓使
> 徒們的君王得到他應得的正義，……假若你們戮力從事良
> 善基業，將永獲勝利、戰勝敵人。在悠遠綿長的年歲中，
> 你們將支配一個名聲顯赫的俗世王國，獲得永恆的生命。[54]

由於羅馬局勢的緊急，教宗不得不尋求新法蘭克國王的

---

53 丕平膏油儀式的條目，"La Clausula de Unctione Pippini Regis," in *Monumenta Germaniae Historica, La Clausula*. Ed. Bruno Krusch, p. 465.

54 《加洛林法規》*Codex Carolinus*, in *Monumenta Germaniae Historica, Codex Carolinus*. Ed. Wilfelm Gundlach（Beronlini: Weidmannos, 1892），t. I, p. 493.

保護；反觀，法蘭克國王也必須倚賴教會的權威，為新政權正名。儘管梅洛溫王朝末代諸王被戲稱為「昏聵君王」（rois fainéants），而丕平家族掌握政治實權，也由來已久，但梅洛溫國王依然是克洛維的後代子孫，具有王室的正統血脈，更是部分軍事巨頭和貴族認可的政權。要改變這種觀念，讓時人接受一個以武力取得統治權的加洛林人，必須代以某種更崇高、神聖的方式來說服同時代的人。加洛林王朝的出現，不僅基於丕平家族根深柢固掌控法蘭克政權的實力，也建立在國王祝聖禮的政治創舉上。正如斐迪南‧羅特（Ferdinand Lot, c. 1866-1952）所言：

> 祝聖典禮，一種重要的創新儀式，在這事件中被採用。梅洛溫王只憑藉傳統而掌握政權，從未採用宗教儀式確認政權的合法性。丕平為了他的王朝，而訴諸精神法則的祝聖儀式。呈現在他眼前的單一前例，即《舊約聖經》以色列諸王的神聖膏油禮。……從那時起，就《聖經》的意義而言，加洛林國王就是「基督」。他的權力，已超越事實的權威；國王執行的權力，是一種世俗的聖職，而他的家族被公開宣告為神聖的世系。[55]

整體而論，在法蘭克社會中，由於軍事巨頭支持王室的不穩定性，矮子丕平為了確保王位在加洛林家系中傳承，促使他

55　Ferdinand Lot, *La France dès l'Origine à la Guerre de Cent Ans*（Paris: Gallimard, 1941）, p. 68.

接受教宗的祝聖，形塑另一種超越凡俗的權力屬性。加洛林國王的權力聖化，浸潤在「上帝—人」聯合一致的意識形態中，從當時的權力理論框架濾除世俗雜質，從而鏈接於《舊約聖經》神聖性王權，這一事件揭示法蘭西王權聖化的真實底蘊。

（二）　加洛林帝國的政治意識

從八世紀中葉，矮子丕平以祝聖膏油禮建立新政權，加洛林君主剝離梅洛溫昏聵之王的形象，逐漸發展出屬於新王朝的權力意象。加洛林君主以《舊約聖經》的聖王形象為典範，統治王國、治理人民並保護教會，這些事務被他們視為上帝賦予國王的神聖使命。為了捍衛教會，矮子丕平揮軍前往義大利，征服了倫巴王國。在這次征伐後，教宗史帝芬二世致函丕平，說道：「我該如何稱呼您呢？只能以『新的摩西』來稱呼。」[56]教宗保羅一世（pope Paul I, r. 757-767）再度宣稱：

> 丕平與他在精神上相通，他是受上帝保護的最虔敬子民、新的摩西和新的大衛。丕平給予最親愛的法蘭克人民，一種「神聖國度和聖職王權」的宏偉聲望。[57]

這種源自《舊約聖經》的啟示——膏油儀式賦予國王神聖的權威，對於查理曼觀看世界的方式，產生潛移默化的影響。

56　*Codex Carolinus*, t. I, p. 505.

57　*Codex Carolinus*, t. I, p. 552.

克萊恩科勞茲（Arthur Kleinclausz, c. 1869-1947）在《查理曼》一書中提到：

> 《聖經》，它使國王膏油儀式相似於教士接任聖職的塗油儀式。經由祝聖典禮的協助，查理曼擁有超越身為國王身分的某種東西：他成為聖職的國王（le roi-prêtre）。因此其友人們將他與大衛相比擬。最終，他們也以大衛之名稱呼他。端看查理曼對信仰堅定不移，以及他對於聖經具有某種層次的認識，他應當對於祝聖典禮的神祕特質，具有敏銳的感應。[58]

經由祝聖膏油的中介，查理曼承接上帝賦予的神聖使命。從771年起，他焚膏繼晷進行一連串對薩克森人的戰爭。這段三十多年的軍事行動，除了政治、軍事和經濟層面的考量，他最主要的訴求，是促使異教薩克森人的改宗。王權結合宗教使命，這種意識形態色彩極為濃厚的征服行動，全然來自一個牢不可破的概念——王權的聖化。換言之，在上帝所賦予的神聖使命中，王權與教權必然緊密結合。對於教會而言，查理曼使異教的薩克森人民全然皈依基督教，完全符合教義信仰。反觀，幼年時期曾接受教宗親自膏油祝聖的查理曼，不論在心理上或作為國王的職責上，為上帝征戰是作為基督教君主的根本使命。祕奧的膏油祝聖，歸根結柢導向他與《舊約聖經》以色列諸王在精神意識上的共享感。正因查理曼功業犖犖，教宗哈

58　Arthur Kleinclausz, *Charlemagne*（Paris: Hachette, 1934）, p. 60.

德良一世（pope Hadrian I, r. 772-795）於778年5月，在〈致查理曼的書信〉中，以「新君士坦丁」稱呼他：

> 教宗真福者希微斯特爾（Bienheureux Silvestre）的時代，由於最偉大虔誠的君士坦丁皇帝之慷慨獻贈，羅馬教會的神聖地位被提升並廣受讚揚。他（指君士坦丁）屈尊應允，將西方的權力交付羅馬教宗。……而在此時，又出現新的君士坦丁，上帝最基督徒的皇帝，經由他（指查理曼），上帝應許祂的神聖教會，一切的力量與榮耀。[59]

類似的隱喻和象徵語彙，經常出自加洛林大學者阿爾昆（Alcuin, 732-804）的筆下。他將查理曼的名字，直接和大衛之名聯結，交互置換。他寫道：

> 噢，最溫柔的「大衛」啊！這是您的榮耀，在上帝的審判與諸聖者永恆一致的讚揚和勝利中，您以敏捷、嚴謹的判斷力，糾正上帝託付於您的萬民；長久以來，您也誠摯地殷切引導在黑暗中無視於真實信仰之光的迷失靈魂。[60]

中世紀西歐社會的「雙劍論」（les Deux Glaives）——世俗國王以武力服務上帝，教會以祈禱尊崇上帝——神學家與高

---

59 *Codex Carolinus*, "Hadrien Ier à Charlemagne," t. I, p. 587.

60 *Codex Carolinus*, "Lettre d'Alcuin à Charlemagne," t. II, p.176.

階教士普遍認同，[61]即使查理曼本人，也接受這個觀念。在796年，一封致教宗利奧三世（pope Leo III, r. 795-816）的信中，他提及：

> 在王國外部，藉著上帝慈悲之助，屬於我們的事務是在各地以勇毅的武力，防禦神聖的基督教會，對抗異教徒的入侵和信仰不忠貞者的蹂躪；在國內，則是以基督信仰的真誠認知，強化〔人民的信仰〕。最神聖的教宗跟隨著摩西，舉起您的手，向上帝祈禱，從而幫助我們的軍隊。由於您的媒合，經由上帝的指導並賜予的天賦，使得基督人民在各地，永遠戰勝敵人；務使我主耶穌基督之名的榮耀勝利，宣揚於整個世界。[62]

整體而論，不論從政治現實或思維意識層面，加洛林家族勢力的擴張，除了武力征服，實則與751年的丕平膏油、754年教宗為加洛林王室最重要成員祝聖，以及知識菁英和教會人士有意識地發展神聖王權的意圖，密切相關。祝聖膏油禮的挪用，將《舊約聖經》古以色列聖王的基因，移植到加洛林君主的血脈中，不論從神學或政治上，刻意形塑「查理曼─新的大衛」文化意象，使王權聖化的概念在俗世王國中持續流轉。這股新思維意識，凝聚了西歐基督教世界的一統性，同時也體現

61　「雙劍論」，指的是教權（*Le pouvoir spirituel*）與政權（*Le pouvoir temporel*）的概念。

62　*Codex Carolinus*, in *Monumenta Germaniae Historica*, "Charlemagne à Léon III," t. II, p. 137.

在800年查理曼的皇帝加冕。

三、政權與教權的制約和平衡

（一）　加冕儀式與王位繼承

　　加冕儀式被融入國王祝聖典禮的一環，是遲至九世紀初的事情。為何會出現國王的加冕儀式？這部分既涉及基督教的神學詮釋，也基於時代現實，原因相當複雜。唯獨我們仍可從當時政權與教權的緻密互動，得到說明。

　　從外在視域，加冕儀式表現於國王身上的，首先是君主權與尊貴性的具象化、視覺化表現。加冕的起源和膏油儀式的淵源，大相逕庭。它的起源充滿異教色彩，可溯源古埃及、古波斯阿契美尼德王朝。奧古斯都屋大維（Augustus Gaius Octavius, r. 27 BC-14 AD）雖不加冕，但君士坦丁大帝（Constantine the Great, r. 306-337）加冕戴冠卻成為常態，他被視為首位戴冠的基督徒皇帝。爾後，這種加冕慶典，盛行於東方的拜占庭帝國，加冕儀式並非源於基督教文化。

　　中世紀的西方基督教各王國，直到800年查理曼的皇帝加冕之前（圖2），不曾舉行加冕典禮。加冕典禮只在東方君主國家中採行，尤其在拜占庭帝國。加冕典禮全然不屬於基督教禮拜儀式的範疇與概念，本質上，它充滿異教性質，是宣揚君威的盛大儀式。這種具有異教淵源的加冕儀式，被引入基督教文化之中，實則拓展了具象化國王權力的極限。從儀式與象徵觀點

圖2　西元800年聖誕節，教宗利奧三世為查理曼舉行皇帝加冕儀式。
出自《法蘭西大編年史》微型彩繪，約1455-1460年（*Grandes Chroniques de France, Second Livre de Charlemagne.* Paris, Bibliothèque Nationale de France, Département des Manuscrits, Français 6465, fol. 89v）。
© Wikimedia Commons

而言，800年的皇帝加冕儀式，[63]不僅在視覺上，讓權力的轉移

---

63 有關查理曼的皇帝加冕一事，記載在許多文獻中。關於教宗利奧三世主導
　　此加冕事件，以及查理曼本人在事前知情與否，出現兩種不同的論點。
　　《法蘭克王年鑑》（*Annales Regni Francorum*）對800年史事的記載，和

更加立體化，王冠更成為最高權力的壓縮容器，統治權的移動從而寓居於加冕儀式中。[64]

　　自查理曼的皇帝加冕，西歐基督教社會開始出現了加冕儀式，但是它並未立即納入祝聖禮的儀軌，僅能視為單一事件。加冕成為國王祝聖禮的正式儀式，出現在816年虔誠路易（Louis I, le Pieux, r. 814-840）的皇帝祝聖典禮中。值得注意的是，此前的加冕典禮，只是有關權力授與的世俗性儀式。813年查理曼親自為繼承人路易加冕一事，具體彰顯這儀式的世俗性意義。

　　根據《皇帝路易的生平》（*Gesta Hudovici Imperatoris*），

《教宗傳》（*Liber Pontificalis*）的記載相似，皆平順地描述整個事件的原因和典禮的進程。兩份文獻中，沒有任何跡象顯示查理曼對加冕一事的驚訝或不滿。惟獨在愛因哈德的《查理曼生平》中，提到教宗利奧三世是此事的唯一主導者；反觀，對此加冕典禮，查理曼本人於事前毫不知情。Einhard, *Vie de Charlemagne*, in *Classiques de l'Histoire de France au Moyen Âge*. Ed. Louis Halphen（Paris: Champion, 1938）, p. 32. 查理曼的皇帝加冕一事，引發西方與拜占庭帝國在軍事、外交上的緊張情勢，在 *Annales Laureshamense* 文獻中，紀實地說明兩國之間劍拔弩張的態勢。Georg Heinrich Perze ed. *Monumenta Germaniae Historiae, Scriptores*, *Annales Laureshamense*（Hanover: Hahn, 1829）, t. I, p. 38. 為了從文宣方面化解雙方的對立，愛因哈德對查理曼的皇帝加冕的記載，改以查理曼事前毫不知情為遁詞帶過。這種說詞，隨後被另一位年鑑史家採用，*Annales Mettenses* 也以查理曼事前毫不知情（"*A son insu*"），做為外交危機的一種解決方案。Bernhard von Simson ed. *Monumenta Germaniae Historica, Annales Mettenses*（Hanover: Hahn, 1905）, p. 42.

64 王冠，是表現國王權威的象徵標誌。在加冕典禮當中，具有基本的宗教禮儀：主教在戴著王冠的國王頭上行按手禮（l'*imposition des mains*），此行為象徵將聖靈的秉賦加諸於國王身上。到了十二世紀，經由主教的按手禮以及12名法蘭西貴族在國王加冕後，協力一致地站立在國王四周，伸手扶持王冠。這個舉動，在法制上寓含向國王真誠效忠的意義。

帖甘詳細描述此事件：

> 　　皇帝（指查理曼）召喚身畔的兒子路易、主教們、修
> 道院院長、公爵、伯爵和各位首長。在艾克斯‧拉夏伯爾
> （Aix-la-Chapelle）王宮的全民大會中，他齊聚眾人，要
> 求他們對路易表態效忠。他詢問與會眾人，從最高階到低
> 階者，是否願意由他〔查理曼〕將皇帝頭銜，傳給路易。
> 眾人皆歡欣地回答：「這是上帝的選擇。」接著而來的星
> 期日，他重拾皇室的禮儀，將王冠戴在頭上。在閃耀的飾
> 物襯托下，他朝著教堂前進，到了祭壇前。在祭壇上，早
> 已備妥另一頂黃金王冠，有別於他頭上所戴的王冠。他與
> 路易祈禱後，在眾位主教和貴族面前，皇帝告誡路易：首
> 先要熱愛與敬畏全能的上帝，要治理並防衛教會免於惡人
> 的侵害；然後，他向路易詢問，是否願意遵守他的訓戒？
> 路易答覆：「藉由上帝的協助，將極力遵守教誨。」當
> 下，皇帝命令他〔路易〕拿起置於祭壇上的王冠，並在心
> 中默想〔查理曼〕訓示的戒律，將王冠戴在自己的頭上。
> 他〔路易〕執行父親的命令。之後，眾人皆歡欣地前往王
> 宮，參加大彌撒。[65]

　　813年的路易加冕，全然在傳統的世俗政治框架中運作。

65　帖甘（Thégan, c. 800?-849?），九世紀初的歷史學家與特里爾教區的執事，
　　著有《皇帝路易的生平》。Thégan, *Gesta Hudovici Imperatoris,* in *Monumenta*
　　Germaniae Historiae, Scriptores, Ed. Perze, Georg Heinrich（Hanover: Hahn,
　　1829），t. II, p. 591.

這件事若置於政、教相互交纏與競合關係中理解，更顯明朗。
從帖甘的記載而論，查理曼要求路易自行加冕，除了彰顯這純
粹是世俗化的儀式，更重要的是它在政治上的宣告意義。在皇
帝權力的轉移問題上，查理曼欲使教會權威無從置喙；同時也
顯示他為了鞏固路易的皇權，排除教會勢力介入此事的細密安
排。換言之，此舉透露了查理曼對800年加冕事件的不安與反
思，他以一種皇權自我構建的方式，公然地向教會展現俗世政
權的獨立與完整。這一事件，雖然混雜著皇權與教權的微妙張
力，牽動西歐社會中政、教權力的幾何學，[66]卻也引出另一個值
得關注的面向——王冠開始作為最高權力的中介與載體。正如
《穆瓦薩編年史》所言：「帝國和統治的權力，乃是通過王冠
而傳給路易的。」[67]儘管查理曼將王權移轉的實踐，以乾坤獨斷
之勢，框限在世俗性領域之中；然而，法蘭克王權聖化的意識
形態，實源於長期且內化的基督教歷史連續性，不論在思辨上
或政治實踐上，皆無法將教權剝離。國王祝聖禮的重要性，遠
遠超越查理曼制壓貴族、教會勢力的意圖和鐵腕作風。

　　路易在813年雖已加冕為皇帝，卻尚未舉行祝聖典禮。816
年教宗利奧三世去世後，因為時間倉卒，在形式上，新教宗史
蒂芬四世（pope Stephen IV, r. 816-817）也尚未獲得皇帝對教宗

66　權力幾何學一詞，引自瑪西的"Power-Geometry"的概念。Dorren Massey
　　"Power-Geometry and a Progressive Sense of Place," Ed. Bird, John. *Mapping
　　the Futures: Local Cultures, Global Change*（London, New York: Routledge,
　　1992）, pp. 59-69.

67　*Chronique de Moissac*, in *Recueil des Historiens des Gaules et de la France*. Ed.
　　Bouquet, Martin（Paris: Aux dépens des librairies, 1744）, t. V, p. 83.

供職的認可。新教宗與皇帝的會面，至為必要。兩個月後，史蒂芬四世越過阿爾卑斯山抵達漢斯，在816年10月初，皇帝路易接受教宗的皇帝祝聖膏油與加冕典禮。自此，加冕典禮不再是獨立的世俗儀式，它融入祝聖典禮之中，達成宗教與世俗概念的綜合。在王權神聖化的歷史進程中，這一事件具有劃時代性的象徵意義。

關於這個事件，記載在兩份可信的史料——《皇帝路易的生平》和《路易的功業》（*In Honorem Ludovici*）。[68]首先，根據帖甘的記載：

> 教宗史蒂芬四世抵達漢斯教區，在那裡，虔誠路易前往會見。皇帝路易在教宗面前行三次屈膝禮，隨後他們互相擁抱、進行吻手禮。在聖歌聲中，他們並肩進入漢斯的聖荷密教堂。在教士們歡呼之後，教宗參加彌撒禮拜儀式。第二天與第三天，雙方開始交換禮物、互邀晚宴。星期日，在彌撒之前，教宗對皇帝路易舉行皇帝膏油儀式；並將一頂從羅馬帶來、鑲有珍貴寶石的精緻黃金冠，戴在路易頭上。[69]

其次，勒諾爾所述之事與上述帖甘的記載，亦相契合：

---

68 愛爾蒙・勒諾爾（Ermold le Noir, c. 790-838）是亞奎丹國王丕平的掌璽官和朋友，也是當世的史學家與詩人。在820年，他成為阿尼安修院長（*Abbé d'Aniane*）。

69 Thégan, *Gesta Hudovici Imperatoris*, t. II, p. 594.

　　教宗攜來一頂黃金寶石王冠，據稱這是君士坦丁大帝
的王冠。然後，他在路易頭上行神聖按手禮，為他祝福。
他以油膏塗抹他，……以聖彼得之名，將王冠戴在皇帝頭
上……。[70]

　　這是路易首次以皇帝的頭銜，同時接受膏油與加冕兩儀
式。由教宗或主教將王冠戴在國王頭上，是上帝賦予國王世俗
權力的象徵。然而，欲使皇權正當化、神聖化，必須經由教宗
舉行的膏油與加冕。這一觀念，隨後也擴及於國王權力正當性
的確認。在這兩種關鍵的祝聖儀軌之中，發展出完備的國王祝
聖加冕典禮，直到法蘭西王國舊體制時代的結束。[71]

　　很明顯地，教會與世俗政權的連結，除了雙方的實際需
求，也是宣揚基督教理——政權與教權來自「上帝恩典」——
最有力的方式。對於羅馬教會而言，在捍衛教權的前提上，配
合當時的政治、社會和思想型態的背景，逐漸發展出一套符合
基督教精神的政治文化，以宗教性的祝聖禮確立皇權，是教權
高於皇權的具體表現。從世俗政治生活層面而言，在給定時刻
充滿視覺意象的加冕典禮，建構了「君王—臣民」權力分際的

---

70 Ermold le Noir, *In Honorem Ludovici*, in *Classiques de l'Histoire de France au Moyen Âge, Lib*. II. Ed. Faral, Edmond（Paris: Champion, 1932），pp. 86-87.

71 在本書中，法蘭西王國舊體制時代結束泛指1789年法國大革命時期。然
　　而，國王祝聖加冕典禮在法國大革命後仍多次出現，如拿破崙‧波拿巴的
　　第一帝國（1804-1814）、復辟王朝的路易十八（1814-1824）、查理十世
　　（1824-1830），路易‧腓力的七月王朝（1830-1848），以及路易—拿破
　　崙‧波拿巴的第二帝國（1852-1870），皆曾舉行祝聖加冕典禮。

文化模式，公開標誌著帝國臣民對於皇權的認同與服從。

（二）　祝聖加冕典禮的確立

　　九世紀初，加洛林帝國的西境和北境遭逢諾曼人的入侵，東境也受到馬扎爾人的蹂躪，加洛林內部出現諸子對抗、軍事巨頭勢力復甦之勢。帝國一統的局面，淹沒在離心勢力的反動狂潮中，而政權與教權的依存關係，也起了微妙變化。在此歷史情境，影響最深的層面，反映在最高權力的轉移。由於皇帝路易在813年親自加冕的經驗，為了展現皇帝的威權、抗拒教宗介入世俗政權的企圖，路易在817年7月10日的大會中，親自加冕長子洛泰爾（Lothaire I, r. 840-855）。儘管如此，此次世俗性的皇帝加冕，在法蘭西歷史上，是最後一次。而皇帝洛泰爾在823年4月5日復活節時，又前往羅馬，再度接受教宗巴斯卡一世（pope Pascal I, r. 817-824）的皇帝祝聖典禮。這一事件，如稜鏡般折射政權與教權競合的曖昧關係。儘管在加洛林盛期，皇帝試圖抵制教會的威權，然而，環視九世紀中葉加洛林帝國解體，基於政治、社會的震盪，君主為維繫世俗政權，由教宗舉行的祝聖禮愈顯緊迫，攸關利害。在此時，君主在位期間以加冕儀式扶植嗣子成為王權繼承人，也漸成一種慣例。

　　843年加洛林帝國分裂後，[72]洛泰爾常駐於中法蘭克王國（la

72　根據843年的「凡爾登條約」（Traité de Verdun），虔誠路易的三子——洛泰爾、日耳曼路易和禿頭查理——將帝國三分。洛泰爾仍為皇帝，據有北義大利、阿爾卑斯山以北、洛林地區。萊茵河以東屬於日耳曼路易，稱為東法蘭克王國（*La France orientale*）。禿頭查理分得繆斯河、隆河以西的

Francia Médiane），即梅洛溫時代的奧斯特拉西亞，而他的長子
路易二世（Louis II, r. 877-879），則駐紮在北義大利。翌年，皇
帝洛泰爾將路易二世送抵羅馬，在叔父梅茨主教德羅貢（Drogo
of Metz, c. 801-855）和眾多主教、修院長和羅馬貴族陪伴中，
在7月15日，為路易二世舉行成為倫巴王的祝聖禮：

> 當時教宗以油膏向皇帝洛泰爾之子塗油，並以一個珍貴
> 王冠為他加冕，使他成為倫巴人的國王。然後，教宗將一
> 把王室寶劍授與他，命令他將寶劍繫在身上。[73]

　　六年之後，路易二世又再度前往羅馬，接受教宗利奧四世
（pope Leon IV, r. 847-855）為他舉行的皇帝祝聖典禮。[74]面對著
加洛林帝國衰微解體的惡劣情勢，帝國內各王國的統治者，都
意識到加強本身威權和確保王位傳承的迫切性。這個先例，起
自754年的膏油祝聖儀式。而在781年，查理曼之子丕平（Pépin
II, r. 675-714）和路易（Louis le Germanique, r. 843-876）也接受
膏油儀式，分別成為倫巴王和亞奎丹王。到了813年，由於虔誠
路易是當時查理曼諸嫡子中，唯一現存者，查理曼以世俗性的

大部分高盧地區，稱為西法蘭克王國（*La France occidentale*）。見Georges
Duby, *Histoire de la France, des Origins à Nos Jours*（Paris:Larousse/VUEF,
2003），p.187; Karl Ferdinand Werner, *Les Origines*（*avant l'An Mil*），*Histoire
de la France*（Paris: Fayard, 1984），t. I, p. 407.

73　Duchesne, *Liber Pontificalis*, vol. II, pp. 89-90.

74　*Annales Bertiniani*, in *Monumenta Germaniae Historiae, Scriptores*. Ed. Perze,
Georg Heinrich（Hanover: Hahn, 1883），p. 55.

加冕典禮，親自冊封路易為皇帝。同樣的情況，出現在817年和
829年，皇帝路易重複使長子洛泰爾接受祝聖典禮，冊封為皇
帝。從此處，可以明瞭加洛林君主以加冕儀式提前安排王儲的
意圖，並透過帝國內的貴族宣誓效忠的方式，現任皇帝對未來
皇位傳承所做的預先安排。在鞏固王權與確保王位傳承上，宗
教性的祝聖加冕典禮，開始扮演一個積極的角色。

　　九世紀中葉，加洛林帝國分裂之勢，已成定局。羅馬教會
的基督教帝國大一統信念，受到極大的衝擊。如何維繫一統政
權於不墜、如何捍衛教會權益，是統治者和教會人士最關切的
政治議題。在此背景中，為王權辯護的祝聖加冕禮，成為當世
最有力的政治實踐方式。

　　843年「凡爾登條約」（traité de Verdun）簽署後，皇帝虔
誠路易的幼子——禿頭查理（Charles II, le Chauve, r. 843-877）
取得高盧地區，成為西法蘭克國王。多年後，當亞奎丹人民反
抗統治者時，曾請求禿頭查理成為亞奎丹王。爾後，經由亞奎
丹貴族們的一致贊同，查理被選立為國王。雖然貴族們認可，
但在法理上，宗教性的祝聖典禮，對他更具有確立統治權正當
性的直接意義。為了公開確認他擁有亞奎丹統治權，在848年6
月6日，頌斯大主教溫尼龍（Wenilon, archbishop of Sens, r. 840-
865）在奧爾良的聖十字教堂（Sainte-Croix d'Orléans），為他
進行祝聖加冕禮。[75]這個典禮的進行，依照序列連貫的儀式程
序——選舉國王（L'élection du roi）、俗世貴族與教士的歡呼
（L'acclamation）、膏油、祝福（La Bénédiction）、加冕和登基

75　*Annales Bertiniani*, p. 55.

儀式（L'intronisation）。至此階段，國王祝聖加冕禮的整體禮儀，已呈現清晰的輪廓。

　　儘管禿頭查理被選立為亞奎丹國王，但是前亞奎丹王丕平二世仍亟欲奪回失去的政權。與此同時，東法蘭克國王——日耳曼路易（Louis II le Germanique, 840-876），進兵亞奎丹推翻禿頭查理，甚至占據亞奎丹。處於政局丕變的態勢，855年，禿頭查理使其子查理（Charles the Child, King of Aquitaine, r. 855-866）被選為亞奎丹王，經由利摩治大主教史托力勒（Stodilus of Limoges, r. 840-861）的祝聖典禮，孺子查理接受膏油、加冕、授予權杖。[76]無獨有偶，日耳曼路易在858年占據洛林王國之後，[77]頌斯大主教溫尼龍也為他舉行這個儀典。祝聖加冕禮為王權辯護的現象，在九世紀中葉更加顯著，政權扞拒教權介入的嘗試，已然消解。以國王祝聖加冕禮為王權更替正名，成為當時政治運作的常態。對於這一點，漢斯大主教安克瑪（Hincmar, archbishop of Reims, r. 845-882）加以評論，他認為受過膏油的神聖特質，足以確立國王的正當性。[78]經由祝聖典禮確認王權正當性的觀念，在隨後的世紀中，普遍受到認同。

　　當皇帝洛泰爾一世在855年去世時，幼子洛泰爾二世

76　*Annales Bertiniani*, p. 55.

77　皇帝洛泰爾一世於858年逝世，他將國土分給三子：長子路易二世領皇帝頭銜和北義大利；查理領有普羅旺斯；洛泰爾二世領有中法蘭克王國，隨後成為洛林王國。

78　Hincmar, "Lettre à Louis le Germanique," 858, in *Recueil des Historiens des Gaules et de la France*. Ed. Martin Bouquet（Paris: Victor Palmé, H. Welter, Imprimerie nationale, 1738-1904），t. VII, p. 521.

（Lothaire II, r. 855-869）繼承中法蘭克（稱為洛林, Lorraine）
王位。到了869年，洛泰爾二世逝世，未曾留下合法繼承人。依
照當時的情勢和慣例，洛泰爾二世的遺業，應當歸於長兄皇帝
路易二世。由於皇帝路易二世正在義大利對薩拉森人作戰，不
克返回繼承洛林的王位。王叔禿頭查理利用此一時機，前往洛
林。為了取得洛林的王權，869年在梅茨，他再度接受宗教性的
祝聖。這個典禮，由漢斯大主教安克瑪主持。典禮進行之前，
禿頭查理開了先例，進行公開的王家宣誓，作出三項承諾：

> 　　對於上帝選立我來保衛和治理此地，諸位主教貴族表
> 達了一致的同意。因此，經由上帝的協助，我將致力維護
> 上帝的榮耀、信仰和神聖的教會。我將以所有的權力和才
> 智，守護您們每個人。根據您們的階級，我將使每個人獲
> 得應有的關懷和安全。按照各人應當遵循的規範，以及世
> 俗或教會法規的約束，我將使各位享有公正的待遇。我將
> 遵守這些約定，只要眾人根據各自所屬的階層、尊嚴和權
> 利，待我如國王般的尊敬和服從；並在防禦和維護上帝託
> 付於我的王國事務上，支援我，正如您們先輩對吾祖輩的
> 忠誠、正義和理性。[79]

　　這三項承諾──保護教會、維護各階層人民既有利益與安
全、按照各人應遵循的規範獲致公正的待遇──具有以誓約的

79　*Annales de Saint-Bertin.* Eds. Grat（Félix）, J. Vieillard & S.Clémencet（Paris:
　　C. Klincksieck, 1964）, p. 103.

形式交換貴族贊同的性質。

　　王家承諾完成後，開始進行膏油之際，大主教安克瑪發言：

　　　　這是上帝的意願，使查理統治此地。他的父親——皇
　　帝虔誠路易，出自著名的法蘭克國王克洛維的世系，他
　　（指克洛維）和他的民族，經由真福者荷密（Remy le
　　Bienheureux）的講道，改信基督教。當他在漢斯教堂和
　　三千名法蘭克人接受洗禮之後，克洛維接受天上聖油，膏
　　立為王。路易在聖母院祭壇前，受教宗史蒂芬的加冕成為
　　羅馬皇帝。正如我們在神聖的歷史（L'Histoire Sainte）中
　　得知的事蹟，國王每次獲得新王國的統治權，皆須舉行加
　　冕禮。為了獲得國王的權威，您們被召集在查理身邊。您
　　們接受他，他將致力侍奉上帝。如果您們願意，以您們的
　　歡呼聲音，表達一致的贊同。[80]

　　安克瑪的論述，擘肌分理。一方面凸顯加洛林王權承接克
洛維的神聖受洗，昭然若揭地為禿頭查理的王權神聖性辯護；
另一方面，它也為日後漢斯大教堂，成為法蘭西國王祝聖禮的
首席之地鋪路，塑造漢斯大主教為法蘭西王國中，唯一合法主

80　Alfred Boretius et Victor Krause, eds. *Capitularia Regum Francorum,
　　Monumenta Germaniæ Historica, Leges II, Capitularia Regum Francorum*
　　（Hanover: Hahn, 1897）, t. II, pp. 340-341.

持國王祝聖禮的神職人士，具有不可取代的權威。

　　參與典禮的貴族們，以高聲歡呼的方式，一致贊同查理的王權，隨後，國王祝聖加冕典禮開始。[81]值得注意的是，869年禿頭查理祝聖加冕禮，將國王承諾的宣誓納入此典禮中。國王宣誓在整體儀軌的序列中，居於膏油之前，實則具有框限王權的法理意涵（此議題，將在本書第六章第一節深入討論）。自此時起，國王祝聖禮拜儀式確定為三階段——國王宣誓、膏油祝聖與加冕即位。

四、「天上聖油」的權力敘事

　　為了成為洛林國王，禿頭查理舉行祝聖禮，在膏油儀式中，使用克洛維受洗的「天上聖油」（saint chrême envoyé du Ciel）。這一「天上聖油」的來源，出現在安克瑪的〈聖荷密生平〉（*Vita Remigii*）一文中，故事主軸在敘述漢斯主教聖荷密對克洛維施洗的奇事（圖3）。[82]文中提到，由於當時觀禮者眾多，以至於攜帶油膏的教士，無法及時地抵達施洗臺。霎時，奇蹟出現，一隻象徵聖靈的白鴿，從天而降，帶來一個「聖油瓶」（la Sainte Ampoule），盛裝克洛維受洗的聖油，因而圓滿

81　在此典禮中，國王禿頭查理宣誓之後，首先是六位主教對國王祝福，緊接是膏油儀式，大主教安克瑪以聖油膏抹在國王的右耳、前額，最後是頭上的膏油。在禱文誦讀聲中，主教在授予棕櫚勳章和權杖之後將王冠戴在國王的頭上，完成祝聖加冕典禮。

82　*Vita Remigii*, in *Monumenta Germaniae Historiae, Scriptores,* Ed. Georg Heinrich Perze（Hanover: Hahn, 1829）, t. VII, p. 297.

圖3　克洛維的受洗。
圖像右上方有一隻自天而降、象徵聖靈的白鴿，鳥喙啣著「聖油瓶」至施洗
臺，漢斯主教聖荷密使用「天上聖油」為克洛維施洗。
出自《法蘭西大編年史》微型彩繪，約1375-1380年（*Grandes Chroniques
de France*, Paris, Bibliothèque Nationale de France, Département des Manuscrits,
Français 2813, fol. 12v）。
©Wikimedia Commons

地完成受洗儀式。至此而後，「天上聖油」一直保留在漢斯教
區，成為國王聖化必用的神聖油膏。

　　九世紀中葉出現的「聖油瓶」傳說，實際上，是安克瑪編造的虛構敘事，旨在締建漢斯大主教的優先權，並獲得祝聖禮首席執行者的崇高地位。然而，「聖油瓶」傳說，無形中卻提升法蘭西國王在基督教世界的神聖性地位。對於王權聖化的神學詮釋，體現在安克瑪對禿頭查理的言說，安克瑪提到，經由上帝的恩賜，天上聖油膏抹後，國王即擁有神聖尊嚴的王權：

> 在此膏油儀式之後，經由它，您將可以實現如使徒聖彼得所言：「您是一個神選的家族，一個具有王權的聖職者。」由於這個屬於教會與靈性的膏油儀式，它遠遠超過您所擁有的世俗權力，使您獲得國王應有的神聖尊嚴。[83]

　　羅馬教會考慮到政治利益和基督教世界一統性，對於「天上聖油」聖化王權的看法，傾向於接受這論點。禿頭查理曾聲稱自己也擁有皇帝頭銜的權利。然而，在法權中，羅馬教會對於帝國一統性的觀念依舊鮮明，教宗也致力捍衛一統性的立場。基於此核心信念，教宗尼古拉一世（pope Nicolas I, r. 858-867）否定禿頭查理的訴求，僅承認路易二世的皇帝頭銜。他提到：「上帝所膏立的人，經由羅馬教會祝聖膏油，應當被選立為皇位繼承者。」[84]誠然，在加洛林帝國趨於解體的事實中，教會仍持守帝國一統性的概念，因此，西方的基督教帝國只有一

83　Jean-Paul Migne, ed. *Patrologiae Cursus Completus, Accurante, Series Latina*（縮寫為*P. L.*）（Paris: Garnier, 1844-1903），t. 125, p. 1040.

84　Wilhelm Gundlach, ed. *Monumenta Germaniae Historica, Epistulae Merovingici et Karolini Aaevi*, t. V, p. 605.

位皇帝的原則，從未改變。

　　禿頭查理以其父虔誠路易為皇帝之名，持續向教宗傳達他對於皇帝祝聖加冕的意向。繼位教宗哈德良二世（pope Hardrian II, r. 867-872）盱衡政局，向他承諾，嗣後若帝位虛懸，將不接受除了查理之外的皇帝人選。而教宗約翰八世（pope John VIII, r. 872-882）更對查理表達支持。當皇帝路易二世於875年去世，未曾留下直系男嗣時，教宗約翰八世召集重要的主教和羅馬元老，一致通過禿頭查理成為皇帝的繼位人選。在同年12月17日，禿頭查理抵達羅馬，在聖彼得教堂中，教宗約翰八世為他舉行膏油加冕，成為羅馬人的皇帝。[85]在75年前的同一地點，禿頭查理的祖父——查理曼，也曾接受教宗利奧三世的皇帝加冕禮。此次的皇帝加冕，成為加洛林皇權的絕響。禿頭查理是法蘭克諸王中，最後一位領有皇帝和奧古斯都頭銜的國王。

　　概而論之，自矮子丕平即位為法蘭克國王以來，宗教性的祝聖典禮與法蘭克王權日益緊密結合。膏油儀式賦予君主的神聖特質，一如《舊約聖經》的大衛和所羅門，成為上帝選立在塵世行使政權者。國王祝聖加冕禮具有「俗—聖」的中介特質，這種宗教性的確認，為國王統治權力的正當性，提供一個堅實穩固的歷史脈絡和神學論據。安克瑪詮釋王權聖化來自教會人士之手時，提到世俗政權無法自外於宗教領域，唯有透過教會，才能授予俗世君主此種神聖特性：

　　　主教的威權尊嚴，較之王權更顯崇高偉大。國王經由主

85　*Annales de Saint-Bertin*, pp. 199-200.

教之手施予祝聖禮，始能達到王權的極致；然而，主教的
聖職任命，卻非經由國王而施予。[86]

　　基督教思維意識對於最高權力的詮釋，在後續的時代中，
引發皇權與教權的強烈碰撞。儘管如此，國王祝聖加冕禮賡續
發展，法蘭西王權在神聖性的概念中扎根，從九世紀中葉開
始，膏油與加冕，更成為當中最重要的兩個要素。

　　國王即位採用祝聖加冕禮，傳達了中世紀西方思維意識的
核心議題——世俗王國以上帝之城的形象而設立、存在；接受
祝聖儀式的國王，成為上帝在世俗王國的代理人。宇宙神聖性
的概念和人類社會的政治運作相互契合，這概念延續至中世紀
下半葉，尤其在政權轉移的問題上，祝聖加冕典禮成為王權正
當性的法制依據。與此同時，「天上聖油」膏抹法蘭西國王的
歷史神話，沿著空間的維度伸展，最初在法蘭克王國，爾後穿
越整個西方基督教世界，成為一種普遍觀念。自此而後，「天
上聖油」用於歷代法蘭西國王的祝聖禮，法蘭西王權散發無可
比擬的神聖氣韻，而「聖油瓶」的傳說，也形構法蘭西王權的
不朽神話，夯實王權聖化的意識形態基礎。

---

86 Philippe Labbe et Gabriel Cossart eds. *Actes du Concile de Saint-Macre, Sacrosancta Concilia ad Regiam Editionem Exacta Auctori*（Paris: Société Typographique, 1671-1672），t. IX. *cap.* I, pp. 337-338.

第三章

政治、王權與祝聖禮

考慮到西方的政治演變，十二至十五世紀的重要性，不容忽視。城市和商業的繁榮、貨幣經濟的復甦，以及修院和教會的改革，直接或間接地影響了政治制度和意識形態的轉變。由於王國的財富增加，國王們可以在政府中敘任受過學校教育的市民階層男性，並以傭兵抗衡封建附庸的武力。市民階級的政治訴求或經濟、社會利益，無疑地，也只能通過一個有效的君主政體來實現。因此，中世紀下半葉法蘭西政治制度的發展，對後來中產階級和王權國家的形成，產生重大影響。為了理解法蘭西的政治變化，我們必須回溯十世紀，卡佩王朝如何從「法蘭西島」的狹小王室領地，逐漸強化其王權；進而追問在西歐基督教社會中，早期卡佩君主如何成功地確立王室的權威，並擴大王權的影響力？

在中世紀，所有的政治衝突和解決方案，往往集中在王室權力上。「權力」所指為何？「權力」具有多種定義，權力是一種能力，或一種可能的潛力，它意味着對於某事具有採取行動的手段和資源。權力也可能涉及權利、委託權限或完成使命的一種法律能力。權力也可視為對某人採取制約行動的一種能

力，亦即威望和實力。權力也指涉個人的身分，亦即統治者的地位，或擁有主權和霸權等地位。基於上述對於權力的思考，人們進一步提問，權力從何而來？如何獲得權力？

　　當我們思考權力的概念時，意識到「權力」可以是一種與生俱來的潛質、一種能力或個人的天賦；「權力」也可以是後天取得的政治權力、最高權力。君主獲得統治權的合法性，或經由繼承原則，或經由選舉原則，作為王權的法制基礎。然而，在政治和意識形態層面，中世紀西歐各王國面臨的問題，尖銳複雜，因此，王位繼承正當性若僅通過世襲或選舉，稍嫌不足，必須採行第三種形式——國王祝聖加冕典禮，賦予王權行使的合法性。[1]

1　現今學界對於王權和王權正當性的研究，涵蓋各個時代、地區和主題，限於篇幅，難以一一列舉。反觀，對於王權與法權關係的探討，源自十九世紀末，學者對於王權、貴族權、法律的研究興趣。對此議題的關注，在二十世紀上半葉也盛極一時，有幾本著作值得一提，如Fritz Kern, *Kingship and Law in the Middle Ages: I. The Divine Right of Kings and the Right of Resistance in the Early Middle Ages. II. Law and Constitution in the Middle Ages*（Oxford: Basil Blackwell, 1939）. Auguste Dumas, *Le Serment de Fidélité et la Conception du Pouvoir du Ier au IXe Siècle*（Paris: Recueil Sirey, 1931）. John Michael Wallace-Hadrill, *Early Germanic Kingship in England and on the Continent*（Oxford: Clarendon Press, 1971）. 近期著作可參考 Reinhard Bendix, *Kings or People: Power and the Mandate to Rule*（Berkeley, Los Angeles: University of California Press, 1980）. Janet Nelson,"Kingship and Empire," in *The Cambridge History of Medieval Political Thought c. 310–c.1450*, James Henderson Burns Ed（Cambridge: Cambridge University Press, 1988）. James Henderson Burns, *Lordship, Kingship, and Empire. The Idea of Monarchy 1400–1525*（Oxford: Clarendon Press, 1992）. Oakley, Francis, *Kingship-The Politics of Enchantmant*（UK: Wiley-Blackwell, 2006）.

在十世紀中葉的政治實務上，法蘭克國王的統治權力，或經由血緣的世襲法則，或透過武力、妥協的選擇法則，不論何種形式，都援引宗教性的祝聖膏油儀式，從教理思維上確認君主的權力。

隨着加洛林帝國的衰落，對於西法蘭克國王而言，世俗統治權經由宗教儀式的確認，益形重要。尤其是「過渡時期的國王」（les rois d'interrègne）——來自羅勃家族的厄德（Eudes, r. 888-898）、[2]羅勃一世（Robert I, r. 922-923）和拉烏爾（Raoul, r. 923-936），這些非加洛林系統的國王，也不放棄採行宗教祝聖儀式，顯示出國王祝聖禮作為王權確認依據，在當時各地區的家系中，甚為普及。

對於卡佩王朝初期國王而言，宗教祝聖膏油儀式是王權正當性的寶貴依據。從987年修哥‧卡佩（Hugues Capet, r. 987-996）受命為法蘭克國王以來，卡佩君主極其熱衷王室聖化的各種形式。修哥‧卡佩即位之後，擔心家族的命運，他成功地使教會人士為其子虔誠羅勃（Robert II le Pieux, r. 996-1031）膏油祝聖，並將繼承人和王位聯繫起來，預立他為國王。從十一至十二世紀的近二百年間，國王祝聖膏油和國王在位時預立繼承

2　厄德的父親是強人羅勃（Robert le Fort, c. 830?-866），羅勃家族之名源於此。強人羅勃是紐斯特利亞侯爵（marquis de Neustrie）、安茹伯爵（comte d'Anjou）和布洛瓦伯爵（comte de Blois）。從853年起，他以世俗領主的身分領有馬爾穆捷（Marmoutier）修道院。強人羅勃是九世紀中葉西法蘭克王國的大人物，在政治上，他支持西法蘭克國王查理二世（即禿頭查理）抵抗日耳曼路易，並救平亞奎丹的丕平之亂。強人羅勃的偉業更表現在抵抗北歐諾曼人，在866年對抗諾曼人的戰鬥中死亡。

人（rex designatus），成為鞏固卡佩王朝的兩項利器，國王祝聖典禮名副其實地成為法蘭西王權轉移的法理機制。

從十二世紀末開始，世襲法和長子繼承已成為法蘭西王位轉移的慣例，腓力二世奧古斯都（Philippe II Auguste, r. 1180-1223）是卡佩諸王中，最後一位在國王生前預立的繼承人。從1223年開始，總理公署記錄腓力三世在位年限，改採前國王去世當下，作為新國王統治的起點，傳統的祝聖加冕典禮已不復作為國王即位的依據。此時，國王祝聖典禮的法理意義已經減弱，但一般民眾對於國王祝聖典禮的情感依戀，卻仍根深柢固。法蘭西人民的普遍心態，依然認同充滿視覺意象、眼見為憑的國王祝聖典禮，是「成為國王」的絕對元素。

一、法蘭克王權轉移之爭

（一）西法蘭克的政治危機

自加洛林帝國衰頹以來，西歐的政治環境持續惡化。帝國境內大小的貴族和領主，都亟欲脫離王室權力的掌控。離心主義的現象，導致原先被加洛林君主征服的舊政治勢力，又重新浮現。九世紀中葉，「凡爾登條約」確立後，加洛林帝國正式分裂為三個部分——中法蘭克王國（Francie médiane）、東法蘭克王國（Francie orientale）、西法蘭克王國（Francie occidentale）。帝國解體之後，加洛林王權更加衰微。[3]西法蘭

3　陳秀鳳，〈卡佩王朝建立時期封建領主之形成〉，《臺灣師大歷史學報》

克社會出現封建化現象，大量出現的城堡領主（le châtelain），以伯爵、子爵或主人的名義，行使原先屬於國王的權力，並將家族勢力擴張到鄰近地區。在封建的最初階段，這些新出現的城堡領主，依然效忠於鄰近的親王和貴族們，因而取得更多的封地。隨著時代的波亂紛紛，城堡領主脫離上層政治權力的羈絆，亦漸以行政與司法權來管轄農民，成為具自主性的封建領主。因此，此時在法蘭克社會中，出現一群新權力階級。[4]

在上述公權力低落、分散的情勢中，加洛林王族仍不斷地交互競爭擴權。一方面，貴族和軍事巨頭不僅擴大領地，也取得王位轉移的同意權。選舉制的王權轉移法則凌駕於世襲制，成為十世紀西法蘭克社會的普遍形式。神職和世俗貴族在王位轉移過程中，成為關鍵的要角。另一方面，十世紀中葉，羅馬教宗不再將皇帝頭銜授予加洛林人，教廷保護者轉手薩克森的鄂圖家族。不穩定的十世紀西歐政治和社會，只是朝向新政治秩序的過渡階段。這種情勢，預示着西法蘭克的朝代更迭。

西法蘭克王國的完整性，只是禿頭查理雄心勃勃的個人幻象。儘管他擁有皇帝頭銜和王冠，實際上，他在義大利、洛林、普羅旺斯和高盧的實際權力，並非完全有效。西法蘭克早已分裂為眾多的公爵領地和伯爵領地，而這些分割王權的地方巨頭領地內，又被劃分為子爵和城堡領主等較小勢力。西法蘭克的政治版圖碎化，亞奎丹公國再度恢復，布列塔尼保持獨立，法蘭德斯各地也紛紛脫離王室的控制，自行武裝對抗來勢

第42期（2009年12月），頁330。
4　陳秀鳳，〈卡佩王朝建立時期封建領主之形成〉，頁342。

洶洶的諾曼入侵。加洛林的衰落，給予強大貴族干預王位繼承的機會。雖然禿頭查理把王位和王權寶器——聖皮埃爾之劍、皇家斗篷、王冠和權杖——留給其子路易二世（Louis II le Bègue, r. 877-879），路易仍須將修道院、伯爵領地和莊園，贈與擁護他即位之人。但大貴族和神職貴族，對未經他們同意的捐贈，感到憤怒，公開表示反對路易。因此，他不得不尋求與眾顯貴們和解，在謝內—埃伯洛（Chesne-Herbelot）大會中，路易二世出示其父查理二世把王位和王權寶器（聖皮埃爾之劍、皇家斗篷、王冠和權杖）授予他的文書與物件，以獲得他們的同意。

在此動盪時期，選舉法則和確認王室權力的祝聖禮，成為獲取王權的決定因素。877年12月8日在康白尼大會上，經貴族和神職人士的同意，漢斯大主教安克瑪為路易二世膏油祝聖。[5] 翌年，9月7日，他再次從教宗約翰八世（pope John VIII, r. 872-882）手中接受國王祝聖禮。[6]教宗加冕是否增加路易二世的權威，並無確切證據。然而，教宗加冕是皇帝的禮儀規格，路易二世的王權合法性，自是不言而喻。

由於路易二世與王后安斯加德（Ansgarde de Bourgogne, reine 862-875）解除婚姻，在路易二世去世之後，其子路易三世（Louis III, r. 879-882）和卡羅曼二世（Carloman II, r. 879-884）

5　Alfred Boretius, Victor Krause eds. *Capitularia Regum Francorum,* t. II. pp. 363-364.

6　教宗約翰八世要求路易二世協助解除阿拉伯人對義大利地區的威脅，因而同意為他舉行國王祝聖加冕禮。Ferdinand Lot, *La Naissance de la France* （Paris: Fayard, 1948）, p. 414.

的王權合法性，受到貴族們的質疑。路易二世去世前，曾將寶劍與其他王權寶器，交託給波威主教厄德（Eudes, évêque de Beauvais, 861-881），並委任他為路易三世舉行祝聖加冕典禮。為了避免日耳曼國王路易二世干預此事，加洛林王室和貴族達成和解，頌斯大主教安塞吉斯（Ansegise, archbishop of Sens, 871-883）為路易三世和卡羅曼二世，各自舉行祝聖加冕典禮。[7]

西歐各地遭逢諾曼入侵的時代中，西法蘭克貴族利用外患頻仍的時機，介入王位繼承一事。他們在加洛林王族以外，推舉有能力保衛西法蘭克的新繼位者。888年，經由西法蘭克貴族們的推選，羅勃家族的厄德成為國王，[8]由頌斯大主教舉行祝聖禮。[9]法蘭西公爵兼巴黎伯爵的厄德登上王位，加速羅勃家族勢力的崛起。九世紀末以來的西法蘭克王位，羅勃家族的後裔經常與加洛林家族輪替。

厄德國王的統治並不順遂，王位繼承合法性原則仍然存在，尤其是他與路易二世遺腹子查理（Charles III the Simple, r. 898-922）的抗爭，綿延多時。經過多年的衝突，厄德指定查理三世為其繼任人。898年，對諾曼人作戰的厄德死後，查理三世被貴族選立為國王，然而他的政治作為引起貴族們的不滿，在922年西法蘭克貴族們，一致推選厄德之弟羅勃一世（Robert I, r. 922-923）為國王，由頌斯大主教戈提葉（Gautier I, 887-923）為

7　Ferdinand Lot, *Les Origine, L'Histoire de France*（Paris: Fayard, 1984），t. I, pp. 418-419.

8　厄德的父親是安茹伯爵強人羅勃（Robert le Fort），他是羅勃家族的權勢發展之始。

9　Ferdinand Lot, *La France dès l'Origine à la Guerre de Cent Ans*, pp. 89-90.

他舉行祝聖典禮。[10]次年，羅勃一世也死於戰爭中，當時西法蘭克貴族一致選立拉烏爾（Raoul, r. 923-936）繼位為王，仍由戈提葉主教舉行祝聖加冕禮。

拉烏爾死後，羅勃一世之子偉大的修哥（Hugues le Grand, duc des Francs, 898-956），是西法蘭克王國中權勢最高者。他原本可以爭取國王的頭銜，但國內貴族分成多股不同的勢力，於是他採取更謹慎的態度，支持加洛林人路易四世（Louis IV, r. 936-954）為國王。936年6月19日在拉翁（Laon），二十多名主教和王國顯貴出席，由漢斯大主教阿陶德（Artald de Reims, 931-940）主持祝聖禮。根據拉烏爾·格拉貝爾（Raoul Glaber, c. 985-1047）的描述，參加儀典的貴族選舉查理三世的兒子路易，使其憑藉世襲血緣的權力，統治人民。[11]在政治外觀上，加洛林王族的權威似乎再現，但實際上，西法蘭克貴族的權勢日益擴大，羅勃家族的實力更勝一籌。加洛林人的威權逐漸被羅勃家族的強勢氣韻遮蔽，他們在統治上，陷入困守一隅的苦境。雖然加洛林王朝的終結，尚未出現在十世紀的民眾意識中，但時人也隱約感知某種有利於法蘭克公爵（羅勃家族）的政治變局。

對加洛林家族的敵視，不僅僅來自國內貴族，羅馬教宗和日耳曼國王的影響力，更不容小覷。查理曼征服異教信仰的薩克森人之後，日耳曼地區的人民已幡然改信基督教。「凡爾登

10　Ferdinand Lot, *La France dès l'Origine à la Guerre de Cent Ans*, p. 91.

11　*Rodulfi Glabri Historiarum Libri Quinque*, in *Momumenta Germaniae Historiae. Scriptores*. Ed. Perze（G. H.）（Hanover, 1826 - ），t. VII, p. 53.

條約」之後，東法蘭克傳至孺子路易四世（Louis IV l'Enfant, r. 900-911），911年孺子路易去世後，加洛林的王祚斷絕。此時日耳曼分為五大公國——法蘭哥尼亞（Franconia）、薩克森（Saxon）、洛林（Lorraine）、斯瓦比亞（Swabia）和巴伐利亞（Bavaria）。其中，薩克森勢力最為強大。日耳曼貴族忌憚薩克森勢力坐大，推選了法蘭哥尼亞公爵康拉德（Conrad, roi de Germanie, r. 911-918）為國王，並採用膏油祝聖賦予王權合法性。康拉德國王既無武力逐退斯拉夫人和馬扎爾人，面對地方貴族侵犯教會領地，也無能力捍衛教會權益。為了抵抗馬扎爾人，康拉德去世後，日耳曼貴族改選薩克森公爵亨利一世（Henri Ier, r. 919-936）為日耳曼國王。

與加洛林人不同的是，亨利一世保留國王身分的世俗特性。在過去兩個世紀中，賦予加洛林王權合法性依據的祝聖加冕典禮，亨利一世對此儀式卻不屑一顧，予以否定。維杜金德（Widukind of Corvey, c. 925-973）的《薩克森人歷史》，生動描述亨利一世宣稱自己不配接受國王祝聖的殊榮，謝絕梅茨大主教為他進行祝聖禮。[12]亨利一世不願意接受教會具侵略性的支持，他深信日耳曼慣例足以充分證明王權合法性。

日耳曼的「東進政策」（Drang nach Osten），由亨利一世發起，他在933年擊潰馬扎爾人和斯拉夫人；爾後，鄂圖一世（Otto Ier, r. 936-973）再度進擊，在列希菲德之役（Schlacht auf dem Lechfeld bei Augsburg, 955），鄂圖一世完全征服馬扎爾

12　Widukind, *Res Gestae Saxonicae Sive Annalium Libri* I, 26. in *MGH. Scriptores*, t. III. p. 429.

人。此役，使他成為基督徒的拯救者，受到日耳曼軍士高呼為「皇帝」。[13]東進政策的巨大勝利，結束馬扎爾人對日耳曼邊境的侵擾，日耳曼殖民區和新教區逐步往斯拉夫區域擴展；十世紀末，匈牙利也融入西歐基督教信仰體系之中，鄂圖一世偉大的軍事功業，顯著提升其家族的威望。

　　然而，鄂圖一世和其父不同，他非常重視宗教祝聖加冕儀式，這一點與當時薩克森的政治和社會狀況有關。一方面，長子繼承在薩克森社會中，尚未形成慣例，此規則能否在薩克森王朝初期即生效，仍有待商榷。另一方面，鄂圖出生在亨利一世即位之前，其幼弟亨利聲稱有權繼承加洛林帝國，鄂圖為阻絕王弟亨利的競爭，唯有借助宗教性的祝聖儀式。羅馬教宗同意將皇帝的權力，從法蘭克人移交給鄂圖一世，962年教宗約翰十二（pope John XII, r. 955-964）為他舉行皇帝加冕禮。鄂圖一世擁有皇帝頭銜，延續查理曼的權威，無形中促使他進取洛林和西法蘭克的野心。

　　鄂圖家族與加洛林家族的對立，主要爭奪點在於洛林的控制權。洛林是當時經濟發展蓬勃的區域，更是加洛林王族的發源地，路易四世將洛林公國併入西法蘭克王國，在凡爾登接受洛林地區眾多伯爵與主教的臣服禮。[14]鄂圖一世曾多次出兵

13　鄂圖一世征服馬扎爾人，受到軍隊將士們的歡呼擁戴，尊為皇帝。此行為是日耳曼傳統的擁戴領袖方式，純屬世俗性，不具宗教的意涵。此事件記載在Widukind, *Res Gestae Saxonicae Sive Annalium Libri* I, 26. in *MGH. Scriptores*, t. III. p. 459.

14　Karl Ferdinand Werner, *Histoire de France: Les Origines*（*Avant l'An Mil*）, *Histoire de la France*, t. I, p. 465. 鄂圖一世的兩位姊妹婕爾貝嘉（Gerberga, c.

洛林，仍無法完全征服洛林地區，形成鄂圖和加洛林人的敵對態勢。鄂圖一世以查理曼繼承人自居，勢必爭取洛林地區。他採取亦戰亦和的策略，將他的兩位姊妹婕爾貝嘉（Gerberga of Saxony）和哈德薇菊（Hadwige of Saxony），分別與西法蘭克國王路易四世和羅勃家族的偉大修哥聯姻。[15]此外，鄂圖一世聯合當時強大的羅勃家族，以及反加洛林家族的貴族與軍事巨頭，採取孤立加洛林的政策，來壓制西法蘭克國王。

　　十世紀西歐的政治與社會動盪不安，羅馬教會也感受到局勢的危急。教宗始終尋求一個強大的世俗政權作為教會的依靠，一方面可以防禦深具野心的羅馬貴族，另一方面，基督教世界一統性的理想，勢必經由世俗政權來實現。然而，十世紀末加洛林統治殘缺無力，教會有感於時局丕變，也體認到此時期鄂圖家族權威與加洛林相較，判若雲泥。加洛林人未能履踐捍衛羅馬教會的責任，教會與加洛林緊密聯合的基礎，已經瓦解。隨著法蘭克公爵修哥·卡佩（Hugues Capet, r. 987-996）的優勢日增，以及鄂圖勢力介入洛林，撼動羅馬教會支持西法蘭克的立場。對於教會而言，具有皇帝權威的鄂圖家族，更加符合基督教世界的一統性理想，鄂圖皇族對於洛林的企圖，影響了教會人士對加洛林的一貫態度。教會立場的轉向，牽動987年的朝代更迭。

913–984）和哈德薇菊（Hedwig, c. 910–965），分別與加洛林和羅勃家族聯姻。鄂圖一世初期對西法蘭克王國的態度，亦戰亦和。

15　Yves Sassier, *Hugues Capet: Naissanee d'une Dynastie*（Paris: Fayard, 1987），pp. 107-109.

（二）　加洛林王室與羅勃家族的勢力消長

　　十世紀末，在國內貴族和鄂圖皇族的野心擴張中，加洛林家族的命運，陷入無可逆轉的悲劇性境地。偉大修哥（Hugues le Grand, c. 896-956）雖然擁立路易四世登基，但他始終未曾放棄擴權的政治意圖，事實上，在時人的眼目中，偉大修哥細密地掌握著統治權。

　　從地理空間的權力分布而言，在這個時代中，羅勃家族的勢力急遽擴張。935-940年間，偉大修哥增加十多處伯爵領地，[16]這些世俗或教會領地，坐落於西法蘭克的核心政治區域。路易四世在位初期，偉大修哥不僅掌控國王，他的權勢與聲望，也凌駕西法蘭克各貴族之上。936年路易四世在第一份官方文書中，任命偉大修哥為「法蘭克公爵」（*Dux Francorum*）時提到：「我們最親愛的修哥，法蘭克公爵，是我們王國之中（僅次於我的）的第二人。」[17]這份文書清楚呈現，偉大修哥在西法蘭克的政治地位。儘管他支持路易四世，卻未放棄對王位的野心。他經由政治聯姻提升家族威望，結盟西歐強勢王族作為政治後盾，更顯示志不在小。第二次婚姻，他迎娶威色克斯公主伊狄爾德（Eadhild de Wessex, c. 874-924），結盟英格蘭王

16　十世紀初，羅勃家族從羅亞爾河地區擴張到塞納河區，擁有巴黎、潘瑟黑（Pincerais）、普瓦西（Poissy）、梅黑瑟（Mérésais）等地；936年，他們從勃根地公國取得塞諾納（le Senonais）與歐塞爾（l'Auxerrois）地區。在935-940年間，偉大修哥更增加十多個伯國領地，包括羅勃家族最初的發源地羅瓦爾河區，擁有圖倫（Touraine）、奧爾良（Orléans）、杜納瓦（Dunois）、沙爾特蘭（Chartrain）、布雷蘇瓦（Blésois）等地。

17　Karl Ferdinand Werner, *Les Origines*（*Avant l'An Mil*）, p. 463.

的勢力；[18]第三次婚姻，他和鄂圖一世之妹哈德薇菊（Hedwig, c. 910-965）聯姻，奠定羅勃家族和鄂圖家族的關係。[19]日後鄂圖三世支持修哥‧卡佩成為國王，也是政治聯姻的成果。

　　954年，路易四世在打獵中意外去世。[20]偉大修哥聯合國內貴族，擁立年僅13歲的洛泰爾（Lothaire, r. 954-986），同年11月12日，漢斯大主教阿爾努（Arnoul de Reims, c. 967-1021）為他舉行祝聖加冕禮，新國王洛泰爾仍受制於偉大修哥。[21]兩年後，偉大修哥去世，法蘭克公爵的頭銜和全部領地，悉由長子修哥‧卡佩繼承。[22]偉大修哥對於子嗣繼承權的安排，深具意義。研究十至十四世紀卡佩家族的萊維斯（Andrew W. Lewis, c. 1943-2017）提到，十世紀中葉的某些強大貴族家系，已實行長子繼承制。[23]相同的看法，也出現在研究加洛林帝國的維爾納（Karl Ferdinand Werner, c. 1924-2008）論述中。他認為，偉大

18　Sassier, *Hugues Capet*, p. 96.

19　Sassier, *Hugues Capet*, p. 107.

20　在954年9月10日，西法蘭克國王路易四世打獵時，落馬傷重不治，得年36歲。其子洛泰爾仍未成年，由法蘭克公爵偉大修哥行使監護權。Ferdinand Lot, *La France dès l'Origine à la Guerre de Cent Ans*, p. 93.

21　Laurent Theis, *L'Avènement d'Hugues Capet*（Paris: Gallimard, 1984）, pp. 254-255.

22　偉大修哥安排次子鄂圖與勃根地公主聯姻，而領有勃根地公國。三子厄德在早期展開修士生涯，在其兄勃根地公爵鄂圖去世之後，厄德繼承勃根地公爵頭銜，改稱為亨利。Henri Dhondt, *Études sur la Naissance des Principautés Territoriales en France du IXe au Xe Siècle*（Bruges: De tempel, 1948）, pp. 139, 165-167.

23　Andrew Lewis, *Le Sang Royal, La Famille Capétienne et l'État, France, X^e-XIVe Siècle*（Paris: Gallimard, 1981）, pp. 40-41.

修哥將全數家業歸於長子，是深思熟慮的策略。這方式足以避免家族領地碎裂分割，同時也保存繼承人的強大實力，有利於家族擴張政治版圖以及新政權的出現。[24]西法蘭克社會的發展情勢，預示一個新王朝意識的醞釀成形。

國王洛泰爾為了制止胞弟洛林公爵查理（Charles, duke of Lower Lorraine, r. 979-993）進取王位的野心，發兵擊打洛林。這一點，牴觸鄂圖皇族合併洛林的企圖。當時親鄂圖的漢斯大主教阿達貝宏（Adalbéron, Archbishop of Reims, 969-989）暨教會人士，眼見洛林危機，憂心如焚。984年，阿達貝宏向皇帝鄂圖三世告發洛泰爾和巴伐利亞公爵亨利聯盟，欲謀取皇權的陰謀。況且，反加洛林聯盟——鄂圖皇族與羅勃家族——早在偉大修哥時代，雛形已現。[25]因著這層緣故，修哥・卡佩與鄂圖三世締結聯盟，對抗洛泰爾的洛林政策。洛泰爾為了制止反加洛林聯盟，轉而尋求埃利伯丁家族（Les Héribertines）的支持，他剝奪漢斯教區神職貴族的權益，轉讓給埃利伯丁人。這些措施，造成神職人士和洛泰爾之間嚴重的敵對態勢。

此時，西法蘭克王國中最具有影響力的教會人士——阿達貝宏和吉爾伯特（Gerbert，日後的教宗西爾維斯特二世），他們覺察洛林公爵查理欲進取王位、併合西法蘭克與洛林。這一企圖，無形中阻礙皇帝進取洛林之志，教會人士決意全力拆解洛林危局，因而轉向支持修哥。在吉爾柏特的書信中，他點出

---

24 Andrew Lewis, *Le Sang Royal,* pp. 32-33.

25 Karl Ferdinand Werner, *Histoire de France: Les Origines*（*avant l'An Mil*）, p. 482.

洛泰爾只是名義上的國王，真正的國王是修哥。[26]這種說法，早在矮子丕平登上王座時，已經出現。[27]吉爾柏特引用加洛林的創朝典故，辯證加洛林被取代並非無例可循，民心向背方為準則。

值得關注的是，自八世紀，漢斯教區一直是加洛林王權的首要支持者，洛泰爾國王更是協助阿達貝宏晉升大主教的推手。然而，為了貫徹教會的政策、存全漢斯教區的利益，阿達貝宏採取支持法蘭克公爵修哥的策略。加洛林政權在十世紀末的終結，教會人士的背離是絕對關鍵。[28]

986年3月洛泰爾去世，嗣子路易五世（Louis V le Fainéant, r. 986-987）登基。次年，5月21日在桑利斯（Senlis）近郊森林，他也死於一場狩獵事故。隨即，在桑利斯的顯貴大會中，舉行新國王的選舉。當下，阿達貝宏擁護法蘭克公爵修哥的利益，振振有詞地發表排除洛林公爵查理繼承權的論述：

> 我們從未忽略，貴族和人民支持查理繼承其父祖王位的
> 意願；然而，我們細察此事，（當可發現）王位的取得，
> 並非經由世襲法（決定）。我們應該接受的王國統治者，

---

26 Gerbert, *Lettres de Gerbert*. Ed. Julien Havet（Paris: A. Picard, 1889）, p. 46.

27 *Annales Regni Francorum*, Ann. 749, *Les Continuateurs de Frédégaire*, p. 182.

28 維爾納分析當時情勢提出，「經由951年的聯姻，他成為鄂圖一世的妹婿，以及954年偉大修哥之妹碧翠絲嫁與腓特烈伯爵。959年，他被提升為洛林公爵。羅勃家族與鄂圖家族的穩固關係，在十世紀晚期扮演決定性的角色。」Karl Ferdinand Werner, *Histoire de France: Les 0rigines（avant l'An Mil）*, p. 490.

必須具備高貴出身、聖潔美德和崇高榮譽。史書年鑑記載
著，眾多出自顯貴家系的皇帝，由於本身的怯懦，致使政
權加速滅絕，其皇位被他者繼承⋯⋯又，我們能賦予查理
何種尊貴的職權呢？他是一位行事毫無榮譽、遲鈍、行徑
荒誕者；尤有甚者，他喪失理智（招致）服事外國君主的
屈辱，甚至聯姻低層附庸之女。總之，請擁立法蘭克公爵
作為領導者，由於他的英勇作為、高貴身分和軍事實力。
您們將從法蘭克公爵本身，見證公共事務的捍衛者，暨您
們私人利益的保護者。[29]

　　修哥・卡佩對教會、貴族和人民做出宣誓後，[30]接受貴族們
一致的歡呼，成為國王。同年7月3日在努瓦永（Noyon），按照
慣例，在阿達貝宏、主教、貴族出席的慶典中，修哥・卡佩接
受國王祝聖禮，[31]開啟新的政權格局——卡佩王朝（The Capetian
Dynasty, 987-1328）。

（三）　卡佩王朝初期的國王祝聖禮

　　卡佩王朝的初建階段，法蘭克社會正處於中央權力低落，
私戰和暴力事件層出不窮之時。西法蘭克的政治局勢波詭雲

29　Pognon, *Hugues Capet, Roi de France*（Paris: A. Michel, 1966），pp. 250-251.

30　*Recueil des Historiens des Gaules et de la France*. Ed. Bouquet（Martin）
　（Paris: Aux dépens des librairies, 1876），t. XI, p. 658.

31　Richer, *Histoire de France*（888-995）. Ed. Latouche（Robert）（Paris: Libr.
　ancienne H. Champion, 1930），t. II, p. 158.

謠，教會人士起而呼召建立社會新秩序，因而促使卡佩國王採取因應之道。

　　早期卡佩國王的重要目標，仍著重於鞏固王位和提升王權，修哥・卡佩急於確定長子繼承和王位世襲。987年，正當修哥・卡佩被選立為國王時，南方的貴族與主教們，皆缺席當時的選舉大會。事實上，南方的貴族、主教和法蘭克國王的關係早已終止，成為獨立於王國以外的自治區。南方的世俗與神職貴族，甚至是法蘭德斯伯爵，他們堅持洛林公爵查理才是真正的國王，抗議並質疑修哥・卡佩的王權正當性。為了降低貴族們介入王位繼承的風險，修哥・卡佩重拾加洛林慣例，欲將長子羅勃並立為王（associé à la couronne）。基於此，他在奧爾良貴族大會上，向貴族們詢問「立羅勃為儲君」一事。當下貴族們皆反對，尤其是大主教阿達貝宏以「依據法理，不得在同一年內，選立兩位國王」為由，[32] 予以否決。

　　當時西班牙北區發生亂事，修哥・卡佩提出國王出征，若於軍事行動中陣亡，另一位國王足以維持國內安定。這番言詞說服了阿達貝宏，於是在同年的聖誕節，羅勃（Robert II le Pieux, r. 996-1031）接受祝聖禮，並立為王。羅勃二世之後的法蘭西王位，皆由長子繼承。長子繼承制觀念（La Primogéniture），從十一世紀末到十二世紀初期逐漸成為西歐慣俗，法蘭西王位繼承法則也固定為世襲制。這個事實，宣告加洛林王權的徹底終結，一個新的王朝誕生。[33]

---

32 Richer, *Histoire de France*（888-995）, p. 162.
33 根據萊維斯的研究，卡佩王朝在最初階段的發展，得力於其強大的家族結

綜觀卡佩王朝的建立，得力於在最初階段，修哥·卡佩採用祝聖典禮作為王權正當性的確認；加之，他採用預立長子於王位的方式，抑制強勢封建貴族介入王位轉移的事務。修哥成功地從選舉制獲得的法蘭克王位，轉變成世襲制的王朝。

二、卡佩王權旋圈與上升

（一）王權震盪與危機消解

十一世紀下半葉的法蘭西王權轉移形式，說明卡佩家族已成為世襲王朝。藉由國王祝聖禮和聖油瓶的傳說，卡佩君主的神聖性與尊貴性，遠高於其他的西歐王室，甚至是神聖羅馬帝國的薩利安皇室，也無法媲美卡佩王室的神聖性優勢。亨利一世朝（Henri Ier, r. 1031-1060）末期，貴族們在王位轉移時的重要性，已大幅降低。由於國王健康狀況欠佳，亨利一世決定讓六歲的長子腓力繼承王位。根據〈1059年禮儀書〉的紀錄，腓力一世的祝聖禮，主要涵括三部分——國王宣誓、貴族的同意歡呼、膏油儀式。[34]

國王宣誓之後，貴族一致歡呼，同意國王接受王權。儀軌的進行是按照唱名順序，首先是神職貴族，即漢斯大主教、頌斯和都爾大主教、20名主教和29名修院長。緊接著，世俗貴族

構和長子繼承制。長子世襲繼承制也延伸為法蘭西王位的繼承。Andrew Lewis, *Le Sang Royal*, p. 63.

34　Le Protocole de 1059 du Sacre de Philippe Ier, in *Recueil des Historiens des Gaules et de la France*（*RHF*）, t. XI, p. 32.

的歡呼儀式，也按位階次序一一唱名，依次為亞奎丹公爵、勃
根地公爵、法蘭德斯伯爵、安茹伯爵，隨後是華洛瓦伯爵、維
曼多瓦伯爵、龐蒂厄伯爵、斯瓦松伯爵、奧維涅伯爵和其他男
爵們。[35]在場人士以鼓掌的方式，表示同意。[36]歡呼選舉的儀
式一結束，漢斯大主教杰爾偉（archevêque Gervais de Bellème,
1055-1067）向在場眾人布道，他特別強調羅馬教宗賦予漢斯
大主教選舉和膏油祝聖的權利，此權利來自聖荷密以「天上聖
油」為克洛維受洗的神蹟。[37]從腓力一世的〈1059年禮儀書〉
觀看貴族們的「同意歡呼」，已成為一種制度化的儀式。法蘭
西王位繼承以宗教聖化的方式進行，實際上，也是卡佩王權合
法性的重要元素。在祝聖禮的隔年，腓力一世（Philippe Ier, r.
1060-1108）毫無爭議地成為國王。

　　十一世紀下半葉羅馬教會改革，尼古拉二世（pope Nicolas
II, r. 1059-1061）修改教宗的選舉程序，[38]羅馬教會逐漸擺脫帝國
的掌控。由於教會禁止俗人授職，歐洲基督教世界出現政教衝
突的局面。關於俗人授職的爭論，法蘭西國王未曾表態支持帝
國或教宗；法蘭西王國與教廷淵源甚深，法蘭西成為羅馬教廷

---

35 神職身分貴族：l'archevêque de Reims, les archevêques de Sens et de Tours,
vingt évêques et vingt-neuf abbés；世俗身分貴族：le duc d'Aquitaine, le duc
de Bourgogne, les comtes de Flandre et d'Anjou, puis les comtes de Valois,
de Vermandois, de Ponthieu, de Soisson, d'Auvergne et les autres barons
Schramm,"Der König von Frankreich... , " pp. 100-101.

36 Le Protocole de 1059 du Sacre de Philippe Ier, *RHF*, t. XI, p. 32.

37 Le Protocole de 1059 du Sacre de Philippe Ier, *RHF*, t. XI, p. 33

38 Olivier Guillot, Albert Rigaudière et Yves Sassier, *Pouvoirs et Institutions dans la
France Médiévale*（Paris: A. Colin, 2003）, p. 224.

在政教衝突中，最忠誠的盟友。

　　然而，亨利一世多次鬻售教會職務而聲名狼藉，法蘭西和教會的關係也因而緊繃。新國王腓力一世雖曾多次出售教職，卻沒有因此被逐出教會，或遭剝奪王權。反觀，他與安茹伯爵夫人貝爾塔德（Bertrade d'Anjou, c. 1070-1117）的二次婚姻引發醜聞，教宗烏爾班二世（pope Urban II, r. 1088-1099）禁止所有主教為新王后貝爾塔德加冕，[39]腓力一世被逐出教會。這一場婚姻風波，引發了王位繼承的難題。

　　早期的卡佩諸王，皆於國王仍在位期間，預立王儲。腓力一世未預立繼承人，造成日後路易六世（胖子路易）即位的困難。[40]腓力一世對嗣子繼承王位的態度，模稜兩可。他曾任命胖子路易為「指定國王」（roi Désigné），[41]並將新征服地——曼特（Mantes）、蓬圖瓦茲（Pontoise）和維克森伯國（comté de Vexin）——賜與他。然而，教宗帕斯卡二世（pope Pascal II, r. 1099-1118）在1107年訪問法蘭西之際，[42]腓力一世並未藉機為路易舉行祝聖禮。

39　*Lettre d'Yves de Chartres. RHF*, t. XV, p. 82.

40　腓力一世與奧朗德伯爵（comte de Hollande）之女貝爾特（Berthe）的首次婚姻，育有長子胖子路易。1092年，腓力一世再娶貝爾塔德，有三個兒女——腓力、弗洛魯斯和塞西爾。貝爾塔德王后極力運作王廷貴族勢力，希望扶正其子腓力為王儲。腓力一世在王位繼承態度上，採取延遲模糊的姿態。

41　Augustin Fliche, *Le Règne de Philippe Ier, Roi de France*（*1060-1108*）（Paris: Société française d'imprimerie et de librairie, 1912），p. 82.

42　Suger, *Vie de Louis VI le Gros, Sources de l'Histoire*. Trad. fr. par Waquet, Henri. *Les Belles Lettres*（Paris: H. Champion, 1929），p. 51.

腓力一世去世後，胖子路易期望盡早舉行祝聖加冕典禮。1108年7月29日，頌斯大主教丹伯特（Daimber, archevêque de Sens, 1096-1122）主持儀典，出席者有奧爾良、巴黎、摩城、夏特爾等主教和眾多神職人員。[43]根據聖丹尼修院長蘇傑（Abbot Suger, c. 1081-1151）的紀錄：

> 在祝聖儀式上，頌斯大主教使用至聖的油膏，塗抹在路易六世的額際。在感恩彌撒後，他取下國王的騎士之劍，改以教會之劍繫在國王腰際，象徵國王剷除作惡者。隨後，他手持王冠戴在國王頭上，並虔敬地將權杖和正義之手授予國王，使國王捍衛教會和貧困人民；又授予其他象徵王權的御寶，在場所有人士都極為滿意。[44]

然而，漢斯大主教拉烏爾（Raoul le Vert, archevêque de Reims, 1109-1124），宣稱路易六世的祝聖禮無效。因為根據教宗西爾維斯特二世的教諭，[45]法蘭西國王祝聖加冕禮，必須由漢斯大主教主持。由於漢斯大主教的抗議，給予貴族和領主們抗拒路易六世統治的藉口，反對勢力轉而支持其同父異母弟——

43　Suger, *Vie de Louis VI le Gros*, p. 87.

44　Suger, *Vie de Louis VI le Gros*, p. 87.

45　Gerbert, *Lettres*, p. 239. 教宗烏爾班二世教諭（Bulle d'Urbain II）在1089年再度確認此特權："... Remigius ad fidem Clodove converso primum illi regno regem christianissimum instituisse cognoscitur, ita tu quoque tuique successores... ungendi Regis et ordinandi sive Reginae prima protestate fungamini." *RHF*, t. XIV. p. 695.

腓力德孟特（Philippe de Mantes）。[46]為了平息這些動亂，路易六世除了出兵征伐，當時的輿論也傾向認同路易六世，尤其是當時聲望極高的夏特爾主教伊夫（Yves de Chartres, c. 1040-1116），也為路易六世辯護，他宣稱根據理性、傳統和法律，王權立基於長子繼承法、選舉制和祝聖禮，他強調路易六世的王權正當性，毫無爭議。[47]

　　王朝存續問題，具有不可化約的複雜性，路易六世王位繼承紛爭引發的餘波，是卡佩王朝從未經歷過的亂象。他的切身遭遇，無疑地在王位繼承方面，給了他一個重要的參照。換言之，他深信國王在位時預立王儲，是王朝穩固的根基。沿循這一思路，在1129年，路易六世為長子腓力舉行祝聖禮；然而，兩年後，王儲腓力因墜馬意外而去世。[48]儘管路易六世對此不幸事件感到驚愕、哀傷，他仍聽從蘇傑和王室成員的建議，[49]立即為次子路易舉行祝聖禮。同年10月25日（王儲腓力死後12天），未來的路易七世（Louis VII, r. 1137-1180）由教宗英諾森

46　*Lettre d'Yves de Chartres, RHF*, t. XV. p. 144. - Suger, *La Vie de Louis VI le Gros*, p. 85.

47　腓力一世去世之前，胖子路易未曾接受祝聖禮。這一事實，無疑地使人們對他作為王位繼承人的身分，產生質疑。儘管十二世紀初的菁英，如夏特爾主教伊夫認為繼承法才是王位繼承的要素，但祝聖典禮確是所有人眼中認定成為國王的準則。通過這種宗教上的確認，王位繼任者可以維護統治的權威，並對他的臣民行使王權。路易六世在其父去世後，倉促舉行祝聖加冕典禮，暗含著他內心的不安，以及對於王權正當性的疑慮。*RHF*, t. XV, pp. 144-146.

48　Suger, *Vie de Louis VI*, p. 267.

49　Suger, *Vie de Louis VI*, p. 266.

二世（pope Innocent II, r. 1130-1143）親自舉行祝聖禮。[50]在這短短的時日間，從聖丹尼修院的腓力葬禮，到漢斯大教堂的新王儲路易祝聖禮，並未召開傳統的貴族大會。這兩個典禮的參與者，悉由國王的常設顧問代理。從極度悲痛的喪禮，轉入華麗歡慶的王家祝聖儀式，闡明路易六世將王位傳承問題，置於政治的首位。

按照王家祝聖禮的傳統儀式，路易七世的祝聖禮在漢斯舉行。不同的是，這次明確地提到使用「天上聖油」。[51]聖油瓶上黃金製的鴿子，或許是為此慶典製作的精緻物件，[52]因為其上的金銀製品技法，是十二世紀工藝技術的典型代表——珊瑚製的鳥爪和鳥喙，裝飾在鑲嵌寶石的鎏金平盤上，黃金材質的鴿子頸部有一銀鏈，可以攜帶聖油瓶。

1137年，在路易六世行將就木之際，他召集貴族大會。在大會議中，他卸下象徵王權的珍寶物件，並向上帝懺悔自己在管理王國方面的錯誤。隨後，他將戒指交給路易，要求他宣誓保護教會、孤寡者和所有臣民的權利，將王權轉移給王儲路易。[53]

路易六世深知，王國擴張的道德力量必須建立在領地的物

50　Suger, *Vie de Louis VI*, pp. 268-269.

51　Théodore Godefroy, *Le Cérémonial François*（Paris: chez Sébastien Cramoisy et Gabriel Cramoisy, 1619）, t. I. p. 135: "Clodoveum regem Francorum in christianum unxerat."

52　Chartier, Jean. ed. *Chronique de Charles VII*（Paris: P. Jannet, 1858）, t. II, p. 100.

53　Suger, *Vie de Louis VI*, p. 274.

質基礎上。由於國王無法透過武力獲得更多領地，他試圖通過婚姻來擴張王家領地。於是，他使王儲路易聯姻亞奎丹女繼承人——艾莉諾公主（Éléonore d'Aquitaine, c. 1137-1204）。對於法蘭西王室的利益，這場王室婚姻是大好機會，據此，他獲得波瓦圖、利木贊、波爾多、阿吉諾瓦，以及前加斯科尼公國。法蘭西的統治權因而延伸到奧弗涅、佩里戈爾、聖通治（la Saintonge）和翁古穆瓦（l'Angoumois）等地。正當王儲路易成為亞奎丹公爵之際，路易六世在巴黎去世。[54]得知消息後的路易連忙趕回巴黎，他的王位繼承權未曾遭遇任何質疑。

　　路易七世順利地即位，反映卡佩國王已成功地擺脫王位選舉制的束縛。在臣民的意識中，卡佩王權的正當性來自祝聖禮確認，它是名副其實的世襲王朝。國王祝聖加冕禮強化卡佩王室的尊貴特質，超越其他基督教君主，而具有一種神聖地位。在1143年巴黎教會的憲章中，路易七世表達「天上聖油」的深奧價值：

　　　　我們經由《聖經》的真理權威和教會的神聖教誨，深知唯有國王和主教被施以神聖膏油。因此，那些接受最神聖的基督膏油者，他們被立於上帝子民之上，引導（子民）並為臣民提供世俗的財富，正如精神財富一樣。[55]

54　Suger, *Oeuvres, t. I. L'Oeuvre Administrative et Histoire de Louis VII.* Ed. Gasparri, Françoise（Paris: Les Belles Lettres,1996）, t. I, pp. 156-157.

55　Achille Luchaire, *Histoire des Institutions Monarchiques de la France sous les Premiers Capétiens（987-1180）*（Paris: Imprerie Nationale, 1883）, t. I, p. 40.

圖4　腓力二世奧古斯都的祝聖加冕典禮（Sacre du Philippe II Auguste de France），法蘭西貴族團成員和王權御寶的在場。
出自《法蘭西大編年史》微型彩繪，約1455-1460年（*Grandes Chroniques de France*, Paris, Bibliothèque Nationale de France, Département des Manuscrits, Français 6465, fol. 212v）。
© Wikimedia Commons

　　儘管當時俗人授職的爭端，政教衝突已持續近一個多世紀，但是羅馬教廷與路易七世卻保持著密切而有益的關係。一方面，皇帝選擇採取對抗教廷的政策，加之神聖羅馬帝國不再符合教會的理想，羅馬教會遂轉向法蘭西和英格蘭。另一方面，從八世紀以降，法蘭克王國是教會人士的庇護所，這種情形在十二至十三世紀愈加頻繁。因此，英格蘭的高階神職人

士——如坎特伯里大主教聖安塞姆（Saint Anselm of Canterbury, 1093-1109）和托馬斯・貝克特（Saint Thomas Becket of Canterbury, 1162-1170）——與英格蘭王爆發衝突時，兩位大主教都選擇避難到法蘭西王國。法蘭西國王與教廷的特殊關係，也體現在路易七世的十字軍之行。1147年，路易七世響應聖伯納（Saint Bernard of Clairvaux, c. 1090-1153）的號召，參加第二次十字軍，他毫不遲疑地把王國交託羅馬教會。[56]

　　路易七世與艾莉諾王后的婚姻，在1152年結束。路易七世為了繼承人的問題，又經歷兩次婚姻。兩年後，他與卡斯提爾公主康斯坦斯（Constance of Castile, c. 1136 ?- 1160）結婚，新王后因難產去世。急於獲得子嗣的路易七世，再婚香檳公主阿莉克斯（Alix of Champagne, c. 1140-1206），至1165年誕下腓力，當時他已年近46歲。路易七世並未立即為腓力舉行祝聖儀式。教宗亞歷山大三世（pope Alexander III, r. 1159-1181）也曾建議為年幼的腓力舉行祝聖禮，預立王儲，[57]他提醒路易七世，為了避免王位傳承出現糾紛，神聖羅馬皇帝曾為三歲兒子做此

---

56 此事見於尤真尼三世教宗給頌斯大主教修哥的一封信中，提到國王將他的王國置於聖座的保護。引自Jean de Pange, *Le Rois Très Chrétien*（Paris: Arthème Fayard, 1949），p. 307, note. 50.

57 教宗亞歷山大三世提到法蘭西國王，皆稱呼「最基督徒國王」（ le Roi très chrétien），當他提到英格蘭僅稱呼「國王」。*Vita Sugerli, RHF*, t. XIII, p. 126: "Christianissimus Francorum Rex Ludovicus." - *Oeuvres de Rigord et Guillaume le Breton Historiens de Philippe Auguste,* t. I, p. 13: "In anno quinto decimo suae aetatis in regem est inunctus... adhuc vivente patre christianissimo rege Ludovico."

安排。[58]直到八年後，路易七世感到死亡將臨，在巴黎召開大會議，告知眾人將為其子加冕的願望。在場與會人士皆表示同意，大會議乃宣布解散。[59]儘管如此，他仍延遲到1179年為腓力舉行祝聖加冕禮，預立為國王。

這次的祝聖禮，眾多顯貴紛紛出席。在都爾、頌斯和布爾日大主教，以及聖丹尼修院長面前，腓力二世奧古斯都（Phipippe II Auguste, r. 1180-1223）接受漢斯大主教紀堯姆（Guillaume, archevêque de Reims, 1176-1202）的祝聖加冕。在此儀典中，首次提到「王權御寶」——王冠、權杖和其他物件，授予國王（圖4）。[60]舉行祝聖禮之時，路易七世由於年邁生病而缺席。[61]反觀，英格蘭王儲亨利出席這一慶典，他手持王冠，立在一旁；法蘭德斯伯爵腓力也手持王國的寶劍，以及多位承擔不同職務的伯爵和男爵，[62]手持授與國王的王權御寶，

---

58 在1171年的教宗書信中，教宗亞歷山大三世就王位繼承問題，致信漢斯大主教亨利（路易七世之弟），規勸路易七世為幼年的腓力立即舉行祝聖禮，並預立為王儲。 為了強化此建議，教宗告知他拜占庭皇帝為其子加冕之事。*RHF*, t. XV, p. 925. Achille Luchaire, *Histoire des Institutions Monarchiques de la France sous les Premiers Capétiens*（*987-1180*）, t. I, p. 66.

59 *RHF*, t. XII, p. 214.

60 RHF, t. XII, p. 216.

61 *RHF*, t. XII, p. 214.

62 *RHF*, t. XIII, p. 180. t. XVII, p. 438. - Ben. de Peterborough: *Gesta regis Henrici II*, t. I, p. 242: "Henricus vero rex Angliae... praebat illum, gestans coronam auream in manibus suis, qua ille puer coronandus erat. Et Philippus comes Flandriae praeibat ante illum ferens gladium regni, et mulli duces et comites et barones praeibant et sequebantur illum, diversi diversis deputati obsequii, prout res exigebat." P. E. Schramm, *Der König von Frankreich...* , t. II, p. 105, note 6.

行走在腓力二世奧古斯都面前，為國王開路。在此神聖的慶典中，這些顯貴似乎扮演著「法蘭西貴族團」（pairs de France）角色（圖5）。關於這一點，學者們的看法有所分歧，因為「法蘭西貴族團」名號，最早出現在十三世紀，幾乎與「法蘭西國王」（king of France）的名號，同時出現。因此，在祝聖加冕禮中，這些貴族領主執行某種尊貴任務的事實，應視為封建等級制社會中，附庸對領主的服順，而此一等級化社會的頂端是法蘭西國王，因而，十七世紀學者稱這些貴族領主為「王國最初的附庸」。[63]

（二）「聖潔的騎士國王」三重理想

中世紀下半葉，在政權轉移層面，卡佩王朝以長子繼承制取代原初的選舉制。歷代的卡佩君主，以國王祝聖加冕禮和「聖油瓶」的傳奇事蹟，不僅強化王權的神聖性，也提升王室的權威。這股王權聖化的趨勢，隨著在十世紀下半葉，大量出現受難殉道國王的生平傳記，憑添了世俗君主的聖潔光輝。十一至十二世紀西歐的十字軍行動，正義的騎士形象也深植人心。身處此時代的卡佩君主——聖路易（即路易九世，Saint Louis IX, r. 1226-1270），結合王權、聖潔與騎士精神的三重理想，成為新的王權典範。

世襲制和長子繼承制在十二世紀末，成為卡佩王權轉移的

63　引自Richard A Jackson, *Vivat Rex, Histoire des Sacres et Couronnements en France*（*1364-1825*）（Paris: Ophrys, 1984）, p. 147.

圖5　腓力二世奧古斯都的加冕儀式。圖中法蘭西貴族團的所有成員手扶王冠，國王登上王座的儀式。
出自《聖丹尼編年史》，約十四世紀中期（*Chronique de Saint-Denis*, British Library, Royal 16 G VI f. 331）。
© Wikimedia Commons

方式。因此，國王在位時預立繼承人的形式，漸漸成為一種歷史記憶。

　　預立繼承的概念，由初期卡佩國王確立，他們將內定的繼承人與王位聯繫在一起，而卡佩國王的在位年限平均值達29年，這兩種優勢，使得卡佩王室在十四世紀上半葉之前，將王權轉移保持在王室的直系男嗣血統，避開在政權轉移時發生政治動盪。前述的預立王儲作法，止於路易七世朝。腓力二世奧古斯都在位時，並未膏立長子路易，但路易八世（Louis VIII, r. 1223-1226）的登基，毫無爭議。這一事實，證明新的王權移轉依據——出生（Birth）和血緣（Blood）——已強勢回歸政治領域。

　　這一時期，卡佩君主的統治權提升增長，王室的神聖威望昇華到準聖職地位，這方面歸功於「聖油瓶」的傳說和國王御

觸治病的神蹟（Le pouvoir thaumaturgique）。尤其是御觸治病的神蹟，從聖路易時期開始，就以制度化和常規化的方式運作，很快地成為全國性的王權崇拜。由此，當國王祝聖禮被授予宗教第八聖事的地位時，法蘭西國王在教會中位居主導，甚至聲稱與教宗的屬靈力量平等，箇中原因出自「天上聖油」膏抹法蘭西國王。[64]由於法蘭西君主以天上聖油膏抹一事，受到羅馬教會承認，它有效地強化法蘭西國王的尊嚴。這種特別為法蘭西國王保留的神聖屬性，使得國王祝聖禮具有為王權辯護的能動性，尤其是一般民眾，更加看重宗教聖禮的祕奧效力。這股民眾意識的最直接證明，反映在1429年聖女貞德（Jeanne d'Arc, c. 1412-1431）扶持查理王儲前往漢斯舉行祝聖加冕禮，直到祝聖禮完成後，聖女貞德才承認查理七世是「真正的國王」。

　　卡佩王朝後期的政治演變，繼續朝著擴張王權、增強王室尊嚴的態勢發展。腓力二世奧古斯都在位期間，拆解封建的離心勢力，制伏英格蘭王和法蘭西南部等桀驁不馴的大封臣貴族，王室的版圖幾乎擴大到高盧全境。[65]因此，卡佩王室已成為王國中最強大的家系。他將這豐富的遺業，留給路易八世。腓力二世奧古斯都在1222年遺囑中，命令路易八世應當敬畏上帝、榮耀教會、為人民伸張正義，尤須注重保護窮人和民眾，不受傲慢無禮者的侵害。[66]次年，腓力二世的王家葬禮完成後，

64　Reims BM 328, fol. 72. 引自 Richard A. Jackson: *Vivat Rex*. p. 36.

65　腓立二世新征服的領地，包含阿圖瓦、亞眠、華洛瓦、維曼多瓦、克萊蒙特、博蒙特和阿朗松等伯國，以及諾曼地、緬因、安茹和圖蘭（Touraine）等地，其功業彪炳，被稱為「奧古斯都」。

66　*Ann. de Waverley*, II, p. 298. 引自Charles Petit-Dutaillis, *Étude sur la Vie et le*

在8月6日，漢斯大主教紀堯姆為路易八世膏油祝聖，出席者有頌斯、盧昂和里昂大主教，許多顯貴如耶路撒冷國王讓·德布里恩（Jean de Brienne），[67]以及「法蘭西貴族團」。這是卡佩王朝歷史上，首次出現前位君主辭世後，才舉行國王祝聖加冕典禮。

十三世紀的卡佩君主，巧妙運用「聖油瓶」的傳說，營造出卡佩家系神聖性的氛圍。正如前述，自九世紀後期，安克瑪為了提升漢斯大主教區在王國的首席地位，並確立漢斯大主教為國王祝聖加冕的絕對特權，編造了「聖油瓶」一事。這個傳說，蟄伏在歷史典故的深處，曾經被遺忘近三個世紀之久。直到1131年路易七世的祝聖加冕禮，再度提到使用「天上聖油」的膏抹。自此，「聖油瓶」的神奇傳說，永久地融入法蘭西的國王祝聖禮。[68]它賦予法蘭西君主某種聖化王權和準聖職的複合特質。正如本篤修士兼史家的馬蒂厄·帕里斯（Mathieu Paris, c. 1200-1259）所言：

> 法蘭西國王是人間的萬王之王，這種特質，一則源於膏油從天而來；再則，出於國王權力和軍事力量……即使是英格蘭王，也承認他是主君。[69]

Règne de Louis VIII（*1187-1226*）（Paris: Libraire Émile Bouillon, 1894），p. 219.

67 *RHF.*, t. XVIII, p. 304.

68 根據傑克遜的研究，聖油瓶的傳說最終在1230年左右被納入國王祝聖儀式。Jackson, *Vivat Rex*, 190, pp. 207-208.

69 Mathieu Paris, *Chronica Majora*, vol. V, p. 480: "Dominus rex Francorum, qui

　　在十三世紀期間，不僅「聖油瓶」的傳說被引入國王祝聖禮之中，騎士敘任禮也開始出現在祝聖儀軌裡。騎士敘任禮包含騎士入門的基本儀式——典禮前夕的守夜、馬刺的授予、劍的授予。騎士的入會儀式，從十一世紀開始沿用，[70]直到路易九世（即聖路易）統治時期，被引入國王祝聖禮。在此之前，法蘭西國王的騎士敘任禮，大多早於國王祝聖禮，如路易六世、路易七世和路易八世，[71]皆是如此；或者如腓力二世奧古斯都，是在祝聖禮舉行後一年內，被封為騎士。然而，不論此前或此後，直到路易九世（聖路易）時代，祝聖和騎士敘任這兩種儀式，真正合併在祝聖加冕禮。

　　騎士敘任禮被引入國王祝聖禮（圖6），只是中世紀騎士形象的產物。一種新型基督教聖徒的形象——「聖潔的騎士國王」（chevaleresque du saint roi），自中世紀上半葉已然發展，

---

terrestrium rex regum est, tum propter ejus caelestem inunctionem, tum propter sui potestatem et militiae eminentiam... aït dominus rex Angliae... dominus enim meus（es）et eris...."

70 Jean Flori, *Chevaliers et Chevalerie au Moyen Âge*, p. 226.

71 根據紀堯姆・杜蘭德的《主教儀典書》（le Pontifical），舉行彌撒之際，在《福音書》之後才進行騎士敘任儀式。寶劍的祝福，緊接在唱誦《詩篇》第四十五章之後，神職人士重複三次《詩篇》第四十五章第七節：「你喜愛正義，你恨惡邪惡。」這時，主教在跪姿騎士肩上敲打三下，說：「成為騎士（*Esto miles*）。」這姿勢可能是新騎士敘任儀式的開端，它取代了將寶劍放在祭壇的儀式。在十三世紀末，在騎士敘任儀式中，神職人員的角色顯得愈加明朗。騎士敘任儀式皆由神職者執行。主教拿起聖壇上的劍，將寶劍放在騎士手中，再將寶劍放入劍鞘，並佩掛騎士的身上；他再將寶劍拔出，三次揮舞它，最後，他給新騎士一個和平之吻，並說著：「做一個和平戰士，勇敢、忠誠、獻身於上帝。」隨後，在場顯貴們調整他的馬刺，並把旗幟交給了他，儀式始告完成。

圖6　法蘭西國王讓二世祝聖禮中的騎士敘任儀式。

出自《法蘭西大編年史》微型彩繪，約十四世紀中期（*Grandes Chroniques de France, Paris*, Bibliothèque Nationale de France, Département des Manuscrits, Français 73, folio 386）。

© Wikimedia Commons

並在十三世紀形成。十世紀的兩篇聖徒傳記，其一是曼圖亞主教岡波德（Gumpold, évêque de Mantoue, 966-981）應皇帝鄂圖二世的要求，在975年創作了波西米亞公爵聖溫塞拉斯（duc de Bohème saint Vencelas）的傳說。[72]另一份是弗勒里修院長阿本（Abbon, abbé de Fleury, c. 945?-1004），創作《聖埃德蒙受難記》（*Passio Sancti Eadmundi*）。[73]這些文本，連貫地描繪國王面對敵人時的英勇作為，以智慧和節制履行君王的職責，強調「受難的聖潔國王」（saint roi souffre-passion）形象。這些聖潔國王，毫無保留地支持教會、戮力於慈善事功，表現出非凡的勇氣和真誠的信仰，並充滿激情地對抗異教敵人。[74]

中世紀早期基督教的聖徒傳記，強調受難聖徒的事蹟，至十世紀末，已逐漸發展出「受難的聖潔國王」形象，強調君主為了捍衛信仰和教會而慷慨殉道的激情，促使世俗權力的真正聖化。然而，君王為信仰殉道與受難的概念，至十二世紀中葉已不復強調，取而代之的是「正義君王」（*rex justus*）形象。「受難的聖潔國王」形象之轉變，顯然是十二世紀基督教正義

---

72 *Passio Sancti Venczlavi Martiris, Gumpoldi Mantuani Episcopi, Fontes Rerum Bohemicarum*, éd. par Emler（Josef），t. I（Praha: Nadání Františka, 1873），pp. 146-166. Jean Flori, *Chevaliers et Chevalerie au Moyen Âge*（Paris：Hachette Littératures, 1998），p. 230.

73 *Abbonis Floriacensis Passio Sancti Eadmundi, Memorials of Saint Edmund's Abbey*, éd. par Arnold（Th.）（London: Printed for Her Majesty's Stationery Office, 1890），vol. I, pp. 3-35. -Thomas Head, *Hagiogrphy and the Cult of Saints. The Dioces of Orléans 800-1200*（Cambridge: Cambridge University Press, 1990），pp. 240-255.

74 *Passio Sancti Venczlavi Martiris.*, p. 160.

戰爭的映現。[75]在十字軍的世紀中，基督戰士（*Miles Christi*）的新概念萌芽，國王、騎士們與異教徒作戰昇華了他們的宗教尊嚴，成為理想的騎士；更妙的是，聖潔君王形象與騎士精神的轉變，在這種新概念中，得到體現。十一世紀最後的兩次封聖——匈牙利的聖埃西安（saint Etienne d'Hongrie, 1083）和丹麥的聖卡努特（saint Canut de Danemark, 1100），闡明這一趨勢。在十二世紀中葉，宗教封聖的兩個新事例，更加凸顯這股神聖氛圍。1146年神聖羅羅馬皇帝亨利二世，1163年英格蘭王證道者愛德華，被封為聖徒，由於他們純潔的婚姻和慈善行為，他們代表聖人國王的新範式。值得注意的是，1165年，查理曼（查理大帝）成為聖徒，加深法蘭西王室的聖化，「查理曼的崇拜」體現新的聖徒傳記。這股「聖潔的騎士國王」新典範，在1297年法蘭西國王路易九世被封聖時，達到頂峰。眾人眼中，聖路易將自身王室的虔誠傳統，發揮到極致。它代表着王權、聖潔和騎士精神的完美交融，這是在查理大帝的傳說中，羅馬教會試圖體現的三重理想。

　　王位以父傳子的世襲制，已是卡佩傳統。值得一提的是，腓力三世的即位。在1270年8月25日第七次十字軍行動中，聖路易在突尼斯去世，由於事出突然，腓力三世來不及採用祝聖禮，作為王位繼承合法性的依據。事實上，法蘭西王位沒有空窗期，當時王叔兼西西里國王查理·安茹（Charles d'Anjou, c.

75　Gabor Klaniczay,"L'Image Chevaleresque du Saint Roi au XIIᵉ Siècle," *La Royauté Sacrée dans le Monde Chrétien, Actes du Colloque de Royaumont, mars 1989*. Alain Boureau & Claudio-Sergio Ingerflom（eds）（Paris: l'École des Hautes études en sciences sociales, 1992）, p. 54.

1227-1285）召集軍隊，璇即向腓力宣誓效忠。[76]直到1271年8月15日，亦即聖路易去世將近一年後，腓力三世才舉行祝聖禮。從這個事件，我們可以看到「死者的遺產在死後立即歸屬繼承人」（le mort saisit le vif）原則的萌芽，而祝聖禮作為君主權力合法性的依據，已退居到次要地位。

　　就法蘭西王位傳承的歷史軌跡而言，卡佩王朝最初三個多世紀，統治權都在同一個家系中，以長子繼承方式轉移。儘管在羅勃二世、亨利一世與路易六世朝，曾引發政治的不安，但是王位繼承的根本法則，仍固守在長子繼承法的不變框架中。只要卡佩家系有合法的嗣子，長子世襲繼承的規則必當延續，無需考慮國王之女是否具有王位繼承權。

　　路易十世（Louis X, r. 1314-1316）在1316年6月5日去世，王位繼承問題於焉浮現。他去世時，只留下一位年紀尚輕的公主珍妮・法蘭西（Jeanne de France, c. 1312-1349），然而，她的繼承權合法性遭受極大爭議。當時，王后克蕾蒙絲懷有遺腹子，五個月後生下國王讓（Jean），五日後夭折。攝政王腓力（路易十世胞弟，後來的腓力五世Philippe V, r.1316-1322），憑藉他在政治上的影響力，以及王廷中最具權勢的華洛瓦伯爵（comte de Valois）和瑪爾許伯爵（comte de Marche），對他表示臣服並承認他的統治，於是他在同年12月，成為國王。[77]但是勃根地公爵厄德四世（Eudes IV, duc de Bourgogne, c. 1295-1349）堅持維護

76　*Chronique Anonyme, RHF*, t. XXI, p. 124.

77　Félix Olivier-Martin, *Les Régences et la Majorité des Rois sous les Capétiens Directs et les Premiers Valois*（*1060-1375*）（Paris: Recueil Sirey, 1931），p. 118.

其侄女珍妮是國王之女的權利，並要求貴族同儕法庭的判決。[78] 厄德四世在聖誕節之際離開巴黎，並宣稱他絕不參加腓力五世的祝聖加冕禮。

隔年1月9日，腓力五世在漢斯舉行祝聖禮，在場人士沒有高階貴族，甚至瑪爾許伯爵也未出席。在六個世俗身分「法蘭西貴族團」中，有四位缺席，他們是勃根地公爵，法蘭德斯伯爵，英格蘭國王兼奎恩公爵和布列塔尼公爵。[79]在祝聖禮上，漢斯大主教羅勃特‧德科特內（Robert de Courtenay）將王冠戴在腓力五世的頭上，阿圖瓦伯爵夫人（comtesse d'Artois）和其他貴族一同將王冠舉起的行為，引起公憤。[80]為了再度確認王權正當性，在加冕後三週，腓力五世於2月2日在巴黎召開貴族大會。在會議上，他獲得貴族們的一致同意，貴族們宣誓服從他，並承認腓力五世的王位繼承權。[81]根據1317年2月2日大會的著名宣言：「女性不應繼承法蘭西王位」，[82]女性被排除在王位繼承人順位之外。藉此規則，將法蘭西王室的繼承法置於歐

---

78 Paul Lehugeur, *Histoire de Philippe le Long, Roi de France*（Paris: Hachette et cie, 1897）, p. 81.

79 Girard de Frachet. *RHF*., t. XXI, p. 47.

80 Girard de Frachet. *RHF*., t. XXI, p. 47: "Matildis, comitissa Attrebatensis, mater reginae, tanquam par regni, coronam regis cum paribus dicitur sustentasse: unde multi fuerunt super hoc indignati."

81 此次大會由四個不同的團體組成，包括王國的大多數的貴族、王國中高級教士、巴黎的市民階級，以及大學的博士。大學的成員以諮詢的身分出現在大會上，他們無須宣誓就可批准同意；除此之外，其他眾人都必須宣誓，才能同意國王的王權。*Continuateur de Nangis*, *RHF*, t. XX, p. 699.

82 *Chronique de Saint-Denis, RHF*., t. XX, p. 699. - *Continuateur de Nangis, RHF*, t. I, p. 434.

洲普通法之外，似乎已經為法蘭西王位繼承問題，找到解決之道。實際上，腓力五世是藉由政治實力登上王位。儘管如此，法理的支持依然重要，法學家試圖引用古老的法蘭克習俗，使其繼承合法化。鑑於此，科萊特・波恩（Colette Beaune）認為：「腓力五世登上王位，實因他是王室中最強大的親王，而非根據任何法律。事後有必要為奪取政權辯護時，通常會訴諸王國的習俗。」[83]

　　1322年，腓力五世也去世了，其子腓力在五年前已去世，因此未留下男性繼承人，王弟查理毫無困難地繼承王位，成為查理四世（Charles IV, r. 1322-1328）。六年後，他去世時也只留下女兒，王后雖然有孕，但不久後也誕下公主。因此，此時繼承問題的核心，是何人能繼承法蘭西王位？王室中最近的旁系親屬，是攝政王華洛瓦伯爵腓力（Philippe, comte de Valois, c. 1293-1350）；若是直系最近親屬，是英格蘭王愛德華三世（Edouard III, r. 1327-1377），他的母親伊莎貝爾是腓力四世之女。基於1317年的先例，以及民眾的情緒似乎不允許法蘭西王位交託一位女性，以最近的男性旁系來繼承的路線，毫不費力地獲勝了。

　　1316年和1328年在法蘭西發生的事件，只是與王室繼承規則有關的問題，這些規則是基於選舉制和男性血統的世襲制。直到十四世紀初，時人無法想像直系男性繼承人斷絕，女性因而成為法蘭西國王。這種排除女性領有王權的意識形態，仍

83　Colette Beaune, *Naissance de la Nation France*（Paris: Gallimard, 1986）, p. 358.

然主導着中世紀法蘭西的民眾思維。雖然在封建社會中，女性可以繼承公國的頭銜和領地，但對於法蘭西王權而言，毫無先例。由於「天上聖油」膏抹賦予法蘭西王權特殊的神聖性質，法蘭西國王具有類似祭司的神職尊嚴，女性無法浸潤在此一神聖領域。因此，中世紀法蘭西的政治意識，傾向否認女性在最高權力方面的可能性，這一點解釋了為何女性被排除在法蘭西王位之外。

思想往往決定人們的行動，從這一觀點出發，不難在當時的法律領域中，找到支持的論據。因此，《撒利克法》（*Lex Salica*）被引用，有利於腓力五世和腓力六世的繼位。科萊特·波恩對於這個問題，提出一個清晰的詮釋：

世襲君主制提供確定的繼承人，它自然受到臣民的喜愛，避免了王族之間的繼承問題和競爭。但另一方面，沒有理由將女性排除在外，這個問題直到十四世紀皆為人忽視。1316年和1328年的繼承，是以王國習俗的名義進行的，或許也得到同儕貴族和三級會議的批准。為了捍衛這一習俗，人們編造一系列的論點，其中大多數是屬於宗教的……。事實上，王國的權威極其崇高，幾乎是類祭司的尊嚴。然而，女性既不能擔任神職，也不能擔任公職。從廣義上言，是聖化的王座將女性排除在外，她們不能被施以祝聖加冕典禮……當有人提出使用《撒利克法》時，眾多的論據已經備妥為其辯護。讓·德蒙特勒伊（Jean de Montreuil）的著作，詮釋這方面的意義，他將這些原則應用於《撒利克法》，並作出許多必要的修改，使之成為王

國的繼承大法……《撒利克法》也可延伸，排除女性的後代。[84]

1328年5月，在漢斯舉行祝聖加冕典禮，王位傳遞給華洛瓦家族的腓力六世（Philippe VI, r. 1328-1350）。由於珍妮·法蘭西拋棄王位繼承權，英格蘭攝政王太后伊莎貝爾的沉默，愛德華三世並未爭取法蘭西王位繼承權。這些外力的排除，使腓力六世的即位合法化。隨着腓力六世登基，華洛瓦王朝的政治前景迅速黯淡下來，旁系繼承一事，提供了金雀花王朝和華洛瓦王朝之間，長期戰爭的法律論據。儘管愛德華三世為了奎恩領地，曾在1329年向腓力六世表示臣服，承認腓力六世的統治權。十多年後，愛德華三世卻宣稱具有法蘭西王位繼承權，[85]英法百年戰爭因而揭開序幕。

三、華洛瓦王權圖像建構

在英法百年戰爭的困難時期，面對來自國外或王國內部的敵人，法蘭西的國族意識逐漸發展。查理五世（Charles V, r. 1364-1380）登基後，翻轉自十四世紀中葉以來諸多的軍事失敗。面對外國勢力對華洛瓦王權合法性的質疑，他致力恢復王室的權威。在他的祝聖宣誓中，加入一項新誓詞「我將不可侵犯地維護主權、法蘭西王位的權力和尊貴性，我將不會轉讓或

---

84 Colette Beaune, *Naissance de la Nation France*, pp. 388-389.

85 有關英法百年戰爭爆發的原因，可參考Maurice H. Keen, *England in the Later Middle Ages*（London: Methuen, 1973）, pp. 113-121.

放棄它們」。[86]這是「不可轉讓權」（l'inaliénabilité）原則，首次融入官方正式儀典的記載。[87]

英法百年戰爭的災難，遮蔽法蘭西王權的光輝，隨著查理五世朝的復興，又再度煥發容彩。查理五世以聖路易繼承人自居，他對王權、聖潔和騎士的三重理想，有著深刻的體認。他在法令中明確地宣布：

> 鐫刻在我們心中不可磨滅的記憶，最重要的是，我們最神聖先祖對王國的治理。榮光蒙福的聖路易，他是王室的守護聖者與捍衛者、百合花徽、榮譽、旗幟和明鏡；他不僅是持守王室的封聖君王，更是法蘭西人民的守護聖徒。他的記憶將被祝福，直到世界末日……他的生命引導著我們。[88]

法蘭西王權的優越性，源於王室的神聖血統。其中兩位被封聖的受膏君王──查理曼和聖路易（克洛維自十五世紀，也加入聖徒國王之列，但純屬法蘭西人民尊敬克洛維的王權崇拜）──[89]更為法蘭西王室投射高貴聖潔的光影。這股意識，

---

86 Londres British Library Tiberius B. viii, fol. 46v: "et superioritatem, jura et nobilitates corone Francie inviolabiliter custodiam, et illa nec transportabo nec alienabo."

87 Ernst Kantorowicz, *Les Deux Corps du Roi, Essai sur la Théologie Politique au Moyen Âge*（Paris: Gallimard, 1989），pp. 251-258.

88 François André Isambert, *ed. Recueil Général des Anciennes Lois Françaises*（Paris: Belin-Le Prieur, 1822-1833），t. V. p. 419.

89 有關聖路易封聖一事，參考Colette Beaune, *Naissance de la Nation France*, pp.

在十四世紀末至十五世紀的戰爭期，加深法蘭西人民的國族情感。在政治和意識形態上，「天上聖油」的膏抹，是王國興盛的主要標誌。查理五世重新檢視聖路易朝編定的《祝聖儀典書》（l'ordo du sacre），最終形式的儀典書底定，成為後世國王祝聖加冕儀軌的基礎。[90]同樣地，查理五世身邊的親隨——加墨爾會士讓‧戈蘭（Jean Golein, c. 1325-1403），翻譯紀堯姆‧杜蘭德（Guillaume Durand, c. 1230-1296）的《聖職手冊》（Rational des Divines office），創作一篇關於君主聖化的優美短文〈祝聖禮論著〉（le Traité du Sacre），[91]文中說明祝聖儀式按照基督教的基本儀軌進行，並闡釋天上聖油膏抹、王權器物的象徵意義，以及受膏國王御觸治病的奇蹟性質。在〈祝聖禮論著〉中，他再次提及「聖油瓶」的奇蹟，言說「天上聖油」的神聖性質：

75-76. 又，克洛維成為聖徒國王一事，純屬法蘭西人民對法國首位君主的王權崇拜。隨著「聖潔國王形象」的發展，約自十四世紀末到十五世紀，克洛維被法蘭西人民尊為聖徒。克洛維墓室所在地的聖丹尼修院以及巴黎的聖熱納維耶芙修院，設有克洛維的聖壇，隨後在法蘭西王國各地也有類似的聖壇，形塑「克洛維的崇拜」。參考Colette Beaune, *Naissance de la Nation France*, pp. 66-67.

90 這篇短文是為了紀念1365年查理五世祝聖加冕禮而撰寫的，它是中世紀法蘭西王國最後一份祝聖儀典書，可能使用於查理六世祝聖之時。原件現存於倫敦的大英博物館（登錄號：Tiberius B viii）。引自 Jackson, *Vivat Rex*, pp. 31-37, 208-209.

91 讓‧戈蘭的《祝聖禮論著》全文可參考Richard A. Jackson, "Traite du Sacre" of Jean Golein, *Proceedings of the American Philosophical Society*, Vol. 113, No. 4（Aug. 15, 1969）, p. 309.

羅馬和君士坦丁堡的皇帝雖承受膏油，但任何一位君主，皆無法比擬耶路撒冷的萬王之王。不論英格蘭王、西班牙王、匈牙利王，或其他君主，都無法攀及；唯有查理五世，如同先祖君王們在漢斯的祝聖加冕，他的膏油，來自天上的神聖油膏，由天使之手攜至，以此尊崇榮耀無比尊貴的法蘭西國王。由於他被稱為最基督徒的國王與教會的捍衛者，任何世俗的君主，都無法凌駕其權威。[92]

上述的論點，鏗鏘有力地確認國王的神聖性和法蘭西王室血統的尊貴性。這些元素，在〈祝聖禮論著〉中充分表達出來，旨在為法蘭西王權的卓越性辯護，並在英法百年戰爭中，為法蘭西人民和後代子孫，描摹一幅神聖王權的理想圖像，以恢復國族的自豪感。

值得一提的是，〈祝聖禮論著〉推崇法蘭西王權的另一面向——國王御觸治病的奇蹟。神聖膏油不僅賦予法蘭西國王行使王權，也賜下醫治瘰癧病人（頸結核性淋巴結炎，les écrouelles/ scrofula）的奇蹟能力：

人們提到聖丹尼教堂或聖尼古拉教堂的「聖油瓶」，聖丹尼賜與法蘭西堅貞信仰，人們必須真誠地銘記「聖油瓶」。聖尼古拉意指肢體永遠健康的奇蹟。因為在「聖油瓶」中的「天上聖油」，經由上帝的奇蹟和聖律，它是至高神聖的。當國王被膏抹、聖化之時，恍若聖尼古拉的

92　Richard A. Jackson, "Traite du Sacre" of Jean Golein, p. 309.

四肢被膏抹一般。因此，患有瘰癧疾病的人，若被御手碰觸，即可痊癒。[93]

查理五世在1380年的漢斯教士會議中，簽署一份憲章。在序言中，他重申「聖油瓶」傳說和御觸治病的奇蹟恩典：

在著名的漢斯大教堂中，克洛維遵從聖荷密主教的預言和教誨。當他接受洗禮時，聖靈幻化成白鴿形式，霎時從天而降，攜帶裝滿聖油的瓶子。自此刻起，克洛維國王、後世君王與我本人，在祝聖加冕之日，上帝恩賜我們膏油。在慈愛上帝的庇護中，此一美德和恩典是善世價值，使人民僅僅碰觸御手，即能免遭疾病的摧折：這恩典，已於無數人身上得到清晰的印證。[94]

「聖油瓶」的膏抹，作為國王與上帝直接相連的渠道，凸顯法蘭西王權的獨特性，法蘭西國王的神聖威望，凌駕其他基督教國王之上。雖然法學菁英傾向否認祝聖儀式的法制價值，強調血統出身和王室繼承的即時性；但，只要王權理論運行在

---

93 Jackson, *Vivat Rex,* p. 312. Marc Bloch, *Les Rois Thaumaturges: Étude sur le Caractère Surnaturel Attribué à la Puissance Royale Particulièrement en France et en Angleterre*（Strasbourg and Paris: Istra, 1924）, p. 482.

94 Original aux Arch. de Reims, fonds du chapitre métropolitain, Vauclerc, liasse I, n°4; Dom Marlot, *Historia Ecclesie Remensis*, II, p. 660（Edition française sous le titre de Histoire de la ville de Reims, IV, in-4°, Reims, 1846）. Marc Bloch, *Les Rois Thaumaturges*, p. 135.

神聖性概念的軌跡上，宗教聖化對國王和民眾而言，就具有不可化約的祕奧性，祝聖禮是不可取代的儀制慶典。

對國王膏油儀式的崇拜，根植於中世紀民眾對宗教熱情的同感中。1429年7月17日，聖女貞德扶立查理七世在漢斯大教堂膏油祝聖，儀軌依照《1230年祝聖儀典書》，主要程序包含人民的歡呼同意、宣誓、騎士敘任禮、膏油、授與王權御寶與加冕即位。

典禮一開始，在「人民歡呼同意—國王宣誓」這一個儀軌套式完成後，接著進行騎士敘任儀式，由阿朗松公爵為他繫上馬刺。[95]祭壇上置放王權御寶——王冠、劍、權杖、象牙製正義之手、綴飾金色百合花徽的王家服飾。上述物件，並非查理六世祝聖時的王權御寶。因為英法百年戰爭後期，巴黎城為英格蘭人占據，這些寶器無法送抵漢斯（王權御寶自1380年起，存放在巴黎北郊聖丹尼修院）。為了這次祝聖禮，必須在漢斯大教堂的寶庫裡，尋找其他較為簡單的王權器物應急。上述的祝聖物品中，唯有「天上聖油」在場。聖荷密修院長讓·卡納德（abbé Jean IV Canard, 1394-1439）騎着白色騾駒，攜帶「聖油瓶」至漢斯大教堂門口。[96]大主教在教堂入口處恭敬迎候，並由

---

95 *Journal du Siège d'Orléans. Le Recueil des Procès*（Orléans: H. Herluison 1896），t. IV, p. 186.

96 Jean-Philippe Genet, "Le Roi de France Anglais et la Nation Française au XVe Siècle," In Rainer Babel et Jean-Marie Moeglin（dir.），*Identité Régionale et Conscience Nationale en France et en Allemagne du Moyen Âge à L'Époque Moderne: Actes du Colloque Organisé par l'Université Paris XII-Val de Marne, l'Institut Universitaire de France et l'Institut Historique Allemand à l'Université Paris XII et la Fondation Singer-Polignac, les 6, 7 et 8 octobre*

四名高級官員虔誠地護衛「聖油瓶」至祭壇。[97]根據祝聖的禮拜儀式，國王脫下衣服，只穿一件前後敞開的絲綢長衣，跪在祭壇前。大主教在他的頭上、胸前、兩肩、肩膀之間和肘部，做了五次塗油，緊接著又在國王手上塗油。隨後，法蘭西總管為國王穿上達爾瑪提格長袍，外加金百合花的紫色披風，類似於神甫的斗篷。

接著，加冕即位儀式，由12名「法蘭西貴族」一起進行儀式。按照慣例，國王傳令官貝里（le roi d'armes de France, Berri）走上祭壇，由他按品階序列唱名。[98]首席的世俗法蘭西貴族——勃根第公爵（在扶持王冠儀式，有權置放兩根手指），此次並未出席。根據《三位安茹士紳的信件》，[99]出席這場盛會的六名神職身分法蘭西貴族中，只有兩位出席——主持祝聖禮的漢斯大主教雷諾（Regnault de Chartres, c. 1380-1444）和夏隆主教（l'évêque de Chalôns, Jean de Sarrebrück, d. 1438），其餘四位主教皆缺席。[100]這四位缺席者，由塞茲主教（l'évêque de

---

1993, Sigmaringen, Jan Thorbecke Verlag, coll. "Beihefte der Francia," No. 39（1997），p. 51.

97 他們是雷茨元帥、庫倫海軍上將、布薩克和格雷維爾的勛爵（le maréchal de Retz, l'amiral de Culan, les sires de Boussac et de Graville）。

98 Jules Quicherat, ed. *Procès de Condemnation et de Réhabilitation de Jeanne d'Arc*, *Société de l'Histoire de France*（*S.H.F.*）（Paris:Renouard, 1841-1849），t. IV, p. 380.

99 《三位安茹士紳的信件》Jules Quicherat, "Lettre de Trois Gentilshommes Angevins"（17 juillet 1429），t. V, pp. 128-131.

100 四位缺席的主教，依次為朗格爾公爵主教、拉翁主教、諾永伯爵主教，以及波威伯爵主教皮埃爾科尚（Pierre Cauchon, c. 1371-1442），他是未來審判聖女貞德的法官。

Séez）、奧爾良主教和另外兩名教士代替。六名世俗法蘭西貴族中，諾曼地和奎恩兩公國屬於英格蘭國王，圖盧茲伯國和香檳伯國，經由聯姻已併入法蘭西王室領地。至於法蘭德斯伯國的末代繼承人——瑪格麗特伯爵夫人（comtesse Marguerite），在1369年嫁給勃根第公爵大膽腓力（Philippe le Hardic. 1342-1404），至其孫好人腓力（Philippe le Bon, c. 1396-1467）時，勃根第和法蘭德斯合併，成為強大的公國，對後世法蘭西王權造成嚴重威脅。（有關法蘭西貴族團的論述，詳見第六章第二節。）

在加冕時，漢斯大主教從祭壇上取下王冠，獨自把它高舉在國王頭上，卻沒有戴上，此時，法蘭西貴族立刻伸手共同扶持王冠。這一姿態，被視為法蘭西貴族團在加冕儀式的法制特權。在一篇反對查理·德布洛瓦（Charles de Blois, c. 1319-1364）繼承布列塔尼的回憶錄中，讓·德蒙福特（Jean de Montfort, c. 1295-1345）凸顯這個觀點：

> 法蘭西貴族團猶如王冠上的寶石，是國王人格的一部分。在加冕禮上，他們將手置於王冠上……因他們有權與國王共治和審判。[101]

根據《法蘭西儀式總輯》（Le Cérémonial François），大主教左手扶持王冠，在11名法蘭西貴族（扶持王冠）陪同中，引領國王從祭壇經過唱詩班席，登上鋪著絲綢織物的王座高

---

101 Roland Delachenal, *Histoire de Charles V*（Paris: A. Picard, 1927），t. III, p. 87.

臺。此時，大主教脫下主教冠，在國王面前彎身，親吻國王之手和臉頰。法蘭西貴族團，從神職貴族開始，也以同樣的方式親吻國王，對國王表達忠誠和敬意。[102]隨後，大主教布道祝福，「根據你先祖的世襲繼承權，在全能上帝的權威中，藉由我們，神的僕人，將法蘭西王位託付你。牢記啊！因為神職者更接近聖壇，你必賜予他們最大的榮耀，據此，上帝和人之間的調解人（基督），將使你成為神職者和民眾之間的永恆中介。」[103]祝福話語結束後，國王登上王座，霎時人群高聲歡呼，教士們齊唱聖歌，直到彌撒完成。

環視法蘭西國王祝聖儀軌的發展，至十四世紀末期，已然完備。統治權合法性的法制依據，在十三世紀出現巨大轉變，出生和血緣，取代宗教性的祝聖禮。「*死者的遺產在死後立即歸屬繼承人*」的原則，在後續世紀的政治領域中占據主導地位，成為君主權移轉的有力論據，王權理論趨於世俗化，已是不爭之實。儘管社會菁英明辨其中的差異，但國王登基的聖化儀式，對人民而言，具有不可取代的真實性。「聖油瓶」的神奇傳說，代代傳誦。「天上聖油」賦予國王準聖職的尊嚴和御觸治病的神蹟，這種光輝絢麗的神聖王權，扎實地烙印在法蘭西民眾的意識中。對人民而言，宗教祝聖創造了國王。查理七世在漢斯舉行祝聖加冕禮之後，聖女貞德熱淚盈眶地正式以「我仁慈的國王」稱呼他，生動地反映民眾對國王祝聖儀式的看法。一位聖化膏油的國王，才能合法統治法蘭西王國，這是

---

102 Théodore Godefroy, *Le Cérémonial François*, t. I, p. 159.
103 Théodore Godefroy, *Le Cérémonial François*, t. I, p. 159.

十五世紀盛行的民眾觀點。聖女貞德這句「我仁慈的國王」，
看似簡單，卻寓含深意，實則濃縮了數世紀以來，國王祝聖禮
在法蘭西民眾心中的真正價值。

第四章

禮拜儀式和象徵物件

一、祝聖加冕的儀軌

西方中世紀有關最高權力的意識形態，基本上是建立在神聖領域和人類社會密不可分的觀念。中世紀下半葉，祝聖儀式試圖強化國王和神聖之間的聯繫，法蘭西王權的神聖性被刻意強調，要歸功於天上聖油的膏抹，它賦予國王某種君王和祭司的雙重身分，這種對王權雙重性的暗示，根植於一種意識形態上的正當性。中世紀的統治者，毫不猶豫地從《舊約聖經》借用掃羅和大衛的膏油儀式，而《舊約聖經》中的國王，被卡佩君主規律地運用，根本上，這是《聖經》意識形態的延續，而《聖經》意識形態，即是西方文化和思想的本源。

自從加洛林以祝聖禮確立王權正當性，祝聖儀式在隨後世紀裡，逐漸趨於完善。王家祝聖禮的禮拜儀式，包括三個基本階段——塗油、授予王權御寶、加冕即位。這些儀式進程，實根據儀典書而定。長期以來，理查‧傑克森（Richard A. Jackson）對祝聖儀典書文本的研究，不遺餘力。他認為十二世

紀中葉至十五世紀中葉，法蘭西至少有四份祝聖儀典書。[1] 從聖路易朝開始，可能有三份祝聖儀典書，確立了祝聖儀式的結構、過程和方向。十四世紀出現最終的版本，尤其《查理五世的祝聖儀典書》是中世紀末至早期現代，法蘭西國王祝聖加冕儀軌的起點。

《1230年祝聖儀典書》（l'Ordo de 1230），或稱為《聖路易祝聖儀典書》（Ordo de saint Louis），其禮拜儀式除了前述的三個基本階段，更明確提到「聖油瓶」、「法蘭西貴族團」和「正義之手」。這份儀典書的內容，在後續多版的《祝聖儀典書》中交替出現，持續被使用。

根據《1230年祝聖儀典書》，國王祝聖加冕包含三個基本階段。

籌備階段的首要之務 —— 規劃並裝飾祝聖儀式的空間場域。在舉行祝聖儀式的大教堂中，人們首先在祭壇區（le choeur, 唱詩班席）的位置，準備一個置放王座的高臺。祭壇上已備好王權御寶，即王冠、寶劍、金馬刺、權杖和正義之手、金色百合花織綴的風信子絲襪、同色外衣和斗篷。這些物件，在儀式進行之前，由聖丹尼修院長親自送達。舉行儀式的祭壇區，席次布置圍繞在祭壇區兩側，此處是大主教、主教們和世

---

[1] 關於中世紀法蘭西國王祝聖儀典書的文本，即《1230年祝聖儀典書》，又稱為《漢斯祝聖儀典書》（Ordo de Reims）或《聖路易祝聖儀典書》（Ordo de saint Louis）；《1250年祝聖儀典書》（Ordo de 1250）。卡佩王朝最後一份祝聖儀典書約1250-1270年；1364年《查理五世的祝聖儀書》。此外，亦可加入讓‧戈蘭的《祝聖禮論著》。Richard A. Jackson, *Vivat Rex*, p. 31.

俗貴族們的座位。右側是神職身分的「法蘭西貴族」，座位的優先序列為：拉翁主教、波威主教、朗格爾主教、夏隆主教、諾永主教，再加上其他主教和教士，左側則是世俗貴族的座位。從典禮的前日起，大教堂被視為神聖場域，由國王的衛士和教會的守衛嚴密看守，禁止所有世俗者進入。唯有國王在夜間前來祈禱，執守夜禮。舉行典禮的當天早上，大教堂仍由衛士看守，只有主持儀式的神職人士，得以進出教堂。

在晨禱之後，拉翁主教和波威主教必須前往國王下榻的主教宮寢殿，迎接國王；然後大主教、主教、貴族、官員們，以盛大遊行的方式，引領國王前去漢斯大教堂。緊接著，聖荷密修院長和修士們，在絲綢天幕的蔽護下，帶來「聖油瓶」。當「聖油瓶」抵達大教堂入口處，漢斯大主教在其他主教、男爵和議事司鐸們的陪同下，虔敬地從聖荷密修院長手中接過「聖油瓶」，並承諾在儀式完成後立即歸還。隨後，以極其崇敬之心，大主教將「聖油瓶」放置在祭壇上。

國王祝聖的三個主要階段——宣誓、膏油、加冕。在第一階段，進行國王宣誓和騎士敘任禮。儀式開始之時，除了一件前襟和後側皆可敞開的內長衣，國王必須脫下原先的所有衣服。此時，大主教要求國王保證效忠教會，維持上帝的教會和基督教人民的真正和平，消除所有的貪婪和罪惡，並在所有審判中持守公正仁慈。當下，國王做出口頭承諾，在場的人士齊聲歡呼，回應國王的承諾。隨即，國王跪在在壇前，手按《福音書》宣誓，直到完成「感恩頌」（Te Deum）才起身。

國王宣誓完成，隨即進行騎士敘任禮。國王站立在祭壇前，大主教為寶劍祝福之後，王廷大總管為他穿上綴飾百合花

徽的鞋襪，再由勃根第公爵為國王繫上金馬刺，又立即取下。然後大主教把置放在鞘中的劍，繫在國王身上。隨後，大主教從劍鞘拔出劍後，放在祭壇上，旋即再度將寶劍交到國王右手中，並對寶劍祝福，國王謙恭地再把劍獻於祭壇上。不久後，國王再度自大主教手中接過劍，並將它交給法蘭西統帥，由他持劍站在國王前面，直到整體祝聖儀軌結束。

　　王家祝聖禮與膏油的關係，尤其密切。在膏油之前，大主教打開置放在祭壇上的「聖油瓶」，以一支黃金小針勺，提取少量聖油，使之與聖油盤中已經配製的油膏混合。跪在祭壇前的國王，頭、胸、兩肩之間、肩上、胳膊的關節和手上，接受大主教的膏抹。對國王身體每一部位的膏油，大主教說著：「我奉聖父、聖子、聖靈之名，用成聖的油，膏立你為王。」國王身體寓含力量的重要部位，皆以天上聖油膏抹。天上聖油使君主聖化，通過膏油，國王獲得御觸治病的神奇能力，這能力並不局限於祝聖禮時刻。聖油膏立的法蘭西國王在位期間，都擁有這種神蹟能力。

　　膏油儀式完成後，教會總管為國王穿上外長衣，紫色長袍和王家斗篷；此斗篷類似主教從左側掀開的斗篷，國王的右手，可以自由地穿過斗篷的開口。一旦完成這些禮儀，隨即進行授予王權御寶。大主教把戒指交給國王，套在國王右手無名指上；再將權杖交付國王右手，正義之手置於左手。

　　祝聖禮的第三階段——加冕即位儀式。這一儀式，可細分為兩個方面，即戴冠和登上王座。「法蘭西貴族團」的唱名，由樞密大臣執行。首先是世俗的「法蘭西貴族」，然後是神職身分的「法蘭西貴族」。大主教從祭壇上拿起王冠，獨自將它

戴在國王的頭上。霎時，所有的「法蘭西貴族」被召集起來，圍在國王四周，他們手扶王冠、支撐著王冠的重量。在戴冠儀式中，通過大主教和「法蘭西貴族團」（六名神職貴族和六名世俗貴族）參與此儀式，意味著教會和世俗貴族的融合、服從王權。然後，在教士和俗人陪同中，大主教莊嚴地引領國王，從祭壇區走向已經備好的王座。在眾人眼目的凝視中，做出最後一次的信仰宣告。他以一種綜合的方式，向上帝、教會人士和人民保證，再次確認先前的國王承諾。最後聲明一旦完成，大主教和「法蘭西貴族」共同扶持國王頭上的王冠，國王坐在為他準備的寶座。大主教脫下主教冠，擁抱著坐在寶座上的國王，並高呼「國王萬歲」（*Vivat Rex*）。隨後，所有的「法蘭西貴族」也說了同樣的祝福。

上述禮儀完成後，國王在王座觀看，直到王后的加冕禮完成，就開始舉行彌撒。在場主教朗讀《福音書》之際，國王和王后必須卸下王冠，此時，典禮中位階最高的大主教拿起《福音書》，走到國王面前，讓他親吻《福音書》；然後是王后，最後是舉行彌撒的主教。

彌撒的獻祭儀式開始，「法蘭西貴族團」引領國王到祭壇前。國王必須在銀製的盤中，獻上麵包和酒，還有13枚金幣，王后亦然。當國王在祭壇前來回做這些禮儀之際，王室大總管手持寶劍，在國王前面引路。獻祭儀式結束後，「法蘭西貴族團」再次把國王帶到祭壇前，由大主教為他進行聖餐禮。在彌撒完成後，大主教取下國王的王冠和王權御寶；並將另一個較輕的王冠，戴在國王頭上，大總管手持寶劍走在國王面前，一同前往宮殿。

王家祝聖禮結束後，國王前往科貝尼的聖馬庫爾修院
（Saint-Marcoul, Corbény）進行連續九天的禱告，隨後在王國各
地，履行御觸治病的能力。然而，觸摸治病並不是王家祝聖典
禮的一部分，實際上，這是一種類宗教的儀式。祝聖禮與國王
御觸治病之間的聯結，是稍晚時刻始建立起來。自腓力一世朝
以來，法蘭西國王持續施行御觸治病的神蹟，儘管人們認為虔
誠羅勃是首位御觸治病的君主。[2]在十二世紀，法蘭西民間普遍
流傳埋葬在科貝尼的聖徒馬庫爾，有治癒瘰癧病人的神蹟，藉
由聖馬庫爾的代禱與天上聖油，法蘭西國王才獲得御觸治病的
神奇能力。因此，自十四世紀中葉的讓二世朝，法蘭西國王在
漢斯舉行祝聖加冕後，旋即前往科貝尼。爾後，法蘭西國王在
教堂彌撒之後，也多次行使治病的神蹟。「聖油瓶」的膏油和
御觸治病這兩個元素，使法蘭西國王的聖潔名聲，更加在西歐
基督教世界中傳揚。

二、王權物件的象徵

在祝聖加冕禮中，禮拜儀軌的三個基本階段，各自具有特
殊的重要性。其中，王權物件原先只是實質物品，它以精緻的
形式和稀有的材料，引人注意。事實上，在歐洲中世紀人民的

2　關於法蘭西國王御觸治病的研究，參考Marc Bloch, *Les Rois Thaumaturges:
Étude sur le Caractère Surnaturel Attribué à la Puissance Royale
Particulièrement en France et en Angleterre.* 在此書中，他深入考察十到十八
世紀歐洲，一般平民大眾的集體心態表現，分析民眾基於神聖性王權的崇
拜而產生御觸治病信仰，點出了此一現象的整體社會面貌和潛在的意義。

觀念中，這些有形的物件蘊涵複雜且深層的意涵，是一種對權力屬性的隱喻和象徵。換句話說，王權物件承載著一種無形且不朽的力量，其背後寓含中世紀人們觀看「宇宙、世界、人—神關係」的龐大思維體系，支配著中世紀人民的行動。

　　然而，選擇「此物」或「彼物」，並賦予它某種特殊意義，絕非偶然。因為中世紀的聖禮，甚為講究形式，尤其是祝聖的禮拜儀式，更顯嚴謹。國王祝聖禮的相關器物之共通處，符合意識形態、美學和心理這三個向度。首先，這些物件契合基督教意識形態。國王藉由宗教聖化，成為基督在塵世的代理人，它們與《舊約聖經》聖王們的記憶勾連，成為重組或延續社會秩序的一種符碼。其次，這些物件契合當時的美學意識。盡人皆知，在感官上，美的精緻物件易引發時人讚賞，並昇華為一種崇拜。這些特殊物件展現權力的潛質與能量，投射出佩戴者身上的王權意象。從美學角度而言，這些符碼化的物件，傳達了關於人類意識的某種情感資訊。因此，一代又一代的藝術家，都不乏使用黃金、白銀、各色寶石、東方珍珠、鑽石以及最先進、最精緻的技藝工法，來展現裝飾王權御寶的想像力。所有這些創發，在儀式中，產生一種即時的凝視效果，不僅引起觀者的讚賞和崇敬，更重要的是，對於權力屬性和權力實踐概念的重新建構。進一步言說，這些王權物件也具有某種寓言或詩意的心理感性，王權御寶沉默地吟誦某種神話和象徵的古老語言。浸潤在神聖的域境，其無聲的言說方式，在受膏的國王和他的人民之間，建立起某種位階次序的政治紐帶。王權御寶加身的受膏國王，莊嚴地坐在御座上，在眾人的凝視中，無疑地將至高無上的權力予以形象化。通過真實可見的物

體，王室權力圓滿性的抽象概念，被觀看、被接受、被傳遞、被崇拜，並在中世紀尚不存在或曖昧模糊的公共領域中，[3]充分掌握著統治的話語權。

王權御寶——王冠、權杖、正義之手、劍、馬刺、戒指和服飾，所有這些物件，既與最高權力交織、融合，它們的象徵意義值得逐案研究。

（一） 王冠的意義

從遠古時代起，特殊形式的帽罩或頭巾（coiffe），被用作國王、王子或神職者的象徵，代表特殊的宗教或軍事屬性。隨著時間的推移，在這些物品上疊加特殊的裝飾，例如在王冠上

3　哈貝馬斯（Jürgen Habermas）提到，公共性本身表現為一個獨立的領域，即公共領域，它和私人領域是相對立的。有些時候，公共領域說到底就是公眾輿論領域，它和公共權力機關直接相抗衡。有些情況中，人們把國家機構或用來溝通公眾的傳媒，如報刊也算做「公共機構」。此外，他又提到，在高度發達的希臘城邦裡，自由民所共有的公共領域（koine）和每個人所特有的私人領域（idia）之間，涇渭分明。公共生活在廣場上進行，但並不固定。公共領域既建立在對談（lexis）之上，又建立在公共活動（實踐）之上。哈貝馬斯繼續從社會學觀點來論述，他提到，作為制度範疇，公共領域作為一個和私人領域相分離的特殊領域，在中世紀中期的封建社會中，是不存在的。儘管如此，封建制度的個別特徵，如君王印璽具有「公共性」也絕非偶然。這種代表型的公共領域不是一個社會領域，作為一個公共領域，它毋寧說是一種地位的標誌。Jürgen Habermas, *Strukturwandel der Öffentlichkeit: Untersuchungen zu Einer Kategorie der Bürgerlichen Gesellschaft,* 參考中文譯本，尤爾根·哈貝馬斯著，曹魏東等合譯，《公共領域的結構轉型——論資產階級社會的類型》（新北：聯經，2002），頁2-3、8。

加添聖物，是當時的一種慣俗。這種物品聖化的過程，有利於特定的物件成為人們的崇敬對象。某一個特殊的王冠，成為王位傳承的外在標誌。為了在王位爭奪中強化自身的權力，覬覦王位者會戴上前君主的王冠，以呈現並誇大某種連續性和合法性的政治氛圍。因此，國王去世後，王冠持續被使用，擁有這物件是通向權力之鑰，這解釋了單一物件代代相傳的概念，為何能逐漸發展起來。

替國王加冕，是教宗和皇帝的特權。這一觀念，根植於中世紀的意識形態。教宗和皇帝的權力並非總是交互承認的，他們之間關於「雙劍論」的詮釋，就經常發生爭執，這種論辯成為中世紀政治思想的起點。關於統治權，教宗宣稱擁有授予世俗君王統治權正當性的權柄；皇帝則反對教宗的主張，也強調類似的權力，宣稱他們才擁有擢升低階諸侯為國王的加冕權力。加冕的王冠，已非單純的物件，實際上，它承載著西方有關權力論述的所有概念。

在法蘭西國王的祝聖加冕典禮上，大主教獨自手持王冠，戴在國王的頭上，同時也為王冠祈禱祝福：

　　願神以榮耀、公義、尊榮，和恆常的工價，給您們加冕。務要您們因著蒙福的職分，秉持正直的信心，多生善事之果。您們將能抵達永恆的國度，由於上帝的慈愛寬恕，國王的統治與帝國將綿延永恆。[4]

4　Abbé Jean Goy, *Pontifical, Reims, Couronnement-Ordre pour Oindre et Couronner le Roi de France*, Traduit du Latin par Jean de Foigny（Reims: Impr.

　　按照儀軌順序，王冠是最後授予的王權物件。王冠本身就表達了王權的璀璨光輝，也綜合生命的三位一體，類似於宇宙之圓的王冠，是上帝的創造中，最微妙物質的象徵。國王的加冕儀式，反映基督教社會秩序的運作，一如宇宙的規律；因此，祝聖禮中最後一環的加冕儀式，象徵著神聖工作的圓滿完成。

　　王冠具有某種權力正統的寓言性格，它始終參與君主權力的構建。寶座上的國王，戴著王冠，手持權杖、正義之手，揭示了自然的宇宙力量和超自然的神聖祝福。讓‧戈蘭詮釋王冠時提到：

　　　　在王家威嚴中，王冠意味著真正的忠誠。王冠的形式是一圓圈，沒有終點也沒有起點，這是一種不受約束、不受干擾的王家尊貴行止，它必是領導者。換言之，它對所有人民，都行使真正的統治權。[5]

　　王冠也代表體制上的權力和王國的法律功能，正如讓—皮埃爾‧巴亞德（Jean-Pierre Bayard）所指出，「王冠是國家法律人格的象徵。人民首先對王冠忠誠，其次是對佩戴王冠者忠誠……然而，擁有王位，意味著完全承擔王國的責任。」[6]在祕

Atelier graphique, 1987）, pp. 761-766. -Jacques Le Goff, Eric Palazzo, Jean-Claude Bonne & Marie-Noëlle Colette, *Le Sacre Royal à l'Époque de Saint Louis*（Paris: Gallimard, 2001）, pp. 282-285.

5　Richard A. Jackson,"Traite du Sacre"of Jean Golein, p. 314.

6　Jean-Pierre Bayard, *Sacres et Couronnements Royaux*（Paris: Guy Tredaniel,

奧和象徵上，王冠反映了中世紀的神性和普遍性的觀念，君主彷彿作為天地之間的調解人，是神性的化身和中介表現。根據讓—保羅・魯（Jean-Paul Roux）的說法，王冠代表著整體性、蒼穹的意象：「由於圓是完美的形象，是整體的形象，所以它同時表達了完美和整體。它是天空或太陽的形象。」[7]瑪格莉特・雷歐福勒—德拉修（Marguerite Leoffler-Delachaux）也持同樣的觀點，她認為「它代表某種類似於太陽神性的身分認同，也是一種特殊形式的權力。」[8]

　　神聖生命與政治道德，在中世紀是不可分割的。就其形式和內容的統合而言，王冠成為王權圓滿性的全然符號，傳達一種從宇宙性思維到個人化思維的概念轉換。

（二）　權杖和正義之手的意義

　　人類的歷史中，使用短杖的紀錄可遠溯古埃及、美索不達米亞，以及當時的周邊部落或王國。在遊牧氏族或前城市農業文明轉為有組織的政治社會中，長杖或棍棒，經常作為社群領袖權威的物件。這種現象，在遊牧民族的社會中，尤其明顯。棍棒或長杖，具有指引、引導的功能，短杖指出前行的道路。它們具有雙向意義，即人民信任並服從領袖，同時人民也從這種服從中，獲得知識、資源和保護。長杖也蘊含君

1984）, p. 153.

7　Jean-Paul Roux, *Le Roi, Mythes et Symboles*（Paris: Fayard, 1995）, p. 209.

8　Marguerite Leoffler-Delachaux, *Le Cercle. Un Symbole*（Genève: Ed. du Mont-Blanc, 1947）, pp. 50-51.

權神授的意義，雕刻在玄武岩上的《漢摩拉比法典》（Code of Hammurabi），最上端的圖像，描繪坐在王座上的沙瑪什神（god Shamash），將王權的權杖授予巴比倫王漢摩拉比（Hammurabi, r. 1792-1750 BCE）（圖7）。在羅馬時期，權杖以各種形式存在，繼續被使用。從羅馬時代的象牙雙折版圖像來看，權杖被認為具有神的屬性，通常會授予執政官（圖8）。象牙權杖象徵著執政官的地位，被用作尊嚴和權威的象徵。權杖自古即是司法權威的重要象徵，雖然它未曾受人們崇敬，也從未獲得如王冠般的神聖特質，但它仍被視為僅低於王冠的權力標誌。

　　在法蘭西國王祝聖禮的膏油儀式後，大主教將權杖和正義之手，交付法蘭西國王。國王右手接過權杖之際，大主教對權杖予以祈禱並祝福：「接受權杖的美德和公正，王家權力的象徵。您們要藉此福音，糾正惡人，糾正律法，使您們得以進永恆的國度。」緊接著，國王左手被授予另一短杖——正義之手（Main de Justice），大主教接著祈禱祝福

　　　手持美德和公正之杖，藉此您可以確保善人，讓惡者畏懼。您們必須指引迷途者道路，向失足者伸出援手，使驕傲者傾倒，使傷人之弓垂下，好叫我們的主耶穌基督為您們開門。我是道路，進去的人必得救。他是大衛的鑰匙，是以色列家的杖，祂開了門就無人能關上，關了門就無人能開啟……先知大衛曾唱過：「上帝啊，您的王座永存，公正之杖就是您統治之杖。」藉由模仿數世紀之前的受膏

者，最重要的是，耶穌基督是我們的主。[9]

　　權杖的象徵意義，使它在法蘭西國王祝聖禮中，占有非常重要的地位。它是王室權力的象徵，承載著權威的信息。法國語言學家埃米爾・班文尼斯特（Emile Benveniste）寫道：「權杖，是一位權威旅者的基本特徵；不是為了行動，而是為了言說。」[10]在日耳曼部落中，裝飾在權杖末端的人臉圖案，幾乎是一種普遍的傳統。它提醒人們，持有者之家族，是神族的後裔。研究祝聖儀典書的德國史家施拉姆，在《統治象徵與國家標誌》一書中提到，[11]這種權杖，很可能是王室家系世代傳承的棍杖，被認為具有超自然的力量；事實上，它是一個圖騰、一種護身符，被用作王權的象徵。在這裡，我們可以從中世紀《祝聖儀典書》的文本，總結權杖的象徵意義：

　　　　接受王權象徵的權杖，它被稱為正義的權杖和美德的規訓，是為了引導您、聖教會和交託給您的基督徒，藉此王權保護人民不受惡者傷害，糾正惡人，保護好人，幫助他們走上正義的道路。如此，在上帝恩典的協助中，數世紀以來的統治和榮耀，將持續綿延。您將世俗的王國，轉化

9　Abbé Jean Goy, *Pontifical, Reims..*, pp. 712-750. - *Le Sacre Royal à l'Époque de Saint Louis*, p. 283.

10　Émile Benveniste, *Le Vocabulaire des Institutions Indo-Européennes*, t. I: *Pouvoir, Droit, Religion*（Paris: Les Éditions de Minuit, 1969）, p. 32.

11　Percy Ernst Schramm, *Herrschaftzeichen und Staatssymbolik*（Stuttgard: Hiersemann,1954）, pp. 238-280.

圖7　《漢摩拉比法典》石板
（The Code of Hammurabi）。
石板圖像上的漢摩拉比國王，
接受太陽神沙瑪什授予權杖，
作為王權神授的依據。根據法
國巴黎羅浮宮Paris, Musée du
Louvre, SB 8原始物件的圖片
繪製。
圖片提供／陳秀鳳·繪圖／吳
怡萱

圖8　手持權杖的君士坦
提烏斯三世（Constantius
III）成為執政（約西元417
年）。根據德國伯斯塔特大
教堂（Halberstadt cathedral,
Germany）的象牙雙折板圖片
繪製。
圖片提供／陳秀鳳·繪圖／吳
怡萱

成上帝的神聖王國……。[12]

　　在法蘭西，使用權杖的證據，主要根據國王印璽上的的肖像。卡佩王朝的王家印璽圖像上，國王被描繪為左手持權杖，右手持百合花作出祝福的手勢。[13]針對這種圖像，埃爾韋・皮諾託（Hervé Pinoteau）認為，此姿態是權力的象徵，是宇宙創造者的特殊標誌，曾在基督教肖像中使用過。[14]由此，權杖被公認為世俗權威的象徵，是無可爭議的，正如〈詩篇〉所說：「公義的權杖，你國度的權杖。」[15]著名的哲學家尤利烏斯・埃佛拉（Julius Evola, c. 1898-1974）認為，「權杖是君主的右手……權杖完整體現世界的變革力量。國王是這股力量的持有者，他必須利用這力量來管理國家，維持穩定與和平。」[16]

　　中世紀西歐各基督教王國中，只有法蘭西國王在王家祝聖禮中，同時手持權杖和正義之手。法蘭西國王祝聖禮上，經常使用一根上端鑲有右手的短杖，杖上的右手，做出拉丁式的祝福姿勢——前三根手指擡起，後兩根手指摺疊。[17]每根手指代

12　Auguste Laforet,"Le bâton," in *Mémoires de l'Académie des Science, Belles Lettres et Arts de Marseille*（Marseille: Au Librairie de Canoix, 1876）, p. 215.

13　Richard A. Jackson,"Traite du Sacre" of Jean Golein, pp. 314-315.

14　Baron Hervé Pinoteau,"Quelques Réflexions sur l'Oeuvre de Jean du Tillet et la Symbolique Royale Française," *Les Archives Héraldiques Suisse*, 70（Lausanne: Impr. Réunies, 1956）, pp. 2-25.

15　〈詩篇〉第四十五章和第一百一十章。

16　Julius Evola, *Le Mystère du Graal*（Paris: Éditions Traditionnelles, 1974）, p. 119.

17　Jean-Baptiste Bullet, *Dissertation sur la Main de Justice*（Paris: chez H. L. Guerin & L. F. De la Tour, 1759）, pp. 122-123.

表某種特殊意涵：小指象徵隨時準備傾聽，是善意與信仰的極
致；無名指是懺悔，中指是慈善，食指是理性的展示，大拇指
則是神性。彎曲手指表達仁慈和內省。

正義之手彰顯出上帝、仁慈和智慧，它使得信仰和懺悔，
獲得理解和留存。象牙製成的正義之手，象徵純潔且永不改變
的正義，[18]正義之手是王家正義和司法的標誌。象牙的材質，不
僅象徵著簡單和純潔，也彰顯上帝對行使司法職權者的慈愛。
雖然學者使用不同的術語——懲罰之手、[19]審判行為和司法至高
權——來描述它，[20]皆說明正義之手與司法權力連結在一起。

（三）　劍和馬刺的意義

隨著時間的推移，在祝聖典禮的祈禱詞中，可以觀察到劍
的象徵意義出現了一些變化，寶劍的世俗和軍事屬性，隨著時
間的推移而消失。在東法蘭克地區，祝聖典禮上授予劍，意味
著皇帝被授予神聖的統治權威，他可以使用此武器對抗異教徒
和異端者。雖然祝聖祈禱詞的語言形式，已呈多樣化，其基本
意義仍保持不變，尤其是保護教會，捍衛神聖的信仰、驅逐異
教徒和異端，保護孤寡，維護和平、正義並表現仁慈寬恕的行

---

18 Christian Jacq, Patrice de la Perrière, *Les Origines Sacrées de la Royauté Française, Scriptoria I*（Paris: Leopard d'or, 1981），p. 126.

19 Baron Hervé Pinoteau,"Les Insignes du Pouvoir des Capétiens Directs," *Itinéraires,* 323（mai, 1988），p. 81, note 54.

20 Lord Edward Francis Twining, *European Regalia*（London: B. T. Batsford Ltd, 1967），p. 178.

為。

在國王祝聖禮的膏油前，騎士敘任儀式包含馬刺和劍的授與。勃根地公爵將馬刺繫在國王腳上，又立即取下。緊接著。授予國王的劍被大主教祝福：

> 主耶和華，求你為這劍祝福，為了使它能運用在教會的防禦和守護，並守護寡婦、孤兒，抵擋外邦人和惡人的暴力，願它也服務於所有畏懼主耶穌基督的人。[21]

大主教將劍配戴於國王身上，再從劍鞘裡拔出劍來，放在祭壇上，此時教士們唱誦「堅強、充滿勇氣」（Confortare），大主教念著祈禱詞：

> 將寶劍牢牢地繫在強壯的腿上，你以此劍，施行公平和正義。你將摧毀罪孽的重擔，捍衛上帝的聖潔教會和祂的忠實僕人，你不但要清除假基督徒，也要消滅耶穌基督的仇敵。你們溫柔地幫助寡婦和孤兒，你必修復和重建荒涼的事物；你為不公不義復仇，並妥善安排事物的秩序。如此，你就因美德的勝利與追求卓越的正義，而獲致榮譽，配得與這位拯救世界者，永無止息地統治世界。[22]

在中世紀西歐社會基督教化的過程中，劍的暴力性質被馴

21　Jean Goy, *Pontifical, Reims.*, pp. 204-210.

22　*Le Sacre Royal à l'Époque de Saint Louis*, p. 281.

服，轉而呈現為基督公義而戰的形象。作為王權器物的寶劍，毫無疑問地具有正義的性質。〈詩篇〉第四十五章，劍被稱為正義的工具，「為了真理、憐憫和正義的事業，把你的劍掛在大腿上，昂首挺胸，光彩奪目。」[23] 劍的重要性，體現在斷開善惡，以及神聖正義的精神品質上，亦即「劍是愛的光，它把死亡轉換為生命；上帝正義的工具，成為人類正義的武器，它將缺陷汙點從優質中剔除，斬斷無用與虛造。劍是天堂再次開啟的知識瞬間，在當下，騎士國王的眼目在生命之軸前，凝視沉思。」[24] 又如〈馬太福音〉第十章，基督宣告的：「不要以為我來，是給地上帶來和平。我來，並不是帶來和平，而是刀劍。」[25] 在西歐基督教社會中，劍扮演正義的角色，針對擾亂秩序者具有一種司法正義的功能，雙刃劍柄反映出創造和毀滅的二元力量。[26]

　　劍，雖說具有剛性的一面，卻也不乏柔性的一面。在中世紀的武功歌和傳奇文學中，寶劍也象徵著捍衛清白與守護貞潔。十四世紀中葉（約1339-1382年），經常在巴黎上演聖母的奇蹟劇，其中一齣《艾米斯與艾米萊斯》（*Miracle de Nostre Dame d'Amis et d'Amiles*），彰顯兩位摯友間的珍貴友誼。劇中描述著艾米斯娶了盧比阿斯（Lubias），成為布雷爾伯爵

23　〈詩篇〉第四十五章。

24　Christian Jacq, Patrice de la Perrière, *Les Origines Sacrées de la Royauté Française*, p. 88.

25　〈馬太福音〉第十章三十四節。

26　〈啟示錄〉第一章十六節，第二章十二節。〈創世紀〉第三章二十四節。
　　Jean-Paul Roux, *Le Roi, Mythes et Symboles,* p. 198.

（count of Blaives），而艾米斯在查理曼宮廷擔任統帥，並迎娶皇帝之女蓓麗桑（Bellisant）。故事情節鋪陳艾米斯作了偽證，而得到瘋瘋病；為了不讓眾人知曉此事，艾米萊斯在朋友艾米斯的城堡住了一段時間，並偽裝成艾米斯的身分。晚上，盧比阿斯睡在艾米萊斯身邊，認為他是其丈夫。此時，艾米萊斯隨身的鋼質寶劍（son brant d'acier），被用來保持他與友妻的距離。[27]又，浪漫傳奇文學《崔斯坦和伊索德》（*Tristan and Iseult*）描述著，崔斯坦和伊索德在森林中，一位森林管理員監視他們，並向國王告密。馬克國王立即前來並極為震怒，然而，伊索德當時保留她的襯衣，而崔斯坦則以劍，隔開他與伊索德之間的距離，從而證明兩人的貞節，也平息了國王的憤怒。[28]因此，寶劍在中世紀基督教社會中，具有維持正義、公平與守護貞潔、捍衛名譽的多重意涵。

相對地，馬刺的意義較為單純，它是騎士的標準配備物件；在實際功能上，馬刺驅使馬匹快速前進。讓・戈蘭詮釋馬刺的意義，認為這是騎士基於慈善的堅強意志，急於捍衛臣民並驅逐入侵者。[29]在儀典中，教會人士顯然將馬刺的物質性意義，轉換為精神性的勤勉和快速。馬刺是騎士敘任禮的一部分，象徵騎士敏捷和果斷的精神，配戴馬刺者必須真誠地履行

---

27 "Amis et Amiles," Ed. Conrad Hofmann, v. 1160. 引自Bernard Heller, "L'Épée Symbole et Gardienne de Chasteté," *Romania*, 1907, Vol. 36, No. 141（1907）, p. 36.

28 "Tristan and Iseult" 引自Bernard Heller, "L'Épée Symbole et Gardienne de Chasteté," p. 40.

29 Richard A. Jackson, "Traite du Sacre" of Jean Golein, p. 314.

職責。馬刺的授與，具有強化國王快速穿越王國，保護人民的理想騎士意象。

馬刺和劍，是騎士最重要的兩種器物，接受這兩物件，也接受正義與和平的託付。劍，可以決定生死的武器，在意識形態上，代表著人際正義的工具，這是一種神聖的正義，它將人類社會的混亂失序與精神領域的和諧純粹，區隔開來。劍的在場，國王向眾人展示了永恆穩定的生命軸，它與對愛和救贖的期待，交織在一起。

（四） 戒指和王家服飾的意義

自古以來，戒指就是高貴和莊嚴的標誌，與其他裝飾品和諧地結合在一起。指環或戒指，在人類社會中經常被使用，尤其在神聖和宗教領域。在某種程度上，它是權威、信仰和榮譽的象徵。在國王祝聖加冕典禮進行時，大主教將戒指交給國王，並說著：「戴上戒指，它是神聖信仰、王國穩固和權力增強的象徵，經由它，您以勝利的力量趕走敵人、消滅異端邪說，您將團結臣民，並將他們與耶穌基督的信仰結合起來。」大主教對戒指的祝福：「主耶和華，一切能力和尊嚴歸於您，求您賜給您的僕人幸福的尊嚴，使他憑藉您的恩典，永遠存在，永遠敬畏您，並經由耶穌基督來取悅您。」[30]

這個套在國王手指的小物件，包含所有潛在的勢能。戒指

---

30 Jean Goy, *Pontifical, Reims...* , pp. 700-710. - *Le Sacre Royal à l'Époque de Saint Louis*, p. 281.

是信任的象徵，是真正信仰的象徵，可以作為佩戴者的身分。
在國王祝聖禮中，戒指表達君主與臣民之形而上的婚姻。環的
形狀，代表宇宙，它是瞬息的人類和永恆的神性之和諧。[31]戒
指，也意指靈性精神和王室尊嚴的結合，象徵君主和國家的統
一。[32]通過環的存在，人與上帝之間的聯繫，完全建立起來。

　　祝聖禮的王家服飾，包含長衣（tunique）、達爾瑪提格
長袍（dalmatique）、斗篷（Manteau）或披風、鞋子。這些服
裝，並非王權的標誌，但它們在祝聖典禮中，也扮演重要的角
色。在膏油之前，絲綢內衫和外長衣必須在下襬處開口，國王
身上的其他衣服，都必須脫除。這一階段，建立了一種新生者
重生的象徵價值。[33]經過此一過渡儀式，大主教進行膏油，國王
自此浸潤於神聖領域。

　　王家服飾的意義，主要與宇宙有關。除了長衣作為身體的
第一層庇護，達爾瑪提格長袍，是保護國王不受邪惡影響的第
二層衣服，它給了國王實現上帝旨意的機會。最外一層的服裝
是斗篷，象徵著天堂的和諧、事物的圓滿實現。斗篷也象徵宇
宙和天穹，運行中的宇宙，在它裡面濃縮了國王所擁有的創造
能力。因此，斗篷包含天堂的力量。[34]蘇傑認為君主是上帝形象

31　Christian Jacq, Patrice de la Perrière, *Les Origines Sacrées de la Royauté Française*, p. 118.

32　Jacques Le Goff, "Aspects Religieux et Sacré de La Monarchie Française du Xe Siècle au XIIe Siècle," in Alain Boureau, C. S. Ingerflom, *La Royauté Sacrée dans le Monde Chrétien*（Paris: EHESS, 1992）, p. 21.

33　Richard A. Jackson,"Traite du Sacre"of Jean Golein, p. 315.

34　Baron Hervé Pinoteau, *Vingt-Cinq Ans d'Études Dynastiques*, p. 137. - Christian Jacq, Patrice de la Perrière, *Les Origines Sacrées de la Royauté Française*, pp.

的再現，君王本身反映上帝的生動形象。[35]同樣的，服裝也具有某種力量，基督的衣服擁有神奇的力量，「我只摸祂的衣裳，就必痊癒」，[36]在〈福音書〉中的許多段落，皆可看到類似的描述。[37]

　　除了服裝的形制之外，服裝的顏色和紋樣裝飾，也是中世紀意識思維的符碼，彰顯君王之人性和神聖性的相互焊接。穹蒼是藍色的，因此，風信子色連結穹蒼的概念。帕特里斯・德佩利埃（Patrice de Perrière）也認為，藍色，標誌著物質世界和神聖世界之間的通道。[38]用聖格雷戈爾・德尼撒（saint Grégoire de Nysse, c. 335-395）的話來說：「這件長袍是紫色的……他們說這種顏色，代表天空。」[39]

　　法蘭西祝聖的王家服裝，經常鑲綴金色百合花的圖案。在《聖經》中，有許多關於百合花的章節。〈馬太福音〉：「何必為衣裳憂慮呢？你想野地裡的百合花怎麼長起來；花朵不勞苦，也不紡紗。」[40]或是〈列王紀〉：「門廊柱頂上的柱頭，造了百合花的圖案，高1米80釐米。」以及「銅海厚七釐米，邊緣

　　115-116.

35　Suger, Vie de Louis VI, p. 72.

36　〈馬太福音〉第九章二十一節。〈馬可福音〉第五章二十八至三十四節。〈路加福音〉第八章四十四節。

37　〈馬可福音〉第五章二十八至三十四節。〈路加福音〉第八章四十四節。

38　Christian Jacq, Patrice de la Perrière, Les Origines Sacrées de la Royauté Française, p. 116.

39　Grégoire de Nysse, La Vie de Moïse（Paris: Cerf, 1955）, p. 92.

40　〈馬太福音〉第六章二十八節。

的造法跟杯邊類似，形狀像百合花，可盛水四萬四千升。」[41]
在〈雅歌〉中，也多處出現情人和百合花的描述，「我的情郎
下到自己的園子裡，到了香花苗床，在園中放羊，採摘百合
花。」[42]柯萊特認為，《聖經》中有關百合花的意涵，並不十
分明確，百合花可作為陰性或陽性之美麗和愛情的象徵。[43]我
們在《聖經》章節中，仍可看出百合花作為人、神之間關係的
隱喻，或作為聖殿的裝飾圖案，呈現出寧靜、和諧、神聖的屬
性。

　　百合花也是宇宙的象徵，皮諾託提出，「百合花……它
本身具有生育能力和生命的價值，它取代王家斗篷上的其他宇
宙符號。很可能有人想要表明，國王的服飾上帶有非天文形體
的宇宙象徵，卻在物質和精神上，充滿著有益和富有成效的力
量。」[44]讓‧戈蘭詮釋百合花的謙卑、虔敬特質：

　　　　百合花意味著謙卑堅定，正如孔雀的美麗在其尾端。因
　　此，百合花無比溫柔，反觀高傲者則是毫無廉恥。緊身衣
　　（la cotte）意味天空，緊身衣圍繞身體，正如天空環圍繞著
　　法蘭西王國。人們逃避天空的一側，卻靠近另一側。因此，

41　〈列王紀〉上，第七章十九節，第七章第二十六節。〈歷代誌〉下，第四
　　章五節，「銅海厚七釐米，邊緣的造法跟杯邊類似，形狀像百合花，可盛
　　水六萬六千升。」
42　〈雅歌〉第六章二節。又，〈雅歌〉第六章三節。「我屬於我的情郎，我
　　的情郎也屬於我。他正在百合花放羊。」
43　Colette Beaune, *Naissance de la Nation France*, p. 241.
44　Baron Hervé Pinoteau, *Vingt-Cinq Ans d'Études Dynastiques*, p. 140.

人們想要逃避正義的報償，卻更接近全能上帝的德性。[45]

　　羅蘭‧德沃（Roland de Vaux）認為，大祭司並非戴著王冠，實際上，是戴著象徵生命和救贖的金色花朵。[46]百合花也象徵著神聖的智慧，正如特維寧（Lord Edward Francis Twining, c. 1899-1967）所指出的，在騎士精神發展之際，百合花象徵登山寶訓的義理。[47]王家服飾雖非王權御寶的一部分，但它們被賦予某些神聖的特質。幾個世紀以來，王家服裝的顏色和紋樣發生了變化，百合花取代豹皮的斑點或蜜蜂圖飾，這些紋樣是國王和埃及大祭司的服飾，經常出現的圖案。在奇爾德里克一世（Childéric Ier, r. 457-481）墓室裡，人們發現三百多隻金蜜蜂，裝飾在他的馬具上，這種昆蟲圖飾，圍繞在已故國王的周圍，象徵著神聖性的散發和人民的團結。

　　綜上所述，國王祝聖禮以其儀式制度的華貴，和象徵符號的深雋嚴謹，言說法蘭西王權的全部實存。王權御寶授予的意義，在於藉由純粹的世俗物件，構建王家權力的法理意識和美學感性。王權物件不能製造國王，但它們在政治意識和心理情感上，卻發揮強大的作用。授予王權器物的儀式，不僅在視覺感官上，再製國王自身與權力的關係；同時也在意識形態上，傳達事物的秩序和權力的實踐理性，這是王權御寶的真正意涵。

45　Richard A. Jackson, "Traite du Sacre" of Jean Golein, p. 315.

46　Roland de Vaux, *Les Institutions de L'Ancien Testament*（Paris: Editions le Cerf, 1960）, t. 2, pp. 268-269.

47　Lord Edward Francis Twining, *A History of the Crown Jewels of Europe*（London: B. T. Batsford, 1960）, p. 218.

第五章

王權御寶的譜系

　　在上一章中，我們回顧並解析了國王祝聖禮的三個基本步驟，其中王權器物，如王冠、權杖、正義之手、劍、馬刺、指環、服飾，這些物品的授予，出現在一個既定的秩序，傳達神聖性和世俗性的特殊意義。對於觀者，這些王權物件傳達一個抽象的資訊，亦即最高權力和王家威儀的性質。雖然王權御寶不能造就國王，但它們是君主權力不可分割的一部分。從這個視角，我們試圖追溯這些物件的起源，它們的形式和價值。我們將透過現存的物品清單，爬梳文獻史料，並輔以歷史學家和藝術品鑑者的觀點，試著貼近並理解中世紀人們的心態價值和藝術創發力。

一、百合王冠

　　亙古以來，在世俗或宗教禮儀上，一些特殊形式的頭巾或帽兜，被用來區分祭司、國王或統帥、戰士。在某些情況下，戴冠者的頭飾形制和紋樣，往往能彰顯宗教或軍事身分。古埃及國王（法老）戴著獨特的頭飾——下埃及的「紅冠」

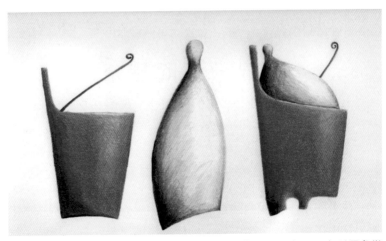

圖9　下埃及的「紅冠」（deshret）、上埃及的「白冠」（hedjet）以及象徵
上、下埃及合一的紅白雙重冠冕。
圖片提供／陳秀鳳・繪圖／吳怡萱

圖10　托勒密六世戴上埃及法老的雙
重冠冕（Ring with engraved portrait of
Ptolemy VI Philometor），西元前三至
二世紀作品，藏於羅浮宮。
© Marie-Lan Nguyen / Wikimedia
Commons

圖11-a
攻城王冠（Corona Obsidialis）
出自Meyers Konversationslexikon
（1885–1890）。
© Wikimedia Commons

圖11-b
市民花冠（Corona Civica）
出自Meyers Konversationslexikon
（1885–1890）。
© Wikimedia Commons

圖12　牆冠（Mural Crown）。
西布莉女神戴著牆冠（Head of Cybele
wearing a mural crown），在士麥納
（Smyrna）發行的4德拉克馬銀幣
（Tetradrachm）上的圖像（約西元前
160–150 BC）。
© Marie-Lan Nguyen / Wikimedia
Commons / CC-BY 2.5

圖13　船冠（Naval Crown）。
阿古利巴將軍戴上船冠（Agrippa
wearing a Naval Crown，約西元前27-西
元14年），羅馬銀便士的正面圖像。根
據Classical Numismatic Group, Inc的圖片
繪製。
圖片提供／陳秀鳳‧繪圖／吳怡萱

（deshret）和上埃及的「白冠」（hedjet）。這兩種王冠，原初是各自使用，然而，隨後出現兩者交融成一個雙重冠冕，顯示上、下埃及的合一（圖9）；甚至到希臘化時代，托勒密王朝也使用這種王冠（圖10）。因此，古往今來，王冠就是最高權力的象徵。

西方思想和文化的源頭是《聖經》。在《舊約聖經》中，首次提到有別於祭司冠的王冠，是有關掃羅死亡的描述：「我就站到他那裡，殺了他，因為我知道他一倒下就活不了。然後，我把他頭上的冠冕和臂上的鐲子，帶到我主這裡來。」[1]大衛攻打亞捫人，攻取拉巴，把城攻下，「他奪了馬勒堪神像頭上所戴的金冠冕，金冠冕重34公斤，鑲有寶石。大衛把冠冕戴在頭上，又奪了城中的許多財物。」[2]從《舊約聖經》的例證可以看出，掃羅王和大衛王統治時期，以色列人已將黃金冠冕，作為王權的象徵。大衛戴上王冠的歷史，可以追溯到西元前十一世紀末。

在羅馬共和時期，羅馬人不接受執政者戴上王冠，因為它有著王權印記。然而，王冠卻授與個別的公民，用來表彰某人的傑出貢獻或社會威望。羅馬時期，多種類型的王冠，在不同的場合中被使用。由草葉編製的「攻城王冠」（Corona Obsidialis），用來贈與一位攻下城池或拯救圍城的軍官（圖11-a）。由橡樹葉和橡子製成的「市民花冠」（Corona Civica），授予在戰役中拯救羅馬公民的兵士（圖11-b）。裝飾著金色微

1　〈撒母耳記〉下，第一章十節。
2　IIe Livre de Samuel, 12, 30. - Ier Chroniques, 20, 2.

型角樓的「牆冠」（*Corona Muralis*），是贈與第一位登上被敵人包圍之城或要塞的兵士（圖12）。最後是裝飾著微型船首的「船冠」（*Corona Navalis*），作為海上一場非凡勝利的獎勵，或者是贈與第一位登上敵艦的水手（圖13）。

　　凱撒統治時期，羅馬人試圖將王冠作為王權的象徵。但凱撒本人謹慎地拒絕佩戴王冠。戴克里先皇帝（Diocletian, r. 284-305）的統治時期，這種頭飾和華麗的皇室服裝，在公眾場合中被使用。幾個世紀以來，皇帝個人權力的增長和準大祭司的宗教地位，反映在帝國尊嚴的外在形式上，這般帝王威儀，在君士坦丁皇帝及其繼任者的統治期間，更形提高。君士坦丁皇帝似乎習慣佩戴王冠，他在位期間出現了兩種新形式的皇冠，其一為「皇冠或斯蒂芬諾」（couronne impériale ou stephanos）（圖14-a），這是一個金色的圓圈，王冠可以戴在上面；另一種為「禮儀冠冕」（casque cérémoniel）（圖14-b）。皇冠的形狀，在六世紀中葉緩慢發展。然而，拜占庭帝國查士丁尼皇帝（Justinian I, r. 527-565）統治時期，一種名為「冠冕」（*stemma*）（圖14-c）的新形式皇冠首次出現，查士丁尼擁有佩戴這種皇冠的專有權（圖15）。這種形式的皇冠，持續保留至十一世紀末。

　　自矮子丕平祝聖禮開始，膏油儀式不僅賦予國王權力的合法性，並揭啟國王身體的聖化，有助於增強王家權力的密度。幾個世紀以來，這些特定儀式性物件的重複在場，同時又與凡俗生活具有某種超驗的疏離，構築了王權的符號體系。王權物件，更聚焦而言是王冠，逐漸具有普遍性的地位，在中世紀西歐社會的集體意識中運作。

圖14-a　皇冠或斯蒂芬諾（Couronne Impériale ou Stephanos）。
根據聖維塔萊教堂鑲嵌畫（Basilica of San Vitale in Ravenna），約西元547年，頭戴皇冠的查世丁尼一世半身像繪製。
圖片提供／陳秀鳳‧繪圖／吳怡萱

圖14-b　禮儀冠冕（Casque cérémoniel）。
根據普希金博物館（Pushkin Museum），約945年，象牙雕刻的康斯坦丁七世皇帝（Emperor Constantine VII）頭上冠冕繪製。
圖片提供／陳秀鳳‧繪圖／吳怡萱

圖14-c　冠冕（Stemma），根據聖索菲亞大教堂博物館（Hagia Sophia Museum），約1118年，頭戴冠冕的約翰二世皇帝（John II Komnenos）半身像鑲嵌畫而繪製。
圖片提供／陳秀鳳‧繪圖／吳怡萱

圖15　聖索菲亞大教堂西南側的鑲嵌畫（Hagia Sophia Southwestern entrance mosaics）。
在鑲嵌畫的中間，聖母瑪麗亞把耶穌抱在膝上。在聖母右邊是查士丁尼皇帝頭戴冠冕、手持聖索菲亞大教堂的模型。在聖母左邊是手持城市模型的君士坦丁一世皇帝。
© Myrabella / Wikimedia Commons / CC BY-SA 3.0

　　膏油儀式既適用於國王也適用於主教，通過膏油祝聖這種方式，世俗的權威不斷壯大，導致政權和教權很難全然區隔。這兩種權力的秀異，似乎是必要的。尤其在教會的立場上，更樂於將兩種形式的權威拆解，原因是，這兩種權力已被王室膏油的事實，緊密地勾連絞纏。政權向神聖領域的滲透，已從表象逐漸內化，並在基督教意識形態的倉廚中存有且記憶。

　　這項區隔的任務，變得越來越複雜。教會人士除了在神學

上強化「雙劍論」的詮釋，也須在視覺意象上，賦予新的權力占用符號。環視當時東方君主，包括拜占庭皇權的表徵，皆傾向以皇冠代表世俗的最高權威。教會強調，王冠代表世俗權力的論點，在「君士坦丁的憲章」（constitution Constantini）中得到證明。[3]

這份文件是八世紀下半葉的文本，被稱為〈偽君士坦丁的捐贈〉（fausse Donation de Constantin），[4]根據其內容，宣稱君士坦丁皇帝接受教宗西爾維斯特和聖克理斯托姆的洗禮，隨後，在元老院和羅馬人民的同意下，他決定頌揚聖彼得最神聖的寶座。為了向教宗保證教會的充分自由，君士坦丁離開他的宮殿和羅馬城，遷都至拜占庭，他宣稱羅馬教會是世界所有教會之首，教宗的尊嚴勝過皇帝的尊嚴。

皇帝的權力如何移交給教宗？這即是〈偽君士坦丁的捐贈〉出現的原因，在這個文件中，兩次提到君士坦丁的皇冠。根據此文件，君士坦丁皇帝從其頂戴摘下了這頂純金和鑲綴寶石的皇冠，成為教宗的冠冕。然而，西爾維斯特教宗不希望在其剃髮上戴黃金寶石冠，於是，皇帝親自在教宗頭上戴上一頂象徵復活的白色冠冕（frygium），也就是後世所有教宗都要戴

3　此文件「君士坦丁的憲章」，是將羅馬和羅馬帝國西部的權力移交給教宗的敕令。亦即〈偽君士坦丁的捐贈〉。

4　Max Buchner, "Rom oder Reims die Heimat des Constitutum Constantini? Eine Skizze." In *Historisches Jahrbuch* 53（1933）, p. 141. 在此之前，教宗在君士坦丁堡被簡單地稱為羅馬主教。從那時起，教宗免除對西方羅馬皇帝的一切義務。這份文件的重要性，就王權物件而言，是展示王冠相對於帝國權力的象徵價值。

上的教宗冠。至於前述的皇冠，是教宗為皇帝加冕時使用的王冠。自從丕平登上王座並得到宗教聖化以來，王家膏油與主教聖職的膏油，難以辨別。上述這份文件在此時出現，以及教宗利奧三世使用王冠為查理曼加冕，似乎為了降低膏油賦予國王的準祭司性質。為了更加區隔教權和政權，西歐社會出現王冠的使用，也標誌著教義意識形態的轉變。

800年的查理曼加冕，標誌著西方基督教世界使用王冠的開始。從那時起，大主教莊嚴地將王冠戴在受膏國王的頭上，王冠成為王權的獨特標誌。根據祝聖儀典書，在法蘭西國王的祝聖禮上，使用兩個不同的王冠。[5]第一個是加冕儀式上使用的祝聖王冠，大主教把它戴在國王頭上，然後由12位法蘭西貴族扶持王冠。第二個王冠，重量較輕，在彌撒結束時，也是由大主教為國王戴上，替換第一個王冠。第二個王冠，被稱為國王的個人王冠，國王離開大教堂前去宮殿晚宴時，配戴這一個王冠。

按照卡佩王室的傳統，用於祝聖禮的王冠，必須在儀式完成後，送還並保存在聖丹尼王家修道院。在1534-1634年聖丹尼修院寶庫清冊中，記錄四個中世紀的王冠，即「國王王冠」（la couronne du roi）或稱為「查理曼王冠」，「王后冠」（la couronne de la reine），「聖王冠」（Sainte Couronne）或「聖路易的王冠」以及「珍妮‧德艾浮荷的王冠」（la couronne de Jeanne d'Evreux）。

根據《法蘭西儀式總輯》記載，「國王王冠」（參考蒙

5　Théordore Godefroy, *Le Cérémonial François*, p. 24.

福孔的王后冠版畫，圖16），是一頂沉重的金王冠（重達15馬克，約4公斤），上面綴飾著巨大寶石。王冠本體由黃金製的四片矩形板組成，以鉸鏈拼接在一起形成圓形底座，四片矩形板上方，各有一朵大百合花。

　　每一片矩形板和大百合花上，鑲綴12顆寶石。每面矩形板的四角，鑲綴四顆藍寶石。矩形板中央有一顆大紅寶石，周圍飾以三顆較小的綠寶石。大百合花的花瓣上，鑲綴著三顆紅寶石，而一顆綠寶石在花莖上留下印記。這些寶石都未曾做切面處理，寶石被固定在相當低的「梯形」（bâte à gradins）座托框架中，除了矩形板中心的紅寶石，是由一個較大的「爪型」（bâte à griffes）座托予以支撐。[6]

　　「國王王冠」中心的大紅寶石，是一個磨光、沒有切面的寶石。1505年庫存清查的金匠和珠寶商，估計它大約200克拉，價值8000英鎊。在1634年的寶庫清冊中，這顆巨大的紅寶石估計重約412克拉，價值1萬5千英鎊。[7]在大百合花的每一片花瓣上，都鑲嵌著一顆紅寶石，據1634年的工匠和珠寶商估計，每顆寶石的價值，約在1200英鎊至1800英鎊之間。[8]百合花莖上的石頭是一顆綠寶石，在1634年被估價1000英鎊。在「國王王冠」的每面矩形板上，有三顆紅寶石鑲嵌在矩形板兩側和底

6　Danielle Gaborit-Chopin, *Regalia: les Instruments du Sacre des Rois de France, les "Honneurs de Charlemagne"*（Paris: Editions de la Réunion des musées nationaux, 1987），p. 99.

7　Blaise de Montesquiou-Fezensac, Danielle Gaborit-Chopin, *Le Trésor de Saint-Denis*（Paris: Picard, 1973），t. I, p. 76.

8　*Le Trésor de Saint-Denis*, t. I, p. 77.

圖16　王后冠（la Couronne des Reines）。
出自十八世紀蒙福孔《法蘭西君主制紀念碑的版畫集》（Bernard de Montfaucon, *Les Monumens de la Monarchie Françoise*, Paris, Bibliothèque Nationale de France, fr 15634, Pl. 7）。
© Wikimedia Commons

部。紅寶石左右兩邊的兩顆綠寶石，被認為價值600英鎊和400英鎊。另一顆大紅寶石底下的一顆綠寶石，被認為價值1000英鎊。[9]在矩形板的四個角上，有四顆橢圓形的藍寶石，它們被鑲嵌在「梯形」的托座上，在1634年估計價值約300至2000英鎊。[10]這些珍貴寶石，均勻和諧地排列在每片矩型板上。此外，1534年和1634年的聖丹尼寶庫清冊，詳細描述每一個寶石的重量和價值，以及其深紅色天鵝絨的內緣軟帽和配件，[11]包括四條金色的織物和東方珍珠等。「王后冠」的形狀，與「國王王冠」相同，只是它的重量較輕（約10馬克，約2.8公斤），寶石也不那麼漂亮和整齊。[12]蒙福孔（Bernard de Montfaucon, c. 1655-

---

9　*Le Trésor de Saint-Denis*, t. I, p. 77.

10　*Le Trésor de Saint-Denis*, t. I, p. 77.

11　*Le Trésor de Saint-Denis*, t. I, p. 80.

12　*Le Trésor de Saint-Denis*, t.I, pp. 81-84. - Danielle Gaborit-Chopin, *Regalia*, p. 99.

1741）的版畫（圖16），是保留至今關於「王后冠」寶石形狀和構圖形式的唯一精確圖形。

這兩個王冠的製作年代，仍然不確定。根據《法蘭西大編年史》的紀錄，「國王王冠」是禿頭查理祝聖加冕時，獻於殉道者祭壇上的王冠，後世以此為國王加冕。[13]根據皮諾託的假設，這兩個王冠，是腓力二世奧古斯都下令製作的王冠，為了1180年他與王后伊莎貝爾（Isabelle de Hainaut, r. 1180-1190）的雙加冕典禮，而製作的王冠，其年代可上溯十二世紀末。[14]根據修院史家杜布雷（Dom Jacques Doublet）的《聖丹尼修院史》的記載，「（腓力二世奧古斯都）又獻上一個非常華麗的金王冠，上面鑲嵌著磨光而沒有切面的大顆寶石、綠寶石、藍寶石和巨大的東方珍珠，他以這些寶石、珍珠為法蘭西王后加冕。」更進一步，他說：「[聖路易] 贈送聖丹尼修院兩個巨大而華麗的王冠，上面裝飾著價值不菲的寶石，這是腓力二世奧古斯都以極具藝術性的方式，為法蘭西國王和王后加冕時使用。同樣地，小的黃金王冠，也在國王祝聖加冕典禮時使用……。」[15]

從文獻視角而言，這兩個形狀相同的中世紀王冠，創作年代推定為1180年的假設，相當耐人玩味。這一年，他和王后伊莎貝爾結婚，她父親是出自加洛林家系的漢諾伯爵鮑德溫五世

13　*Grandes Chroniques de France*, Ed. Viard, Jules. *SHF*（Paris: Champion, 1920-1953），t. IV, p. 256.

14　Baron Hervé Pinoteau, *Vingt-Cinq Ans d'Études Dynastiques*, pp. 377, 380-381.

15　Dom Jacques Doublet, *Histoire de l'Abbaye de S. Denys en France*（Paris: Nicolas Buon, 1625），pp. 959-960.

（Baldwin V comte of Hainaut, c. 1150-1195）。這項婚姻，被視為卡佩家族連結加洛林家族。製作祝聖禮的王冠，顯然也是腓力二世奧古斯都倡導「回歸加洛林家系」（*redditus ad stirpem Karoli*）政策的一部分。然而，仍需證明十二世紀末的工藝技術，是否能達到這個水準？

「王后冠」的大百合花，形狀過於精緻，似乎不太符合1200年左右的百合花形制。因此，羅浮宮中世紀珍寶專家和史學家——達妮耶・嘉寶麗—蕭邦（Mme Danielle Gaborit-Chopin）提到，如果我們從聖丹尼檔案庫中，追蹤「國王」和「王后」這兩個王冠的蹤跡，就十分明顯。在光滑的金屬上，鑲綴著巨大的寶石，其技術與祝聖寶劍的劍鞘鑲版相同。因此，「王后冠」只能上溯十三世紀下半葉或十三世紀末。[16]根據1340年腓力六世的書信，由於他在戰爭失利，被迫從聖丹尼修院寶庫中借出某些貴重物品。在這些珍寶中，包含七個金冠，其中一個是13馬克7盎司的王冠，這使我們能夠把這個王冠和查理曼王冠區別開來。[17]

在華洛瓦國王讓二世（Jean le Bon, r. 1350-1364）時期，一顆巨大的紅寶石，被鑲嵌在「查理曼王冠」的頂部。1634年的寶庫清冊中，提到它是一顆「古老的、非常光滑的」紅寶石，[18]

---

16 Danielle Gaborit-Chopin, *Regalia,* pp. 87-88, et 99-103.

17 Blaise de Montesquiou-Fezensac, Danielle Gaborit-Chopin, *Le Trésor de Saint-Denis*, t. II, pp. 12-13.

18 Dom Jacques Doublet, *Histoire de l'Abbaye de S. Denys en France*, p. 151. - Blaise de Montesquiou-Fezensac, Danielle Gaborit-Chopin, *Le Trésor de Saint-Denis*, t. I, p. 80.

鑲綴在黃金莖柱上面。十四世紀末，當查理五世臨終時提到，「查理曼王冠」是祝聖禮的王冠：

> ……這事以後，求你揭去我們主的荊棘冠冕，它是由巴黎主教帶來的，也是聖丹尼修院長帶來的，王家祝聖加冕禮的王冠。荊棘冠充滿著虔誠的眼淚和崇敬，高高地將它放在她（荊棘冠）面前，把祝聖禮的王冠放在她腳下。然後，他的話語轉向祝聖禮的王冠，說著：「法蘭西王冠啊，您是多珍貴、多寶貝，又是多麼的惡毒啊！您擁有司法的正義並堅定地執行它；您又是最惡毒的，是您給那些將您扛在肩上的人，造成勞動、痛苦、焦慮和良心的折磨……。」[19]

自十六世紀起，「國王王冠」和「王后冠」，經常在聖丹尼寶庫清冊中被提及。[20]「國王王冠」的軌跡，很容易在十六世紀有關王家祝聖儀式的各種檔案中找到。這些跡象都表明，從十六世紀初，「國王王冠」或「查理曼王冠」顯然是用於加冕。[21]遺憾的是，1590年法蘭西宗教戰爭時期，「國王王冠」被

19　Christian de Pisan, *Le Livre des Fais et Bonnes Mœurs du Sage Roy Charles V*（Paris: H. Champion, 1936）, pp. 186-188.

20　Inventaire du 13 août 1576. Archives Nationales LL. 1226, fol. 67 v°-71. - Blaise de Montesquiou-Fezensac, Danielle Gaborit-Chopin, *Le Trésor de Saint-Denis*, t. II, pp. 2-3.

21　Théodore Godefroy, *Le Cérémonial François*, 170. – Actes Capitulaires, Arch. Nat. LL. 1215, fol. 193 v°-195.

圖17 王后冠。
根據費利比恩版畫而繪製
（Dom Michel Félibien, *Histoire de l'Abbaye Royale de Saint-Denis en France*, Planche IV, H, Paris, 1706）。
圖片提供／陳秀鳳‧繪圖／吳怡萱

圖18 聖王冠。
出自聖吉爾的彌撒，約西元1500年（Messe de saint Gilles, London, National Gallery, NG4681）。
©Wikimedia Commons

天主教聯盟的軍士摧毀。

　　此後的法蘭西國王祝聖加冕禮上使用的王冠，根據杜布雷的說法，「禿頭查理，皇帝和法蘭西國王，也贈予修院，他的有四片矩形板的金色皇冠。其上鑲綴巨大、磨光、沒有切面的大顆紅寶石，大而精緻的綠寶石、藍寶石和巨大的珍珠。如此華麗的王冠，用於法蘭西國王的加冕禮，從上述的禿頭查理

到亨利四世，直至宗教戰爭時被摧毀，不幸的是，他們拿起了武器，反對國王陛下，……熔化的黃金和珍貴的寶石，分散在不同人群的手中……。」[22]再次地，杜布雷記載著，「當前只有七個（王冠），首先是法蘭克皇帝和國王查理曼的皇冠，黃金的閉鎖式皇冠，鑲綴許多珍貴的寶石。禿頭查理將自己珍貴的王冠，贈與修道院寶庫。在那裡，『國王王冠』（或『查理曼王冠』）與禿頭查理的王冠混淆。」[23]在此之後，「王后冠」可能取代「國王王冠」，直到十八世紀，成為國王祝聖加冕典禮的王冠，[24]並在法國大革命時期被熔化。[25]費利比恩（Dom Michel Félibien, c. 1665-1719）的版畫（圖17）和蒙福孔的畫作，細緻地呈現「王后冠」的形制。

　　另一個中世紀的王冠，被稱為「聖王冠」或，「聖路易王冠」（la couronne de Saint-Louis），也記錄在聖丹尼寶庫的檔案，可能也用於祝聖加冕禮。它比「國王王冠」的重量輕盈。

22　Dom Jacques Doublet, *Histoire de l'Abbaye de S. Denys en France*, pp. 335-336.

23　Dom Jacques Doublet, *Histoire de l'Abbaye de S. Denys en France*, p. 367.

24　Extrait des Registres du Greffe de Saint-Denis, 12 mai, 1595. Arch. Nat., L. 886. 引自 D. Gaborit-Chopin, *Communication à la Société Nationale des Antiquaires de France, Communication du 13 février 1974* et "les Couronnes du Sacre des Rois et des Reines au Trésor de Saint-Denis," in *Bulletin Monumental*, 135. （1975）, pp. 165-174. - Inventaire du 6 avril 1598. Arch. nat. LL. 1226, fol. 67. - Théodore Godefroy, *Le Cérémonial François*, p. 362.

25　「王后冠」在1793年被送交國民公會，取出上面的寶石後，黃金被熔鑄成貨幣。從1793年11月至1794年7月的相關紀錄，見Arsenal, fol. 4 v°-70 v°, in Paul Lacroix, "Inventaire du Trésor de Saint-Denis en 1793," in *Revue Universelle des Arts*（n° de février 1856）, pp. 127, 132, 138-139, 353, 364.

根據1634年的寶庫清冊，其重量約11馬克。[26]根據十四世紀初的聖物清單，「聖王冠」上有基督的荊棘刺和基督的頭髮。閱觀者可藉由兩個圖像──〈聖吉爾的彌撒〉（Messe de saint Gilles）（圖18）和〈維克家庭的童真女〉（Vierge de la famille de Vic）（圖19），對照蓋涅爾（François Roger de Gaignières, c. 1642-1715）的水彩畫（圖20），辨識「聖王冠／聖路易王冠」的形制。

根據聖丹尼的寶庫清冊，「聖王冠」是一個大的金冠，上面有四個花瓣膨脹、尖端突起的花朵，內部以銀質鍍金予以強化。在每一朵花瓣的中間位置，鑲綴著一顆藍寶石，兩邊各有二顆紅榴石，上方是一顆綠寶石，下面有一顆黃晶。每一花朵正下方，在王冠的環帶上，有一顆巨大紅榴石鑲嵌於爪型托座，其旁邊有一顆藍寶石，周圍環繞四顆綠寶石。在整個王冠上，共有150顆東方珍珠「鉚接、固定在上面」，[27]周圍鑲嵌著許多寶石。在這份清冊中，最大的紅榴石，被描述為一個穿孔的紅寶石，[28]當中置入一根基督王冠上的荊棘刺。但根據十八世紀中葉專家鑑定後，認為這顆巨大的紅寶石，實際上，是一顆質色相當精純的大「敘利亞紅榴石」，[29]學者認為它可能是基輔

---

26 Blaise de Montesquiou-Fezensac, Danielle Gaborit-Chopin, *Le Trésor de Saint-Denis*, t. I, p. 235.

27 Blaise de Montesquiou-Fezensac, Danielle Gaborit-Chopin, *Le Trésor de Saint-Denis*, t. I, p. 234.

28 Blaise de Montesquiou-Fezensac, Danielle Gaborit-Chopin, *Le Trésor de Saint-Denis*, t. I, pp. 232-233.

29 Bibl. nat., ms. Fr. 7786, fol. 68-68 v°, et Arsenal, fol. 78. 1794, 26 avril.

圖19　聖路易王冠。
圖像中的國王查理曼，手持查理
五世的權杖、頭戴聖路易王冠。
圖像參考〈維克家庭的童貞女〉
（La Madonne de Vic from Frans
Pourbus le Jeune, 約1617年）繪
製。
圖片提供／陳秀鳳・繪圖／吳怡
萱

圖20　聖王冠／聖路易王冠（約
十七至十八世紀）。
蒙福孔複製蓋涅爾（Gaignières）
的水彩畫聖王冠（Paris,
Bibliothèque Nationale de France,
Département des Estampes et de
la Photographie, Reserve OA-9-
FOL）。
© Wikimedia Commons

安妮的風信子石，也可能是路易七世贈與聖丹尼修院的風信子石（l'escarboucle）。[30]

　　為了進一步分析「聖王冠」的源起，必須考察它在畫作上的呈現方式。高而豐厚的花形，沒有金銀掐絲的細工，顯示工藝技術已經高度進化。根據達妮耶・嘉寶麗─蕭邦的觀點，由花朵的葉形飾組成的曲線和反曲線，相當精緻。在一個尖銳、幾乎是彎曲的點上結合在一起，並附著在王冠的環帶上。這些表現形式，似乎與十三世紀下半葉，或十四世紀初的哥德式藝術作品相似、一致，[31]若將它們與亞琛查理曼聖物的皇冠進行比較，可以追溯到1349年以前。[32]

　　然而，這個哥德式物件的先進形式和技法，並不全然與寶庫清冊中有關「聖王冠」的記錄年代相符。這些資料，特別是十一世紀的〈查理曼前往耶路撒冷和君士坦丁堡〉（*Iter Hierosolymitanum*）一文，[33]向我們展示了禿頭查理贈送基督王冠的荊棘刺，[34]與聖釘（le saint Clou）和聖西梅翁（saint Siméon）的遺物，一起保存在聖丹尼修院。在十二世紀，蘇傑提到基督王冠（*Corona Spinea Domini*），[35]特別是路易六世贈予

30　D. Gaborit-Chopin, *Regalia*, p. 95.

31　Danielle Gaborit-Chopin, *Regalia*, pp. 97-98.

32　Jean-Marie Fritz, *Goldschmiedekunst der Gotik in Mitteleuropa*（Munich: C. H. Beck, 1982）, n° 84.

33　這份文獻的年代，約在1079-1095年。Léon Levillain,"Essai sur les Origines du Lendit,"In *Revue Historique*, t. 155（1927）, pp. 241-276.

34　*Iter Hierosolymitanum*, in *Revue des Langues Romanes*, éd. par Ferdinand Castets（Monpellier, 1913）, t. LVI, pp. 468-469.

35　Suger, *Vie de Louis VI le Gros*, pp. 276-277.

他風信子石時，把它固定在基督的荊棘冠上。

　　然而，從上述十五至十七世紀的圖像，可以看出「聖王冠」的形象，不可能回溯到十二世紀的物品。此外，在「聖王冠」出現之前，如聖丹尼的聖刺這類重要的聖物，很可能被固定在另一個王冠上。正如達妮耶・嘉寶麗—蕭邦推測，為讓二世加冕的「聖路易王冠」，是十六世紀和十七世紀清冊中，所描述的「聖王冠」，但以前的史料記載，似乎並非都與這個聖物王冠有關。它和大多數重要的聖物一樣，有幾個王冠的花托，在上面可以固定聖物，例如基輔安妮的風信子石或路易六世的風信子寶石。正如我們從十五和十七世紀的「聖吉爾的彌撒」圖像得知，「聖王冠」不可能回溯到十二世紀，因此，將它視為蘇傑所稱的十字架上之基督王冠的假設，是沒有根據的。[36]

　　「聖路易王冠」一詞，最早出現在1350年的王室帳目清冊中，「勃根地珍妮王后命令，將六十顆大珍珠交由奧爾夫雷的紀堯姆・沃代塔爾，用來製作聖路易的大王冠，讓二世以這王冠加冕。」[37]根據這一描述，在聖路易王冠和內緣軟帽上，鑲上六十顆大珍珠，用來作為讓二世的加冕王冠，這與「聖吉爾的彌撒」畫作之聖王冠相對應。

　　「聖路易王冠」之名的起源，模糊曖昧。一般的看法，是基於路易九世贈與聖丹尼修院的聖刺，鑲嵌在王冠上而得名。

36　Danielle Gaborit-Chopin, *Regalia*, p. 97.

37　Louis Douët d'Arcq, *Comptes de l'Argenterie des Rois de France, Société de l'Histoire de Franc*（簡稱*SHF*）（Paris: J. Renouard et cie, 1851），p. 348.

正如1714年的小冊子指出：「聖路易王冠，純金並鑲嵌非常巨大的寶石，此外還有一個估計為10萬埃居幣的紅寶石，聖路易在這王冠上加上一根『主耶穌王冠』的聖刺。」[38]

根據《聖丹尼修院史》記載，路易九世將他的金冠贈送聖丹尼修院：

> 國王聖路易贈與聖丹尼修院，獻上聖莫里斯軍團一名神聖兵士的遺體，並將極華貴的王冠，其上有一個巨大精緻、價值不菲的紅寶石，它是我們主耶穌基督王冠上的一根聖刺。這頂王冠，被稱為聖路易王冠，上面有權杖和正義之手，有鍍金的銀，還有金環或印章，上面鑲嵌一顆巨大而優質的藍寶石。[39]

不遠處，他又繼續提及王冠上的聖物：

> 光榮的聖路易國王贈與非常精緻的金冠，上面鑲嵌著黃晶、藍寶石、紅寶石、翡翠和非常美麗的東方珍珠。但是，最重要的是一顆極為美麗的、磨光而沒有切面的紅寶石（估計超過三萬埃居）。在寶石的黃金托座框架上銘刻：「基督的頭髮、基督的聖刺」（*de capillis domini: de spinis domini*）。1261年5月，這位非常神聖的國王寫了一

38　Blaise de Montesquiou-Fezensac, Danielle Gaborit-Chopin, *Le Trésor de Saint-Denis*, t. II, pp. 371-372.

39　Dom Jacques Doublet, *Histoire de l'Abbaye de S. Denys en France*, p. 122.

　　份憲章，在當中，他說，他把三個金冠交付聖丹尼，保管
收藏。[40]

　　事實上，在聖丹尼寶庫紀錄中有關聖刺的物件，包括「聖
王冠」、「腓力奧古斯特的禮拜室」（l'oratoire de Philippe
Auguste）和珍妮・德艾浮荷的「聖禮拜堂的神龕」（châsse de
la Sainte-Chapelle de Jeanne d'Évreux），皆未提及聖路易贈與聖
刺。

　　「聖路易王冠」之名，從何而來？除了基督的聖刺，它
是否與鑲嵌基督頭髮的聖物有所關聯？法蘭西編年史家利果
（Rigord, c.1150-1209）詳細記錄腓力二世奧古斯朝的事蹟，嚴
謹地臚列這些聖物進入聖丹尼寶庫的日期。[41]他提到這些聖物，
如基督頭髮和君士坦丁堡的真十字架碎片，是腓力二世奧古斯
都贈與聖丹尼修院。但在1505年腓力二世奧古斯都的《禮拜
堂》的聖物紀錄中，這些物件已經消失。但「聖王冠」上，卻
鑲嵌基督頭髮這一聖物。我們可以推測，是否在聖路易統治期
間，他將基督頭髮鑲入敘利亞紅榴石下方？時至今日，由於缺
乏可靠的史料文獻，仍無法證實這一點。

　　「聖王冠」可能與「國王王冠」，在法蘭西國王祝聖加
冕禮上使用。聖刺和基督頭髮這兩個重要聖物，無疑地，賦予

40　Dom Jacques Doublet, *Histoire de l'Abbaye de S. Denys en France*, p. 367.

41　Rigord, *Oeuvres de Rigord et Guillaume le Breton Historiens de Philippe Auguste*
　　（*I. Chronique de Rigord et Guillaume le Breton; II. Philippe de Guillaume le
　　Breton*）, éd. par Henri-François Delaborde, *SHF*, t. I（Paris: Renouard, 1882）,
　　pp. 162-163.

「聖王冠」特殊的地位。然而，法國大革命爆發，「聖王冠」
一如「王后冠」，遭國民公會將其送到鑄幣廠。[42]這些寶石，包
括估計超過270克拉的敘利亞紅榴石被取下後，「聖王冠」旋即
被熔化。[43]這些充滿濃厚王權印記的王冠，停留在圖像和人們的
記憶中，它們發散出的神祕力量與權威，仍舊在人們的意識中
流動、回響。

二、黃金權杖

在祝聖禮上，國王接受了膏油、戒指、權杖和正義之手。
權杖（le sceptre）是王室權威和司法的重要象徵，幾個世紀以
來，權杖被認為僅次於王冠的王權標誌。中世紀西歐社會的價
值觀，折射出主導性的《聖經》思維。作為基督教王權御寶的
權杖，其源始和發展軌跡，可以自《聖經》的例證中觀察。

在《舊約聖經》中提到，以色列的國王和法官手中所持的
「杖」（bâton），被視為榮譽和權力的符碼，「圭必不離猶

---

42 Paul Lacroix, *Inventaire du Trésor de Saint-Denis en 1793*（Arsenal, fol. 4-68）:
1793, 11 novembre（21 brumaire）. Récolement des objets devant être portés
à la Convention（頁127）: "Cinquième armoire [n° 17 du livret de 1793]...
La couronne de saint Louis, d'or massif, enrichie de pierreries...." – 1973, 17
novembre（27 brumaire）.（頁132）: "... Une couronne d'or doublée de
vermeil et garnie en pierres...." – 1973, novembre, Fin du tirage et transport des
objets à l'hôtel de la Monnaie（頁138）: "... Une couronne d'or garnie en pierres
et perles...."

43 Bibl. nat., ma. Fr. 7786, fol. 68-68 v°, Arsenal, fol. 78. - voir Blaise de
Montesquiou-Fezensac, Danielle Gaborit-Chopin, *Le Trésor de Saint-Denis*, t. II,
p. 372.

大，杖必不離他兩腳之間，直等細羅（就是賜平安者）來到，萬民都必歸順。」[44]正當摩西從埃及把以色列人領出之時，上帝以直述的語氣說：「耶和華必經過苦海，擊打海浪，使尼羅河的深處都枯乾。亞述的驕傲必致卑微；埃及的權柄必然滅沒。」[45]因此，當以色列人對摩西的控訴中，耶和華說：「……東風吹乾其上的果子，堅固的枝幹折斷枯乾，被火燒毀了；如今栽於曠野乾旱無水之地。火也從他枝幹中發出，燒滅果子，以致沒有堅固的枝幹可做掌權者的杖。這是哀歌，也必用以作哀歌。」[46]

　　這種棍杖，可能起源於牧羊人的棍子。在遊牧民族和牧民中，是一種自然的權威象徵，也是掌權者的標記。正如〈路加福音〉記述，耶穌與門徒在最後晚餐的時刻，耶穌告訴眾人：

> 人子固然要照所預定的去世，但賣人子的人有禍了！他們就彼此對問，是哪一個要做這事。門徒起了爭論，他們中間哪一個可算為大。耶穌說：外邦人有君王為主治理他們，那掌權管他們的稱為恩主。但你們不可這樣；你們裡頭為大的，倒要像年幼的；為首領的，倒要像服事人的。是誰為大？是坐席的呢？是服事人的呢？不是坐席的大嗎？然而，我在你們中間如同服事人的。[47]

44　〈創世紀〉，第四十九章十節。
45　〈撒迦利亞書〉，第十章十一節。
46　〈以西結書〉，第十九章十二至十四節。
47　〈路加福音〉，第二十二章二十二至二十七節。

　　法蘭西斯・奧克利（Francis Oakley）也提及，在《新約聖經》寫作的時代，當時希臘國王所宣稱的尊貴地位，在《新約聖經》中的幾篇文章，似乎表達一種隱晦的反對。箇中原因是，在那個國度裡，領導權屬於那些服事他人的人，而非準神化的希臘國王所宣稱的那種尊貴權威；他們大膽地自稱為「恩主」，自認為國王是活生生的法律，是國家與世界秩序的紐帶，國王不僅是恩人，而且還是「牧羊人」、「中保」和「救世主」。[48]

　　權杖在西方被引用，是出自何時？西方文獻中的一些跡象表明，權杖在七世紀末已經存在。從古代羅馬習俗中借用的短權杖，以及從東方引進長權杖的使用，在法蘭克社會中已經確立。在聖丹尼修道院的寶庫，曾經發現一支黃金權杖（le sceptre d'or），它是保存在此修院中最古老的權杖。這支黃金權杖被授予「達戈伯特權杖」（scepter de Dagobert）之名，亦即梅洛溫國王達戈伯特一世的權杖。在蒙福孔的《法蘭西君主制紀念碑的版畫集》，[49]以及費利比恩的《法國聖丹尼王家修院史》的畫

48　Francis Oakley, "Royal Saviors and Shepherds, Hellenistic, Roman, Biblical, and Islamic Views of Kingship," in *Kingship-The Politics of Enchantmant*（UK: Wiley-Blackwell, 2006）, p. 60.

49　Bernard de Montfaucon, *Les Monumens de la Monarchie Françoise, Qui Comprennent L'Histoire de France avec les Figures de Chaque Regne Que L'Injure des Tems à Epargnées*（Paris: Chez Julien-Michel Gandouin, 1729）, t. I, p. 35, pl. III:「用金銀絲裝飾的琺瑯手杖。在它的末端有一隻鷹，載著一個年輕人。這支杖被認為是達戈伯特一世的權杖。一些古董商把它當作執政官權杖。」

作和描述，[50]這個造型精巧的權杖，不可能是達戈伯特一世時期創作的物件。蒙福孔的版畫，向我們展示了達戈伯特權杖（圖21）。從這個物件的裝飾、形式和複雜的技術，說明這是一個繁複的工藝製品，這物件可能連接不同時期的增添或修飾；至於其功能，被認為是一根執政官權杖。

根據十六和十七世紀的清冊記載，[51]這根黃金權杖的上半部，是一隻鷹。在鷹的兩個翅膀之間，有一個騎馬的孩子雕像。鷹的每一個翅膀上，皆鑲綴四顆綠寶石，一顆紅榴石和八顆珍珠。在鷹的腳下，有一個由兩串珍珠綴飾的柱頭，頂起一個金銀掐絲細工卷成螺旋狀的球體。柱頭底部，由一隻金手掌支撐著。

黃金權杖的長柄，以一個螺釘鎖住金手掌，這長柄由三部分組成。第一層和第三層覆蓋著鑲嵌裝飾性的琺瑯，第二層裝飾著鑲嵌四層綠松石、紅榴石和珍珠芯的金銀掐絲細工。這根棍杖的結構技術，包括分隔掐絲的琺瑯工藝、金銀掐絲和鑲嵌在心形寶石的托座，令人憶起中世紀盛期的工藝風格。[52]

---

50 費利比恩對此物的描述也與蒙福孔相似：「用金銀絲裝飾的琺瑯手杖。在它的末端有一隻鷹，載著一個年輕人。這根杖，被認為是達戈伯特一世的權杖。一些古董商把它當作執政官權杖。」Dom Michel Félibien, *Histoire de l'Abbaye Royale de Saint-Denis en France*（Paris: Chez Frederic Leonard, 1706），pl. II, Q.

51 Inventaire du 13 août 1576. Arch. nat., LL. 1226, fol. 67 v°-71. - Inventaire du 5 octobre 1581. Arch. nat., LL. 1226, fol. 71 v°-73. - Inventaire du 31 mars1598. Arch. nat., LL. 1226, fol. 62-66 v°.

52 Danielle Gaborit-Chopin, *Regalia*, pp. 77-78：「此外，對這一根棍杖的描述，在杖上發現以心形重疊分隔的金銀掐絲，和以心形切割的寶石。與其說讓人想起七至八世紀的作品，不如說是為禿頭查理（Charles le Chauve）

圖21　達戈伯特權杖（Le Sceptre de Dagobert）。
出自蒙福孔的《法蘭西君主制紀念碑的版畫集》（Bernard de Montfaucon, *Les Monumens de la Monarchie Françoise, qui Comprennent l'Histoire de France*, T. I, Planche III, Paris, 1729）。根據《聖丹尼寶藏》之圖片繪製（*Danielle Gaborit-Chopin, Le Trésor de Saint-Denis*, Paris: Réunion des Musées Nationaux, 1991）。
圖片提供／陳秀鳳・繪圖／吳怡萱

圖22　法蘭西王后珍妮・德・波旁的祝聖加冕禮（the Coronation of Jeanne of Bourbon）。
出自《查理五世加冕書》微型彩繪，約1350-1378年（Master of the Coronation Book of Charles V, Paris, Bibliothèque Nationale de France. Département des Manuscrits, Français 2813）。
© Wikimedia Commons

　　這支非常古老的「達戈伯特的權杖」，最初可能是供國
王們使用。爾後，在法蘭西王后的祝聖加冕禮中，它被引入。
1364年5月19日，王后珍妮·德波旁（Jeanne de Bourbon, r. 1364-
1378）的祝聖加冕禮（圖22），右手持著這支黃金權杖。[53]法國
大革命之後，象徵王權的器物，遭到革命政府的沒收與銷毀。
1793年12月5日，「達戈伯特權杖」從分散的聖丹尼寶藏中，被
保存下來，並收藏在博物館；[54]兩年後，它被盜走，其蹤跡迄今
杳然。[55]

　　直到今日，唯一保存下來的中世紀權杖，是查理五世時期
的權杖，被稱為「查理五世權杖」，亦即人們熟知的「查理曼
權杖」（Sceptre de Charlemagne）。這物件在查理五世的1380年
動產清冊中，首次被提及。[56]它原本是一支短杖，其柄由兩個可
以撐開、以百合花和球結裝飾性圖案雕刻的套筒組成。柄上的

而創作的作品。就像蛇紋石盤（la patène de serpentine）的托座和托勒密杯
（Coupe des Ptolémées，也被稱為聖丹尼杯），或者是十世紀末為埃格伯
特·德特里維斯（Egbert de Trèves）製作的聖物。」

53　Baron Hervé Pinoteau, *Vingt-Cinq Ans d'Études Dynastiques*, p. 493, note 78. 皮
諾托認為，棍杖上面鑲嵌一個古老的寶石，毫無疑問，這個組合是為了紀
念「達戈伯特靈魂救贖」的傳說，並且在1364年珍妮·德波旁的祝聖加冕
禮，授予王后。

54　Archives nationales du Musée du Louvre, M. 4. Liste des Objets remis aux
Commission du Museum: 1793, 5 décembre（15 frimaire, an II）.

55　Archives nationales du Musée du Louvre. *Registre des Délibérations et Procès-
Verbaux du Conservatoire du Museum National des Arts*. 1795, 22 juin（4
messidor, an III）.

56　Jules Labarte, *L'Inventaire du Mobilier de Charles V, Roi de France*（Paris:
Imprimerie Nationale, 1879）, pp. 353-354.

球結，上面和下面各有一圈葉子和八顆金珠。球結的正面，被分割成三面大獎章（圓形浮雕），上面飾以查理曼傳奇的三個場景。[57]

在球結正面的第一個獎章上的浮雕，穿著朝聖服的聖傑克出現在查理曼面前，命令他拯救被薩拉森人統治的西班牙和高盧。查理曼手中拿著寶劍，頭上戴著王冠，這是藝術家們早期用來代表西方皇帝的傳統風格（圖23）。第二面獎章上的浮雕，顯示查理曼在西班牙，查理曼跪在他的戰利品之上。在右邊，我們仍然可以看到聖傑克拿著一根絲帶；一位神職人員檢查了剛剛覆蓋在地面上的奇怪的植物。特平（Turpin）的一位教士解釋這一點，在戰鬥中死去的基督教騎士的矛和斧，當它們被發現之時，都幻化成滿地花朵，插在地上。最後，在第三枚獎章上描繪皇帝的死亡。整個場景刻畫查理曼死亡之際，狡猾的惡魔企圖抓住他的靈魂，但聖米歇爾大天使和聖傑克及時介入，讓靈魂擺脫惡靈的掌控。[58]

在這三枚獎章之間，有一顆寶石（以前稱為藍寶石）與四顆珍珠交替，圍繞著一顆爪子托座的心型鑽石（今日已不見此鑽石）。球結的上方，覆蓋白琺瑯的盛開大朵百合花，襯高坐在寶座上極為威嚴的純金查理曼雕像（圖24）。黃金寶座的

---

57 Tristan de Saint-Amant（Jean）, *Traicté du Lis, Symbole Divin de L'Espérance Contenant la Juste Défense de Sa Gloire, Dignité et Prérogative*（Paris: Chez Jean Piot, 1656）, pp. 38-39.

58 Émile Molinier, *Histoire Générale des Arts Appliqués à L'Industrie du Ve à la Fin du XVIIIe Siècle*. t. IV（Paris: Centrale des Beaux-Arts, E. Levy et Cie, 1901）, p. 225.

圖23　查理曼權杖球結的大浮雕（Le Noeud du Sceptre de Charlemagne, avec une apparition de Saint-Jacques à Charlemagne, Musée du Louvre）。
球結上第一面獎章，呈現出聖傑克要求查理曼驅逐薩拉森人，查理曼手持寶劍的場景。根據Tangopaso拍攝之圖片繪製。
圖片提供／陳秀鳳・繪圖／吳怡萱

圖24　查理曼權杖上方的查理曼雕像（Sceptre de Charlemagne, Paris, Musée du Louvre, MS 83）。
© Wikimedia Commons / Creative Commons Attribution-Share Alike 3.0 Unported license

兩側，最初裝飾兩隻鷹和兩隻獅子（1804年，比昂內修復此權杖時，增加為三隻鷹）；在這個基座上，銘刻著：「神聖的查理大帝，義大利，羅馬，高盧，日耳曼」（*Sanctus Karolus Magnus, Italia, Roma, Gallia, Germania*）。[59]查理曼的雕像，臉部是年老者形貌，鉤狀鼻、蓄著長長的鬍鬚、穿著一件領口鑲金線的長袍，披著一件斗篷，右上方繫著一朵百合花扣環。查理曼雕像的頭上，戴著一頂閉鎖形制的皇冠，上面有一顆巨大的東方珍珠和一個十字架。[60]

　　自十四世紀以來，權杖的上半部分，尤其是查理曼的雕像，幾乎沒有什麼變化，除了裝飾著金王座四角的那兩對獅子和鷹，在拿破崙一世的祝聖加冕典禮上，被鷹所取代。然而，大百合花的白色琺瑯塗層，已經消失了；遺失的藍寶石和綠寶石，也被彩色玻璃取代。在十六世紀的清冊紀錄上，權杖長度也與十八世紀不同。根據蒙福孔的版畫和文字描述，此權杖長度是「5英尺9英寸4線（ligne）」，[61]高度約165公分。原先舊的權杖柄，在法國大革命之後被交付國民公會，隨後在1793年消失。直到拿破崙一世的祝聖加冕禮，查理曼權杖由法國著名的金匠比昂內（Martin-Guillaume Biennais, c. 1764-1843）修復，

59　Dom Jacques Doublet, *Histoire de l'Abbaye de S. Denys en France*, p. 368.

60　根據1634年的寶庫清冊，這顆珍珠上面沒有十字架，此十字架是在1804年比昂內（Martin-Guillaume Biennais）添加的部分。Blaise de Montesquiou-Fezensac, Danielle Gaborit-Chopin, *Le Trésor de Saint-Denis, Inventaire de 1634*, t. I, p. 183.

61　Bibl. nat., Fr. 15634, fol. 5. Notes de Montfaucon: "Longueur de tout le grand sceptre dit de Charlemagne est de cinq pieds neuf pouces et quatre lignes." "Ligne" 線（符號ln）是中世紀設計的長度測量單位，通常是英寸除以12。

作為祝聖禮的王權物件；[62]以及1825年，由國王金匠巴普斯特（Jacques-Eberhard Bapst-Ménière, c. 1771-1842）為查理十世祝聖加冕禮時，再度修飾。[63]

　　在美學上，查理曼權杖的崇高品質，無疑地要歸功於優雅造型大百合花的白釉彩，以及查理曼雕像在技術上的完美性和莊嚴感。此外，還要考慮到杖柄本身的細膩，加之球結上浮雕的歷史記憶襲產，更加凸顯此權杖，在文化敘事與美學感受的完美會遇。

　　「查理曼權杖」的年代，就相對確定。它是查理五世為未來的查理六世的祝聖加冕禮準備的物件，並記錄在十四世紀下半葉，查理五世的動產清冊中。根據達妮耶‧嘉寶麗—蕭邦的說法：

> 此權杖於1379年至1380年，儲存在查理五世寶庫中。1380年5月，它和其他王權象徵物件，一同移交給聖丹尼修院長。權杖是查理五世宮廷藝術最完美的工藝之一。球結的浮雕之美，雕像的氣勢和精緻，查理曼那張長長的臉，呈現出真實感，寶石托座的優雅，使它成為中世紀最美麗的藝術成就之一。權杖直到1379-1380年才完成。然而，它可能早在1364年就已經部分完成了。[64]

62　Paul Lacroix, *Inventaire du Trésor de Saint-Denis en 1793*, 133-134（Arsenal, fol. 4 v°-17 v°）.

63　Mémoire de Biennais, Archives Nationales, O² 35. - pour le sacre de Charles X, Archives Nationales, O³ 1918.

64　Danielle Gaborit-Chopin, *Regalia*, pp. 81-82.

　　在《查理五世的祝聖儀典書》微型彩繪中，[65]查理五世右手，有一根類似於查理曼權杖的王權物件（圖25）。權杖上半部的最上方，有一坐姿的小雕像，戴著皇冠，左手拿著一個圓形的紅色物體，可能是一個象徵地球或世界的球體。裝在權杖柄頂部的小雕像，毫無疑問是代表查理曼。寶座置於花葉造型的裝飾物之上，在花葉下方有一個扁平節點的模具。[66]這種工藝表現形式，見證了查理五世時代的工藝美術成就，無法被人忽視。

　　關於「查理曼權杖／查理五世權杖」的年代考據，我們可以進一步思考。由於此儀典書，是查理五世在1365年頒下命令而完成，旨在宣揚宏偉的祝聖儀式和王權標誌，頌讚王國的神聖性和王權的威嚴，並向其王室後裔傳達神聖性君主制的認同和延續。雖然，單靠著王權器物並不能造就法蘭西國王，但它們顯然具有特殊的神聖意義。基於一種王朝意識，徽章標誌承載權力概念是存在的，如前述的王后珍妮・德波旁祝聖禮，微型彩繪描摹的達戈伯特權杖，就顯示出某種寫實的面向。此儀典書的微型彩繪，可以追溯到1365年至1380年間，以此來推敲「查理五世權杖」的年代，確實值得注意。

　　但若把「查理五世權杖」定在1364年，似乎也過於武斷；微型彩繪上的權杖，極可能是為了未來查理六世的祝聖加冕禮，創造出一款新權杖的理想模型，而非使用一個古老的物

65　Détail du"Livre du sacre"de Charles V, Londres British Museum, Tiberius, B. VIII.

66　Danielle Gaborit-Chopin, *Le Trésor de Saint-Denis*, p. 269. - *Les Fastes du Gothique*, n° 279.

圖25　查理五世的祝聖加冕禮。端坐於御座上的查理五世，右手
持著查理曼權杖。
出自《查理五世的祝聖儀典書》（Master of the Coronation Book
of Charles V. Paris, Bibliothèque Nationale de France, Département
des Manuscrits, Français 2813）。
© Wikimedia Commons

件，進行重新組裝或修改。因為現存於羅浮宮的「查理五世權
杖」，其宏偉和精緻，在審美上，是絕對和諧的。權杖的概
念──充分代表著君主制的權威──在查理曼黃金寶座下的大
百合花所彰顯的特殊意涵，做出強而有力的表述。從這個視
域，我們可以大膽的假設「查理五世權杖」，是在1379-1380年

間製作的。

正如達妮耶・嘉寶麗—蕭邦所稱的，這些觀察結果，產生了兩種可能性。其一、查理五世在1379-1380年間製作新的權杖，靈感來自1364年儀典書中微型彩繪的權杖；其二、查理五世為了準備王儲的祝聖禮，他命令金工將微型彩繪的權杖，作出部分修改；保留黃金寶座和查理曼雕像，但改變其配件，以白琺瑯大百合花取代一束花葉飾，並以球結裝飾著查理曼傳說的三場景，來代替扁平的節點。[67]

至於是那一位國王金工，製作這一作品？莫利尼埃（Molinier）認為，這是「國王的金匠和貼身男僕」亨內奎因・杜・維維耶（Hennequin du Vivier）的作品。[68]他的觀點，獲得學者們廣泛的認同。伯納德・莫雷爾（Bernard Morel）認為，1380年，查理五世為他的王儲祝聖禮而準備的服飾和珠寶中，也有一支權杖。這支權杖持續使用到查理十世的祝聖禮。有充分的證據表明，這一支權杖，是在1379年至1380年間，由查理五世最喜歡的金匠維維耶製作的，他被封為國王的貼身男僕。

---

67 Danielle Gaborit-Chopin, *Regalia*, p. 82.

68 莫利尼埃提到，我們能說出執行查理五世權杖的金匠的名字嗎？在這一點上，不能完全肯定，但我們可以合理地假設，它是由一位藝術家創作，而且他的名字經常出現在國王的動產清冊上。他提到查理五世在接待貴賓方面，相當華麗浮誇。《大編年史》的作者曾記載1378年神聖羅馬皇帝查理四世訪問法蘭西的完整敘述，他詳細地描述這場合中，王室所使用的奢華物件：「當時，皇帝查理四世表示希望欣賞國王訂製的華美王冠，於是，法蘭西國王查理五世毫不猶豫地將其珠寶展示皇帝面前，由他的金匠亨內奎因・杜・維維耶拿來珍寶……。」Émile Molinier, *Histoire Générale des Arts Appliqués à L'Industrie du Ve à la Fin du XVIIIe Siècle*. t. IV, p. 226.

　　然而，早在1365年，也就是祝聖儀式舉行後一年，按照國王的命令，繪製了一幅微型彩繪圖，展示一支類似的權杖，上面也有一個查理曼小雕像。在1364年，這支權杖在查理五世的祝聖加冕禮中使用。以同樣的靈感，他命人為繼承人查理六世的祝聖禮，製作全新的物品。[69]

　　從十四世紀末至十九世紀初，除了百年戰爭期間查理七世的祝聖禮，以及宗教戰爭期間亨利四世的祝聖禮，使用了其他的權杖，法蘭西國王祝聖加冕禮皆使用「查理五世權杖」，它是法蘭西舊體制時期極為重要的王權御寶。

三、正義之手

　　加洛林君主丕平和查理曼的國王祝聖加冕禮，自九世紀初以來，在西歐各基督教王國被仿效。法蘭西的國王祝聖禮有別於其他西歐各王國之處，在於其獨樹一幟的標記——正義之手（Main de Justice）。權杖授予國王之後，大主教再將正義之手交到國王左手。祝聖禮的正義之手，是一支短杖，大約一肘的長度，是神聖祝福和司法權威的特殊標誌。

　　短杖的使用可以追溯到古代，甚至更早的遠古歷史時期。這種短杖，在《聖經》的一些經文中，被認為是上帝賜予力量的有形記號。在〈出埃及記〉中，摩西回答說：

69　Bernard Morel, *Les Joyaux de la Couronne de France*（Paris: Albin Michel, 1988），p. 41. 此外，巴亞德在其〈祝聖禮與王冠〉一文中，也提到查理曼權杖，實際上是查理五世的金匠們的傑作。讓人們憶起1364年的國王金匠維維耶。Jean-Pierre Bayard, "Sacres et Couronnements Royaux," p. 176.

　　他們必不信我，也不聽我的話，必說：「耶和華並沒有向你顯現」。耶和華對摩西說：「你手裡是什麼？」他說：是杖。耶和華說：「丟在地上。」他一丟下去，就變作蛇；摩西便跑開。耶和華對摩西說：「伸出手來，拿住他的尾巴，他必在你手中仍變為杖，如此好叫他們信耶和華——他們祖宗的神，就是亞伯拉罕的神，以撒的神，雅各的神，是向你顯現了。」[70]

又，摩西站在法老面前，創造了一個奇蹟：

　　耶和華曉諭摩西、亞倫說：「法老若對你們說：你們行件奇事吧！你就吩咐亞倫說：把杖丟在法老面前，使杖變作蛇。」摩西、亞倫進去見法老，就照耶和華所吩咐的行。亞倫把杖丟在法老和臣僕面前，杖就變作蛇。於是法老召了博士和術士來；他們是埃及行法術的，也用邪術照樣而行。他們各人丟下自己的杖，杖就變作蛇；但亞倫的杖吞了他們的杖。[71]

短杖也代表懲罰或正義，就像拿單（Natan）預言的那樣：

　　他必為我的名建造殿宇；我必堅定他的國位，直到永遠。我要作他的父，他要作我的子；他若犯了罪，我必用

70　〈出埃及記〉，第四章一至五節。
71　〈出埃及記〉，第七章八至十二節。

人的杖責打他，用人的鞭責罰他。但我的慈愛仍不離開他，像離開在你面前所廢棄的掃羅一樣。你的家和你的國必在我面前永遠堅立。你的國位也必堅定，直到永遠。[72]

從這些例證可以看出，自西方文明的源頭《舊約聖經》時代，短杖已被視為與最高權力有關，也是司法權威的象徵。在法蘭西國王祝聖加冕禮中使用的正義之手，被稱為「獨角獸之角」（corne de licorne）。根據1634年的寶庫清冊，它是一隻象牙製的手，固定在一支金箔花葉裝飾的短棍上；在其無名指上，戴著一個鑲綴藍寶石的金戒指。[73]早在十七世紀中葉，文獻中對正義之手的描述就提到，短杖以一種有規律的形制，由三圈花葉組成。第一圈花葉連接在象牙手的下面，最初裝飾著三顆藍寶石、三顆紅榴石和十二顆東方珍珠。第二圈花葉在短杖的中間，被三顆紅榴石、一顆藍寶石和八顆東方珍珠包覆起來。第三圈花葉，則使用二顆紅榴石、二顆藍寶石和八顆東方珍珠加以裝飾，在短杖最下端有一顆紫晶。[74]

---

72 〈撒母耳記〉下，第七章十三至十六節。.

73 Blaise de Montesquiou-Fezensac, Danielle Gaborit-Chopin, *Le Trésor de Saint-Denis*, t. I, p. 183. 清冊中記載著，在正義之手的下方有一金箔綠葉的圓圈，上面鑲有三個石榴石、三個小藍寶石和東方珍珠，還有四個地方缺了寶石。根據金匠們的說法，現在只剩下五顆寶石，上面的藍寶石並非東方藍寶石，只是普伊藍寶石（saphirs du Puys）。在短杖的中間，又有一花葉圓圈，上面有三個石榴石、一個藍寶石、七個小珍珠，還有一個地方缺了寶石。在這個基座的底部，還有一個帶著二顆石榴石、二顆藍寶石和五顆小珍珠的花葉圓圈，當中還有一處缺了三顆珍珠。

74 Dom Jacques Doublet, *Histoire de l'Abbaye de S. Denys en France*, p. 368.

圖26-a　獨角獸之角（corne de licorne）正義之手。
根據蓋涅爾（François Roger de Gaignières, c. 1642-1715）的水彩畫而繪製（Paris, Bibliothèque Nationale de France, Département des Estampes et de la Photographie, RESERVE OA-9-FOL）。
圖片提供／陳秀鳳・繪圖／吳怡萱

圖26-b　正義之手（La Main de Justice）。
根據費利比恩版畫（Dom Michel Félibien, *Histoire de l'Abbaye Royale de Saint-Denis en France*, Paris, 1706, Planche IV, S）繪製。
圖片提供／陳秀鳳・繪圖／吳怡萱

　　稍後時期，另一位修院史家米伊耶（Dom Germain Millet, c. 1575-1647）也描述過這一物件。他提到「獨角獸之角」其上的手，被裝置在金質的杖柄上；介於大拇指和小拇指之間的手指上，裝飾一個金環，其上鑲嵌一顆珍貴的藍寶石。其杖柄的兩端和中間，裝飾著三個飾有寶石和東方珍珠的花葉圈。[75]根據蒙福孔的描述，這根正義之手的長度，有1英尺9英寸10線（約54.98公分），[76]從清冊文本描述的角度來看，短杖的葉圈，較類似中世紀製品的裝飾圖案。

　　達妮耶・嘉寶麗—蕭邦推測，短杖花葉節點讓人憶起一件中世紀的作品，或許可以回溯至十三世紀上半葉。人們很容易從路易十世的國王印章、國王宮廷敕令微型彩繪（大約出現在1320年）上的聖路易形象，以及查理五世在1365年的儀典書上的顯著節點，辨識出來。這個物件，在十四世紀已經被使用。這一事實，似乎可從查理五世為王儲準備的祝聖王權物件，缺少正義之手一事，獲得證實。[77]然而，在蓋涅爾（François Roger de Gaignières, c. 1642-1715）的水彩畫（圖26-a）和蒙福孔的版畫上，皆未呈現短杖上的三圈花葉，以及藍寶石鑲嵌的金指環。費利比恩的版畫（圖26-b）亦未精確呈現這些特徵，儘管它在短杖的中間和底部，標記了兩個圓圈。在蓋涅爾的水彩畫中，正義之手的上半部分，由費利比恩的版畫證實，呈現一支

75　Dom Germain Millet, *Le Trésor Sacré ou Inventaire des Sainctes Reliques et Autres Précieux Joyaux Qui Se Voient en L'Eglise et au Thrésor de L'Abbaye Royale de Sainct Denys en France*（Paris: Jean Billaine, 1646）, p. 133.

76　Bibl. nat., fr. 15634, fol. 5. Notes de Montfaucon.

77　Danielle Gaborit-Chopin, *Regalia*, pp. 76-77.

右手立在一個圓柱體上；圓柱體鑲嵌巨大的長方形寶石，中間鑲綴東方珍珠。如此繁複、多層次的物件，引發我們思考，它是否涉及部分元素被重構的一個物件？

達妮耶‧嘉寶麗─蕭邦認為「獨角獸之角」的正義之手，曾受到部分修改。箇中原因是，在蓋涅爾的水彩畫中所描繪國王祝聖禮的正義之手，鑲嵌著巨大、有規則且具切割面的寶石，更像是十六世紀以降的工藝技法。最後一位提到藍寶石和花葉結的學者，是1645年的米伊耶；然而，到了1706年的費利比恩，卻沒有提到這些細節。因此，我們可能質疑，「獨角獸之角」正義之手或許在此時段中，做了部分的修復或增添。[78]十四世紀以來，至十八世紀法國大革命前，除了亨利四世的祝聖加冕禮，「獨角獸之角」正義之手和「查理五世權杖」，極可能持續地在法蘭西國王祝聖加冕禮使用。「獨角獸之角」在1793年11月到1794年4月（共和政府的霧月至芽月）被提交國民公會；取下寶石和珍珠之後，旋即被熔鑄。[79]

除了上述的「獨角獸之角」，聖丹尼修院的寶庫中，還保存著另外兩支被金箔覆蓋、上面裝飾一個金質球形物的象牙

78　Danielle Gaborit-Chopin, *Regalia*, p. 77

79　Arsenal, fol. 4 v°-65. Paul Lacroix, "Inventaire du Trésor de Saint-Denis en 1793," 根據1793年11月11日（霧月 21日）國民公會清查的有關物品的記錄（頁127）：「第六個櫃子[1783年清冊第12號]是正義之手。」1793年11月17日送至鑄幣廠之物品的分類（頁133）：「……黃金和象牙的正義之手……」1793年11月鑄幣廠之物品完成分類和運輸（頁347）：「……一隻金色的正義之手，鑲嵌寶石……。」1794年4月13日（芽月24日）（頁133）關於第一個盒子物件的拆卸、取下寶石和稱重：「一種鍍金的權杖或棍子，上面有一個缺口。」

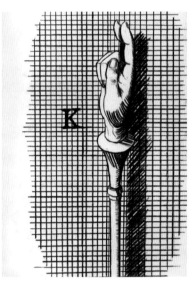

圖27　聖路易正義之手（La Main de Justice de Saint Louis）。
根據費利比恩的版畫（Dom Michel Félibien, *Histoire de l'Abbaye Royale de Saint-Denis en France*, Paris, 1706, Planche III, K）而繪製。
圖片提供／陳秀鳳．繪圖／吳怡萱

手。其中一支正義之手，在1634年的寶庫清冊中消失了。另一支鍍銀的正義之手，保存在聖丹尼修院。這支被稱為銀製鍍金「聖路易正義之手」（main de Justice de saint Louis），在十六世紀末，[80]是一隻銀製的右手，安裝在一根長2.5英尺的鍍金棍柄上（圖27）。「聖路易正義之手」並未服務於國王的祝聖加冕禮中。然而，在十六世紀初，它與一支鍍金的銀權杖，一起被用於法蘭西王后克勞德（Claude de France, r. 1514-1524）的祝聖

80　Thomas Platter le Jeune, *Description de Paris, 1599*, Traduction de l'allemand par L. Sieber, achevée par MM. Weibel（Paris: Société de l'Histoire de Paris, 1896）, p. 220：「……聖路易國王的正義之手，銀製。」Dom Jacques Doublet, *Histoire de L'Abbaye de S. Denys en France*, p. 368：「光榮的國王聖路易的權杖是銀製鍍金；又，正義之手也是銀製鍍金。」

禮。法國金匠們，為了路易十六在1775年的祝聖禮，[81]曾經重新修復過「聖路易正義之手」。爾後，在法國大革命時，它也被鎔鑄。

四、歡樂寶劍

自四世紀下半葉以來，羅馬當局允許日耳曼小群體，以同盟者的法律地位在帝國內部定居。在西方，大約在五世紀末，日耳曼部落定居更加持久，並陸續地建立王國。日耳曼統治者的權力，主要基於軍事的合法性，他們保留帝國的公職特權，尤其是徽章標記的運用。日耳曼人採用的王家標誌，主要偏向軍事性質。國王被士兵們高舉在盾牌上，在登基時手持著劍，象徵著統治和軍事的權威。日耳曼人在皈依基督教之時，某些異教的習俗已然消失，有些則在某種程度上，被吸納到他們的新宗教儀式中。劍，在這波日耳曼人的基督教化過程中，雖然用於國王祝聖禮中，卻是由神職人員授予君主；同時，劍也被賦予不同的象徵意義。

最初，君主被賦予的武器，是他自身在戰爭中的佩劍，但隨著時間的推移，劍被賦予特殊的意義，因而被列入祝聖加冕禮的物件。在某些王國，這種特殊的寶劍，經常與部族英雄或聖人之名，聯繫在一起。這位聖人通常是促成國王或部落皈依基督教的教士。在法蘭西，授予寶劍是封建服務的一種行為，從腓力二世奧古斯都的祝聖禮開始，授劍是一項重要的儀式。

81　Archive Nationale, O. 3045.

及至腓力三世的祝聖加冕禮中，授劍儀式改變了，寶劍被佩帶在國王腰際之後，國王必須謙卑地把它帶到祭壇上，然後把寶劍交給法蘭西統帥，由他持劍在國王面前，直到整個祝聖加冕典禮結束。類似的情形，也出現在德意志地區。十三世紀期間，神聖羅馬帝國的世俗選侯，為了爭取在皇帝祝聖加冕典禮中履行某些權利而激烈競爭，尤其是為皇帝持寶劍的特權，更加當仁不讓。選侯們捍衛權利所援引的先例，皆聲稱其先祖自皇帝鄂圖一世以來，已經負責執行這項服務。

在不同王國的祝聖加冕禮上，授予寶劍的順序經過歷時性演化，也略有不同。在法蘭西國王祝聖禮的儀軌中，寶劍通常被放在鞘裡，並於膏油完成後，放在祭壇上。這個儀式，是一種古老的日耳曼習俗，其最初意義，象徵著接受寶劍者已經成年，能夠如戰士般佩帶武器，從事戰鬥。然而，這種寶劍放入劍鞘的習俗，已經失去它最初的象徵意義，取而代之的是一種新的概念——象徵著國王對王國的統治。在英格蘭，儀式的第一階段展示出國寶劍（l'épée d'état），然後交給侍從長（chambellan）把國寶劍放在一邊，在彌撒的獻祭時，用另一把特殊的劍代替國寶劍。寶劍被繫在國王腰際之後，取下寶劍再獻於祭壇上，隨後國王再獻上100先令（shillings），以贖回置放在祭壇上的寶劍。隨後，寶劍從鞘裡抽出，並高高舉起，直到祝聖加冕禮結束。

十三世紀在法蘭西王國，由於騎士精神的發展，劍的授予和意義，也浸潤在基督戰士的根本意識情境。換言之，國王被認為是一位理想的騎士，這一騎士理想體現在國王聖路易的十字軍和封聖。值得注意的是，在聖路易的統治期間，頒布一

個新的祝聖儀典書。這份《聖路易祝聖儀典書》修改傳統的儀軌，在授劍儀式中，加入一些與騎士有關的儀式——守夜（la veillée）、劍的移交和膏油之前馬刺的授與——使得國王的騎士敘任儀式（l'adoubement du roi），更和諧地融入祝聖加冕禮。[82]然而，國王的騎士敘任，在英格蘭並未被採用。在英格蘭國王祝聖禮中，寶劍被認為是王權的一部分，而非騎士的屬性。

　　十一世紀末至十三世紀的敘事史詩（chanson de geste），或稱武功歌，越來越受到貴族騎士們的歡迎。這一個新因素，影響寶劍在中世紀下半葉的地位和威望。當中極著稱的《羅蘭之歌》（La Chanson de Roland），講述查理曼如何挑選宮廷的12名英勇騎士（Douze Paladins），進行遠方的戰鬥，其中最著名的是羅蘭（Roland le preux, c. 736?-778）。國王和這些英勇的騎士們，各自裝備一把名劍。皇帝查理曼的寶劍，被稱為「茹瓦約斯／歡樂」（l'épée de Joyeuse）；羅蘭的佩劍，被稱為「迪朗達爾／弗朗貝格」（Durandal, Flamberge）。這些關於騎士精神的中世紀武功歌和傳奇，並非真實的歷史，但他們借用寶劍

82　西方學者研究騎士敘任禮所表達的概念意涵，主要集中在德國。自從哥提耶的《騎士》一書問世後，德國歷史學家試圖澄清與騎士相關的某些儀式（尤其是舞會）的意義及其演變。Léon Gautier, *La Chevalerie*（Paris: Victor Palme, 1884）.在法國，人們更喜歡研究騎士的階級，這種階級意識與貴族的關係，也偏好研究騎士的生活方式、社會和經濟地位。Georges Duby, *La Noblesse au Moyen Âge XIᵉ-XVᵉ Siècles*（Paris: Librairie Honoré Champion,1976）. Leopold Genicot, *L'Économie Rurale Namuroise au Bas Moyen Âge, t. II: Les Hommes; La Noblesse*（Louvain: Bibliothèque de l'Université, 1960）. 引自Jean Flori, "Pour Une Histoire de la Chevalerie: L'Adoubement dans les Romans de Chrétien de Troyes," *Romania*, Vol. 100, No. 397（1）（1979）, p. 22.

的符號象徵，描繪了中世紀盛期騎士精神的本質，言說整個歐洲騎士階層的心態。

根據十三世紀編年史家紀堯姆德‧納吉斯的紀錄，為了腓利三世的祝聖禮，聖丹尼修院長梅西帶來了權杖、查理曼的「歡樂寶劍」和王家服飾。當時有許多王子和多個不同的族群，從四面八方前來參加這場盛會。他提到，從查理大帝時代起，法蘭西國王已慣於典禮當天，將查理曼之劍「歡樂寶劍」拿在他們面前。此一行為，不僅是為了他們的加冕儀式，更是為了紀念高貴和勝利的查理大帝。在國王面前持劍的特權，必須由法蘭西王國中極顯赫的貴族執行。[83]因此，在法蘭西，從腓力三世的祝聖禮開始，國王祝聖的「查理曼之劍」，被命名為「茹瓦約斯」，其意為「歡樂」。這把「查理曼之劍／歡樂寶劍」現存於羅浮宮，在1634年的寶庫清冊中記載著，在聖丹尼寶庫中，有一個配置三把鎖的木箱，在持鑰者——大修院長、教士長、寶庫管理員——的見證中，開啟這木箱，發現了一把寶劍，這是國王祝聖加冕禮的查理曼之劍。劍上有黃金劍柄和雕刻十字花紋的握柄；重量約二馬克（約489.504公克），價值約120埃居幣，金匠估計價值約為480鎊。[84]聖丹尼寶藏清冊，對「查理曼之劍」的描述太過簡潔，幾乎沒有提供任何細節。

這把被稱為「查理曼之劍」的祝聖禮寶劍（圖28-a），或多或少與十八世紀之前的圖像一致。實際上，它是由不同

---

83 Guillaume de Nangis, *Chronique Latine de Guillaume de Nangis de 1113-1300*, p. 88.

84 Blaise de Montesquiou-Fezensac, Danielle Gaborit-Chopin, *Le Trésor de Saint-Denis*, t. I, p. 182.

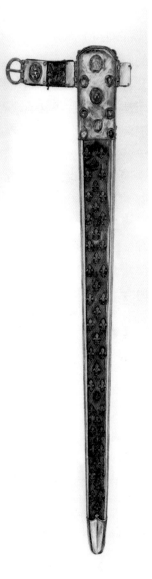

圖28-a 歡樂寶劍（Épée de Charlemagne / Épée Joyeuse），又稱查理曼之劍，約十一至十二世紀。
根據法國巴黎羅浮宮（Paris, Musée du Louvre）MS 84的原始史料圖片而繪製。
圖片提供／陳秀鳳・繪圖／吳怡萱

圖28-b 歡樂寶劍的劍鞘（fourreau du Joyeuse），約十三世紀末。
根據法國巴黎羅浮宮（Paris, musée du Louvre）MS 84的原始史料圖片而繪製。
圖片提供／陳秀鳳・繪圖／吳怡萱

的時期所增添或修改的不同物件組成的。此劍的劍尾鎖（le
pommeau）部分，呈現不規則的半橢圓形，兩側皆有兩隻金鳥
的圖案。在金鳥頸項的金屬裝飾，部分向後推而抬高周圍部
分，凸顯出兩隻金鳥頸部被一枚大戒指纏繞。金鳥的腿和尾巴
末端，是一片片交織繞纏的葉狀飾，金鳥頭頂有捲曲形狀的冠
羽。[85]達妮耶‧嘉寶麗—蕭邦認為，劍尾鎖的外觀可以回溯十至
十一世紀末，此歸功於鳥形動物的裝飾形式，讓我們想起十至
十一世紀斯堪地納維亞的藝術。這種動物和植物的形制，在十
至十一世紀的微型彩繪中，也極為盛行。[86]布萊斯‧德孟德斯鳩
—費贊薩克（Blaise de Montesquiou-Fezensac）也認為，這一個
劍尾鎖，可以上溯到十世紀，鑲嵌在劍柄橫切面護手部位，兩
個長方形金片內的棕櫚樹飾，也可以上溯到十世紀。[87]然而，根
據皮諾托的推測，他認為：

> 從腓力三世祝聖加冕禮開始，人們將把這把寶劍稱為查
> 理曼之劍，毫無疑問地，這把劍在腓力二世奧古斯都的祝
> 聖禮使用過。我在其他地方也提到，結論表明這是一個令
> 人難以置信的設計，觀看其劍尾鎖，似乎非常古老（十一
> 世紀）；甚至，有人說它是來自薩珊王朝藝術的靈感。很

---

85 Blaise de Montesquiou-Fezensac, Danielle Gaborit-Chopin, *Le Trésor de Saint-Denis*, p. 206.

86 Blaise de Montesquiou-Fezensac, Danielle Gaborit-Chopin, *Le Trésor de Saint-Denis*, p. 206.

87 Blaise de Montesquiou-Fezensac, Danielle Gaborit-Chopin, *Le Trésor de Saint-Denis*, t. III, p. 78.

明顯地，這兩隻有翅膀的動物，守護著生命之樹，它們來
自遙遠的時代。[88]

「查理曼之劍」的劍柄橫切面護手部位（Les quillons），
形狀是兩條有翅膀的龍，眼睛上鑲嵌著深色玻璃珠，爪子在
胸前彎曲，與前述的劍柄形制不同。達妮耶‧嘉寶麗─蕭邦認
為，這兩條龍的風格極為特殊，它與十二世紀末裝飾利摩辛
十字架（crosse limousine）的吞鷹蛇（guivre）圖案相似（圖
29）；它也與存放於亞眠博物館之柯爾比青銅十字架的龍圖案
相似（圖30），屬於十二世紀下半葉的工藝作品。[89]在這兩條
龍之間，在橫切面護手部位的兩邊，有一個黃金棕櫚葉飾的金
屬物，部分向後推而抬高周圍部分，上面裝飾一朵花，嵌在一
個長方形的框架裡。橫切面護手的背面，是由兩個矩形的黃金
盤子組成的，這兩個盤子構成了這兩條龍的腹部。這兩個盤子
底部裝飾著渦漩狀金銀掐絲，其時間可回溯到劍尾鎖的同一時
期。[90]

　　劍柄護手的這兩塊有渦漩狀金銀掐絲的矩形黃金盤子，似
乎屬於寶劍最古老的部分。在龍的腹部下方，有一段銘文，上
面用草書寫著劍柄的黃金重量「2.5馬克10埃斯德林」（*II M et
demi X estelins*, 大約504.3公克）。根據孟德斯鳩—費贊薩克的說
法，這部分可回溯到十三世紀，並且是在渦漩狀金銀掐絲修復

88　Baron Hervé Pinoteau, *Vingt-Cinq Ans d'Études Dynastiques*, p. 490.

89　Blaise de Montesquiou-Fezensac, Danielle Gaborit-Chopin, *Le Trésor de Saint-Denis*, pp. 204-206.

90　Jean Taralon, *Le Siècle de l'An Mil*（Paris: Gallimard, 1973）, pp. 324-325.

圖29　利摩辛十字架（crosse limousine）的吞鷹蛇。
根據《聖丹尼寶藏》一書圖片繪製（Blaise de Montesquiou-Fezensac, Danielle Gaborit-Chopin, *Le Trésor de Saint-Denis*, Inventaire de 1634. vol. I. Paris: Picard, 1973）。
圖片提供／陳秀鳳‧繪圖／吳怡萱

圖30　柯爾比青銅十字架的龍圖案。
根據法國亞眠畢卡底博物館（Amiens, musée de Picardie）原始實物圖片繪製
圖片提供／陳秀鳳‧繪圖／吳怡萱

之後。[91]

　　目前存放在羅浮宮的「查理曼之劍」的雙刃劍身，類似於費利比恩版畫上的劍身（圖31）。然而，用於固定雙刃劍身的間隙，對於當前的劍身，似乎過大。1804年，在拿破崙一世

91　Blaise de Montesquiou-Fezensac, Danielle Gaborit-Chopin, *Le Trésor de Saint-Denis*, t. III, p. 78.

祝聖加冕禮之前，負責祝聖儀式的賽居爾侯爵（Louis-Philippe de Ségur, c. 1753-1830），曾要求古物學家亞歷山大‧樂諾瓦（Marie Alexandre Lenoir, c. 1761-1839）調查「查理曼之劍」。他聲稱找到「查理曼之劍」的原始劍身，但無法提出實據證明它。因此，這把劍最終被羅浮宮的其他劍身所取代。

　　另一部分，劍的軸頸（la fusée）也是黃金製作，它以菱形網狀花紋裝飾，網格的底部，是十字橫紋圖案。然而，這部分在以前是百合花圖案。拿破崙一世祝聖加冕禮時，比昂內取消這些不太適合這儀式的紋章符號，但卻保留了劍的軸頸本身。根據皮諾托的假設，劍柄（la poignée）的組裝，早在十二世紀

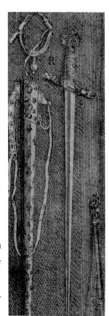

圖31　查理曼之劍的雙刃劍身，費利比恩的版畫（Dom Michel Félibien, *Histoire de l'Abbaye Royale de Saint-Denis en France*, Paris, 1706, Planche IV, R）。
© Wikimedia Commons / the Creative Commons Attribution-Share Alike 3.0 Unported license

末已經完成了。曾經裝飾在菱形網格之百合花的軸頸，極可能
是路易七世或腓力二世奧古斯都的祝聖禮使用的器物。另一個
不同的黃金劍柄橫切面護手部位，裝飾著兩隻有翅膀的獅子，
背靠著一束古老的百合花圖案，這部分被認為是十一至十二世
紀的成品。這些部件的組裝，大約是在1150年至1200年完成。
這把劍的組裝，似乎是為了劍尖朝下而製造的；然而，它在腓
力二世奧古斯都祝聖禮被翻轉，成為劍尖朝上。[92]這把劍的比
例，以及其牢固而精緻的菱形裝飾表明，作品年代可以追溯到
十三或十四世紀。[93]

　　至於「查理曼之劍」的劍鞘（圖28-b），是由一個金屬飾
邊的長鞘組成，上面覆蓋著一層紫色的天鵝絨，這層天鵝絨已
經更新多次。當前的布滿百合花之紫色天鵝絨，是為查理十世
的祝聖禮而設計的。劍鞘最古老的部分，位於頂部，即帶扣（la
boucle）和帶扣附近的方形金屬板片（la plaque carrée）。巨大
的銀製鍍金方形金屬板片的頂部，有些微的彎曲。從上面可以
看到許多巨大的、磨光而沒有切面的寶石（cabochons de pierres
précieuses），鑲嵌在簡單的圓柱形寶石托座中，其周圍環繞
著珍珠絲線的裝飾。鑲嵌在這個方形金屬板片上的寶石，符合
1534年至1634年的寶庫清冊描述，即中央有一個巨大的藍寶
石，被四個紫晶、二個黃寶石（黃晶）、一個紅榴石和一個白
水晶所環繞。[94]然而，1634年以前，帶扣上的磨光而沒有切面大

92　Baron Hervé Pinoteau, *Vingt-Cinq Ans d'Études Dynastiques*, p. 490.

93　Danielle Gaborit-Chopin, *Regalia*, p. 70.

94　Blaise de Montesquiou-Fezensac, Danielle Gaborit-Chopin, *Le Trésor de Saint-Denis*, t. I, p. 182.

藍寶石，取代了紅榴石。帶扣上有兩個小而粗的凸起，根據芬格林（Ilse Fingerlin）的說法，[95]它的類型可以追溯到十三世紀下半葉。

　　關於劍鞘的年代，法國學者們出現激烈的討論。根據皮諾托的假設，劍鞘的護套板，可以追溯到十二世紀末，[96]因此，劍和劍鞘，是為1179年和1180年腓力二世奧古斯都的祝聖禮而準備的物件。伯納德・莫雷爾（Bernard Morel）也同意皮諾托的觀點，認為劍鞘的頂部（深桃紅色），裝飾著兩個不同種類的寶石（根據迪娜・勒維爾的鑑定，認為是黃色藍寶石），包含一顆藍寶石、四顆紫晶、一個紅榴石和一顆白水晶。此外，在1634年以前的記載，在帶扣附近，一顆大藍寶石取代了一顆紅榴石，劍鞘可以追溯到1180年。[97]對於這一推測，達妮耶・嘉寶麗一蕭邦提出不同的看法。她認為，在國王王冠和王后冠的兩頂王冠上，都有大量的紅寶石，這兩頂王冠通常被認為是劍鞘的同時代成品。劍鞘的方形金屬板片技法，也不是1200年左右的典型技術。雖然用極簡的金銀掐絲底盤托座類型，是很常見的。但這一時期的作品，更傾向於將工藝物件與裝飾著雕刻、壓印或全面金銀掐絲聯繫起來，這些金銀掐絲可以覆蓋金屬板片的整個表面，也可以騰出空間來進行對比。事實上，磨光而沒有切面的大寶石，用光滑且具有反射性的金屬製成的表面，

95　Ilse Fingerlin, *Gürtel des Höhen und Späten Mittelalters*（Berlin: Deutscher Kunstverlag, 1971）, n° 383.

96　Baron Hervé Pinoteau, *Vingt-Cinq Ans d'Études Dynastiques*, p. 490.

97　Bernard Morel, "Le Trésor de l'Abbaye Royale de Saint-Denis," *Bulletin de l'Association Française de Gemmologie*（Juin, 1979）, n° 59, p. 11.

這種技術，直到十三世紀下半葉才出現。這物件的金工技法，若與大約1260年聖禮拜堂的裝訂品，[98]或是與大約1275年至1296年蒙特勒伊—濱海聖奧斯特貝特聖物（sainte Austreberthe de Montreuil-sur-Mer），或者與1320年至1330年亞眠大教堂寶庫的巴拉克雷王冠（la couronne du Paraclet）（圖32），進行比較，會發現缺少全面覆蓋的金銀掐絲裝飾。因此，這些例子都指向，劍鞘的方形金屬板片的年代，在1200年以後，也就是十三世紀下半葉。[99]因此，鞘比劍柄更晚出現。劍和鞘在裝飾風格和材料上的差異，令人懷疑劍鞘是否真是為了此劍而設計。更重要的是，我們可以觀察到，人們不可能把劍完全插進鞘裡，而不冒刮傷劍柄橫切面護手部位的危險。[100]

除了祝聖禮的寶劍，大多數西方王國的王權器物，還包括一把或多把國家之劍。它們有時被用於祝聖儀式，但通常用於其他的官方場合，以顯示王家權威的在場。最初，在就職典禮或國王祝聖禮上使用的寶劍，是簡單的、實用的武器，它們是國王自身軍事裝備的一部分，儘管一些傳說中或半傳說中的名劍，後來被描述裝飾著華麗的寶石和貴重金屬。然而，隨著盔甲技術和戰爭藝術的發展，最精細的寶劍，被涵蓋在王權御寶之列。從遠古時代起，某些特殊名劍，有時就以寶石鑲綴，但

98　Paris, Bibl. nat., 17326.

99　Danielle Gaborit-Chopin, *Regalia*, pp. 71-72.

100　Danielle Gaborit-Chopin, *Regalia*, p. 72. 她提到，劍鞘是後來製作的，為了一個舊的物件而製作，如此更能解釋材料是銀質鍍金的選擇。她認為，人們可能會質問，劍鞘是否不適合這柄劍，並非專門為它製作，因為其上部微微彎曲的菱形板，非常不合適此劍的形制。

圖32　巴拉克雷聖物王冠（Couronne-Reliquaire du Paraclet），約十四世紀。
根據法國亞眠大教堂博物館（Amiens, Trésor de la cathédrale Notre-Dame）
原始實物照片所繪製。照片拍攝者: Ministère de la Culture - Médiathèque de
l'Architecture et du Patrimoine, Dist. RMN-Grand Palais / Jean Gourbeix
圖片提供／陳秀鳳‧繪圖／吳怡萱

直到十六至十七世紀，這些武器才獲得豐富的裝飾和加工。弔
詭的是，隨著寶石與金工裝飾趨於繁複，劍的象徵意義也因而
式微。

五、騎士馬刺

　　馬刺，最初只是騎兵裝備的一部分。從十二世紀開始，由
於它們成為騎士的重要配備，開始被用於祝聖加冕禮，但它們

從未達到與其他王權御寶同等的重要性。

　　在十三世紀的法蘭西，由於聖路易國王對騎士精神的重視，晉升騎士的儀式和意義，無疑地獲得增強。聖路易的這種堅持，也反映在國王祝聖禮的實踐中。在膏油之前，開始騎士敘任的儀軌，亦即為國王換上百合花綴飾的鞋，以及馬刺和劍的授予。根據《祝聖儀典書》，勃根地公爵作為法蘭西首席貴族，擁有執行馬刺授予的特權。他把將馬刺繫在國王腳上，隨即把它們取下來，然後在整個祝聖儀軌進行中，馬刺置放在祭壇上。馬刺和「查理曼之劍」是在祝聖禮上，授予國王的象徵騎士精神之物件，也是現存的，年代最古老的國王祝聖禮物件之一。

　　現今在羅浮宮，仍保存一對曾用於法蘭西國王祝聖加冕禮的馬刺（圖33-a）。在馬刺略微彎曲的弧形金屬外側，每邊裝飾著三塊黃金製的長方形版片。兩端的方形版片，採鏤空雕花的形制，中間的金工掐絲圖案，裝飾著較長的矩形版片，上面均勻地鑲嵌三顆紅榴石。這對馬刺，有一部分是由彎曲成弧形的金屬構成，內部由銅襯加固。在視覺意象上，呈現某種現代感；但實際上，卻是十六世紀修復馬刺的補強部分。這一點符合十六世紀聖丹尼寶庫清冊的描述：

　　　　兩副馬刺，每一副馬刺有兩根螺釘，內襯鍍金的銅胎和上方金質葉狀飾，每件有三顆紅榴石。在三顆紅榴石的莖柄部位，蔚藍色底部綴飾金色百合花圖案。在莖柄尾部，有一個穿孔、雕刻花葉形制的小球結，上面點綴著天鵝絨的金絲織錦。在兩側織物的尾部，其中一個是裝飾著獅頭

的金環，咬合處是銀質鍍金的材質。金子和寶石，估計價值80埃居幣……[101]

目前在馬刺上發現的金銀掐絲的版片，是由細而光滑的金絲掐線製成，形狀均勻而光滑，表明它們是後人修復的部分。根據巴爾貝德·德茹伊（Barbet de Jouy）的觀點，這物件連同寶劍和其他王家物品，被保存在聖丹尼修道院的寶庫裡，是在漢斯大教堂中，舉行國王祝聖加冕禮的重要物件，它們皆是黃金材質製作的成品。這一對馬刺，在查理八世祝聖禮的紀錄中，有一個簡短的描述，與今日我們所見的實際物件，大致相同，也就是在馬刺尖桿的末端，有一個相當大的圓形球結。他認為，在十九世紀初，完成這些金銀掐絲版片的修復；修復王家裝飾品時，還增加了紅榴石，其中，與掐絲版片相連之天鵝絨織繡的緊固夾，也在此時期修復。[102]

在馬刺的金屬弧形體兩端，有兩塊稍微凸起的鏤空長方形金片，上面裝飾著小龍的圖案，龍的頸部交互纏繞，排列成雙層樹枝狀的裝飾。龍的脊骨，有輕微的點線雕刻。光澤鮮豔、織繡的紫色天鵝絨帶子，可以固定馬刺，它們有兩個獅子頭形狀的金圈。根據目前所存的祝聖禮馬刺的現狀，獅子面貌

---

101 Blaise de Montesquiou-Fezensac, Danielle Gaborit-Chopin, *Le Trésor de Saint-Denis,* t. I, p. 184.

102 Henry Barbet de Jouy, *Notices des Antiquités, Objets du Moyen Âge, De la Renaissance et des Temps Modernes Composant le Musée des Souverains,* 2e éd., Catalogues du Musée du Louvre（Paris: Charles de Mourgues Frères, 1868），n°s 21-22.

圖33-a　法蘭西國王祝聖禮的一對馬刺（Éperons du Sacre, Paris, Musée du Louvre, MS 86）。
參考《聖丹尼寶藏》圖片馬刺原始史料而繪製。
圖片提供／陳秀鳳‧繪圖／吳怡萱

圖33-b　馬刺的金
質尖桿和紋飾
圖片提供／陳秀
鳳‧繪圖／吳怡萱

圖34-a　可攜式祭壇上的聖丹尼雕像。
根據法國巴黎羅浮宮（Paris, Musée du Louvre）OA2008原始實物圖片繪製。
圖片提供／陳秀鳳・繪圖／吳怡萱

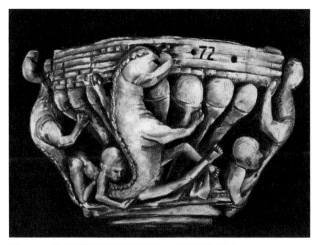

圖34-b　海象牙製的蜥蜴形柱頭，大英博物館（London, British Museum）。
根據《聖丹尼寶藏》圖片繪製。
圖片提供／陳秀鳳・繪圖／吳怡萱

的圓環片，顯然有些不同。其中一個，是在1547年為亨利二世祝聖禮而新製的，根據檔案的紀錄，「……更重要的是，我們收到了一對鑲有三枚紅榴石的馬刺，以及一個銀質鍍金鷺作為扣環，以及兩個黃金和織物製作的帶扣……。」[103]皮帶上的扣針，也以一個小動物的頭形物裝飾。

在馬刺的金屬弧形體中間上端，有一根金黃色的銅製圓柱形杆子，杆子上刻著圓花飾（en rosace）的菱形圖案；杆子的末端，是一團黃金花葉飾鏤空的球狀物，和一個金質的尖桿（圖33-b）。現今的圓柱型部分，實際上是由比昂內修復的。他拆卸並重新組裝了馬刺，提供一些缺失的零件，並進行復原。[104]

這次的修復，蔚藍底色百合花雕鏤的一根杆子，被改變其原始外觀。[105]在視覺意象上，原始物件類似哥德式的藍色琺瑯釉彩。米伊耶也認為這兩個金質的馬刺，被使用於祝聖加冕禮，它們在蔚藍底色中綴飾百合花徽圖案，上面裝飾著天鵝絨的金色織物。[106]由於「查理曼之劍」的劍柄橫切面護手部位，也是十二世紀的物件；因而可以推論，上述的黃金花葉飾鏤空的球狀物，以及鏤空小龍圖案的金質長方形板片，是馬刺中最古老的部分，也可以追溯到十二世紀。

根據達妮耶·嘉寶麗─蕭邦的鑑定，這一對馬刺，與帶有聖丹尼雕像的可攜式祭壇上形制扭曲的怪物（圖34-a），或與存

---

103 Actes capitulaires. Cf. Arch. nat., LL. 1215, fol. 194. Décharge des Ornements Royaux du Sacre de Henri II.

104 *Mémoire de Biennais*. Cf. Arch. nat., O2 35.

105 Jacques Doublet, *Histoire de l'Abbaye de S. Denys en France*, p. 371.

106 Dom G. Millet, *Le Trésor Sacré ou Inventaire des Sainctes Reliques*, p. 136.

放在大英博物館的海象牙製的蜥蜴形柱頭相比（圖34-b），[107]可以回溯十二世紀下半葉。[108]然而，皮諾托認為：

> 　　根據馬刺的球狀圖案，顯示出十二世紀末的典型裝飾；它們可能是為腓力二世奧古斯都的騎士身分，而製作的。而這一身分，只能在1179年舉行的祝聖禮。或者，這是他的長子，即後來的路易八世的祝聖禮；但也可能是路易七世的騎士敘任禮，可能相當接近他在1134年成為法蘭西國王的年代？人們可能會嘲笑，此物件在1134年或1209年左右的這種不確定性。然而，它反映了卡佩王朝的制度和習俗，它們的起源，被濃霧所籠罩。[109]

　　從上述學者和珍寶鑑賞家的研究，比對十七世紀的王權器物清冊，以及現存在羅浮宮的實物，顯示出這一對馬刺屬於中世紀盛期的成品。然而，隨著時代的推移，其外觀裝飾，經過些許更改或修復。這一對馬刺，從十二世紀末或十三世紀初開始，可能持續使用於法蘭西國王的祝聖加冕典禮。由於馬刺所

---

107 海象牙製的蜥蜴形柱頭這一物件，如果沒有聖丹尼修院長蘇傑著作中的任何參考資料，很難提出這部作品的確切日期是在十二世紀。然而，蛇紋石咬痕和葉狀圖案，可以看是金屬製品，與柱子正面外觀的一些裝飾細節相對應。起伏但對稱的金屬製品的特點，足以和聖丹尼修院的彩色玻璃邊緣作比較。*The Royal Abbey of Saint-Denis in the Time of Abbot Suger*（*1125-1151*）（New York: The Cloisters, 1981），p. 114, n° 27.

108 Danielle Gaborit-Chopin, *Le Trésor de Saint-Denis*, p. 203. Danielle Gaborit-Chopin, *Regalia*, pp. 62-63.

109 Baron Hervé Pinoteau, *Vingt-Cinq Ans d'Études Dynastiques*, pp. 452-453.

象徵的騎士精神，遠高於它被置入國王祝聖禮的王權特質，這一點或許解釋這一對黃金馬刺，它是現存的、少數的，沒有在法國大革命期間遭受銷毀的祝聖加冕禮的王權御寶。

六、戒指扣環

自古以來，人們佩戴戒指出自多重原因。尤其在神聖和宗教的領域，它經常被用作身分和權威的印記，賦予配戴者某種位階和權力屬性。銘文與裝飾性符號鐫刻在金屬或寶石上，用來裝飾某些特殊意義的戒指，是一種古老的習俗。這種慣俗，至少可以回溯古埃及時期，當時可能包括希臘人和羅馬人在內的其他地中海民族，也曾採用這種慣俗。遠古時期，這個物件是否具有特殊意義，尚不明確，或許它只是一種裝飾形式，或許充滿著祕奧和異教的色彩；儘管如此，戒指作為永恆的象徵，這一概念卻廣泛地被人們接受。

乍一看，教會採用這種異教社群的裝飾物，似乎有些怪異。這是因為在日耳曼人改宗基督教時期，戒指的使用是如此地普遍，即使羅馬教會也不可能消除戒指的使用。加洛林國王率先將戒指引入祝聖儀式之中，隨後，大多數西方君主接納並使用它。考慮到戒指，充其量只代表個人的社會位階，或僅為個人化的一種綴飾；那麼，戒指被列入王權御寶的一種物件，仍顯得極不尋常，況且在每位國王祝聖禮上，都使用著屬於個人的戒指。

在法蘭西王國，只要君主政體仍存在，戒指的使用將會持續下去。法國大革命之後，在第一帝國時期，戒指作為王權

圖35　聖路易戒指（L'Anneau de Saint Louis）和烏銀鑲嵌銘文。
根據法國巴黎羅浮宮（Paris, Musée du Louvre）MR 92館藏品圖片繪製。
圖片提供／陳秀鳳‧繪圖／吳怡萱

御寶的慣例，重新復活。有關戒指與王權關聯的紀錄，出現在十二世紀初蘇傑的《路易六世生平》。在書中記載著，當路易六世為其子路易舉行祝聖加冕禮並連結在法蘭西王位時，國王送給他一枚戒指，作為王權的象徵。[110]在王家珍寶器物裡，有一枚被稱為「聖路易戒指」的王家戒指，在1505年的聖丹尼寶庫清冊之中（圖35）。[111]

這枚戒指，是一顆淺白色藍寶石鑲嵌在黃金寶石托座，托座裝在一個黃金指環上。在寶石托座軸線上的圓圈中間，被切割、敞開，略顯凸起，在深藍色的琺瑯底層背景上，點綴著填充玻璃釉，蝕刻、壓印的百合花琺瑯工藝。

在黃金指環的內側，是用烏銀鑲嵌的銘文，上有「這是國王聖路易的印章」（*C'EST LE SIGNET DU ROY SAINT LOUIS*），它代表聖路易的印章。凹雕的藍寶石，幾乎是方形的，雕刻一個站立的國王側面肖像，穿著長袍，披著一件肩上飾有別針扣環的斗篷。國王手持權杖，權杖上方有百合花和一個象徵世界的球形物。國王的頭髮中等長度，捲成一圈，由一頂花飾王冠束起支撐，頭頂後方有一個微弱的光環。兩個相反的字母，S和L，代表的是「路易的印章」（*Sigillum Ludovici*），而非「聖路易」（*Sanctus Ludovicus*）。[112]米伊耶也記錄著，神聖光榮的國王聖路易戒指，極為珍貴。指環是黃金

---

110 Suger, *Vie de Louis VI le Gros*, p. 275.

111 Blaise de Montesquiou-Fezensac, Danielle Gaborit-Chopin, *Le Trésor de Saint-Denis*, t. I, p. 160.

112 Jacques Doublet, *Histoire de l'Abbaye de S. Denys en France*, p. 346. Notes de Peiresc. Bibl. nat., Nouv. acq. fr. 5174, fol. 31.

材質，綴飾百合花徽，鑲嵌著一個刻著聖人形象的藍寶石，上面有兩個字母*S.L.*，意指「*Sigillum Ludovici*」。在指環的底部內側，刻有「*C*」字，這是聖路易（*ROY S. LOUIS*）死後留下的印記。[113]

　　這個戒指，早在1505年就被認為是聖路易的戒指。很可能如皮諾托所推測的，應該屬於是十四世紀的物件，他提到：

　　在寶石上凹雕的國王人像，站立在底座上，其頭部相當大，王冠上方有三朵花，斗篷很短，長袍上似乎有一個非常下垂的右袖子。右手握著小權杖，也裝飾著花朵圖案，中間的花瓣很高、很尖。國王的光環是一個小圓圈，在頂部和寶石邊緣之間幾乎沒有空間。字母*S*和*L*可能意味著*Sigillum Ludovici*，卻被視為*Sanctus Ludovicus*。整體觀看，彷如十六世紀的作品。然而，人們可能探問，這是否為路易十世的印章，曾在中世紀後期，在組裝過程中，被改造成一個戒指，並贈予聖丹尼修院，且經由增添光環，來紀念聖路易的神聖敘事？顯然地，權杖上方象徵世界的球形物，是較困難解釋之處，它似乎更像是被稱為「聖徒」的查理曼皇帝，而非卡佩國王。它是否可能藉由增添*S. L.*聖路易，而將加洛林皇帝轉變成卡佩國王？最後，值得懷疑的是，路易十世是否可能被描繪成「國王是王國中的皇帝」，這句話，可以追溯到其父腓力四世統治時期，也可以追溯到他繼承其父的帝國主張。因此，這指環，將是一

---

113 Dom G. Millet, *Le Trésor Sacré ou Inventaire des Sainctes Reliques*, p. 107.

個「外交事務」的標誌。[114]

　　皮埃爾・維萊特（Pierre Verlet）也持相近的觀點，他認為「聖路易戒指」，可能出自腓力四世的政治宣傳意圖。尤其是指環內側用烏銀鑲嵌的銘文。然而，這個印章或藍晶寶石戒指上的聖路易小雕像，以及頭部的光圈，顯示其年代是十四世紀。[115]在當時，人們經常在指環的底座上，以熔斷琺瑯的工法，飾以花卉圖案。[116]「聖路易戒指」與十四世紀的幾個金工製品相比，如艾莉諾花瓶（vase d'Aliénor）的圓雕飾，珍妮・德艾浮荷（Jeanne d'Évreux）在聖丹尼聖母底座上的徽章，聖路易的衣飾別針、查理五世祝聖禮的衣飾別針、夏特爾的浮雕玉石托座（camée de Chartres），此外，查理五世在1379年贈與聖禮拜堂的《啟示錄》封面上十字架的花飾圖案，[117]上述的這些物件，足以和聖路易戒指的凹雕圖像，進行比較。此戒指，可以回溯到十四世紀下半葉。

　　在祝聖加冕禮中，扣環別針也授予國王。聖丹尼修道院的寶庫裡，有兩個十四世紀的扣環別針，其中之一現今保存在羅浮宮。另一件，是查理五世為其子（後來的查理六世）祝聖禮，所製作的扣環別針。在查理五世的動產清冊中，有兩處描

---

114 Baron Hervé Pinoteau, *Vingt-Cinq Ans d'Études Dynastiques*, p. 488. Note 63.

115 Pierre Verlet, *La Galerie d'Apollon et Ses Trésor. Guide Sommaire*（Paris: Éditions du Chêne, 1942）, p. 9.

116 Danielle Gaborit-Chopin, *Le Trésor de Saint-Denis*, p. 262. - Blaise de Montesquiou-Fezensac, D. Gaborit-Chopin, *Le Trésor de Saint-Denis,* t. III, p. 51.

117 Paris, Bibl. nat., ma. Lat. 8851.

圖36　祝聖禮的扣環別針（L'Agrafe du Sacre）。
根據蓋涅爾的水彩畫繪製（Paris, Bibliothèque Nationale de France, Département des Estampes et de la Photographie, Français 20070）。
圖片提供／陳秀鳳‧繪圖／吳怡萱

圖37　祝聖禮扣環別針（Fermail du Sacre）。
根據崔斯坦‧德‧聖阿孟特的《百合花論集》版畫繪製（Jean Tristan de Saint-Amant, *Traicté du Lis, Symbole Divin de L'Esperance: Contenant la Juste Defense de Sa Gloire, Dignité, & Prerogatiue*, 1656）。
圖片提供／陳秀鳳‧繪圖／吳怡萱

述這一個祝聖禮扣環別針；在其他的文獻中，也有兩處描述，其一為蓋涅爾的水彩畫（圖36），以及崔斯坦‧德聖阿孟特（Tristan de Saint-Amant）的《百合花論集》（*Traité du lis*）的版畫（圖37）。

　　對祝聖禮扣環別針的首次描述，是1380年4月查理五世的動產清冊。清冊中提到祝聖禮斗篷右肩上，別著一個扣環，重達三盎司，裝飾著許多寶石珍珠。在菱形扣環上面，有一朵金色大琺瑯釉彩百合花。在百合花中間，有一個八邊形的巨大粉紅寶石，百合花尖端尚有另一顆較小的八邊形粉紅寶石。百合花底部和兩側，有三顆較小有切面的紅寶石。另有四顆紅寶石，圍繞著中間那顆巨大粉紅寶石，其中三顆是方形，第四顆則是六邊形。在這四顆寶石之外，還有四顆鑽石，在百合花四周鑲嵌四十顆大珍珠。[118]

　　根據聖丹尼修院寶庫清冊，這個祝聖禮扣環別針，在菱形扣環的中間，有一朵巨大的金色百合花；在藍色琺瑯釉彩底色，用熔斷琺瑯的工法，點綴著小小的金色百合花。大百合花上面有九顆大小不一的美麗紅寶石（略帶粉紅色）。九顆紅寶石整齊地排列，其中最優質美麗的六顆紅寶石，呈八角形；五顆紅寶石鑲嵌在百合花的兩端和中心，第七顆紅寶石是六角形，最後二顆是方形。[119]在蓋涅爾水彩畫的扣環別針，有四顆鑽石，鑲嵌在金字塔型寶石底盤托座中，包圍著大百合花。最

---

118 Jules Labarte, *L'Inventaire du Mobilier de Charles V, Roi de France*, p. 353, n° 3448.

119 Blaise de Montesquiou-Fezensac, Danielle Gaborit-Chopin, *Le Trésor de Saint-Denis*, t. I, pp. 82-83.

後，根據十六世紀的紀錄，有三十六顆大珍珠排列在扣環別針的邊緣，另外，四顆珍珠鑲嵌在菱形扣環的四個尖端。[120]

《百合花論集》的作者崔斯坦，歌頌並描述祝聖禮扣環別針上的百合花，

> 百合花扣環別針，因為它的意涵，也因為它的古老，這在肉眼中是極容易辨認的。更重要的是，在我們國王祝聖的神聖日子，你能見它光榮地應用在王家斗篷的右肩上。百合花，作為榮耀的鮮明標記，被認為是法蘭西國王的徽章。這朵百合花徽如此豐富地裝飾，為了國王祝聖，成為一個高貴又醒目的王家物件。眼觀這朵美麗的百合花，花瓣上布滿了無數小百合，更加呈現多樣性和令人愉快的裝飾，正如珍珠和寶石，襯托百合花更精緻的光澤和尊貴。[121]

《百合花論集》版畫的珍珠，更符合清冊中對珍珠的描述，[122]其因在於，根據1581年的清冊，提到祝聖禮的扣環別針，少了二顆珍珠。[123]相反地，蓋涅爾水彩畫之祝聖禮扣環別

---

120 Blaise de Montesquiou-Fezensac, Danielle Gaborit-Chopin, *Le Trésor de Saint-Denis*, t. I, p. 83.

121 Jean Tristan de Saint-Amant, *Traicté du Lis, Symbole Divin de L'Espérance Contenant la Juste Défense de Sa Gloire, Dignité et Prérogative*（Paris: Chez Jean Piot, 1656）, pp. 46-48.

122 Jean Tristan de Saint-Amant, *Traicté du Lis,* figure. 33.

123 *Inventiare du 5 octobre 1581. Cf.* Arch. nat. LL. 1226, fol. 71 v°-73.

針的邊緣，有太多的珍珠；儘管他的琺瑯釉彩和寶石的顏色，
與祝聖禮扣環別針的框架相似，這讓人們對其證詞的可信度，
產生一些懷疑。自1634年寶物清點之後，祝聖禮的扣環別針
幾乎沒有改動，仍有九顆紅寶石、四顆鑽石和三十八顆東方
珍珠。1793年，祝聖禮的扣環別針被提交國民公會，隨後被
歸還，並存放在博物館。[124]根據羅浮宮行政部門待售物件的描
述，記錄著一個由琺瑯彩百合花組成之菱形的黃金扣環別針，
由九個非常平庸的紅寶石、四顆金字塔形狀的鑽石，和三十八
顆東方珍珠組成，估計價值一個金馬克。[125]不幸的是，祝聖禮
扣環別針在1798年被拍賣之後，已杳無蹤影。

　　鑲有百合花的菱形扣環別針，既不是為國王祝聖禮保留
的，也不是為國王保留的。這種類型的扣環，在十四世紀非常
普遍，尤其在卡佩王朝後期和華洛瓦王朝初期。在聖丹尼修院
寶藏中，唯一保留至今的扣環別針（有時被誤認為是祝聖禮的
扣環別針），是1793年倖存下來的「聖路易別針」（圖38），
此後一直保存在博物館。「聖路易別針」是銀質鍍金的材質，
在鏤空的金屬表面中，填充不透明且蔚藍色的琺瑯彩，上面完
全覆蓋金色的百合花。這扣環別針的邊緣，有多層次的線腳
（moulure），周圍有雙層的金線掐絲的珍珠。在扣環的中央，
有一朵盛開的大百合花，上面鑲嵌大紅寶石、紫晶和綠寶石。

---

124 *Liste des Objets Remis aux Commissaires du Museum. Extrait du Procès-Verbal du 15 Frimaire, An II. Cf.* Archive du Musée du Louvre, M. 4. 1793, 5 décembre: 「鑲有珍珠和寶石的扣環別針，鑲有琺瑯的百合花。」

125 *Objets du Museum Proposés par L'Administration pour Être Vendus au Profit du Museum. Cf.* Arch. du Musée du Louvre, M. 4.

中央的磨光而沒有切面的紅寶石，以及其周圍的大顆寶石，皆採用爪型寶石托座（bâtes à griffes）。大百合花的兩端鼓起且微捲曲的形制，非常優雅；寶石鑲嵌在一個類似皺領輪狀（en collerettes）構成的特殊框架中，框架周圍飾以珠子狀的邊飾；截錐體的底座，可以從最古老的鑲嵌寶石的底盤形狀，辨認出來。[126]

　　目前已知最早提及「聖路易別針」的文獻，出現在聖丹尼修道院的帳目清冊中。金匠讓・德皮奎尼（Jean de Picquigny）應聖丹尼副司庫腓力（sous-trésorier de Saint-Denis, Philippe）的

圖38　聖路易扣環別針（Fermail de Saint Louis / Fermail fleurdelisé, Paris, Musée du Louvre, MR 345）。
根據法國巴黎羅浮宮館藏圖片繪製
圖片提供／陳秀鳳・繪圖／吳怡萱

---

126 達妮耶・嘉寶麗—蕭邦觀察到，此扣環的大多數寶石被放置在一種特殊類型的框架中，形制是凸起和錐形，且底部尖銳，它們在寶石周圍形成一種有條紋的領子形狀，寶石本身由一條光滑金屬帶固定在盤托座。Danielle Gaborit-Chopin, *Regalia,* p. 55.

要求，在1365年至1367年，修復某些王室珍寶。在此帳目清冊中記錄，「……另一個有百合花的扣環別針，用於重新組裝和交付。」[127]根據達妮耶・嘉寶麗—蕭邦的品鑑，大百合花的花瓣形狀，可以與聖路易的王后瑪格麗特・德普羅旺斯的補充印章（contre-Sceau de Marguerite de Provence，其年代被認為1294年）相媲美。然而，它也類似巴拉克雷王冠上的百合花形制，可以追溯到1320-1330年。[128]根據「聖路易別針」底部背景的熔燒琺瑯技術和百合花飾圖案，人們可以在十四世紀的某些物件，找到類似的工藝和形制，如珍妮・德艾浮荷的聖母像，夏特爾的朱彼特浮雕玉石托座（camée de Jupiter de Chartres）。「聖路易別針」用珠子裝飾的輪狀底盤托座，極類似克魯尼博物館藏（Colmar du musée de Cluny）的科爾馬扣環別針（圖39），被認為是十四世紀中、後期的工藝作品。[129]由此，「聖路易別針」的創作年代，可以追溯到十四世紀中葉。

　　鑲嵌百合花的菱形扣環別針，在十四世紀極為盛行。「聖路易別針」顯然是後世的作品，而非聖路易時代的王室物件。直到十七世紀末，「聖路易別針」才被認為是用於「聖路易王

---

127 *Comptes de Saint-Denis. Cf.* Arch. nat., LL. 1242, fol. 134 bis. 這個檔案上並未註明日期，它被張貼於1365年、1366年和1367年的帳目清冊中。此外，李奧波德・德利爾認為，在1377年，巴黎金匠皮奎尼受命為查理五世修復一些祝聖禮使用的物件。M. Léopold Delisle, *M. Léopold Delisle, Mandements et Actes Divers de Charles V:*（1364 - 1380）（Paris: Imprimerie natonale, 1874），n° 1516.

128 Danielle Gaborit-Chopin, *Le Trésor de Saint-Denis*, p. 259.

129 Elisabeth Taburet-Delahaye, *L'Orfèvrerie Gothique*（XIIIe-Début XVe Siècle）*au Musée de Cluny*（Paris: Réunion des Musées Nationaux, 1989），n° 114.

家斗篷」（Manteau Royal de saint Louis）上的別針。[130]查理五世為其子製作鑲有寶石和百合花的祝聖禮扣環別針，其形制與「聖路易別針」相似，因此，這兩個扣環別針經常混淆。然而，至今沒有任何證據可以證明「聖路易別針」曾使用於祝聖加冕禮，或僅是國王的一個扣環別針？儘管人們對「聖路易別針」的原始功能，存有疑問；但它是目前唯一的、也是最後一件這類型技法的珍寶，代表著十四世紀金匠們精心製作、工藝精湛的藝術品。

七、王家服飾

十三世紀的祝聖儀典書，清楚地記錄國王祝聖加冕禮的王家服裝類型。[131]在舉行膏油儀式之前，國王穿著一件紅色絲綢內衫（chemise），此時，法蘭西國王內室總管（le grand chambrier de France）給國王穿上織繡金百合花的風信子色（或藍紫色）絲綢鞋。隨後，騎士敘任禮開始，勃根地公爵將金馬刺套在國王鞋上，立即移開金馬刺；大主教緊接著授予國王祝聖的寶劍，交給了法蘭西統帥。在此儀式後，大主教為國王膏油。此儀式完成後，上述的法蘭西國王的內室總管，給國王穿上織繡金百合花的風信子色束腰外衣（Tunique），其形制類似

---

130 費利比恩提到，聖路易王家斗篷上的扣環別針是鍍金的，上面鑲嵌著琺瑯和寶石。Dom Michel Félibien, *Histoire de l'Abbaye Royale de Saint-Denis en France*, pl. III. G.

131 Théodore Godefroy, *Le Cérémonial François*, t. I, p. 17.

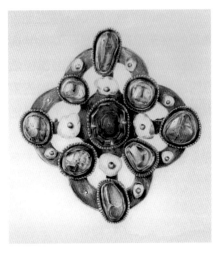

圖39　科爾馬的扣環別針。
根據巴黎，克魯尼博物館（Paris,
Musée de Cluny）原始實物圖片繪
製。
圖片提供／陳秀鳳‧繪圖／吳怡萱

副助祭（sous-diacre）的外衣。[132]在這衣服上，再披上同樣藍紫色，被稱為「Soq」的絲綢斗篷。這件王家斗篷，也綴滿金色的百合花徽。

　　然而，在《漢斯儀典書》中，提到祝聖禮王家服裝的一種變化，即「國王進入教堂時，他在外衣之內穿了一件長衣。」[133]此外，十三世紀末《漢斯儀典書》的古法語譯本，也給出同樣的線索：

　　在祭壇上，置放國王的王冠、置入鞘裡的寶劍、黃金馬刺、黃金權杖，以及有一肘長度的杖，在其上面有一支

---

132 Théodore Godefroy, *Le Cérémonial François*, t. I, p. 20.

133 Ulysse Chevalier, *Sacramentaire et Martyrologe de l'Abbaye de Saint-Remy*（Paris: Pieard,1900）, pp. 223-224.

象牙製的手。此外，尚有金百合花織繡的紫羅蘭色的絲綢長襪，以及同樣工法、顏色和金百合花紋樣的外衣，都是採用副助祭長袍的同款形制完成的。此外，尚有一件同款顏色、紋樣的斗篷，類似沒有兜帽的絲綢斗篷。這些王家物件，由聖丹尼修院長從寶庫中取出，攜帶前來漢斯大教堂，放置在教堂祭壇上。國王上前來到祭壇前，必須脫去其他外衣，除了絲綢緊身衣（cotte de soye）和內衫（chemise），衣服前後敞開，為了膏油……。[134]

根據這些跡象，可以想像在十三世紀末，國王祝聖禮的王家服裝，實則由各種元素組成。即，一件絲綢內衫、一件絲綢長衣和一件風信子色的外衣，此外衣的前面扣住，看起來類似副執事在彌撒時穿的祭服。除了上述服飾，還包含絲綢長襪和鞋子，也使用百合花圖案加以綴飾。在接續數世紀中，祝聖禮王室服裝發生變化，也顯得更為複雜。查理五世為其子的祝聖禮，訂製「一件深紅色綢緞的緊身衣，內襯是紅色半絲綢的織錦」，[135]衣服邊緣的金銀色飾帶上，繡著百合花徽。用金色百合花徽裝飾的蔚藍色內長衣（tunique），綴飾有紅榴石和珍珠；外加一件華麗的達爾瑪提格長袍（dalmatique），其顏色、形制和裝飾如前述的內長衣。然而，達爾瑪提格長袍在《1270年祝聖儀典書》中，並沒有提及。最外層尚有一件藍色緞面的王家斗篷，上面布滿金色百合花徽紋樣，長襪和鞋子都是藍色

134 Théodore Godefroy, *Le Cérémonial François*, t. I, p. 27.

135 Jules Labarte, *L'Inventaire du Mobilier de Charles V*, p. 352, n° 3442.

緞面，也裝飾著金色百合花徽的紋樣（圖40）。

在國王祝聖加冕結束時，除了接觸過聖油的內衫和手套需要燒毀，其餘的服裝，按照慣例，必須立即交還聖丹尼修院長，收藏在聖丹尼修院寶庫中。祝聖禮的王家服裝，也屬於王權御寶的一部分。聖丹尼修院將其保存收藏，為了下一次祝聖加冕禮，再次使用。祝聖王室服裝的使用慣例雖然如此，但事實上，國王在其祝聖禮上，通常穿著全新服裝。一則因為先輩國王的祝聖服裝，已破舊不堪，再則因為它們並不合身。因此，國王們更喜歡為自己的祝聖加冕典禮，添加訂製精美華麗的王家服裝（圖41-42）。這現象至早期現代更普遍，亨利二世為他的祝聖禮，訂製嶄新的王家服裝，

> 包括一件非常精緻的綢緞內衫，內襯配上同樣細緻的塔夫綢，衣衫邊上鑲著一塊寬版的金箔，上面有兩道藍色絲線。深藍色的緞面鞋，滿滿地覆蓋著金絲線織繡的百合花徽紋樣，鞋子內襯是光澤極佳的塔夫綢和深紅色緞子，在鞋面前方的邊緣，有綴著珍珠的金色飾邊。內長衣也是緞面深藍底色，上面織繡無數的金色百合花徽，紅色塔夫綢的內襯有華麗的滾邊和飾帶，一個四指寬的珍珠繡品裝飾邊緣，其上有兩個大寫字母D. D.和一個大寫字母H。達爾瑪提格長袍也是同款的藍緞，同樣的百合花徽，在金色的背景上，配以紅色的塔夫綢，邊緣再飾以珍珠。王家斗篷也以蔚藍色緞子裁製，上面織繡繁如星點的金色百合花徽，再加上底部鑲綴珍珠、有半英尺寬金色鑲邊的深紅色

綢緞內襯，以及大寫字母和圖案。[136]

　　亨利二世的華麗王家服裝，在祝聖加冕禮結束後，移交聖丹尼修院。[137]在法蘭西宗教戰爭期間，控制巴黎的天主教聯盟，擔憂國王亨利四世的王家軍隊圍攻巴黎，遂將許多祝聖加冕禮的器物和服裝，轉移到聖禮拜堂（La Sainte-Chapelle）。這些物件，包括一雙鑲嵌珍珠的短靴、一對馬刺、一件紅色綢緞內衫和內長衣，一件紅紫色綢緞的達爾瑪提格長袍，以及一件紫羅蘭色綢緞的王家斗篷。[138]值此之故，亨利四世必須為自身的祝聖加冕禮，訂製全新的王家服飾——紫羅蘭色綢緞、綴上金色百合花徽的內長衣、達爾瑪提格長袍，鑲綴金色百合花徽的紫羅蘭色天鵝絨王家斗篷，蔚藍色緞面靴子。[139]在祝聖禮過後，這些王家服裝也同樣移交聖丹尼。然而，在路易十三的祝聖禮上，新國王並未穿著亨利四世的祝聖服裝，他也重做新裝。箇中原因，正如米伊耶所描述，「斗篷〔亨利四世〕是用紫羅蘭色的絲絨，上面撒滿金百合花徽，其餘的是緞子，上面也撒著金百合花徽……〔路易十三的服裝〕是特意製做的，不是因為別人的過錯，而是沒有一件衣服與他的年齡和身材相稱，那時其年紀尚不及九歲……因此，王廷為他訂製全新衣

---

136 Théodore Godefroy, *Le Cérémonial François*, t. I, pp. 273-280.

137 *Mémoire de Décharge des Ornements Royaux Renvoyés et Donnés à Saint-Denis par Henri II, après la Cérémonie du Sacre,* 1547, 28 Juillet. *Cf. Actes Capitulaires*, Arch. nat., LL. 1215, fol. 193 v°-195.

138 Arch. nat., LL. 1226, fol. 62-66v°.

139 Jacques Doublet, *Histoire de l'Abbaye de S. Denys en France*, p. 370.

圖40　西元1380年查理六世祝聖
禮的王家斗篷。
出自《法蘭西大編年史》微型
彩繪，約十四世紀（Grandes
Chroniques de France, Paris,
Bibliothèque Nationale de France,
Département des Manuscrits,
Français 2813）。
© Wikimedia Commons

服。這些服裝看起來極其美好。」[140]顯然，1610年亨利四世遇
刺，突然死亡。在祝聖加冕禮上，年幼的路易十三未曾使用前
任國王的祝聖服裝。

　　在祝聖禮中的王家服裝顏色，有不同的詮釋。祝聖儀典書
中經常提到風信子色（hyacinthe），實際上，意指多種色調變
化。關於祝聖服飾，包括紅色、朱紅色（vermeille）、深紅色

---

140 Dom Germain Millet, *Le Trésor Sacré ou Inventaire des Sainctes Reliques ...*, pp.
　　130-131.

圖41　路易十三祝聖加冕禮的王家服飾，油畫年代約1622-1639年（Painting of Louis XIII, King of France from Philippe de Champaigne. London, Royal Collection Trust, RCIN 404108）。

© Wikimedia Commons

圖42　太陽王路易十四的畫像，油畫年代約1700/1701年。太陽王路易十四穿著綴飾金色百合花徽的藍色王家斗篷（Painting of Louis XIV from Hyacinthe Rigaud, Paris, Musée du Louvre, INV 7492）。

© Wikimedia Commons

（cramoisie）、紫羅蘭色（violet）或蔚藍色（bleu d'azur）的綢緞內長袍，上面綴飾金色百合花徽的達爾瑪提格長袍，王家斗篷和靴子。王家服飾的顏色，類似在〈出埃及記〉中，描述以色列大祭司的服色：

> 　　就是我用智慧的靈所充滿的，給亞倫做衣服，使他分別為聖，可以給我供祭司的職分。所要做的就是胸牌、以弗得、外袍、雜色的內袍、冠冕、腰帶，使你哥哥亞倫和他兒子穿這聖服，可以給我供祭司的職分。要用金線和藍色、紫色、朱紅色線，並細麻去做。他們要拿金線和藍色、紫色、朱紅色線，並撚的細麻，用巧匠的手工做以弗得。以弗得當有兩條肩帶，接上兩頭，使他相連。其上巧工織的帶子，要和以弗得一樣的做法，用以束上，與以弗得接連一塊，要用金線和藍色、紫色、朱紅色線，並撚的細麻做成。要取兩塊紅瑪瑙，在上面刻以色列兒子的名字……你要用巧匠的手工做一個決斷的胸牌。要和以弗得一樣的做法：用金線和藍色、紫色、朱紅色線，並撚的細麻做成。這胸牌要四方的，疊為兩層，長一虎口，寬一虎口。要在上面鑲寶石四行：第一行是紅寶石、紅碧璽、紅玉；第二行是綠寶石、藍寶石、金鋼石；第三行是紫瑪瑙、白瑪瑙、紫晶；第四行是水蒼玉、紅瑪瑙、碧玉。這都要鑲在金槽中……。[141]

---

141 〈出埃及記〉，第二十八章三至二十節。

　　對於這一點，皮諾托也認為，大祭司的衣服亦是風信子色，這清楚地表明國王穿著以色列大祭司的服色。[142]風信子的顏色，可以詮釋為紫羅蘭色、蔚藍色或紫色，亦即天空的顏色，也是君王的象徵顏色。在〈約翰福音〉中，可以看到那個時代對於君王服色的敘述，「當下彼拉多將耶穌鞭打了。兵丁用荊棘編做冠冕戴在他頭上，給他穿上紫袍，又挨近他，說：「恭喜，猶太人的王啊！」[143]又，在〈但以理書〉中，「伯沙撒下令，人就把紫袍給但以理穿上，把金鍊給他戴在頸項上，又傳令使他在國中位列第三。」[144]

　　除了《舊約聖經》的古以色列人崇尚紫色，古代羅馬人也將紫色視為皇權尊嚴的象徵。紫袍，在羅馬社會位居最尊貴的顏色，象徵君王和元老顯貴。紫色，一種迷人而神奇的顏色，是為皇室或顯貴嚴格保留的顏色。在十三世紀教宗英諾森三世時代，羅馬教會也制定宗教禮儀五種色彩的等級制度——白色、紅色、綠色、黑色、紫色。白色代表聖母瑪利亞，紅色代表殉道聖徒，紫色代表君王蒞臨，黑色代表死者。至於藍色，直到中世紀末，用來慶祝「聖母無染原罪」（Immaculée Conception）。[145]在視覺美學上，藍色或紫色的服裝，完美地表現某種奧祕性和寧靜感。法蘭西國王祝聖禮的王家服裝，象

---

142 Baron Hervé Pinoteau, *Vingt-Cinq Ans d'Études Dynastiques*, pp. 448-449, 472-474.

143 〈約翰福音〉，第十九章一至三節。

144 〈但以理書〉，第五章二十九節。

145 *New Catholic Encyclopedia*（New York: McGraw-Hill, 1967），t. III, p. 1034. 引自Colette Beaune, *Naissance de la Nation France*, p. 247.

徵國王的神聖超俗的尊貴性。正是從這種形而上學和美學的意象，建立了王室尊嚴和王權崇拜的思維。

　　王家服裝除了風信子的顏色，另一個特點是所有的祝聖服裝和鞋襪，都綴飾金色百合花徽。很明顯地，百合花徽是法蘭西君主政體的一種特殊標幟，它被廣泛運用在君主親臨的許多場合。自加洛林王朝以來，已將金色百合花徽視為帝國和王家的象徵。中世紀下半葉的法蘭西，百合花成為一種高度時尚的形制，然而在過往時代，它通常被稱為「花飾」（fleuron），並非是一種獨特的標記。根據特維寧的看法，他認為：

　　　　按照當時的慣俗，矮子丕平與其二子，可能將他們接受教宗膏油祝聖的服飾，交給聖丹尼修院長。根據奧本海默的說法，這些衣服的圖案與拜占庭的皇家斗篷相似，金色的裝飾象徵聖靈。奧本海默認為這是法蘭西王室使用百合花徽慣例的根源。[146]

　　十一世紀以來，西歐社會出現聖母崇拜的傾向。西斯妥修會的聖伯納和他的追隨者，宣揚聖母瑪利亞的聖潔。他極力推崇聖母瑪利亞——神聖百合花（la Vierge-lys）賜予恩典的觀念。[147]聖母瑪利亞既是為人民代禱的辯護者，也是一位慈愛母親，白色百合花象徵著她的美麗和德行。《聖母經》（*Ave*

146 Lord Edward Francis Twining, *A History of the Crown Jewels of Europe*, p. 208, note 1.

147 Colette Beaune, *Naissance de la Nation France*, p. 242.

Maria）也傳頌著「聖母—百合花」的等價，這在十二世紀末是毫無疑問的。在十二世紀中葉之前，路易六世在錢幣和第二枚印章上，引入百合花徽的標幟；[148]在路易七世統治時期，百合花徽的用途被確立，它成為法蘭西王權的象徵符號，以至於在十四世紀出現百合花的天上起源傳說。百合花是在克洛維受洗時，由自天而降的大天使，送來的聖母瑪利亞恩典。百合花的傳奇與「聖油瓶」的傳說結合，更深化法蘭西王室的神聖性特質，體現卡佩—華洛瓦王朝的政治美學化。

在腓力二世奧古斯都的祝聖禮上，其父路易七世規定王子必須穿戴：

> 蔚藍色絲綢的靴子，其上綴滿金色百合花徽；同樣顏色裝飾的達爾瑪提格長袍，形狀類似神甫於彌撒時穿著無袖長袍，也類似副助祭的祭服；此外，尚有蔚藍色絲綢的王家披風，類似於沒有帽兜的斗篷。[149]

同樣地，在路易八世和後續繼位者的祝聖禮儀典書中，王家服裝也出現百合花徽的痕跡。直到1793年，祝聖禮的王家服飾，連同王冠暨其他貴重的王權御寶，在國民公會的命令下，悉數送交鑄幣廠，取下寶石、金器，以及回收金銀絲線。

綜觀中世紀法蘭西的國王祝聖加冕典禮，藉著膏油儀式和象徵性的王權御寶，允許王家權力和超自然力量的授與。國王

---

148 Colette Beaune, *Naissance de la Nation France*, p. 243.
149 Godefroy, *Le Cérémonial François*, p. 17.

的身體，涉及世俗和永恆的雙重性意涵，王權御寶更以一種具象化、美學化的實踐模式，飽滿地呈現這種「俗─聖」交織的雙重性。這是中世紀西歐社會提升王室威望的基本神聖儀式，並在基督教世界中，建立一種將國王聖化的意識形態。祝聖加冕典禮具有複雜的意涵，通過這一儀典，君主充分浸潤於神聖領域，履行他們在塵俗世界的職權。在祝聖禮中，法蘭西國王被膏以天上聖油，這在西方基督教社會中絕無僅有，也賦予法蘭西國王一種更具神聖性的王權，君主被尊崇為「最基督徒國王」。

　　神聖性王權的完美展現，落實在法蘭西國王的膏油儀式之中。聖油是取自象徵聖靈的白鴿帶來之「聖油瓶」，用於克洛維的施洗。在西歐基督教王國中，「聖油瓶」傳說賦予法蘭西國王一種不可侵犯的至高威望。通過神聖膏油傳遞奧祕力量，他成為具有御觸治病的神蹟國王，法國的君主政體因而成為一種神聖制度。祝聖禮的宗教儀軌，將國王宣誓、膏油、王權御寶、王冠加冕和國王神奇御觸，微妙地聯繫起來，不僅彰顯法蘭西王權的神聖性本質，也形塑聖職國王的生動意像。

　　概而言之，中世紀西歐各基督教王國，祝聖禮的相關儀式具有共同點，特別是祝聖典禮的三個重要程序──膏油、移交王權物件和王冠加冕，這些要素基本上相同。然而，儀式和祈禱的某些細節，值得我們注意。比較史雖非本書的主軸，但若比較中世紀的法蘭西和英格蘭，可以觀察到，在法蘭西祝聖禮膏油儀式結束時，人民的同意歡呼取代原先國王的選舉。反觀，在英格蘭，人民選舉國王和國王在受膏前的宣誓，仍然具有真實的意義。國王加冕後，參加儀式的法蘭西貴族團觸碰王

冠，這一點被英格蘭貴族們援引為協助國王減輕王國事務的重擔。其他的儀式借用等細節，僅止於文字層面的解釋，並不具有實質的重要性。同樣地，在英格蘭國王的膏油儀式中，除了頭部，國王身體的其他部位，包含肩膀、肘部、胸部，都施以膏油，正如《漢斯儀典書》所載一樣。

　　了解中世紀西歐的騎士傳奇是必要的，它對閱聽者說明一位典範的國王，因何被描繪成理想的騎士。這種創新的起源，仍不確定，但我們能說的是，從十三世紀下半葉起，它出現在法蘭西王國的南部，也在這個時期，國王聖路易體現聖潔國王和理想騎士合一的典範。在聖路易朝創作的《漢斯儀典書》，傳統的祝聖儀式發生變化。在膏油之前，有三項主要的騎士敘任禮——守夜、繫上馬刺和授劍，這一套騎士敘任儀軌，完全與其他王權物件分開。再者，前基督教時代，王冠作為王權標誌，已獲得普遍承認。查理曼皇帝加冕後，王冠被視為王室的特殊標幟，甚至是皇權尊嚴的象徵。雖然王冠的採用，無國界之分；但由於時尚潮流，或基於政治、意識形態的緣由，王冠的形狀也逐漸趨於多樣化。法蘭西王冠最初是簡單的束帶，後來變成一種敞開式百合花王冠。百合花王冠是法蘭西國王特殊的政治美學表徵，堪與象徵皇權的閉鎖式拱形皇冠相比。

　　中世紀初期，王國權威的徽章標記，在本質上並未如此珍貴，但隨著時間推移，它們變得越來越重要。不僅僅因為這些徽章標記隱含政治意義上的權威，還因為它們所傳遞的理想、希望和奇蹟般的崇敬，已深刻烙印在人民的心版上。隨著祝聖儀式的發展，漢斯大主教加冕法蘭西國王的絕對權利，成為定制。沒有教會的批准，任何王位候選人皆無法進行加冕，因

此，漢斯大教堂是法蘭西國王舉行祝聖加冕禮的絕對場域。聖
丹尼修道院成為法蘭西王權物件的寶庫，同時也是歷代法蘭西
國王和王后的長眠之所。然而，隨著法國大革命的爆發，帶有
深刻王權印記的物質寶器，幾乎全遭熔化銷毀。一如法蘭西國
王祝聖加冕典禮，也成為後人緬懷的歷史事跡，憑添人們對於
法蘭西王朝盛世的浪漫想像。

第六章

法理規範和權力集團

一、祝聖禮的國王宣誓

（一） 從忠誠宣誓到國王宣誓

　　從悠遠的古代，宣誓已是人類社會中普遍出現的行為。羅馬帝國時代，軍官和士兵對於皇帝的服從宣誓（L'obéissance）早已存在，這一慣例也擴大到中央官員、省長和人民。[1]拜占庭皇帝在加冕禮舉行之後，新皇帝按照慣例，將官職和權力授予宮廷的執政官、高級官員和顯貴。在此場合中，接受宮廷官職者必須對皇帝宣誓服從，承諾絕不陰謀反叛皇帝和帝國。[2]時光荏苒、物換星移，羅馬皇權式微之際，尤其在西歐社會由異教轉為基督信仰的過程中，原先在羅馬時代的服從宣誓，逐漸在法蘭克社會中，轉化成具有司法意義的忠誠宣誓。481年克洛維

1　Léon Homo, *Les Institutions Politiques Romaines, de la Cité à l'État*（Paris: Albin-Michel, 1950）, pp. 280-282.

2　Louis Bréhier, *Les Institutions de L'Empire Byzantin*（Paris: Albin-Michel, 1949）, pp. 157-159, 161-165.

在高盧北部確立統治權，[3]他阻遏西哥德人侵擾，也深獲南部地區之羅馬化高盧人民的支持。梅洛溫國王克洛維的權威，建立在軍事指揮權之上，國王通過征服，不僅具體掌控大貴族、富豪巨頭，也可以懲罰臣民並要求人民順從。克洛維和後繼者，將敵人的資產作為一種戰利品，也將王國視同私人和家族的產業，類似父權式的國王權威，等同王權。在此情形中，法蘭克社會逐漸發展出一種如奧古斯都‧杜馬（Auguste Dumas, c. 1881-1968）所稱的「私產化的王權概念」。[4]更進一步地，梅洛溫國王即位時，要求國內所有自由人，必須向國王作出全身心奉獻的效忠宣誓。這種宣誓的形式，記錄在600年左右編輯的「馬爾庫夫格式」（formule de Marculfe）中：

> 所有忠誠民眾，宣誓對國王作出全身心的效忠，並得到他們應有的、來自於國王的保護，這是符合公理正義的行為。經由上主的協助，我〔國王〕的臣民某位名為X的宣誓者，他攜帶武器，隆重地前來此地，我〔國王〕的宮殿中。他的手放在我〔國王〕手中，對我宣誓效忠。藉由當下這個行為，我〔國王〕決定並頒下詔令，宣告他成為我

3　有關克洛維擊敗強敵阿拉曼人（Alamann），一說是496年或499年。在同一年，克洛維受洗為基督徒，此舉促成法蘭克王國與羅馬教會的緊密結盟關係，法蘭克國王在當時的西歐社會具有極重要的地位，也成為羅馬教會最倚重的世俗力量。

4　關於梅洛溫時期的王權型態，奧古斯都‧杜馬認為它具有庇護性質（le patronat）。庇護性質的王權可以回溯到羅馬早期，梅洛溫國王的統治權也屬於此。Auguste Dumas, *Le Serment de Fidélité et la Conception du Pouvoir du Ier au IXe Siècle*（Paris: Recueil Sirey, 1931），pp. 33-51, 289-321.

的忠誠隨從（*Trustis*）。若有人膽敢殺害他，犯下罪行者必須明瞭自身將賠償金幣600蘇的贖罪金。[5]

梅洛溫時代，在王廷中舉行的忠誠宣誓，是由宣誓者將手放在國王手中起誓。至於在比武競技場域或其他偏遠地區舉行的忠誠宣誓，若出現國王不在場的情況，則由國王派遣攜帶聖物的特使，代替國王接受人民的忠誠宣誓。然而，六世紀中葉以來，梅洛溫王室頻繁出現諸子內鬥與王國分合的情況，至639年達戈伯特一世去世後，王室統治權殘缺無力，所有自由人向梅洛溫國王宣誓的慣例，已經被拋棄。[6]隨後的王朝更迭，加洛林國王矮子丕平取得王位，但法蘭克王國境內，仍有許多貴族擁護前梅洛溫國王，丕平僅能要求某些強勢的法蘭克軍事巨頭，在臣服禮之前，對他宣誓效忠。

目前已知加洛林時期最早的忠誠宣誓，出現在757年的王室紀錄中。在康白尼大會（plaid à Compiègne）上，巴伐利亞公爵塔西龍三世（Tassilon III de Bavière, 741-794）將雙手置於丕平手中，並在聖物上起誓：「〔我以〕正當的意圖和堅定的信念，效忠國王丕平和未來的王位繼承人。」[7]在當下，塔西龍的

5　內文中的[…]，是原文翻譯中捋順詞意的增添文字，史料文字上並無這些文字。Karl Zeumer, *Formulae Merowingici et Karolini Aevi*, in *Monumenta Germaniae Historiae, Formulae, Marculfe,* I.（Hanover: Hahnsche Buchhandlung, 1882），pp. 18, 55. 引自Charles Odegaard, "Carolingian Oaths of Fidelity," *Speculum*, t. 16, no. 3（1941），p. 295.

6　Ernest Lavisse, *Histoire de France depuis les Origines jusqu'a la Révolution*（Paris: Hachette et Cie, 1903），t. II, p. 171.

7　Georg Heinrich Perze, ed. *Monumenta Germaniae Historiae, Scriptores*

部屬也一同向丕平宣誓效忠。即便如此，所有自由人的忠誠宣誓，在丕平時代並未恢復。這情形須等到786年法蘭克伯爵哈德拉德（Hardrad,?-786）叛亂敉平後，查理曼認為實行忠誠宣誓能有效減少叛亂，遂要求所有臣民作出忠誠宣誓。[8]

　　查理曼為了執行宣誓慣例的改革，曾多次派遣國王特使（missi dominici）代表他，在王國各地接受臣民宣誓。[9]隨後在789年3月23日的大會議上，查理曼更以立法方式，頒布敕令。在〈789年3月23日國王特使的雙重詔令〉（Duplex Legationis Edictum, 789 in Martio 23）第十八條文中，忠誠誓詞的內容為：

　　　　在我有生之年，確實保證忠於我的主人查理國王和他的兒子，絕不欺騙、也絕無謊言。[10]

　　在〈國王特使敕令〉（Capitulaire missorum, 792 vel 786）第四條文，他規定除了神職人員有豁免權，所有自由人——無論是年長者或青年人——從十二歲起，必須承諾服從國王的統治。[11]從這個時期，所有自由人的忠誠宣誓，再度地恢復。

　　查理曼加冕為皇帝之後，認為789年忠誠宣誓詞不夠完

　　　（Hanover: Hahn, 1826），t. I, p. 140.

8　Numa Denis Fustel de Coulanges, *Les Transformations de la Royauté pendant l'Époque Carolingienne*（Paris: Hachette, 1892），pp. 239, 245.

9　Alfred Boretius, Victor Krause, eds. *Capitularia Regum Francorum,* t. I, p. 63.

10　Alfred Boretius, Victor Krause, eds. *Capitularia Regum Francorum*, t. I, p. 63.

11　Alfred Boretius, Victor Krause, eds. *Capitularia Regum Francorum*, t. I, pp. 66-67.

善。在他看來，全體臣民必須確實體認服從王國制度的重要
性。因此，在802年〈國王特使敕令〉（*Capitulaire Missorum
Generale*）的第二條文提到：

　　由於皇帝不能看顧和糾正全體民眾，每個人都必須按
照上帝的誡命，以力量和智慧來行事；〔我們〕不得經由
做偽證、欺詐、欺騙、誘惑或者賄賂，來占領皇帝的農
奴、土地或任何屬於他的事物；〔我們〕不得收留或掩護
任何非自由民逃犯；〔我們〕不得犯下欺詐、掠奪或傷害
教堂、寡婦、孤兒或旅人，因為皇帝已將他們置於他的保
護；〔我們〕不得試圖將皇帝所得恩賜地，轉換成自己
的財產；〔我們〕不得違抗皇帝命令，拒絕在軍隊服役；
〔我們〕不得違抗皇帝命令或干擾皇帝行事，或違背皇帝
意願和敕令；〔我們〕不得拒絕支付皇帝應得的人口稅或
其他費用；最後，〔我們〕不得干擾或試圖敗壞司法公
正……〔我們〕將對主人查理和皇帝效忠……〔我們〕將
對他的王國和權力效忠……。[12]

　　在此條文末尾，查理曼規定「在王國中的所有人民，不僅
必須對主人皇帝（*domno imperatori*）宣誓效忠，同時也必須對
他的王國（ *in suum regnum*）宣誓效忠」，[13]在此處，國王與王

12　Alfred Boretius, Victor Krause, eds. *Capitularia Regum Francorum*, t. I, pp. 91,
　　92.

13　Alfred Boretius, Victor Krause, eds. *Capitularia Regum Francorum*, t. I, p. 92.

國的等價關係，經由忠誠宣誓的誓詞，更加突顯出來。此外，在〈802年特使敕令〉的宣誓條文末尾處，提到

> 人民宣誓忠於主人、最虔誠的皇帝查理曼，對他的王國和權力（*ad sunm rcgnum et ad suum rectum*）效忠和順從，就像家臣對待他的主人一般。[14]

查理曼藉由親身經歷，在802年再度改革，不僅把宣誓的基本形式確定下來，並且將宣誓提升到更高的層次。查理曼時代的宣誓詞，包含兩種含義，[15]其一、繼承梅洛溫和加洛林初期的作法，要求地方大員和富豪巨頭，必須如家臣效忠主人一樣，全身心（靈魂和身體的）奉獻與效忠國王，並為國王提供經濟支援、議政和軍事等服務。其二、他更進一步地要求，生活在國王統治地的所有人民（包括農奴）都必須服從國王，這部分強調人民必須順從國王的治理和政令。[16]在這誓詞中提及「對主

14　Alfred Boretius, Victor Krause, eds. *Capitularia Regum Francorum*, t. I, p. 102.

15　引自Charles Odegaard, "Carolingian Oaths of Fidelity," p. 286.

16　由於最原始的789年和802年的宣誓文獻沒有保存下來，造成翻譯homo、dominus等拉丁文詞語的歧義問題。杜馬推論得出，人民對國王的效忠宣誓誓詞與家臣效忠其封建領主的誓詞，是等同的。然而斐迪南‧羅德（Ferdinand Lot）、皮耶‧貝托（Pierre Petot）和查理‧歐德加（Charles Odegaard）認為這種推論有誤，儘管這兩者在文字形式上極為相似，但實質內容卻是不同的。歐德加認為，人民的宣誓，並非指全身心的奉獻與效忠，而僅是對國王的統治表示順從；然而，家臣對領主的忠誠宣誓，卻意味著全身心的效忠與提供具體的服務。忠誠宣誓誓詞的二重性，由此可以體現出來。引自Pierre Petot, "L'Hommage Servile," *Revue Historique de Droit Français et Étranger*, 4th Series, 6（1927）, pp. 90-91. 以及引自Charles

人和王國效忠」，並非僅限於臣民對國王的宣誓行為，即使人
民對其他貴族的宣誓行為，也必須依此而行。802年宣誓內容，
已然具備司法的規範性質。此次改革，加洛林君主與貴族巨
頭，形成相互連結的閉合關係。此舉不僅顯示查理曼藉此落實
人民對國王和王國的效忠順從，同時也將上帝的誡命與王權同
一，無形中提升了王權的神聖性。

　　忠誠宣誓的誓詞改革之後，國王特使將查理曼的敕令，發
送到王國各地區。查理曼藉由忠誠宣誓的公開宣示行為，將所
有臣民與王國聯繫，並建立以他為首的金字塔式位階關係。查
理曼有意識地將宣誓作為整合國內大貴族與富豪巨頭的政治策
略，從而強化國王與政治菁英之間的聯繫。忠誠宣誓是臣民對
國王表達效忠的實踐形式，尤其在查理曼時代，宣誓行為被刻
意強化和展示，據此形成國王、王權與王國之三位一的政治
意象，目的在確立法蘭克人的社會秩序，並維持加洛林帝國一
統性。忠誠宣誓，實則界定了加洛林臣民和國王的權力分際。

　　從梅洛溫到加洛林的宣誓內容，提供我們進一步思考法蘭
克王權的性質。就西方王權歷史的發展而言，羅馬帝國時期的
皇帝，不僅統治所有人民，也統治帝國疆域。羅馬法概念中，
國家是公眾財產和公眾事物（*rex publica*），屬於公領域的範
疇；[17]因此，就法律權限而言，皇帝並非權力所有者，而是權力
的託管者。相較於羅馬時代的統治權概念，梅洛溫時期的權力
概念，已出現明顯的轉變。中世紀早期的法蘭克社會中，羅馬

　　Odegaard,"Carolingian Oaths of Fidelity," p. 286.

17　William Smith, *A Dictionary of Greek and Roman Antiquities*, p. 421.

法定義的國家與統治權概念，實際上，並未改變法蘭克人對於王國的看法。在羅馬法中，國家高於個人的權力概念，被梅洛溫國王之私產化的王權概念取代。[18]奧古斯都‧杜馬所稱的「庇護式王權」理論（Patronal theory），[19]說明梅洛溫統治者將王國視為代代相承的家族私業。梅洛溫時期的私產化王權，成為指導早期法蘭克王國政治運作的核心理念，人民無權對此王權的質性，進行反駁或論辯。

　　儘管如此，羅馬時代存在一種社群意識（corporative theory）的權力論述，[20]在中世紀早期，這股社群意識和「共和」的精神，被隱晦地延續下來。聖奧古斯丁借用西塞羅的觀點，對此予以詮釋：

> 　　共和按字面翻譯，即是公眾的財產和事物，它涉及國家或政府的治理原則：「有效施行共和，只能依據良善正義，由國王、貴族或者由全體人民，來治理國家。然而，當國王行不義之事或成為暴君之時……不僅共和精神敗壞，共和的定義，也將蕩然無存。」[21]

---

18 梅洛溫的私產化王權，係指在社群中握有政治權力者，如同是族長有權管理家庭成員，正如主人對其奴僕的權力，在他之上沒有其他的權力，這種強勢的統治權屬於私人財產。

19 引自Charles Odegaard, "The Concept of Royal Power in Carolingian Oaths of Fidelity," *Speculum*, Vol. 20, No. 3（Jullet, 1945），p. 280.

20 引自Charles Odegaard, "The Concept of Royal Power in Carolingian Oaths of Fidelity," p. 288.

21 Saint Augustin, *De Civitate Dei*. Ed. J. E. C. Welldon（London: David, 1924），vol. I. c. 21.

在社群意識中，國家屬於全體人民的概念，以及國王必須基於良善原則而行使權力；換言之，國王必須保障每個人應得的權益，並且替人民伸張正義。然而，日耳曼人建立政權的紛亂時局中，共和理想成為一種殘存的印象，社群意識的王權概念，只見於少數基督教父的著作中。由於法蘭克社會的私產化王權概念居於上風，社群意識的王權概念，對於法蘭克王國的實際政治運作，並未產生巨大的影響。

根據奧古斯都・杜馬的觀點，這兩種王權概念，在中世紀早期的法蘭克社會中持續發展，更在加洛林的忠誠宣誓與國王宣誓中反映出來。789年誓詞和802年誓詞，揭示國王被視為「主人」（*domnus/domno*）的身分。802年，忠誠宣誓誓詞，即強調「我們將對我們的主人查理、我們的皇帝效忠……正如一位附庸對其領主一樣。」[22]在這些詞語中，加洛林帝國臣民將查理曼視為「主人」，反映出九世紀初的法蘭克王權，仍保有私產化的王權概念。事實上，從梅洛溫中葉，至加洛林皇帝虔誠路易時代，「主人」這個詞語，普遍出現在國王敕令和宣誓詞中，尤其在查理曼成為皇帝的前後階段，「主人」一詞的出現，極為頻繁（圖表1）。

從圖表1的數據得知，在法蘭克國王敕令中，查理曼使用「主人」的總數，多達97次。若以800年，作為查理曼在位的前期（768-799）與後期（800-814）之分界點，「主人」一詞，在前期出現18次，在後期出現79次。[23]查理曼之後的加洛林君

22　Alfred Boretius, Victor Krause eds. *Capitularia Regum Francorum*, t. II, p. 102.

23　從《法蘭克國王敕令》（*Capitularia Regum Francorum*）所記載的史料，

主，在國王敕令中使用「主人」的情形，至九世紀中葉逐漸減少。除了在西法蘭克國王禿頭查理的國王敕令中，曾使用18次，其中有多次，是引用皇帝查理曼或皇帝虔誠路易時，而冠上的詞彙；如「查理國王，皇帝路易主人的兒子……」，[24]「正如皇帝查理曼主人和皇帝虔誠路易主人發布的國王敕令，必須遵守。」[25]其餘，如皇帝洛泰爾一世（出現五次）和東法蘭克王日耳曼路易（出現四次）在國王敕令中，都甚少使用「主人」一詞。

　　然而，在加洛林晚期文獻中，卻顯示出不一樣的詞彙。由於日耳曼路易經常對中部和西部法蘭克地區發動軍事攻擊，反而促成皇帝洛泰爾一世與禿頭查理達成聯盟。在854年，皇帝洛泰爾一世的臣民對禿頭查理宣誓效忠，誓詞為：「從今日起，我誓必對路易皇帝和茱蒂絲之子查理忠誠，正如法蘭克人應該對國王效忠一般。願上主和聖物協助我們。」[26]在854年的宣誓詞中，已不見曾出現在789年和802年誓詞中的「主人」。反觀，在此宣誓詞中出現「國王」（regi）一詞，旨在強調擁有國王頭銜者的權利與義務。換言之，國王若能以公平正義原

分析得知查理曼在位前期（768-799）使用主人次數，作為名詞的「主人」（domnus）出現三次，「主人的」（domni）有10次，「對主人」（domno）有五次。查理曼在位後期（799-814）使用主人次數，作為名詞的「主人」（domnus）出現22次，「主人的」（domni）有44次，「對主人」（domno）有13次。

24　Alfred Boretius, Victor Krause, eds. *Capitularia Regum Francorum*, t. II, p. 268.

25　Alfred Boretius, Victor Krause, eds. *Capitularia Regum Francorum*, t. II, pp. 76, 89, 283, 314, 315, 420, 426, 428, 443, 518, 530.

26　Alfred Boretius, Victor Krause, eds. *Capitularia Regum Francorum*, t. II, p. 278.

則來行使權力，臣民將對國王順從和忠誠。九世紀中葉以來，除了在忠誠宣誓的誓詞中，不再使用「主人」一詞，即使在國王敕令中，「主人」用語的出現次數，也大為減少。查理曼時期，在其發布的敕令中，「國王」詞語，出現了94次，當中的85次，皆用於自稱「法蘭克國王」（*rex Francorum*）、「〔屬於〕國王的部分」（*partem regis*）或「國王的諭令」（*regis ordinationem*）。其餘部分，常與「主人」連用，形成「對我的主人國王」（*domini regi/domino regi*）這種格式。加洛林帝國分裂後，皇帝虔誠路易的三位繼承人，長子洛泰爾繼承皇帝頭銜，而較常使用「皇帝」（*imperator*），其二弟日耳曼路易使用「國王、國王的、對國王」（*rex/regis/regi*）一詞達35次，幼弟禿頭查理使用這些詞彙總數，更高達80次。尤其是「對國王」（*regi/regem*）的次數，在國王敕令中也經常顯示出來，例如在日耳曼路易的敕令中出現15次，在禿頭查理的敕令中，出現30次。（圖表2）

在國王敕令中，「主人」到「國王」詞語的變化，隱約地呈現這時期的知識菁英，重新思索並界定「君主─臣民」的權力分際。這種變化，與當時再度興起之社群意識的權力理論，同時出現。這現象，顯示出兩者之間具有某種微妙的關聯性。

相似情形，也經常出現在同時代的史料文獻中。858年，日耳曼路易入侵西法蘭克時，神職教士在一份責罵路易的信函中提到：「您是一位國王和被稱為上位者（*senior*），應該將權力運用在正當的防禦行為……。」[27]在858年的奇爾西大會，西法

27　Alfred Boretius, Victor Krause, eds. *Capitularia Regum Francorum*, t. II, p. 435.

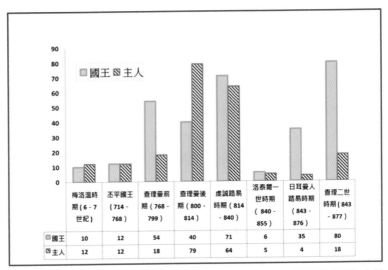

圖表1　六世紀到九世紀國王敕令中，「主人」與「國王」詞語的出現數據對照圖，根據法蘭克國王敕令檔案的資料統計。資料出處：Alfred Boretius, eds. *Capitularia Regum Francorum*（Hanover: Hahn, 1883）. 圖表提供／陳秀鳳

蘭克臣民對禿頭查理行忠誠宣誓時，又再度提到：「我們將幫助國王查理，只要他秉持上主賜予他的榮譽和力量，來治理王國。」[28]無獨有偶，為了對抗日耳曼路易的背信攻擊，在872年的岡德維爾大會，西法蘭克人民又再度對禿頭查理宣誓，宣誓詞中強調國王職權，在於恪守良善公義「捍衛現在與將來的王國和人民」。[29]這些誓詞內容，歸根結柢，皆指向國王與臣民交互義務的政治秩序，呼應著當世逐漸發展的社群意識王權概

28　Alfred Boretius, Victor Krause, eds. *Capitularia Regum Francorum*, t. II, p. 296.

29　Alfred Boretius, Victor Krause, eds. *Capitularia Regum Francorum*, t. II, p. 342.

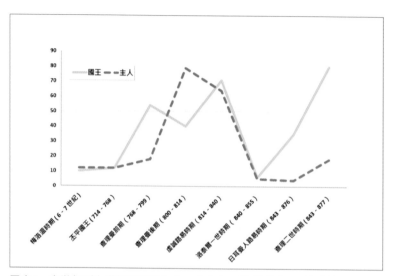

圖表2　六世紀到九世紀國王敕令中，「主人」與「國王」一詞曲線圖，根據法蘭克國王敕令檔案的資料統計。資料出處：Alfred Boretius, eds. Capitularia Regum Francorum, Hanover: Hahn, 1883。圖表提供／陳秀鳳

念。

　　在社群意識的王權概念中，國王不僅是接受臣民服務的上位者（senior），也具有身為國王（rex）的職權與義務。這一觀念，呼應臣民對國王宣誓的誓詞意涵。實際上，身為國王必須「正確地行事」（recte agere），國王的頭銜，可視為統治者行使權力的某種限制。因此，在奇爾西大會，教會人士承諾他們將援助國王，並給予建議；相對地，禿頭查理也透過國王承諾，確認國王的職責。在大會中他承諾：「我將照顧忠實的臣民，我宣誓捍衛法律與司法正義，並表現出合理的憐憫，正如

一位守信的國王。」[30]上述的誓詞內容，說明國王是一位服膺於職權義務的權力行使者，而非一位強勢統治家臣奴僕的主人。臣民認同國王的統治權，並將他視為「國王」效忠，是基於國王承諾「正確地」行使統治權。在此處，臣民效忠的對象，已跳脫「主人」的性質。在851年墨爾森的宣誓、856年奇爾西的宣誓，以及860年柯布倫茲的宣誓等，[31]皆指向這種特性。

　　加洛林帝國分裂之後，即使私產化王權概念並未完全消失，但國王在取得某地統治權之前，須做出相對應的承諾和保證，已逐漸成為常態。加上當時西法蘭克的封建領主公然地奪取王室權力，因此，規範國王職權的理論，在這種新政治氛圍中持續發酵。經由神職人士再度提倡後，社群意識的王權概念，顯然主導西法蘭克的政治領域。從同時期的宣誓詞中，可以觀察西法蘭克政治結構已出現轉變，國王與臣民的權力關係，重新對話。

　　在法蘭克王權性質轉變的議題上，宣誓可看出端倪。丕平和查理曼時期，國王的權威強大，因此，加洛林國王遵守臣民的要求，以換取人民順從國王的統治，這情形既不存在，也完全超乎當時人民的想像，更遑論這種作法的具體實踐。這一點，端視查理曼強制所有自由人行忠誠宣誓時，自身絲毫無需對臣民作出相對應的承諾或宣誓，足見其權力的行使，全然是單向度的。即使對教會人士，加洛林皇帝的立場，一樣強硬，

30　Alfred Boretius, Victor Krause, eds. *Capitularia Regum Francorum*, t. II, p. 296.

31　Alfred Boretius, Victor Krause, eds. *Capitularia Regum Francorum*, t. II, p. 76（851, Meersen）；t. II, p. 280（865, Kiersy）；t. II, p. 156（860, Coblenz）.

他無需做出任何承諾。這種情形，除了源自梅洛溫時期私產化的王權概念，也反映羅馬法「君主不受法律束縛」（*princeps legibus solutus est*）的皇權概念。[32]儘管皇帝行使權力，必須以捍衛良善公義為前提。然而，在實際的政治運作上，帝國秩序最高權威的裁判者，即是皇帝本人。這種情形，在查理曼獲得西方皇帝頭銜之後，更加凸顯。在前述的802年宣誓詞中，提及：「任何人不得違抗皇帝命令或干擾皇帝行事，或違背皇帝意願和敕令。」[33]這一內容，觸及帝國秩序最高權威的法權意識。反觀，九世紀中葉以來，不論是私產化的王權概念式微，或是羅馬法中皇權概念的淡化，都指向加洛林王權趨於衰微的景況。查理曼的子孫——洛泰爾一世、禿頭查理、路易二世或隨後王位繼承人，在取得王國統治權之際，都必須對人民（教會神職人士和世俗人士）做出嚴正的宣誓，這現象是十世紀法蘭克社會的普遍政治通律。藉著國王宣誓的稜鏡，除了映現加洛林王權的震盪之勢，也折射法蘭克王權質性的流變，取而代之的，是一種強調交互義務關係的新政治形式。這種王權型態，主導日後近三個世紀法蘭西社會的政治景觀。

　　從根本上說，羅馬教會從不放棄基督教帝國一統的理想。在某些教會人士的倡導中，社群意識的王權概念和基督教帝國一統的理念，再度復甦。教會人士關注的重心，集中在國王行

---

32 Justinian's Corpus Iuris, Dig. 1.3. 31. 參考Kenneth Pennington, *The Prince and the Law 1200-1600: Sovereignty and Rights in the Western Legal Tradition*（Berkeley: University of California Press, 1993）, pp. 77-90.

33 Alfred Boretius, Victor Krause, eds. *Capitularia Regum Francorum*, t. I, pp. 92, 93.

使王權是否受到約束，他們重申中世紀早期教父的「國王權力神聖起源」論述，[34]希望構建一個足以限制統治者自由運作權力的理論。在這個層面上，教會與世俗人士具有高度的共識，國王宣誓的相關禮儀，因而出現在869年禿頭查理成為洛林國王的祝聖禮。

（二）　國王宣誓的發展與意義

869年，西法蘭克國王禿頭查理繼承洛林王國。9月9日星期五，在梅茨的聖埃西安教堂，所有貴族一致同意，推舉他作為國王。在典禮中，他承諾統治王國將秉持公平正義，他將保護並防衛所有的人民。[35]這一個事件，成為國王祝聖禮中，首次出現的國王宣誓。

國王宣誓時，手按《福音書》或舉起右手的姿勢，象徵以信仰起誓。有時在宣誓中，國王也須引用信經（le credo），證

---

34 加洛林神職人士，恪守四到六世紀基督教神學家的訓示，他們重申「國王權力神聖起源」的論述，亦即國王權力是上主所賦予的，國王必須依據公義法則統治人民，目的在捍衛世俗的公平與正義。加洛林神職人士也引證伊西多爾對於國王權力的定義，指出國王一詞源自「正確行為」（recte agere），亦即國王必須按照基督信仰的美德，以公義正直來統治王國，國王是為了人民利益而行使王權。反觀，沒有正義行為的國王，即是暴君。這個時期的教會人士對於王權的詮釋，影響了加洛林晚期的實際政治運作，也導致了社群意識之王權概念的復興。參考Alexander James Carlyle, *A History of Medieval Political Theory in the West*, vol I, pp. 210-218. 參考 Henri Xavier Arquilliere, *L'Augustinisme Politique: Essai sur la Formation des Théories Politiques au Moyen Âge*（Paris: J. Vrin, 1934）, pp. 68-154.

35 Alfred Boretius, Victor Krause, eds. *Capitularia Regum Francorum*, t. II, p. 339.

明信仰正確無誤。九世紀下半葉的國王宣誓，包含三點內容，第一點涉及教會和教士的權利，第二點和第三點涉及所有臣民，國王承諾以公益、悲憫和和平，來治理人民。根據《埃爾曼儀典書》（l'ordo Ermann），或稱為《九百年法蘭克儀典書》的記載，祝聖儀式一開始是「人民請求」（petition），隨即是「國王答覆」（responsio）。在宣誓儀式完成後，人民才作出「同意的歡呼」（l'acclamation），在宣誓完成後，展開膏油和授予王權御寶的儀式。[36]換言之，國王宣誓是祝聖加冕禮第一階段的儀式。

　　877年12月8日，在康白尼的祝聖禮上，路易二世的誓詞更加明確呈現維護教會人士的權益：

> 對每位神職者和賦予您們牧養的教會，我將尊重既有的特權、既存的法律權利和公義；一如吾父洛泰爾皇帝的宣誓，滿足忠誠人民和神聖教會的願望。經由上帝的恩典，我將盡力捍衛您們的權益與和平。[37]

　　十三世紀初，國王宣誓在祝聖禮的儀式序位，出現一些變化——人民的「同意歡呼」（l'assensus populi）先於國王宣誓，這一點呈現在《1223年祝聖儀典書》中。這一轉變，無形中降低人民（神職和世俗貴族）在法蘭西王權轉移問題

36　Percy Ernst Schramm, "Die Krönung bei den Westfranken und Angelsachsen," *Zeitschrift der Savigny-Stiftung für Rechtsgeschichte* 23（August 1934）, pp. 201-203.

37　Alfred Boretius, Victor Krause, eds. *Capitularia Regum Francorum,* t. II, p. 365.

上的約束力，實際上，它隱約彰顯國王權力的鞏固和擴張。在國王宣誓的每個環節，都伴隨教士和貴族的「感恩讚」（*Te Deum*）和「認同」（*Fiat*）歡呼。在視域和聽域上，*Fiat*的歡呼，具有公開宣稱新國王的意涵。「同意歡呼」被視為古老的選舉傳統，藉由這儀式，臣民和國王締結了忠誠協定（pacte d'allégiance）。

另一份《1270年祝聖儀典書》，國王宣誓在祝聖禮的序位，仍沿續不變。唯一不同的是，出現第四個宣誓詞——「剷除異端者」（*"l'extirpatio" des hérétiques*）。[38]在第四次拉特朗宗教會議（Fourth Council of the Lateran, 1215），西歐教會與世俗人士決議清除基督教社會中的異端，法蘭西國王因而承諾驅逐國內的異端者。爾後，在祝聖禮的國王宣誓中，也加入這項誓詞。這一點與當時西歐社會對抗法蘭西南部的清潔派異端（Catharism），有直接的關聯性。

至十四世紀中葉，絕不轉讓王國權利和土地的新誓詞，也開始出現。國王祝聖禮的宣誓中，嵌入「不可轉讓權」——「我將維護君主權的不可侵犯以及法蘭西王國的權利和尊貴性，我既不會轉移也絕不改變它們。」[39]這項誓詞，緊接在第三項「維持王國和平」之後，成為第四項宣誓詞。這個特殊條文的出現，出自當時法學家對於法蘭西王位的反思，他們提出王

38　Hans Schreuer, *Über Altfranzösische Krönungsordnungen*（Weimer: Hermann Böhlaus Nachfolger, 1909）, p. 176.

39　Londres British Library Tiberius B. viii, fol. n 46v- 47: "Superioritatem, jura, et nobilitates corone Francie inviolabiliter custodiam, et illa nec transportabo nec alienabo." 引自 Jackson, *Vivat Rex*, pp. 66-81.

國和王位，不可分割，也不可轉讓。若往前回溯這一概念，可
連結到十一世紀西歐的教會改革時期，當主教接受聖職之際，
必須宣誓絕不轉移羅馬教會的土地和權利。[40]因此，「不可轉讓
權」，原初是羅馬教會對各教區的強制規定，用以保護教會的
權益。[41]隨後，這概念被挪用，法學家以此重新定義王國、王位
和王權。

　　王冠，既是一種實質的、可見的物質，用來作為王權的象
徵符碼。然而，王冠也是一種隱形的、非物質的永恆概念，強
加在國王或王國之上的抽象概念。在符號的範疇，王冠是王國
的祕奧象徵，其涵意近似「國家」的觀念。根據康特羅維茨的
研究，王冠在此處是以一種「國庫」（fiscal）的意義被運用，
它指涉王國整體的產業，這些產業被國王完全地治理並獲取收
益。這些產業不限於土地，它包含整體的權利和法律特權、財
政或榮譽等權利，在這些事務上，任何人皆無權力凌駕其上。[42]
國王對於王冠不可轉讓的意識，已內化為王權的自我認同，並
逐漸模糊國王與王權的界限。

　　從上述國王宣誓詞的語彙，可以理解「王冠」的指涉對象
是王國，在公共利益上，王權具有凌駕一切權威的絕對性質。

40　Ludwig, Emil, et Emil Friedberg eds. *Corpus Iuris Canonici*（Leipzip: Tauchnitz, 1839），t. II, Liber Extra, c. 8 X 3, 13, v.

41　在《國王雙體論》中，康特羅維茨強調：「國王對非人格化的王冠，具有某種類似主教對其牧養教區的義務。這一觀念尚未進入當時世俗政治思維之前，在羅馬已被視為當然的概念。」Ernest Kantorowicz, *Les Deux Corps du Roi*, p. 256.

42　Ernest Kantorowicz, *Les Deux Corps du Roi*, pp. 243-250.

「不可轉讓」誓詞的法理效力——保持王國的完整性，這一理念，賦予法蘭西國王某種特殊的政治調控力量。尤其在英法百年戰爭的氛圍，當法蘭西國王引據「不可轉讓權」，民眾輿論支持國王對抗英格蘭或其他要求法蘭西王位繼承權的勢力。甚至，「不可轉讓權」誓詞也擴大延伸，被後世君王用來重新審視歷代國王的贈與，或任何涉及土地和權力轉讓的條約。[43]值得注意的是，「不可轉讓權」的宣誓條文，至十五世紀末已經從國王祝聖禮中消失了，1484年查理八世的祝聖禮宣誓，並未提到這項誓詞。顯然，王冠不得轉讓給外國勢力，已是普遍觀念，「不可轉讓權」昇華為法蘭西王國的根本法則。除此以外，直到法國大革命爆發時，法蘭西國王祝聖禮的宣誓儀式和誓詞內容，基本上都維持不變。

二、「法蘭西貴族團」

（一） 權力機制的起源

　　中世紀法蘭西國王祝聖禮，是一場「人」的盛會。更確切地說，是王國菁英的聚合。典禮的進行，毫無疑問地，需要世俗身分與神職身分貴族的參與。這些貴族（*milites*），構成傳統

---

43 法蘭西王查理五世使用「不可轉讓權」條文，重新審視先前的「不列提尼條約」（Traité de Brétigny），他重啟和英格蘭的外交談判。在路易十一朝，也重新審視諾曼地公國轉讓其弟查理的條文。但是對於王位這一問題，法蘭西國王仍然有許多強制性的義務，國王職權被理解為對法蘭西王位的一種內在義務和責任。

圖43　十二位法蘭西貴族團的徽章標誌（Armoiries des Douze Pairs du Royaume de France）。

出自羅勃‧高更的《法蘭西編年史》（Robert Gaguin〔c. 1434?-1501〕, *Les Chroniques de France*, Paris, 1516）。

© Wikimedia Commons

的祝聖典禮貴族——「法蘭西貴族」（pairs de France）。關於「法蘭西貴族」的起源，學界仍未有定論。傳統上，「法蘭西貴族」的人數是十二位。一般認為「十二」的數字，出自《羅蘭之歌》（La Chanson de Roland），[44]象徵由查理曼拔擢的12位英勇聖騎士。十二世紀末，腓力二世奧古斯都正式確立世襲的「法蘭西貴族團」（圖43），並提升「法蘭西貴族」的政治地位。沿襲舊封建習俗的慣例，「法蘭西貴族」一如其他貴族領主，統轄權仍局限在自身的領地，或在封建法庭中的同儕審判司法權。唯一不同之處，在於祝聖禮中「法蘭西貴族」的絕對性功能。「法蘭西貴族」的在場，除了擁有執行榮譽職的特權與功能，也突顯他們與王國政治事務的聯結關係。

　　自十三世紀初，「法蘭西貴族團」以六位神職貴族與六位世俗貴族組成。神職貴族，包含漢斯大主教、拉翁主教公爵、波威主教伯爵、朗格爾主教伯爵、夏隆主教伯爵和諾永主教伯爵。世俗身分的「法蘭西貴族」為，勃根地公爵、諾曼地公爵、亞奎丹或奎恩公爵、香檳伯爵、法蘭德斯伯爵和土魯斯伯爵。

　　法蘭西國王在這兩類「法蘭西貴族」的選擇上，顯然有些微的差別。在最初階段，國王對於世俗貴族的人選並未干預，

44　《羅蘭之歌》大約是在1090年編定而成，主要敘述作為殿後部隊的羅蘭（查理曼的姪子），在宏瑟沃（Roncevaux）地區，羅蘭在巴斯克人的戰役中英勇犧牲的故事，反映中世紀的騎士精神。《羅蘭之歌》的作者究竟為何人無法斷定，即可能是一位稱為Turoldus的人，他在《羅蘭之歌》史詩的末尾詩句中，宣稱史詩是他完成的。Léon Gautier, La Chanson de Roland（Tours: Mame, 1872），pp. 44, 252.

純然是國內的大貴族，根據自身的頭銜與實力，便足以樹立威望，並在祝聖禮上獲得榮譽特權。反觀，國王的意志在神職貴族的選擇上，顯然有更多的揮灑空間。這些被任命為祝聖禮的神職「法蘭西貴族」，大多是擁有伯爵頭銜的主教，特別是在漢斯大主教區和鄰近主教區，地理位置鄰近法蘭西島——卡佩家族領地的北部與東北部區域。很顯然地，國王意欲透過此安排，籠絡和控制這些具有政治與社會實力的伯爵主教區，並得到他們的效忠與服務。這種巧妙安排，既符合卡佩家族與教會人士友善的慣俗，也利於卡佩家族的權力鞏固。

（二） 職責與特權

「法蘭西貴族」與王權之間的完滿交互性，可以在國王祝聖禮中扮演的角色覺察出來。作為典禮主祭者的漢斯大主教，是「法蘭西貴族團」中地位最崇高者。其他的「法蘭西貴族」，具備個別或集體協力完成儀式的特權。根據《漢斯儀典書》的記載，舉行祝聖禮的前夕，國王駐蹕主教宮。當天早上，拉翁主教與波威主教具有前往主教宮，在御床上扶起國王的特權。這一儀式，象徵國王去俗入聖，成為一個「新人」。隨後，以遊行方式，他們伴隨國王前往漢斯大教堂，進行一系列的儀式。在國王宣誓儀式中，「法蘭西貴族」和其他在場者，共同完成「同意的歡呼」儀式。緊接著，法蘭西首席世俗貴族——勃根地公爵，擁有替國王戴上馬刺的特權。在典禮上，「法蘭西貴族團」的最重要任務，是加冕儀式和登上御座的服務。加冕儀式之後，十二位「法蘭西貴族」必須共同扶持

國王頭上的王冠，並隨同國王走向御座。國王右手持權杖、左手持正義之手，登上御座；此刻，十二位法蘭西貴族，以手扶持王冠、立於國王的四周，完成加冕登基儀式。

如前所述，在加冕、即位儀式中，十二位法蘭西貴族與國王的協奏共舞，是屬於「法蘭西貴族團」獨一無二的特權，勾勒出王權與特定王國顯貴相互關聯的共在。它既是一種顯赫權力，也是神聖義務。從中世紀的政治思想而言，這儀式承載著封建附庸參與政權的象徵意涵。扶持王冠的儀式，描繪出國王與貴族的位階次序和夥伴關係，也標誌著貴族承認並效忠王權。在這一點上，施拉姆指出「法蘭西貴族團」扶持國王頭上的王冠，實際上說明王權的根源，並非全然來自上帝，王權也源於王國所有臣民的集合體，即「法蘭西貴族團」。[45]這一特殊機制的成員，既是國王的附庸，也是封國的領主，他們在各自的領地內是權力的主宰者。廣義上，中世紀的「人民」（le peuple）一詞，是一個模糊的概念。在當時的封建權力體系中，單數名詞的「人民」是集合體的泛稱，經常指涉以地域領主代表該地區的所有人。中世紀人們結合的根本形式，不論是「服從與等級」或「上位與下位」，經由「法蘭西貴族團」做為「人民」的表述方式，賦予法蘭西國王祝聖禮某種公共參與的意義。藉由王國中另一個權力體系——「法蘭西貴族團」——的中介，實則為法蘭西王權，提供一套社會位階的權力幾何學。

「法蘭西貴族團」的設置，最初只有九位，含括漢斯大主

45　Percy Ernst Schramm, *Der König von Frankreich.*, t. I, p. 173.

教、波威主教伯爵、朗格爾主教伯爵、夏隆主教伯爵和諾永主教伯爵、勃根地公爵、諾曼地公爵、奎恩公爵、香檳伯爵。到了1225年，拉翁主教公爵、法蘭德斯伯爵與土魯斯伯爵，也被提升為「法蘭西貴族」，[46] 至此，「法蘭西貴族團」的人數，才達到「十二」，純然以查理曼的十二位聖騎士意象來建構。若不考慮他們在司法方面的功能，「法蘭西貴族團」在祝聖禮中為國王服務，他們也極可能在王位繼承中組成選舉團。這種情形，若出現在王室的直系男性血統斷絕時，勢必引發潛在的政治危機。基本上，法蘭西王位的繼承方式，皆以世襲制，並在直系男性血親中傳承。如若出現直系男性血親絕嗣，選舉新國王的權利，極可能由大貴族操控。因此，「法蘭西貴族團」有可能在王位繼承上，扮演「選侯」（Elector）的角色，為他們各自的私人利益考慮。幸而，卡佩王位繼承人選或多或少都已成年且深具閱歷，在最初三個世紀間，卡佩王朝的王位繼承穩定平順。

十四世紀初，法蘭西王室的直系男性血統斷絕，造成王位傳承的危機。具有「法蘭西貴族」頭銜的王室貴族，有機會在王位繼承中擔任裁決者。環視此時的「法蘭西貴族團」，已非早期的異姓大貴族。國王考量王族集團的利益，為王族親貴量身打造，從而創設新的「法蘭西貴族」。當王位繼承出現危機時刻，這些正藍血統的法蘭西親貴，以王室大族長的身分，捍衛卡佩家族的王位繼承權。

我們不禁探問，這個機制，能否被視為古老日耳曼習俗

---

46 Richard A. Jackson, *Vivat Rex,* pp. 147-148.

中，王位傳承選舉制精神的再現？顯然地，從十世紀末，修哥・卡佩因選舉方式而登基。經由修哥・卡佩和歷任國王的努力，在王位繼承的問題上，卡佩家族已擺脫選舉制的桎梏，固定採行世襲制。儘管在法理上，國王未能公然地確定世襲法則，但法蘭西王位繼承形式，到了十二世紀末，已成為私領域的家族事務，這一點在當時是無庸置疑的。因此，我們可以認定「法蘭西貴族團」，並非早期日耳曼選舉制的再現。概而言之，在中世紀下半葉，國王與法蘭西貴族的權力分際，仍止於封建習俗的範疇，尤其在騎士精神盛行的時代，「法蘭西貴族團」的首要之務，仍是對國王的服務、效忠。[47]但是，基於這群權力菁英在政治、軍事與宗教上的潛力，擁有「法蘭西貴族」頭銜的世俗和神職顯貴，在法蘭西王國的位階次序，實際上超越其他的貴族。

（三） 腓力四世暨後代增設的「法蘭西貴族」

「法蘭西貴族」的增設，始於腓力四世時代，其背景與法蘭西領地擴張有關。

十三世紀末，腓力四世秉持前人政策，征服了更多領地。正當他擴張王權的顛峰時期，法蘭西已是西歐各國中，領土最完整的王國。香檳伯國與布里公國（la Brie）等貴族領地，經由腓力四世與提波（Thibault）家族女繼承人的聯姻，被併

---

47 正如傑克遜指出的：「它首先是一種封建附庸對國王效忠的行為表現。」
　　Richard A. Jackson, *Vivat Rex*, p. 147.

入法蘭西。勃根地伯爵領地，也經由婚姻關係——腓力四世次子（即後來的腓力五世）迎娶勃根地女伯爵珍妮（Jeanne II de Bourgogne, 1291-1330）——成為法蘭西王室直領地。十三世紀末，法蘭西王國內只剩三個大封國——奎恩、法蘭德斯與勃根地，尚未併入王室。其中最具威脅性的，是腓力四世亟欲併吞的奎恩公國。在一連串的軍事衝突之後，腓力四世對於兩個最不馴服的附庸：英格蘭與法蘭德斯，進行極為嚴厲的懲罰。

　　為了吞併屬於英格蘭領地的奎恩公國，腓力四世利用諾曼地與奎恩兩公國的衝突。1292年，諾曼地與奎恩的水手們，在毫無宣戰的情況中，互相猛烈攻擊，導致英、法兩國的關係破裂。當時，腓力四世以化解封建糾紛為名，傳喚英格蘭王愛德華一世親臨法蘭西法庭。愛德華一世派遣其弟，以他的名義出席法庭，並且命令英格蘭士兵將加斯科尼（Gascogne）的土地交付法蘭西國王，條件是四十天後，腓力四世須將加斯科尼歸還給英格蘭。然而，加斯科尼地區的英格蘭士兵，數度攻擊法蘭西軍隊，因而，四十天的休戰期限屆滿時，腓力四世拒絕歸還加斯科尼。

　　1294年，他再度傳喚愛德華一世親自出席巴黎法院。愛德華一世認為腓力四世背信，拒絕向法蘭西國王宣誓效忠，甚至武裝加斯科尼的軍力。另一方面，腓力四世經由巴黎法院，對愛德華一世發出違反封建法規的裁決，並宣布沒收英王在法蘭西的所有領地。英、法兩國的封建糾紛，造成當時西歐世界的不安。腓力四世結盟威爾斯和蘇格蘭，愛德華一世結盟羅馬王阿道夫·德納守（Adolphe de Nassau, roi des Romains）和法蘭德斯伯爵。法蘭德斯伯爵原先應許女兒嫁給英王之子，腓力四世

得知此事，遂以法蘭德斯伯爵違反封建法規之名，將法蘭德斯伯爵及其女兒拘捕，囚禁在羅浮宮。

另一方面，奎恩的戰事持續緊繃，法蘭西王室的財政匱乏，為了軍需糧秣，腓力四世轉向法蘭西境內的神職者強徵課稅，這項行動引發教宗鮑尼法斯八世（Pope Boniface VIII, r. 1294-1303）與腓力四世的嚴重衝突。教宗要求腓力四世釋放法蘭德斯伯爵，並立即與英王訂立休戰協定，但是腓力四世拒絕服從。在1296年，教宗鮑尼法斯八世頒布「教俗敕令」（Clericis laicos），禁止世俗君主向教會人員徵稅。若神職人員違反教諭，將受到開除教籍的處分，至於向神職者強加徵稅的世俗君主，也遭受相同的懲戒。反觀法蘭西方面，受到「教俗敕令」的激怒，腓力四世禁止外國人士居留在法蘭西境內；同時，他下令，沒有法蘭西國王的許可，禁止白銀、軍需糧秣或馬匹離境。他凍結羅馬教會在法蘭西的所有資產與稅收款項，並示意巴黎大學發動抨擊教會的文宣。腓力四世直接強徵神職人員的聖俸，強硬地對抗教宗的命令。

受到各方的壓力，教宗鮑尼法斯八世在1297年撤銷「教俗敕令」。同年8月10日，教宗將腓力四世的祖父路易九世（聖路易）晉封聖徒，提升法蘭西王室的威望。由於羅馬教會釋出極大的善意，腓力四世亦停止課徵教會的資產，法蘭西與教廷的衝突趨於和緩。另一方面，為了瓦解布列塔尼公爵與愛德華一世的結盟，腓力四世著手與英格蘭和解，並晉升布列塔尼公爵為「法蘭西貴族」，增設一個新爵位。

隨著王室領地逐漸擴大，國王設立新的「法蘭西貴族」名號，為的不是造就大封建領主權；相反地，其目的在於使「法

蘭西貴族」更加依附於國王。因此，新設立的「法蘭西貴族」
爵位，僅是一種榮譽頭銜。

由於法蘭德斯伯爵將女兒留作人質，並宣誓斷絕英格蘭
結盟之議，終於獲得釋放。當他返回法蘭德斯之後，即刻與英
王、洛林與勃根地的貴族們，結成同盟。對於法蘭德斯伯爵的
背信，腓力四世極為震怒，決定予以嚴懲。1297年，腓力四世
集結一支強大軍隊，交由羅勃‧阿圖瓦（Robert III d'Artois, c.
1287-1342）指揮，進擊法蘭德斯，法軍獲得法蘭德斯部分市民
階級為內應。[48]原先與法蘭德斯結盟的洛林與勃根地貴族，並未
派軍加入戰局。法蘭德斯軍隊被羅勃‧阿圖瓦擊潰，使得法蘭
德斯伯爵陷入困境。同時，奎恩被法蘭西占領，蘇格蘭的瓦拉
斯（Wallace）反擊英格蘭軍，因而逼使愛德華一世退回英格蘭
本土。

翌年，迫於局勢險惡，愛德華一世商請教宗斡旋。雙方
最後達成暫時性的停戰協議，即英法雙方暫時各保有停戰之前
在奎恩的領土，而英格蘭王所屬的奎恩領土，暫時委由教宗託
管，直到英、法停戰協定簽署。為了強化這個協定，愛德華一
世迎娶腓力四世之妹，英格蘭王儲愛德華（後來的愛德華二
世）迎娶法蘭西公主伊莎貝拉（Isabella）。愛德華與伊莎貝拉
的政治婚姻，造成日後愛德華三世要求法蘭西王位繼承權，埋
下英法百年戰爭的引線。

---

48 由於法蘭德斯市民階級的特權，曾受到法蘭德斯伯爵的侵犯與危害，他們
轉向法蘭西國王的法庭，請求國王的仲裁與協助，因此，腓力四世在此戰
爭中，獲得法蘭德斯部分市民的支持和協助。

　　1299年，法蘭德斯伯爵在戰爭失利中，聽從華洛瓦伯爵查理的建議，轉向腓力四世輸誠。腓力四世將他送往羅浮宮看管，並經由巴黎法院頒布敕令，將法蘭德斯併入王室領地。這項政治命令，對於世俗身分「法蘭西貴族團」的組成，是一大損害。

　　十三世紀下半葉，三個世俗身分的「法蘭西貴族」——諾曼地公國、土魯斯伯國與香檳伯國，已經併入王室領地。根據「1275年貴族采邑與教會財產條例」，在十二位傳統的「法蘭西貴族」中，諾曼地與土魯斯業已消失。[49] 另外兩個，即法蘭德斯與奎恩，正遭受被沒收的處分。另一為香檳伯國，屬於法蘭西王后的領地，當時已準備移交給王儲。唯有勃根地的「法蘭西貴族」頭銜，是由一個穩固的家系掌握，才能避開被併入法蘭西王室的命運。根據傳統的人員配置，「法蘭西貴族團」應保持在「十二」這個數字。由於「法蘭西貴族團」的名額出現空缺，國王因而取得增設「法蘭西貴族」新爵位的權力，用來取代傳統的世俗身分「法蘭西貴族」。因此，在1297年，腓力四世增三個新爵號——華洛瓦伯爵兼安茹伯爵查理、布列塔尼公爵讓二世，以及阿圖瓦伯爵羅勃二世。

　　然而，在當時只有兩個名額空缺，卻增設三個新爵號，腓力四世的用心與意圖，昭然若揭。華洛瓦伯爵兼安茹伯爵查理（腓力四世胞弟）晉升為「法蘭西貴族」，是為了提升法蘭西——華洛瓦王室的威望。阿圖瓦伯爵羅勃二世的晉升，是酬謝他

49　Charles-Victor Langlois, *Le Règne de Philippe III le Hardi*（Paris: Hachette, 1887）, pp. 423-424.

征服法蘭德斯，同時也是對桀驁不馴的貴族，一個令人戰慄的警告。布列塔尼公爵讓二世（Jean II de Bretagne）晉升為「法蘭西貴族」，是為了拉攏時而馴服、時而叛離的布列塔尼公國。[50] 這種策略性的政治配置，顯示了法蘭西國王坐大中央權力的企圖。

至此，《羅蘭之歌》吟唱「十二位聖騎士」的傳奇事蹟，淹沒在歷史的模糊記憶中，十二位「法蘭西貴族團」的人數配置，已成傳奇數字。直到1789年法蘭西舊體制結束時，儘管六位神職身分的「法蘭西貴族」保持不變，世俗身分「法蘭西貴族」的數目，出現極大的變化。然而，腓力四世並無意打破「法蘭西貴族團」的傳奇數目，他在王室書信序言中，曾對此事提出抗辯。他提到應將「法蘭西貴族團」，還原傳統的數字「十二」。[51]

儘管如此，在僅有兩個「法蘭西貴族」空缺的情形下，設置三個新的「法蘭西貴族」，不免令人揣測，第三個被視為空缺的爵號，所指為何？最有可能的是法蘭德斯爵位。就地理位置而言，阿圖瓦伯爵的領地最接近法蘭德斯，而且早期阿圖瓦伯國發源於法蘭德斯地區。但不久之後，腓力四世又重新恢復法蘭德斯爵號。就世俗身分的「法蘭西貴族」而言，王室已經擁有其中五個爵號，至此，「法蘭西貴族」的數目，不再局限於「十二」的傳統數字，而是國王基於特定原因作出增減，用

50　Jean Favier, *Philippe le Bel*（Paris: Fayard, 1978），p. 21.

51　Perè Anselme, Pierre de Guibours, *Histoire Généalogique et Chronologique de la Maison Royale de France, des Pairs et Grands Officiers de la Couronne*（Paris: la compagnie des libraires, 1726-1733），vol. III, p. 2.

來控制國內離心勢力的政治手段。於焉，十四世紀中葉起，法蘭西國王增設新爵號，漸成一種慣例。新的世俗身分「法蘭西貴族」人數，至十六世紀下半葉，最多曾高達二十六位。

　　腓力四世的後嗣，沿續「法蘭西貴族團」的改革。1315年6月30日，巴黎法院的新判決，再度取消法蘭德斯的爵號，[52]促成「法蘭西貴族」的數目，還原成十二位。然而，在1315年路易十世的祝聖禮，他依循其父的政策，提升胞弟普瓦提葉伯爵腓力為「法蘭西貴族」，造成「法蘭西貴族」的數目，上升為十三位。[53]路易十世去世後，隨著腓力五世的即位，普瓦提葉的「法蘭西貴族」爵號被取消。但為了酬謝叔父路易・艾浮荷（Louis d'Évreux）助他登基，在1317年祝聖禮時，腓力五世將他晉升「法蘭西貴族」。同樣地，為了削弱反對勢力，他也擢升王弟瑪爾許伯爵查理（Charles de la Marche）為「法蘭西貴族」。到了1318年，腓力五世同樣晉升翁古蘭女伯爵（Jeanne de France, comtesse d'Angoulême）為「法蘭西貴族」，意圖補償其姪女珍妮・法蘭西無法繼承王位之憾，使得王國內部捍衛珍妮・法蘭西公主的反對勢力，停止抗爭。

　　腓力五世增設三個新爵號，世俗身分的「法蘭西貴族」已達九位，從此「十二」的數字，完全被揚棄。從此時起，十二

52　正如他的父親腓力四世，法王路易十世對法蘭德斯的戰爭也需要大量的金錢。因此，路易十世對法蘭西境內的義大利商人強徵稅收、禁止商人與法蘭德斯商人進行違法的交易、讓猶太人獲得在法蘭西境內居住與活動的許可權。在此之後，他於1315年對法蘭德斯用兵。

53　Père Anselme, *Histoire Généalogique et Chronologique de la Maison Royale de la France,* t, II, pp. 812-817.

位「法蘭西貴族團」的傳奇數字，就不再是固定不變，「法蘭西貴族團」——傳統上被認為是查理曼之十二位勇敢騎士的直接傳人——也喪失其傳奇性與祕奧的象徵意義。

　　環視新增設的「法蘭西貴族」，皆屬卡佩王室最親近、同血緣的貴族，不是叔姪，即為兄弟。此舉不外是藉著提升血親貴族（Prince de sang），達成鞏固王家統治權的意圖，新增設的「法蘭西貴族」，實則繪製一幅法蘭西王權擴張的新圖像。這種情形，在查理四世時代尤其顯著。儘管查理四世沒有直系兄弟、子女，但他仍於即位六年後，晉升波旁公爵路易（Louis de Bourbon）與埃坦普伯爵查理（Charles d'Etampes）為「法蘭西貴族」，使得九位世俗身分的「法蘭西貴族」數目，持續到卡佩王朝直系男嗣結束。

　　華洛瓦王朝開創者腓力六世晉升五位血親貴族，「法蘭西貴族」的數目，從此急遽攀升。這些新爵號，包含腓力六世胞弟阿朗松伯爵查理二世（Charles II d'Alençon），阿圖瓦伯爵羅勃在1328年獲得博蒙勒羅杰爵號（pairie Beaumont-le-Roger），波旁公爵皮埃爾在1336年獲得克萊蒙爵號（pairie de Clermont）；1332年，腓力六世之子讓（Jean）獲得諾曼地爵號（pairie de Normandie），1344年，腓力獲得奧爾良爵號（pairie d'Orléans）。[54]

　　與此類似，華洛瓦第二位國王讓二世，將「法蘭西貴族」

54　在腓力六世時代，新設的博蒙勒羅杰爵位（1329-1332）在1322年被沒收、克萊蒙爵位（1336-1350）在1350年被併入波旁爵位。諾曼地爵位（1332-1350）在1350年被併入法蘭西王室。

頭銜授予其子，即查理（諾曼地公國duché de Normandie，1355年12月），路易（安茹伯國comté d'Anjou, 1356年4月；安茹公國duché d'Anjou，1360年10月），讓（馬孔伯國comté de Mâcon，1359年9月；培里公國duché de Berry，1360年10月），以及腓力（勃根地公國duché de Bourgogne，1363年9月）。

　　值得注意的是，儘管世俗身分的「法蘭西貴族」數目，不斷地流動、分解和增加；神職身分的「法蘭西貴族」數目，卻固定不變。這一策略造成「法蘭西貴族」中，世俗身分與神職身分的貴族人數，極度不平衡。這現象讓人們清楚意識到傳統的「法蘭西貴族團」機制，轉向世俗化的趨勢。

　　十四世紀初，從路易十世朝開始，這些新增設的「法蘭西貴族」，都是流著王室血液的顯貴。這些血親貴族，在腓力四世與卡佩王朝末期，更是國王最近的親屬。但，到了華洛瓦王朝，只有國王之子，才授予「法蘭西貴族」的頭銜，並伴隨親王采邑的賜與，這情形在十四世紀中葉普遍存在。歷經兩個世紀，法蘭西國王不僅重組「法蘭西貴族團」的政治權力結構，亦即由強權的封建貴族勢力，轉變為依賴王權的血親貴族集團，更據此壯大王室的控制力。這一機制的變遷，真實地描繪法蘭西王權擴張的路徑。[55]

---

55 在雷蒙・卡介勒的《華洛瓦腓力時代的政治關係與王權危機》，提到「法蘭西貴族團」特性的轉變：「……在此之前『法蘭西貴族』爵位的資格，都只由擁有一個古老且強大的貴族來承襲。自此以後，『法蘭西貴族』爵位取決於王族的身分，或是王國中最尊貴的貴族，而『法蘭西貴族』的采邑領地，也擴展到他所領有的全部土地。」Raymond Cazelles, *La Société Politique et la Crise de la Royauté sous Philippe de Valois*（Paris: Bibliothèque

（四）　新、舊「法蘭西貴族」的權限分際

　　新、舊「法蘭西貴族」的權限分際，在最初的時期仍然模糊，難以界定。在祝聖典禮中，新增設的「法蘭西貴族」，究竟扮演甚麼角色？擁有何種權利？

　　十三世紀下半葉，新增的「法蘭西貴族」，具有與傳統的世俗身分「法蘭西貴族」相同的特權；但在王國最高政權轉移上，仍欠缺實際的作用。以1317年腓力五世的即位問題觀察，在本質上，「法蘭西貴族團」無法扮演積極的角色。這時期，在王位繼承人選上，似乎不被視為公共事務。王位世襲傳承，取決於腓力五世與華洛瓦伯爵之間的協定，它歸屬私領域的家族事務。華洛瓦伯爵查理以大族長的身分，而非以「法蘭西貴族」身分，裁決繼承人選。這一點，充分說明「法蘭西貴族團」對於王權轉移一事，並無實際的話語權。儘管在王權轉移層面，「法蘭西貴族」毫無置喙的空間；然而，在政治領域上，「法蘭西貴族團」仍是鞏固王權的一種厚密權力網絡。

　　1317年的腓力五世祝聖禮，對於王位傳承法則是一個特殊的例子。假若不考慮攝政王腓力的「法蘭西貴族」爵號，當時的世俗身分「法蘭西貴族」數目，不超過六個。反觀，原先僅存三個傳統的世俗身分「法蘭西貴族」，都缺席祝聖慶典。其中，勃根地公爵與法蘭德斯伯爵，公然宣稱對腓力五世的敵視態度，而奎恩和布列塔尼公爵則持觀望的態度。除了五位傳統的神職身分「法蘭西貴族」，只有華洛瓦伯爵與阿圖瓦女伯爵

Elzévirienne, 1958）, p. 380.

瑪歐（Mahaut d'Artois, c. 1270-1329）出席慶典。從當時的儀式進程來看，新增的與原先傳統的「法蘭西貴族」，並無任何特權上的區別。

　　至十四世紀中葉，在國王祝聖禮中，新增的與傳統的「法蘭西貴族」扮演同樣角色。根據《聖丹尼編年史》記載著，法蘭西王后之母——阿圖瓦女伯爵瑪歐，在腓力五世的加冕儀式中，與其他貴族一起扶持王冠。這一行動，在當時被視為醜聞，人們宣稱這是對「法蘭西貴族」頭銜尊貴性的侮辱。[56]究其因，不在於她以新的「法蘭西貴族」身分，而是基於性別。很明顯地，女性是否能領有「法蘭西貴族」的頭銜，在當時仍存在極大的爭議。又，在1341年布列塔尼爵位的繼承爭端中，讓・德蒙福（Jean de Montfort, c. 1294-1345）宣稱，他與其他的「法蘭西貴族」一樣，享有在國王祝聖加冕禮的特權，而此一特權，女子或女子所生之子，皆不能繼承。他提到：

> 「法蘭西貴族」的身分，類似羅馬皇帝的貴族……也如同王國的顧問、王冠上的珍珠寶石。由於「法蘭西貴族」頭銜的緣故，他必須被納入國王祝聖典禮之中，如同國王手中的劍與國王的王冠，與國王一同執行司法。並且在王國事務中，作為國王的顧問，在戰爭中，協助國王並保衛王冠。很自然地，女子無法承擔這些使命與工作，箇中原

---

56 Guillaume de Nangis, "La Chronique de Guillaume de Nangis de 1113-1300 avec les Continuations de 1300-1368," *Recueil des Historiens des Gaules et de la France*（Paris: Imprimerie royale, 1738）, vol. 20, p. 617.

因是「她們自身的狀況與性別上的缺陷」，尤其是她們無法擔任國王的顧問，「因為女子的建議易變、有缺失且危險」，結論是，女子不能繼承「法蘭西貴族」的頭銜。[57]

區別傳統的與新的「法蘭西貴族」之權限，開始於查理五世朝。在名稱上，傳統的「法蘭西貴族」會加上「資深的」法蘭西貴族之名號，[58]唯有「資深的」法蘭西貴族，才配得加冕儀式扶持王冠的特權。在《查理五世祝聖儀典書》，記載七位新「法蘭西貴族」的位序——阿朗松伯爵、波旁公爵、埃坦普伯爵、阿圖瓦伯爵、布列塔尼公爵、克萊蒙伯爵，最後是納瓦爾王兼艾浮荷伯爵。

綜觀十二位「資深的」法蘭西貴族，國王已擁有土魯斯與香檳的領地，至於諾曼地的爵號，則沒有記載。因為自查理五世即位起，已經沒有諾曼地和奎恩的「法蘭西貴族」爵號。根據〈祝聖禮論著〉一文中「法蘭西貴族」的唱名序列，具實反映他們在王國中的實際地位：

樞密大臣唱名順序，首先是神職身分的「法蘭西貴族」。依序為，漢斯大主教、拉翁主教、朗格爾主教、波威主教、夏隆主教與諾永主教。接著是世俗身分的「法蘭

57 Michael Jones, "Some Documents Relating to the Disputed Succession to the Duchy of Brittanny," 引自Philippe Contamine, "Le Royaume de France ne Peut Tomber en Fille. Fondement, Formulation et Implication d'une Théorie Politique à la Fin du Moyen Âge," *Perspectives Médiévales*, 13（1987）, pp. 67-81.

58 "ces pers anciens"，本文譯為「資深的」法蘭西貴族。

西貴族」，依序為勃根地公爵、法蘭德斯伯爵、阿朗松伯
爵、波旁公爵、埃坦普伯爵、布列塔尼公爵。其餘兩個爵
號，如諾曼地公爵與香檳伯爵，則是由法蘭西國王掌握。[59]

　　即使世俗身分的「資深的」法蘭西貴族，已然名存實亡，
但形式上，仍具有象徵意義。這一份唱名順序，揭示「法蘭西
貴族團」的構成，走向「法蘭西」化。

　　當時，傳統的或新的「法蘭西貴族」，有大半名額是處於
空缺的狀態，或是由國王所擁有。因此，在典禮當天，為了整
體儀軌能順利執行，只能以「代理人」的形式，來完成儀典。
這些因情勢所需的「代理人」，主要由國王決定。「代理人」
通常都是國王最親近的血親貴族，且大多是新近受封的「法蘭
西貴族」。在查理五世祝聖禮中，「法蘭西貴族」的「代理
人」，除了法蘭德斯伯爵，其餘全由查理五世指定。[60]根據《查
理五世祝聖儀典書》的微型彩繪，藉由衣飾上的家族徽章，可
以辨識他們代表著勃根地公爵、法蘭德斯伯爵、波旁公爵、埃
坦普伯爵、土魯斯伯爵。[61]「資深的」法蘭西貴族只有三位，勉

59　R. A. Jackson,"Traite du Sacre"of Jean Golein, pp. 305-324.

60　Jacob Meyer, *Commentaire Sive Annales Rerum Flandricarum Libri Septemdecim*
（Anvers: Joannes Grapheus for Joannes Steelsius, 1561），f° 161 v°：記載代
理人為：腓力‧德圖倫（Philippe de Touraine）替代勃根地，安茹公爵路
易代理奎恩，法蘭德斯缺席，沒有代理人。其他三位「法蘭西貴族」由
布拉班公爵、洛林公爵和巴爾公爵代理。關於此事也可參照R. Delachenal,
Histoire de Charles V（Paris: A. Picard, 1909-1931），vol.3, p. 88, n° 1.

61　Edward Samuel Dewick, "The Coronation Book of Chalres V of France," *Henry
Bradshaw Society*, XVI（London: Harrison and Sons, 1899）.

強存在當中。在這一點上，可看出世俗身分「資深的」法蘭西貴族，正逐漸走入滅絕的命運。

「資深的」法蘭西貴族衰微的趨勢，在1360年《加萊協定》（le Traité de Calais）簽訂後，更加確定。在《加萊協定》中，法蘭西國王讓二世承認英格蘭王愛德華三世擁有亞奎丹，此舉造成奎恩的「法蘭西貴族」爵號消失。不久後，年輕的勃根地公爵腓力‧德魯浮爾（Philippe de Rouvres, c. 1346-1361）死於黑死病，[62]造成勃根地「法蘭西貴族」爵號的繼承危機，引發讓二世與納瓦爾王查理的衝突。其因出在祝聖禮中，納瓦爾王是勃根地爵號的「代理人」，因此，納瓦爾王意圖繼承勃根地公國。當時國王讓二世亟欲併吞勃根地，遂以近親關係為由，毫不遲疑的宣稱繼承勃根地公國，完全無視於納瓦爾王的抗議或希望以香檳、培里兩伯國作為交換的提議。更進一步，讓二世宣布諾曼地、勃根地兩公國，以及香檳、土魯斯兩伯國，併入法蘭西王室直領地。

讓二世在勃根地各區視察時，他發現無法完全掌控這個自主性極強的地區。於是，1363年，讓二世將勃根地公國作為親王采邑（Apagnage），賜封給四子腓力（Philip II le Hardi, Duke of Burgundy, c. 1342- 1404），做為法蘭西的東部屏障（十五世紀中葉起，成為足以抗衡王權的強大勃根地公國）。他在9月倉促完成賜封信函，卻招致強烈的異議，以至於讓二世最終未將此詔公諸於世。直到查理五世即位後，在1364年6月2日，才確

62　腓力‧德魯浮爾是第一代勃根地王室最後繼承人，他兼領勃根地與阿圖瓦伯國。

認先王讓二世的賜封信函。[63]至於奎恩的「法蘭西貴族」爵號，曾經短暫恢復，但到了1370年5月14日再度被沒收。這是傳統世俗「法蘭西貴族」體制沒落的一大關鍵。

查理五世在位時，並未增設新的「法蘭西貴族」。但為了確立「法蘭西貴族」的權限，他對於此爵號的取得，訂下新的規定——所有的「法蘭西貴族」對國王進行臣服禮時，他本人必須為領有的「法蘭西貴族」爵號，做出「保持與防衛法蘭西王國特權、尊貴性與君主權」的宣誓。[64]這項誓詞，實際上是「不得轉讓權」宣誓詞的擬像。

領有「法蘭西貴族」爵號的貴族，必須對國王進行兩次臣服禮，一次是針對采邑爵位，另一次則是「法蘭西貴族」爵號。因此，在1364年5月31日，勇敢的腓力（Philippe II le Hardi, c. 1342-1404）因繼承勃根地爵號，以及首席世俗身分的「法蘭西貴族」，而各別向國王進行兩次臣服禮。而路易・德馬勒（Louis de Male, c. 1330-1384，他是「勇敢的」腓力的妹夫），於同年6月27日在康白尼，各別對國王進行三次臣服禮，第一次是領有「法蘭西貴族」爵號，第二次是領有法蘭德斯伯國采邑，第三次是領有內維爾（Nevers）與荷代勒伯國（Rethel）采邑。經由宣誓詞，法蘭西國王可以獲得貴族們的效忠與服從，

63　Perè Anselme, Pierre de Guibours, *Histoire Généalogique et Chronologique de la Maison Royale de France, des Pairs et Grands Officiers de la Couronne,* vol. 2, pp. 526-527.

64　Edward Samuel Dewick, "The Coronation Book of Chalres V of France," p. 55: "garder et défendre les droits et noblesse de la couronne de France et de sa souveraineté."

若出現違背誓言的情事，他們將遭受采邑與爵位沒收、取消尊貴特權的懲罰。

（五）　祝聖禮中「法蘭西貴族團」的反思

十四世紀末至十五世紀，「資深的」法蘭西貴族逐漸凋零，在祝聖典禮上「法蘭西貴族團」的在場，已逐漸失去原先的重要性，轉而成為純粹的政治排場。根據《聖丹尼編年史》的記載，1380年11月4日查理六世的祝聖禮：

> 漢斯大主教與王國中所有的「法蘭西貴族」，皆出席此一慶典。然而，在世俗身分的「**資深的**」法蘭西貴族中，惟有勃根地公爵親自出席。法蘭德斯伯爵路易缺席，而亞奎丹、諾曼地、香檳與土魯斯，皆已併入王室領地。[65]

在此次的國王祝聖禮中，一共出席了七位「法蘭西貴族」，其中只有一位世俗身分的「資深的」法蘭西貴族──勃根地公爵。然而，當時仍有其他世俗身分的「法蘭西貴族」，為何此一事實，未曾出現在聖丹尼修士的筆下。出席在這次典禮上的新「法蘭西貴族」──安茹、培里與波旁公爵，他們並未真正融入國王祝聖禮中。「法蘭西貴族」的唱名時刻，他們既未被一一呼名介紹，也沒有扶持王冠的特權。顯然在聖丹

65　Le Religieux de Saint-Denys, *Chronique, Contenant le Règne de Charles VI de 1380 à 1442*（Paris: Crapelet, 1839-1852）, vol.I, pp. 28-31.

尼修士的觀念中，真正的《法蘭西貴族》只有「資深的」法蘭西貴族。聖丹尼修士對此事的描述，具體反映教會菁英的思維仍謹守傳統上對於「法蘭西貴族」資格的既定框架。然而，這份記載與前述讓・戈蘭的〈祝聖禮論著〉，似乎出現極大的差別。讓・戈蘭的觀點，主要依循王權擴張的理路，偏向從實務層面擁護王權。這兩種不同觀點，自然導引出關於「法蘭西貴族」權限分際的認知衝突。根據《查理六世編年史》（la Chronique de Charles VI de Jean Juvénal des Ursins）的記載，此次典禮完成後，安茹公爵路易與勃根地公爵腓力對晚宴的座位排序提出抗議，因而出現一些混亂的情況。路易作為查理六世最年長的叔父，且由於他的「法蘭西貴族」頭銜，宣稱自己的座位應在國王旁邊。然而腓力否認新增的安茹爵號是真正的「法蘭西貴族」，認為自己才是王國中真正最資深、傳統的「法蘭西貴族」，同樣要求座位應在國王旁邊。[66]

　　新、舊「法蘭西貴族」權限認知的爭議，直到查理七世的祝聖禮時才獲得解決。出席此次慶典的三位安茹士紳，在寫給安茹女公爵瑪格麗特（Marguerite d'Anjou, c.1429-1482）與亞拉岡的悠蓉公主（Yolande d'Aragon, c. 1383-1443）的信函中，提到五位世俗身分的「法蘭西貴族」──阿朗松公爵、克萊蒙與旺多姆伯爵（Vendôme）、拉瓦勒（Laval）與拉特莫宜（la Trémoille）等貴族。[67]在此書信中，沒有提到任何「資深的」法

66　Juvénal des Ursins, *Histoire de Charles VI, Roi de France*. Michaud et Poujoula, éd., *Nouvelle Collection de Mémoires pour Servir à l'Histoire de France*（Paris: Imprerie Royale, 1653）, t. XII, pp. 12, 6.

67　Le duc d'Alençon, les comtes de Clermont et de Vendôme, les seigneurs de Laval

蘭西貴族參加此典禮。[68]在另一份《翁格蘭德夢斯特雷的敘事》（*le Récit d'Enguerran de Monstrelet*）中記載著：

> 在漢斯大教堂的主祭壇前，經由法蘭西王室總管以傳統方式唱名，那些尊貴的「法蘭西貴族」缺席，改由穿著王家服飾的貴族作為代理人，他們是阿朗松、克萊蒙與拉特莫宜、玻曼奴瓦（Beaumanoir）、布列塔尼與圖倫的馬易（Mailly en Tourrain）等貴族。[69]

這份記載，說明當時出席查理七世祝聖禮的「法蘭西貴族」，已經不被認為是真正的「法蘭西貴族」。這些出席的代理人，只在查理七世祝聖禮中，扮演「法蘭西貴族」的角色。培瑟瓦‧德卡尼（Perceval de Cagny）清楚地指出，阿朗松公爵讓在此典禮中，作為「法蘭西貴族或代理勃根地公爵」。[70]新、舊「法蘭西貴族」的政治特權與職權，在查理七世祝聖禮確立規則，六位世俗身分的「資深的」法蘭西貴族，若在祝聖典禮中缺席，王國中的其他重要貴族，可以代理人的身分，在典禮中完成這項職務。

　　整體而言，十五世紀下半葉，「資深的」法蘭西貴族的爵

---

et de la Tremoille.

68　Jules Quicherat, "Lettre de Trois Gentilshommes Angevins"（17 juillet 1429），t. V, pp. 128-131.

69　Enguerran de Monstrelet, *La Chronique de Enguerran de Monstrelet*, Louis Douët d'Arcq, éd., *SHF*（Paris: Renouard, 1860），p. 339.

70　Perceval de Cagny, *Chronique*（Paris: Librairie Renouard, 1902），p. 159.

號和領地，陸續地併入王室領地中。不論是世俗或神職身分的
「法蘭西貴族」，在國王祝聖禮只能擁有為王權服務的裝飾性
地位。幾個世紀以來，「法蘭西貴族團」的演變軌跡，朝向貴
族勢力消散、瓦解的軸線發展。這一個特殊權力機制的存續變
遷，不僅凸顯了法蘭西王權壓制封建貴族權的實際成效，更印
證國王成為王國政治秩序的調控中心。法蘭西國王在抗拒封疆
貴族離心力的過程中，有意識地模塑中央君主權的願景──國
王成為權力的輻射點、政治劇場的絕對核心。

第七章

世俗化王權和菁英思維

　　在歐洲中世紀時代，國王祝聖加冕禮具有炫目耀眼的宗教及政治色彩。在法蘭西最高權力的轉移上，不論是世襲制或選舉制，最終仍以宗教祝聖儀式來確定統治權的正當性。國王祝聖禮上溯《舊約聖經》，事實上此典禮的沿用與發展，可視為人類歷史演變中基督教意識形態的延續。長久以來，梅洛溫諸王以克洛維的神聖血統，作為政權行使的依據。反觀加洛林人，則尋求另一個更具有說服力的特質──神聖性。因此，矮子丕平於751年[1]與754年[2]，兩度以宗教祝聖膏油作為統治權正當

1　《福登斯年鑑》752年記載：「經由大主教鮑尼法斯的塗油儀式……。」Friedrich Kurze, ed. *Monumenta Germaniae Historica, Annales Fuldenses*（Hanover: Hahn, 1891）, p. 6.《梅登斯年鑑》751年記載：「受大主教鮑尼法斯的膏油儀式，立為法蘭克人國王……。」Bernhard von Simson, ed. *Monumenta Germaniae Historica, Annales Mettenses*（Hanover: Hahn, 1905）, p. 42. 而在〈丕平膏油儀式的條目〉中記載著：「經由真福的高盧聖職者之手的神聖基督膏油儀式……。」Bruno Krusch ed. *Monumenta Germaniae Historica, La Clausula*（Hanover: Hahn, 1885）, p. 465.

2　〈丕平膏油儀式的條目〉記載754年的典禮：「在那天，經由教宗史蒂芬之手，在聖丹尼教堂，以神聖三位一體之名，他（指丕平）和他的二子

性的憑證。對法蘭克人而言，國王即位時的祝聖禮是政治上的創舉。就神學觀點，它使得丕平成為上帝選立的人，關於王權正當性的問題，便無可爭議。查理曼在800年接受教宗加冕後，加冕儀式也被納入祝聖禮中。[3]從此，祝聖膏油結合加冕，成為日後國王即位時的正式儀典。祝聖作為政權正當性的重要依據，這創舉從法蘭克擴張開來，宗教性的祝聖加冕禮爾後在西歐各基督教王國中，普遍地施行。

　　國王祝聖禮，傳達了西方中世紀政治意識最關切的課題——塵世王國以天國的形象（即基督的天國）設立並存在，受膏國王是上帝在塵世王國的代理人。法蘭西王權在神聖性的概念中扎根，尤其在政權的轉移當中，祝聖禮逐漸成為具法制效力、確認王權正當性的方式，這情形沿續到十二世紀。

　　宗教性的確認儀式，為國王權力的正當性提供一個符合基督教思維的理論基礎。在此理念中，唯有透過教會之手，俗世君主才能獲得具神聖性的統治權。然而，自十二世紀以降，在西歐普遍興起的大學中，羅馬法和教會法的研究風氣鼎盛。受過法學薰陶的政論家，以擁護王權的視角重啟王權本質的論辯。正因為教會對最高權力正當性的傳統詮釋方式與新興法學

查理和卡羅曼同時接受敷油禮，接受祝福而成為國王與族長。在同一個教堂與同一日，教宗也祝福國王的王后——貝爾塔德……，在法蘭克王國中的主要貴族們，都在開除教籍法則之下聯合聲明，從此以後，絕不在除了丕平家族之外的另一個家族中選立國王。」Bruno Krusch, ed. *Monumenta Germaniae Historica, La Clausula*, p. 465.

3　有關加冕儀式納入祝聖典禮一事，參考陳秀鳳，〈政權神聖化——以法蘭克國王祝聖典禮為中心的探討〉，《新史學》第16卷第4期（2005年），頁78-83。

論點牴觸，導致政權與教權之間嚴重的衝突。

一、法學新視角的王權

　　中世紀的西歐社會，王權最古老的理論依據，是參照《舊約聖經》以色列國王的典範。國王的統治權來自上帝恩典，行使世俗政權需經由教士的媒介與建議。對法蘭西王權本質的詮釋，流露出神學政治的意識。在此意識中，政權的實踐是一種聖職，它歌頌造福人民的事工，是服務上帝、榮耀上帝的表現，在「神聖—世俗」這兩種維度交互轉換。祝聖禮中的神命選舉、膏油、加冕、王權御寶，經過數世紀的沿用與擴充，皆是法蘭西王權聖化的隱喻，將原本只是俗人身分的國王，轉換成具有準聖職身分的國王，無形中造就國王的權力融合神聖與世俗的雙重特性。

　　自加洛林以來，法蘭西國王對提升權威與家系的神聖性，呈現強烈的企圖心。在具體實踐上，祝聖儀軌益形繁複，象徵國王神聖性威權的物質元素——百合花徽的王冠、權杖、正義之手、近似聖職者的王家服飾，陸續嵌入其中。這些形象化元素的疊加，標誌著王權聖化概念的形塑臻於完備。國王聖化和國王職權有別於世俗眾民的這兩個觀念，到了十三世紀雖已流於俗套，但上述兩觀念，不論在政治實務或民眾情感上，仍具有堅不可摧的影響力。尤其是人民普遍相信膏抹法蘭西國王的「天上聖油」，是上帝恩典的讚歌、聖靈的神聖祝福，[4]賦予君

4　有關「聖油瓶」的傳說，引自陳秀鳳，〈政權神聖化——以法蘭克國王祝

主浩瀚廣闊的神聖性。這種有溫度的觀點，至十三世紀中葉，普遍被西歐的基督教民眾接受。隨著時間的推移，「聖油瓶」傳說持續被誇大、美化。人們很主觀地相信，儘管歷屆法蘭西國王聖化都使用天上聖油，但聖油從未枯竭。籠罩著這一層神聖光環，在中世紀基督教社會中，法蘭西國王的威望享有無可比擬的尊貴地位。

　　民眾觀念和教會強調的「教權高於政權」觀點，到了中世紀下半葉遭到世俗性法學理論的挑戰。十二、十三世紀出現的新政治思想，已逐漸偏離神學觀點，而朝向法學觀點來詮釋王權的本質。

　　在西歐的大學中，研究羅馬法的風尚再起。[5]法學家和政論家致力於《格拉西昂教諭》（*Decretum Gratiani*）的詮釋，[6]

聖典禮為中心的探討〉，頁89，註59。

5　羅馬法的復興在法蘭西南部、義大利北部極為盛行。在1070年，《查士丁尼法典》（La codification justinenne）的再發現：包括法典（*Corpus Juris Civilis*）、法學摘要（*Digeste*）、法學入門（*Institutes*）以及新法（*Novellae*），是受到波隆那法學院（l'école de Droit de Bologne）創始人奕爾內里烏斯（Irnerius）的研究，以及許多十三世紀的法學教授——布勒加魯斯（Bulgarus）、馬丁努斯（Matinus）、宇果（Hugo）、雅各布斯（Jacobus）和阿庫爾斯（Accurse），他們撰寫眾多評注（*Grande glose*）予以宣揚之故。

6　十二世紀中葉（約1140年左右）格拉西昂博士在波隆納大學教授教會法，並從可獲得的文獻中編輯《教會法規總輯》稱為*the Collection Concordia Discordantium Canonum*，這部《教會法規總輯》又被稱為《格拉西昂教諭》（*Decretum Gratiani*）。儘管它不是官方的叢書，但基於當時許多實際面的原因考量，《格拉西昂教諭》被普遍接受為教會法的基本經典。其他的教會法規著作，是在1298年由教宗鮑尼法斯八世（Boniface VIII, r. 1294-1303）與1317年的教宗約翰二十二世（John XXII, r. 1316-1334）下令編修

旨在為國王的權力擴張提供新的語彙和理論依據。羅馬法固有一種中央集權的、保衛本土的特性，明確定義出君權、主權和法律範疇，適用於各個時代、各個地區，它對於中央權力的運作，更甚於對地方社群權力的維護。羅馬法的法權概念，不僅賦予國君行使統治權與立法權的法理依據，也導致在往後數世紀中，政治上出現君主專制的可能性。

十四世紀下半葉，法學家在政治上強調的王權概念，明顯地與「教權至上」的主張，迥然不同。為了擺脫教會對王權發展的羈絆，擁護王權的知識菁英極力宣揚國君是公共利益的保證人，君主政體是所有政治制度中最優良的體制。新興的法學理論為王權服務，它秉承羅馬法的精神，強調統治權正當性根植於血緣與出生，無關乎宗教祝聖儀式的確認。這種觀點，成為中世紀晚期西歐政治思想的主流。

此外，在十三、十四世紀期間，關於王權本質理論的轉變趨勢，可以從詞彙學上的新變化察覺。相較於之前的時代普遍使用「國王」與「王國」（*rex & regnum*）等詞語，這時期的政論性著作，開始運用拉丁語彙「君主」或「君主國家」（*monarcha & monarchia*）。隨著拉丁詞彙「君主」與「君主國家」出現的頻率日增，在十三世紀中葉的方言領域中，也出現這些政治性詞彙。基於上述詞語的轉向，我們可以發現，當時所謂的「君主」，指涉的對象是國王，其意義在消解「皇帝」

補充。到了1500年，教會法學者約翰‧夏普伊斯（John Chapuis）校訂整理先前的所有著作，再加上教宗的教諭，這些作品集合成《教會法典》（*Corpus Iuris Canonici*, or *Body of Canon Law*）。

與「國王」的權限藩籬，並賦予國王在其王國中擁有如皇帝般的權力和威儀。表現在詞彙學上有關王權新定義的政治潮流，實與西歐的學術中心在1240年到1260年間翻譯亞里斯多德著作，有絕對的關聯性。[7]亞里斯多德的學說，提供結構緻密的政治制度類型，在他的政治學論著中，認為人類社會只要能夠避開民主制度的紛亂無序，以及專制統治的過度獨裁，君主制度可能是最優良的統治方式。

亞里斯多德學說的浪潮，席捲整個西歐的菁英文化圈。源於前基督教時期的古希臘政治學說，在基督教的背景中，經由聖湯瑪斯・阿奎那（Thomas Aquinas, c. 1225-1274）及當時菁英的發揚，就更加凸顯其衛護世俗王權的優勢。[8]不過，直到十三世紀末，亞里斯多德的思想僅止於政治學詞彙上的醞釀發酵，尚未具體落實在政權的實際運作層面。追問其中的癥結，可以觀察到，政治理論的思想載體主要是拉丁文，教會神職人士借助書面的拉丁文字，對西歐的政治話語進行合法的掌握，不論

7　1246年羅勃・葛羅謝特斯特（Robert Grosseteste）將亞里斯多德的《尼柯馬庫斯倫理學》（l'Ethique Nicomachus）翻譯成拉丁文，以及1260年摩貝爾克的威廉（Guillaume de Morberke）翻譯亞里斯多德的《政治學》，甚至許多以通俗語文寫作有關亞里斯多德之政治思想的摘要，如布魯涅托・拉汀尼（Brunetto Latini）的《寶典》（Le Livre du Trésor）。

8　就事物的本質而言，阿奎納是亞里斯多德的信徒，他認為智力知識的獲取是通過感性經驗，如果一個人擁有常識與理性，就能在知識範疇中，逐漸前進。然而，在認識上帝層面，他認為人們仍會遇到不可逾越的障礙，因為人對上帝的認知，超出理性的行使。要認識上帝，人必須具有信念。總體而論，阿奎納的貢獻，在於協調亞里斯多德的理論與基督教教理之間的衝突，他將「真理」從理性與信仰中區分，有助於當代政治範疇中，法學理論的發展。

是對世俗政治或權力理論的詮釋，教會長期握有解釋權。教會人士構思的王權運作體系，強調政治倫理價值的實踐，因此自加洛林時代起，高階教士汲取基督教神聖典籍的精萃原則，撰寫《君王寶典》（Speculum）以教化世俗君主，並藉此約束國王的言行道德。[9]換言之，教會在政治層面強調的重點偏向道德維度，神職者對於國王個人良善特質的關注，更甚於治理王國的具體能力。

自十二世紀起，教宗格列哥里七世（pope Gregory VII, r. 1073-1085）對教會進行改革，提倡教權高於政權，[10]從而引發教宗與皇帝的嚴重衝突。政教之爭的影響，波及當時西歐各國的政局。法蘭西君主為了抗衡來自教會權威的制約，經由法學家的努力和神學家的鼓吹，王權也逐漸定錨在法制基礎上，朝向世俗性發展。此現象與當時國王企圖衝破殘缺無力的封建王權，重建至高權的願景有關。[11]

9　在加洛林時代開始出現的《君王寶典》（Les Miroirs, Speculum），旨在教育並開導國王理想的治國方式。《君王寶典》出自教士之手，他們編纂關於國王職能所需具備的道德義務，以及基督教國王必不可缺的美德。在《君王寶典》中，我們也可以觀察到教權掌控與限制王權的意願。換言之，國王只是上帝選定為教會服務的神選者。因此，國王的行為必須合乎教會期望的基督教美德，方能有效的治理國家，引導人民獲得救贖。

10　教宗格列哥里七世俗名希爾德布朗（Ildebrando），他被認為是中世紀時代從事教會改革最偉大的教宗。作為一位基督教世界的精神領袖，他抨擊並杜絕教會的一些弊病，並強調教宗絕不受任何人的審判、教宗具有罷免皇帝之權，因而導致後續嚴重的政教之爭。儘管如此，格列哥里改革的重點，仍偏重道德的完整性與教士的自主性，絕對禁止買賣教職。他強調教宗是教會中絕對的領袖，這點是教會唯一的與普世的觀念。

11　十二世紀以來，法蘭西王權擴張之勢已成，路易六世消除巴黎王畿附近的

　　皇帝（*imperium*）這個詞語，直到十二世紀，是保留給神
聖羅馬皇帝的尊稱。然而至十二世紀中葉，「皇帝」的定義，
已逐漸擴及王國中的國王；換言之，國王的權威，被提升到如
皇帝的特權地位。在本質上，這些新的君主國家（*monarchia*）
與中世紀早期的王國（*regnum*）有霄壤之別。國王在一個明確
的、實際的領土上，行使他的統治權。因此，在王國中，國王
本身即是皇帝。國王權力的來源，絕不依賴外部的權威當局。[12]

　　教會的博學之士，如傑哈爾・丕瑟勒（Gérard Pucelle, c.
1115-1183），[13]皮埃爾・德布洛瓦（Pierre de Blois, c. 1135-
1212?），[14]特別是史蒂芬・德都爾奈（Etienne de Tournai, c.

封建貴族勢力並聯姻亞奎丹，路易七世參加十字軍遠征並成為王國中最高
司法裁決者，腓立二世奧古斯都暨後續國王，在領地擴張與司法權發展
上，都極有成效。

12 引自Sergio Mochi Onory, *Fonti Canonistichi dell'Idea Moderna dello Stato*
（Milan: Pubblicazioni dell'Università cattolica del S. Cuore, 1951），p. 253：
「關於皇帝這個主題，指的是不服從於任何人的國王或君主。在王國中，
每位國王事實上擁有如皇帝在其帝國中具有的權力。」

13 傑哈爾・丕瑟勒大約於1115-1120年間出生於英格蘭。青年時期在法蘭西
研習神學，之後在法蘭西教授神學與法律。傑哈爾與托瑪斯・貝克特的
家族，關係親近。在1165-1166年間，正當神聖羅馬帝國皇帝腓特烈二世
被處以開除教籍時，他前往神聖羅馬帝國從事宗教使命，直到1168年返
回英國，對英王亨利二世宣誓效忠。之後，傑哈爾獲得教宗與法王路易
七世的許可，前往科隆定居。在1160到1170年間，科隆是當時重要的教會
法研究的中心，在此地他完成許多著作，如《教會法之本質》（*Summa
"Elegantius in iure diuino"*）。在1174-1183年間，傑哈爾一直擔任托瑪
斯・貝克特的接班人理查大主教之首席教士。在1183年他晉升為科文區
（Coventry）主教，然而在不久之後去世。

14 皮埃爾・德布洛瓦是法蘭西的詩人與外交官。他出生於法蘭西布列塔尼
（Brittany）的小貴族家庭。早年在都爾（Tours）學習文科，之後前往波隆

1128-1203），[15]在1165年左右撰寫了《格拉西昂教諭之本質》（*Summa sur le Décret de Gratien*）。在此書中，他大膽地賦予國王在王國內具有制定法律和敕令的皇帝特權。法學家挪用羅馬法的精神，將皇帝權力轉移給國王。在十三世紀期間，法蘭西知識菁英積極參與這股新王權概念的構建，並逐漸將新政治概念傳播到西歐各王廷。

　　五世紀下半葉西方羅馬皇帝不復存在，800年查理曼的加冕，重現皇帝的名號。教會人士認為人類的歷史是統治權（皇權）的線性轉移，統治權賦予單一的統治者——「皇帝」。加洛林帝國結束後，962年鄂圖一世的神聖羅馬皇帝加冕，這一事實，在後世形成「法蘭克皇權向日耳曼轉移」（*translatio imperii ad Francos or ad Teutonicos*）的史學概念。至此而後，除非某一國王或貴族繼承帝國皇位，才能稱為皇帝。然而，自十二世紀起，國王期望壓制國內各封建勢力、擴張王權並提振王室權威，於是有意識地採用羅馬法學者詮釋的王權新概念——「國王在其王國中具有皇帝的權威」。這一點，有利於法蘭西君主從封建王權轉向中央君主權，為王權至高性提供堅實的法理基礎。

納大學研習法學，隨後在巴黎研習神學。由於他對法學與神學的專長，使他在許多王廷中，成為一位傑出的外交官。到了晚年，他潛心貢獻於神學並蟄居於倫敦，成為當時英格蘭宗教界的精神領袖。

15　史蒂芬・德都爾奈（1128-1203）出生於奧爾良。大約1150年，他成為奧爾良的聖・阿維爾特修院（Order of the Canons Regular at Saint-Euverte）的修士。之後前往波隆納大學研習教會法與羅馬法。在1167年，他被選為聖・阿維爾特修院長，在1177年更被選為巴黎的聖熱納維耶芙修院長（Sainte-Geneviève）。在1192年他晉升為都爾奈主教，於1203年9月逝世於都爾奈。

　　這現象也證明，法律已成為政權運作的有效工具。中世紀晚期羅馬法的菁英以法理依據擴張統治權限，並達到強固王權的目標。他們企圖以國王為政治中心，建立一種不可分割、不可轉讓，以及對抗其他所有外在權力的至高權威。在理論上，這種完整而圓滿的權力概念，使君主在處理國內外重大事務上，獲取不受外部勢力框限的強大動能。

　　這種概念，不僅保存在法學政治論著的字裡行間，在聖路易或腓力三世朝，國王與王廷核心的議政人士，如紀堯姆‧杜蘭德等人，[16]也直接宣揚「國王即是王國內的皇帝」。[17]儘管如此，十三世紀這些新政治主張，仍停留在高階菁英的政治理論之中。然而在現實政務的運作上，國王與臣民的「主君—封臣」關係依然鮮明，封建政治的高牆無法完全拆解。總之，由於近一個世紀以來，法學家們以羅馬法為依據宣揚新的王權理論，一種固屬於法蘭西的政治思想模式和君主國家的意識形態，逐漸形構。世俗政治思想活躍的十三世紀，超越極限的至高王權之藍圖，蟄伏在當世文化菁英的想像中，他們於現在的瞬間預示著未來性的絕對王權。

---

16 紀堯姆‧杜蘭德是多明尼克托缽教團修士與神學家。1275年出生於聖‧普善（Saint-Pourçain），1313年得到巴黎大學神學博士頭銜並且在巴黎教授神學。之後，他前往亞威農教廷，並在教宗克來蒙七世（Clement VII, r. 1523-1534）與教宗約翰二十二世（John XXII）在位期間，擔任教廷的神學講師；其後被教宗任命為摩省（Meaux）的主教，直到1334年去世為止。

17 Guillaume Durand: "nam rex princeps est in regno suo utpote qui in illo in temporalibus non recognoscat." 引自Marguerite Boulet-Sautel, "Le Princeps chez Guillaume Durand," *Études d'Histoire du Droit Canonique Offertes à G. Le Bras*（Paris: Sirey, 1965），t. II, pp. 803-813.

二、法蘭西王權轉移方式

　　十二世紀以來羅馬法的復興，為王權的本質與理論依據，提供了堅實的法學基礎，逐漸偏離羅馬教會主張的「雙劍論」。[18]同時，它也衝破了政、教間關於權力解釋的模糊地帶，造成政權與教權的尖銳對立。腓力四世與教宗的衝突期間（1298-1305年間），關於統治權正當性的論辯，轉向另一個政治維度——「去聖返俗」。捍衛世俗統治權的法學家，力求排除教會對法蘭西王權的影響力。因此，當時的論辯核心，聚焦在君主的權力如何轉移？

　　就西歐王權轉移形式而言，最古老的方式是選舉制。不論是教會或世俗權力的掌握者——主教、教宗、皇帝、國王——都是由許多性質不同的選舉團，決定選舉的程序，並賦與被選立者權力。選舉制的優點在於國君人選大多具備既定功業，或具備足以承擔重任的特質；在年齡上，王位人選也多為年長者，可避免出現年幼的國君。然而，選舉制的缺失在於選舉團的人選資格、多數票同意制的法規，難以單純地定義。又，在過渡時期的代理政權或雙重選舉，都可能出現變數。更常見的是，各王位候選人為了登上王位，都不得不對選侯們做出各種

18　十二世紀以來的西斯妥修道院解釋「雙劍論」的理論，認為雙劍象徵教權與政權兩大權力。這兩大權力都屬於教會，但教會本身不應當親自行使政權。教權握在教士的手中，政權握在戰士的手中。政權是為了擁護教會之目的而行使，並受到教士的戒律指引與皇帝的命令管轄。儘管有這種權力的區分，但是作為耶穌之世俗代理人的羅馬教宗，對世俗君主仍具有至高無上的權威。

實質上或名義上的贈與。此種情況，容易造成經由選舉制產生
的國王，在政治權力的實際運作弱化。為了避開這些潛在的
困境，西歐各君主巧妙地運用各種不同名目的策略，各自進
行近乎世襲制的王位繼承方式。其中的顯例，即是採行祝聖
禮，選舉制的實際意涵，漸被人民與貴族一致的「同意歡呼」
（l'acclamation à l'unanimité）取代。中世紀下半葉的法蘭西，選
舉制在形式上的意義已超過實質的意義。然而，只要發生王室
的直系嫡子斷絕或王國重大危機，選舉制極可能再度出現。

　　另一種政權的轉移方式——世襲制，它源自封建法規，
領主的長子繼承全數父業、頭銜之權。在王朝初建階段，卡佩
王位的繼承，也類似同時期某些大采邑貴族的繼承方式（私生
子絕對摒除於外，唯有在沒有直系男嗣的情況，女性才有繼承
權）。這些諸嫡子中，唯有長子有權繼承爵位與全數封邑；次
子則經常婚配擁有龐大采邑繼承權的貴族女性，以保障次子的
利益並擴大家族的資源。經由這種縝密的政治安排，形成一個
確定的、立即性的繼承人。再者，政權在同一家系中延續，王
儲熟悉王國事務，治理王國將更具效率，也較容易為臣民接
受。因此，採用世襲制的王位繼承法具有更多的優勢。

　　世襲制的優點雖多，但傳統的日耳曼諸子繼承習俗，也難
一朝揚棄。直到十二世紀，世襲制的政權轉移方式仍欠缺明確
的法制依據。為了避免王國中別具用心的貴族提出質疑，國王
在位期間立即著手為長子舉行祝聖禮，以宗教性的確認儀式，
將他預立為國王。藉由宗教聖化的渠道，一個王國可以在理論
上或形式上是選舉制，而事實上卻以世襲制進行王權的轉移。

　　以祝聖禮確立統治權的正當性，是經過數世紀演變才固定

下來的。加洛林王權的發展史，事實上就是政權合法性取決於祝聖禮的歷史。相反地，梅洛溫人仍囿限於國王的個人威信，以及基督徒受洗禮賦予國王的神聖效力。直到卡佩和稍後的華洛瓦，他們精妙地運用王權聖化來鞏固國王的權位，並解決繼承人的問題，從而創造出新興王朝的事實。不論經由天上聖油或以具象的王權御寶，卡佩和華洛瓦君主，絕不錯過任何足以宣揚悠遠的王室家系和提升神聖王權的契機。

　　卡佩諸王利用基督教的神學理論，一方面將王權聖化推展到極致，從而確立法蘭西國王在基督教世界中「最基督徒國王」的崇高地位；另一方面，從政治和思維意識而言，在當時仍處於封建社會的政治情境中，國王透過新興法學家的宣傳，以世俗性的法學觀點重新詮釋「君權神授」，成功地將王權的自主性從教權的羈絆中解放出來。這一點，對於教權的衝擊可想而知。

　　儘管十三世紀末葉法蘭西與教廷的關係出現些微的衝突，但在當時的基督教社會中，兩者的關係依舊是最和諧的。法蘭西國王並非是教宗的附庸，相反地，在傳統上他一直提供教宗與日耳曼皇帝衝突時的奧援庇護。由於這層關係，教宗毋需刻意彰顯教權優越性或以祝聖禮牽制法蘭西國王，因此對法蘭西國王而言，祝聖加冕禮對王權的鞏固利多於弊；而國王路易九世的封聖，為卡佩王室的神聖性投射一抹清澈純潔的光暈。儘管在王位繼承權上，存在著選舉或世襲的二元可能性，但祝聖禮結合世襲制，已隨著時代推移，戰勝了選舉制。

　　1223年之前，卡佩王朝的王位繼承方式，普遍採行為國王的長子舉行祝聖禮，優先確立未來國王的繼位合法性。當前

國王去世時，王位繼承人再度舉行隆重的祝聖禮，向全國人民昭告新國王已正式即位。隨著長子繼承制在西歐各地的普及，到了十三世紀末，官方論點的王位繼承原則是「出生與血緣」（by birth & by blood）。從腓力三世即位起，總理公署記錄國王登基日，已全然放棄以祝聖禮為依據，改由前國王逝世或下葬日作為新國王登基時刻。雖然，最高權力轉移的正式認定，採取「出生與血緣」的原則，但時下的一般人民仍堅守傳統觀點，以祝聖禮作為新國王的登基證明。在王位轉移的依據上，官方論點和民間看法南轅北轍，菁英與民眾思維呈現巨大鴻溝。

　　到了腓力四世時代，國王與王廷各部門的運作緊密結合，形成以國王為中心的御用官員體系，逐漸顛覆既定之封建法規的政治原則與傳統。當時極有名氣的政論家讓・德巴黎（Jean de Paris, c. 1255-1306?）曾公開宣揚：國家與教會各別獲得上帝賜與之權；[19] 羅馬教宗的權威只能表現在非世俗的領域，而世俗領域的統治權歸於國王。因此宗教性祝聖儀式與王權正當性並無絕對關係。這種對權力的新認知，在十四、十五世紀更為普遍。箇中原因是，人們對固屬於自身所在之王國領土的共

19　讓・德巴黎是十三世紀末時代的政論家，以及多明尼克修會的重要思想家，他的思想原創性在於政治哲學。腓力四世與教宗鮑尼法斯八世衝突期間，他於1302-1303年完成一篇〈論王權與教權〉"De Potestate Regia et Papali,"Paris, BNF, lat. 1246. 在此文中，他詮釋國家與教會各別獲得上帝賦予的權力，而羅馬教宗的權威，只能表現在非世俗的領域。世俗領域的統治權，歸諸國王所擁有。因此，政權與教權這兩種權力，是有所區分且互補的。然而，教會的權威，具有一種優越性尊嚴，它更符合人類超自然的目的追求。

同情感，已逐漸孕育化成；加之菁英也體認到一個中央集權的財稅體系，有助於強化國王在政務與戰爭行動上的量能。經由這些政治的、社會的、經濟的、思維意識上的演變，在法蘭西逐漸醞釀出一種模糊且抽象的概念，即今日所謂的「國家」（l'État）。

三、「女性無王位繼承權」

就法蘭西王位傳承的演變來看，卡佩王朝最初三個多世紀中，最高權力的轉移，都在同一個家系中以長子繼承方式進行。儘管在羅勃二世、亨利一世與路易六世時代，曾因王位繼承的問題出現貴族反對、引發政治紛亂的情勢；但是卡佩王朝王位繼承的根本法則，依然固守在長子繼承的框架中。直到路易十世辭世後，王位繼承問題才浮現。這情形最早發生在1316年，不久後，1328年華洛瓦王朝的腓力六世繼承法蘭西王位，排除當時年輕的英王愛德華三世（Edward III, r. 1327-1377）之王位繼承權。[20]

為了證明腓力六世登基的正當性，必須從法理上證明女性不能繼承法蘭西王位。在這方面，法學家與神學家援引神聖膏油的論述，表明法蘭西王位具有極特殊的性質——近似教會聖職的神聖性尊嚴。由於女性的軟弱與易變性格，她們既不能成為神父，也不能成為主教或法官。從本質上來看，成為法蘭西

---

20 愛德華三世是法王腓力四世的外孫，他是法王腓力四世的女兒伊莎貝拉公主與英格蘭國王愛德華二世的長子。

國王必須經由「天上聖油」的膏抹，然而女性絕不能接受「天上聖油」，也無法進入神聖領域的國王職責。雖然有法理依據可資徵引，但法蘭西政權因直系男嗣斷絕而傳給旁系親屬的第一時間中，當時的習俗和顯貴族長們的贊同，已然足夠。撒利克法被引入法蘭西政權的轉移中，是稍後的事。

　　實際上，中世紀的人民對於撒利克法所知有限，[21]這些法規的制定，可上溯克洛維到查理曼的時代。在1358年，聖丹尼修士和歷史傳記作家理查·萊思柯（Richard Lescot），當他編寫艾浮荷·納瓦爾（Évreux Navarre, r. 1328-1343）的世系譜時，找到一份海濱法蘭克（Francs saliens）習俗與法律的總集，其中一章提到排除女性繼承撒利克土地的條文——「女性很確定地不應該具有王國任何部分的繼承權。」[22]根據這一條文，知識菁英們

21　《撒利克法》（*Pactus Legis Salicae*）是法蘭克人最早、最主要的一部法典，它將海濱法蘭克人的習俗，分為65個主題。有關《撒利克法》條文的編定，最早可溯自克洛維。根據華萊士—哈德雷爾（Wallace-Hadrill）的研究指出，此法典的條文中，充滿克洛維的影子：「在《撒利克法》，多處可見國王的仲裁，判斷；他極為關注財政、軍事和領土。」John Michael Wallace-Hadrill, *The Long-Haired Kings: And Other Studies in Frankish History*（London: Methuen and Company Ltd. 1962），pp. 180-181.在「關於財產」（De Alodis）條目中，提及「惟獨撒利克人的土地，女性不得為業，全地的產業須歸與男性。」這一項有關產業轉移的規定，在英法百年戰爭期間，被法蘭西王室刻意強調。它不僅涉及在法典文本中，有無記載排除女性的繼承權，同時也關乎法蘭西王室的政治宣傳。有關《撒利克法》排除女性繼承權的研究，可參考Colette Beaune, "La Loi Salique," in *Naissance de la Nation France*（Paris: Gallimard, 1985），pp. 264-290.

22　有關《撒利克法》中，女性無法國王位繼承權的法文史料："Quant à la terre salique, qu'aucune partie de l'héritage ne revienne à une femme, mais que tout l'héritage de la terre passe au sexe masculine." 法文譯文資料來自BNF.fr. 2707,

強力論述在撒利克的土地上（即法蘭克人居住地），王位傳遞只能由王室血緣最近的男性來承繼。

　　作為權力轉移法理依據的撒利克法，在王位爭奪時被提出並融入法蘭西王位的繼承法則之中。由男嗣繼承為主要精神的撒利克法，最初是為了因應1316年王權轉移的危機。到了1328年，更擴大為英王愛德華三世與法王腓力六世爭奪法蘭西王位的關鍵。撒利克法中「女性無王位繼承權」的條文，其涉及層面已非單純的家族內部事務，它被提升到「民族」與「國家」的意識層次。在英法百年戰爭時期，英王愛德華三世以王室最近親屬之名，宣稱具有法蘭西王位的繼承權。腓力六世為了對抗英王的謀位企圖，引據撒利克法作為王位合法性的辯護，是一種涉及民族與國家利益的政治謀略。在此階段，撒利克法成為對抗英格蘭人的政治思想利器，在它尚未被確立為法蘭西繼承的根本大法之前，已具有超越其他法則的崇高地位。

　　由於英法百年戰爭之故，在查理五世朝，王廷的菁英和教會人士整合撒利克法與法蘭西王權關係的論著，紛紛出現。1371年拉烏爾‧德普黑勒（Raoul de Presles, c. 1316-1383）翻譯並評論聖奧古斯丁的《上帝之城》，[23]他引用法蘭西斯‧德梅隆（François de Meyronnes, c. 1280-1327）的言詞而排除女性的繼

---

　　nos. 34、58. no. 62: "De terra salica nulla portio hereditatis mulieri veniat, sed ad virilem sexum tota terræ hereditas perveniat."

23　拉烏爾‧德普黑勒是法王查理五世時代的作家與法學顧問，擔任法院審查官（*maître des requêtes*）；此外，他也是行商的諮詢顧問。其重要著作是聖‧奧古斯都的《上帝之城》的翻譯與評論，以及關於教會權力與世俗權力的論著。

承權：

> 王國並非是世襲，而是管理公共事務的一種頭銜。然而確定的是，根據法律，女性不能擔任此頭銜，因而不應當承繼王國。證據在於神職的頭銜與職務，有多少是傳給女性呢？神職的頭銜，絕不由女性來繼承。[24]

與此類似，尼古拉·歐瑞姆（Nicole Oresme, c. 1320-1382）引用拉烏爾·德普黑勒的史料，[25]強調法蘭西王位繼承的三項法則：

> 首先，是男性；其次，是不能傳給外國貴族或其他民族；最後的法則沿續第二項法則，提到女性或經由女系的

---

24 羅勃·波戌阿的《拉烏爾·德普黑勒》：que royaume n'est pas héréditaire, mais est dignité regardant toute l'administaction de la chose publique. Or, il est certain que les femmes ne sont pas pareilles ne prenables de dignité selon la loy, et par consequent ne doivent pas succeder au royaume; et le preuve par la dignité de prestrise, car combien que la dignité de prestrise descendist par succession toutes-voies n'y succedoit n'y succede nulle femme. Robert Bossuat, "Raoul de Presles," *Histoire Littéraire de la France*（Paris: Imprimerie nationale, 1974）, vol. 40, p. 162.

25 尼古拉·歐瑞姆是十四世紀法蘭西一位重要的思想家。其哲學著作，從政治經濟學到神學，對於數學、物理、天文、倫理、經濟與政治涉獵很深，被認為是當時許多學科領域的先驅者。此外，他的著作和亞里斯多德的著作，皆使用法文撰寫和翻譯。歐瑞姆主要的貢獻，是將經院哲學的知識，以平易的手法與通俗的語言，讓世俗大眾能夠接受與閱讀。他以法語寫作、翻譯，在當時是一種新的嘗試，對於法文的發展頗有貢獻。

子孫，皆不得繼承王位。[26]

　　這時期，反英格蘭的國族情感，有利於法蘭西王國境內
「排除女性王位繼承權」理論的發展。對於王權本質的新詮
釋，是在思維上對愛德華三世爭取法蘭西王位的強力反擊。在
〈祝聖禮論著〉中，讓‧戈蘭深刻描述「天上聖油」的油膏，
賦予法蘭西國王如神職的特殊神聖特質，任何女性都不能碰觸
這種神聖地位。這種神聖特質只在男性王族家系中代代傳承，
包含御觸治病的神蹟能力，都必須在男性繼承者中轉移。[27]無
獨有偶，捍衛王權自主性思維的艾福哈爾‧德特瑞摩恭（Évrart
de Trémaugon, c. ?-1386），[28]在其作品《維爾吉葉之夢》（Le
Songe du Vergier）中，經由騎士之口，他總結法蘭西王位繼承法
則的特殊性，明白詮釋實際政治中有關王權正當性的問題。在
這部著作中，他以清晰連貫的邏輯，論述國王神聖性尊嚴是來
自王室的出生與血緣，即使在缺乏直系男性繼承人的情況，也
不能由女性或女性子嗣來繼承：

26　尼古拉‧歐瑞姆的《亞里斯多德之政治學》："la première était la masculinité;
　　la seconde, nul ne succede qui est de estrange païz et d'autre nation; et la dernière,
　　suivie de la règle précédente, nul ne succede a royalme par femme ou moiennant
　　femme." Nicole Oresme. *Le Livre de Politiques d'Aristote*, ed. Albert Douglas
　　Menut（Philadelphia: American Philosophical Society,1970），pp. 155-156.

27　讓‧戈蘭的〈祝聖禮論著〉，"The traité du sacre" de Jean Golein, p. 323.

28　十四世紀下半葉，艾福哈爾‧德特瑞摩恭擔任巴黎大學羅馬法與教會法的
　　博士，並擔任巴黎大學的法學教授。在1374-1382年間，他成為王廷的法院
　　審查官與諮詢顧問。他被認為是《維爾吉葉之夢》的原始作者。

> 法蘭西王國指定由男性後代繼承，絕不應當傳給男性家
> 系的女性。經由前述的理由，即使男系中無任何繼承人，
> 女性也不能繼承王位，而女性所出之子也不能繼承。[29]

在1316年與1328年的法蘭西王位繼承危機中，引發「女性無繼承法蘭西王位權」的法理論爭。實際上，這問題雖觸及法蘭西王權的意識形態，但是這場危機，也在法律層面促成「王位繼承即時性」概念的出現。

四、「王位繼承即時性」

十四世紀中期的法蘭西，由於一連串的軍事失利，加上王朝更迭的不確定性，就鞏固王權而言，對於王權本質的省思和提升國王的尊嚴，具有相當的迫切性。前述的《維爾吉葉之夢》傳達著國王神聖性尊嚴不朽論，不僅只關乎法蘭西王位在男嗣家系中傳遞，同時也強調一項準則（la maxime）——「死者的遺產在死後立即歸屬繼承人」（le mort saisit le vif）。這項準則的核心概念，強調前國王去世與新國王登基的過程中，政權沒有任何空窗期。根據《維爾吉葉之夢》第1部，第71章

---

29 原文為 "Ce royaume de France est assegné aux malles descendens de la courone; il ne doit mie, donques, estre transporté en fame ne en celux qui descendent de la lygne mascle; et, plus fort, par lez raysons devant dittes, ja soit ce qui ne fust aucun de la droite ligne mascle, l'en pourret soubstenir que fame ne pourret succeder ou royaume, ne son filz aussi," in *Le Songe du Vergier*, ed. Marion Schnerb-Lièvre（Paris: Publications du C.N.R.S., 1982）, vol. I, p. 251.

《學說彙編》（*Digeste*）提到這項準則：在國王去世當下，王位繼承人自然而然地成為國王。國王在位年限自前國王去世當下即刻登錄，這種現象在十三世紀下半葉已經採行。[30]從此時起，法蘭西王位繼承出現新的法則──「王位繼承即時性」（l'instantanéité de la succession）。

　　「王位繼承即時性」與「王冠」的概念，彼此扣合互補。探討王冠的涵義最早出現在十二世紀初英格蘭，而法蘭西則在十二世紀中葉，從聖丹尼修院長蘇傑的作品中看到「王冠」的論述。一般概念中的「王冠」，是可見的、物質性的王權象徵物。然而，從另一層面來看，「王冠」也是不可見的，非物質的抽象與永恆概念。「王冠」是深具祕奧性的王國象徵，[31]當時的法學家，也賦予「王冠」象徵王國權力的新定義。

　　自十一世紀末，關於土地與權力的歸屬或轉移也出現法理上的限制。尤其是主教進入聖職之前，必須宣誓絕不轉讓教會土地和教士權利。此一概念，雖然最早出自於教會，也漸次地被法學家挪用在政權運作上，變成一種關於王國財產與權利的新政治概念。[32]到了十四世紀中葉，「不可轉讓權」的條文，正式銘刻在查理五世的《祝聖典禮儀典書》，它結合了「王冠」

30　法王腓力三世在1270年即位，英王愛德華一世在1272年即位，兩者都不以舉行祝聖典禮的日期作為紀年的開始。

31　康特羅維茨在《國王雙體論》中指出，「王冠」具有財稅的特殊涵義。它代表國家整體性的財產，不僅僅是來自土地，同時也是整體的法律權限與司法、財政與所有榮譽性質的特權。Ernst Kantorowicz, *Les Deux Corps du Roi*, pp. 243-250.

32　Kantorowicz, *Les Deux Corps du Roi*, p. 252.

的抽象政治意涵，從而在法制上確認法蘭西王位與君主權限的
完整性。

　　義大利著名的法學家巴勒德・伍巴勒第斯（Balde de Ubaldis,
c. 1327-1406）極為推崇《學說彙編》的權威性，[33]他也認同以出
生作為王位繼承的依據：

　　　　關於國王之子的繼承權，我不認為有任何間隔時間。因
　　　為「王冠」的延續性自然歸屬王位繼承人，[34]儘管外表可見
　　　的王冠，需要按手禮和隆重的加冕儀式。[35]

　　事實上，這項「死者的遺產在死後立即歸屬繼承人」準
則，[36]在法律上，對於消除過渡代理政權或避開選舉制的理論，

---

33 巴勒德・伍巴勒第斯，中世紀晚期義大利法學家。他於1327年出生於貝
　魯吉雅（Perugia）貴族家庭，在巴托錄斯（Bartolus）指導下學習法律，
　於1334年取得法學博士頭銜。接著他前往波隆納大學，教授法學達三
　年。後來他在貝魯吉雅晉升為法學教授並持續在貝魯吉雅教授法學，達
　33年之久。巴勒德・伍巴勒第斯是皮埃爾羅傑・德孟佛（Pierre Roger de
　Beaufort，他日後成為教宗格列哥里十一世（pope Gregory XI, 1370-1378）
　的教師。1380年他也受到教宗烏爾班六世的召喚，前來出席反威農教宗克
　來蒙七世（Anti-pope Clement VII）。在這期間，他也曾前往比薩、佛羅倫
　斯、巴杜亞、巴威亞教學。在1406年4月28日，他於帕維亞去世。

34 抽象的「王冠」概念，此處意指王國的繼承。

35 Balde de Ubaldis, *In Decretalium Volumen Commentaria*, fo. 79，引自
　Kantorowicz, *Les Deux Corps du Roi*, p. 243.

36 「死者的遺產在死後立即歸屬繼承人」這項著名的準則，是中世紀封建繼
　承法中的一項基本原則。到了十三世紀中葉，這項準則變成當時一種普遍
　性慣例，它確保死者的遺業轉移到法定的繼承人，並且維護任何法定繼承
　人，免於遭受封建領主在財政上無理苛求。到了十四世紀末，隨著英法百

具有相當的優勢。值此之故，成就了法蘭西王位繼承的立法。
查理五世在巴黎法院隆重頒布〈1374年8月條例〉，是首次關於
王位繼承的立法，它規定此後的法蘭西王位繼承權，必須傳給
國王的長子或最近的男系親屬。[37]然而在查理六世朝，攝政權
的問題依然棘手。儘管查理五世去世後，查理六世順利繼承王
位並舉行祝聖禮，仍無法迴避野心叔父們的攝政。經由他個人
的親身經歷和憂心王朝的永續問題，他不僅在1392年確認父親
查理五世頒訂的〈1374年8月條例〉──將男子成年固定在14
歲──並應用在王位繼承法之中。同時，他在〈1403年條例〉
和〈1407年條例〉中，更落實王位繼承即時性的理論，確認國
王永遠存在。

　　在〈1403年條例〉中，取消因國王年幼而實施攝政權的可
能性，在法律上明文規定王位繼承的立即性：

　　　　我們的長子，現在或將來的任何時刻，不管年紀如何幼
　　　小，在我們去世之後，沒有任何延遲時間將立即被稱為法

年戰爭的危機，法蘭西王位繼承問題逐漸浮現，這項準則因而被引用為反
駁法蘭西王位選舉法的一種依據。BNF Ms fr. 5024，參考《歐達爾‧默爾
切恩條例彙編》，Olivier Guyotjeannin et Serge Lusignan, eds. *Le Formulaire
d'Odart Morchesne*（Paris: École des Chartes, 2005），p. 479.

37 雅克‧克里寧（Jacques Krynen）總結這聲明的意義時，指出：「在鞏固王
　朝延續性的原則之歷史中，〈1374年8月條例〉具有一種選擇性的地位。他
　的意義，遠遠地超過了繼承人合法的年齡問題；更重要的是，在缺乏成文
　條例的規定中，當王朝產生嚴重困難的時刻，引用〈1374年8月條例〉可允
　許以一種決定性的方式，來決定王位轉移的種種條件。」Jacques Krynen,
　L'Empire du Roi, Idées et Croyances Politiques en France XIIIe-XVe Siècle, p.
　140.

　　蘭西國王，繼承我們的王國，並將盡早加冕為國王，行使
國王的所有權利。……無論任何理由，以攝政或政府形式
的任何阻礙，都不能強加到我們長子的身上。在這種情形
中，我們希望且命令，所有我們的叔伯兄弟、我們同血緣
的親屬和所有的參政人員，以我們的長子之名，來治理國
家。假使他仍屬幼小年紀或未成年的階段，王國中的所有
人民，必須稱呼他為國王。[38]

　　爾後，在〈1407年條例〉中，查理六世隆重地確認〈1403年
條例〉。到了此時，「死者的遺產在死後立即歸屬繼承人」的準
則，完全落實於法蘭西王位的繼承中。

　　王位繼承即時性的大力宣揚，開始於查理五世朝，而正式
以官方法令予以確立，則在查理六世時代。王位立即繼承法的
頒布，在法制上賦予王位繼承人行使權力的正當性。反觀，祝
聖加冕禮在〈1374年8月條例〉中，被正式定義為一種無涉政權
轉移的純粹官方慶典。換言之，經由天上聖油所施予的神聖膏
油儀式和王權御寶的授與，取決於國王的個人意願，無關乎統
治權的正當性與否。[39]這項法律的制定，自然削弱從八世紀以來
祝聖禮對於王權正當性確認的法制效力。正因如此，國王祝聖
禮仍保留宗教上的神聖性，但它在法制上的效力逐漸喪失，王
權轉向世俗化，已是不爭之實。

38　François André Isambert ed. *Recueil Général des Anciennes Lois Françaises*
（Paris: Belin-Le Prieur, 1822-1833）, vol. VII, p. 54.

39　François André Isambert ed. *Recueil Général des Anciennes Lois Françaises*, vol.
V, pp. 415-423.

五、祝聖典禮的意義與評價

　　儘管同時代的民眾持續地認為每一位法蘭西國王都必須經過祝聖禮才能成為國王，然而在十五世紀時代，一種對國王祝聖禮的異議觀念逐漸形成。這觀念導向質問「膏油儀式才能造就國王嗎？」

　　長久以來，在政治意識形態上，國王祝聖禮被賦予極大的價值，人民普遍相信國王的神聖權威，是經由祝聖膏油禮而獲致。然而，受到新興法學思想的強大衝擊，當時的理論家在討論祝聖禮的實際意義時，所涉及的問題域，歸根結柢，卻是在探問王權的本質。

　　在十四、十五世紀，關於最高權力的轉移，異議理論家傾向以出生（la naissance）與王室血緣（le sang royal）作為構成國王的唯一條件。他們強調在王國初創之際，國王從選舉制得到權力，此後王位遂由國王的直系長子來繼承，憑藉的是王室的純正血統和個人功業，就足以排除來自外部——不論是教會的或世俗的——授權或干涉。從克洛維開始，法蘭西王位繼承一直都是世襲制，這也是通往最高權力的最好方式。法蘭西國王的產生，是在一個具有美德的特選家族中，以世襲法繼承王位並獲得統治權。由於王位繼承人一直是確定的，如此可以避免政權過渡時期的危機，或是權力的空窗期。事實上，王國的所有權人並非是國王，他僅是塵世王國的管理者，王位是既不能被占有、不能遺贈、也不能分割的一種神聖權利。王位只能一代接續一代地傳遞、延續。反觀祝聖加冕禮，只是一種綴加的華麗隆重慶典，與王權正當性的確認與否並無直接且縝密的

關聯。基本上，「血緣」這項因素，就足以創造國王。在確定
王權合法性的層面，異議論者實則剝離了國王祝聖禮的法治價
值。

　　在這種新興的政治意識形態中，膏油儀式只保留裝飾性
和情感性的價值。首先，它正式對臣民通告新國王的即位，以
宗教性的儀式宣告政權的轉移。其次，這是一種富麗宏偉的典
禮、熱鬧的節慶，有助於提升王室的威望並凝聚人民的向心
力，任何人都無法否認祝聖禮做為治理王國、統馭人心的情感
效用。更重要的，在此莊嚴盛大的王家慶典中，國王的膏油仍
具有特殊地位——它既是政治領域中一種人性化的制度，也具
有濃厚神命色彩的象徵儀式。

　　在傳統論點與新興法學意識的衝擊中，中世紀末葉的人們
如何觀看國王祝聖禮的存在意義？

　　接受羅馬法觀念的法學家與政論家，極力否定祝聖禮對於
統治權正當性的法制效用，他們鼓吹王位繼承人在前國王去世
後自然而然地成為國王，祝聖禮的優點，只在於使人民認識新
國王並愛戴他，祝聖禮對於統治權的行使，並非是必不可缺的
元素。唯有對於那些有爭議的王位候選人，或是篡位者，才急
需以祝聖典禮予以確認統治權正當性。從那時起，在腓力四世
朝諸多政論家，如讓・德巴黎或艾福哈爾・德特瑞摩恭，都認
為祝聖禮是增添國王榮耀的華美慶典，國王的權力只來自上帝
與人民。[40]在行使王位世襲的國度中，國王一旦去世，合法的王

40　正如康特羅洛茨提到：「祝聖典禮有助於近宗教性的王權提升，並且體現
　　了王權結合神權。」Ernst Kantorowicz, *Les Deux Corps du Roi*, p. 239.

位繼承人順理成章地立即成為國王。

　　但值得注意的是，這些菁英分子只是當時社會中極少數者，受他們政治思想的影響層面仍限縮在理念上的論辯，尚未普及於一般人民的認知中，更遑論引發民眾強烈的集體政治意識。對於中世紀晚期的人民而言，國王具備王室純正血統是確信無疑的。除此以外，在一般民眾根深柢固的觀念中，仍堅信王權連結上帝神聖性的歷史敘事——國王是上帝在塵世王國的權力代理人。神聖性與否的問題，仍然須由上帝決定。「國王」，這個神聖頭銜與職務，必須透過神聖性的宗教典禮來「啟動」它。

　　法蘭西民眾的普遍想法，不是一種居高臨下的法學眼光，而是出自內心的真實情感，它來自於基督教社會長期形塑的宇宙觀與「人—上帝」密切聯繫的權力概念。即使到了十五世紀，一般社會大眾依然看重國王即位時舉行的祝聖加冕典禮。沒有公開舉行祝聖加冕禮的國王，無法成為人們心中真正的國王。這種民間的觀念，體現在聖女貞德對查理七世的態度上。英法百年戰爭末期，從法蘭西東境多勒米村前往希農（Chinon）求見王儲查理的聖女貞德，稱呼未舉行祝聖禮的查理七世為「多芬親王」（dauphin，即王儲）。直到1429年7月，當查理前往漢斯大教堂舉行隆重的祝聖禮後，她熱淚盈眶地稱呼查理為「我仁慈的國王」。一個不識字的少女貞德，實際上代表著當時普通民眾的真實觀點。他們區別王儲與國王的一道明確界線，就是祝聖加冕典禮。民眾的眼光，凝視在「儀式」造就國王，他們的情感，寓居在「神—人和諧」的範疇。

　　在當時一般人民的觀念中，並不能真正了解與接受由法學

家、理論家所提出有關王權本質新概念的微妙見解。況且，他們也不能承認沒有經過膏油儀式的國王，是真正的國王。即使法學概念已經蓬勃發展，然而在查理七世朝，祝聖典禮中的膏油儀式仍被頌揚為「極為祕奧的事物」。[41]

查理七世舉行祝聖禮之後，除了正式被承認具有國王的頭銜，同一時間也開始執行所有國王的統治權力，甚至施行國王治療瘰癧病人的神奇能力。從1422到1429年當中，沒有任何關於查理七世行御觸治病的紀錄。因為一般人相信，國王要施展御觸治病的奇蹟，必須同時具有兩大要素——王室血統和「天上聖油」膏抹——才能有效行使治病神蹟。據此，查理七世在祝聖禮結束，過了幾日，前往聖馬庫爾修道院，在那裡他開始實施御觸治病。1422至1429年關於國王治病的沉默與空白史料，是否也暗示了查理七世本人，也深信「天上聖油」賦予國王神聖治病能力的這一信仰？

查理七世即位之初，其王權的正當性與否出現最嚴重的政治考驗。自1422年查理六世去世後，嚴峻的國族認同危機出現在當時法蘭西朝野之間。問題的癥結，在於查理六世去世前留下了一個兒子——被稱為「多芬親王」的查理。但早在1420年的「特爾瓦協定」中，「多芬親王」查理被查理六世撤銷王位繼承權，改由英王亨利五世為法蘭西王位繼承人。更嚴重的是，查理六世尚有一個外孫——爾後的英王亨利六世。對於這

41　〈三位安茹士紳的信件〉，參考吉勒‧基雪哈（Jules Quicherat）所著的《聖女貞德的宣判與平反訴訟案件》。Jules Quicherat ed. "Lettre de Trois Gentilshommes Angevins," vol. V, p. 128.

個孫子，查理六世承認他的王位繼承權。在此情形中，究竟哪一位，才是真正的法蘭西王位繼承人？這問題引發華洛瓦王朝延續性的巨大危機。

英法百年戰爭末期，巴黎城被英格蘭王占領。在1422年，當時年僅一歲的亨利六世，在巴黎被公開承認為「法蘭西與英格蘭聯合王國」的國王。反觀避居希農的查理，只在歐維爾涅城堡中，經由身邊的少數貴族與親信稱他為國王。從民間百姓到貴族領主，大家都質疑著「國王究竟在哪裡？」

對於查理七世而言，他必須展開一段新的政治生涯，離開作為地方領袖的安逸角色，而前往權力的核心以取得正當性國王的地位。在當時確實已有一個被巴黎法院承認的正當性政權——英王兼法王的亨利六世政權。然而，歷史並非如此演變的，貞德的出現並收復奧爾良，以及查理七世前往漢斯大教堂舉行公開隆重的祝聖典禮，在政治與思想意識形態上都具有深刻的意義。這些事蹟，積極回應當時的危機，也反映民間對於國王政權正當性的傳統觀念。因此，在實際層面上，祝聖禮所具備的意義與價值，是否遭受新政治思想的衝擊而喪失殆盡，在這一點上，給出了明確的答案。

儘管宗教性的祝聖禮能夠賦予國王一種神聖性的尊嚴，祝聖禮的膏油儀式對王權而言，也同時具有負面的效應，特別是在政教衝突的時期。為了對抗來自教廷的外部權力，當時的政論家明確主張祝聖禮對於宣揚國王的威望是必須的，但就王權正當性而言，祝聖禮全然不具任何法律的效力。皇帝腓特烈二世（Friedrich II, r. 1220-1250）朝的一位溫和派人士——杰侯・德亥雪斯培爾格（Gerhoh de Reichersperg, c. 1093-1169），表達

這種看法：[42]

　　很明顯地，教士們的祝福祈禱並不能創造國王。然而，
一旦國王經由選舉制被冊立時，教士們則對他加以祝福。[43]

　　聖女貞德對查理七世稱呼的轉變，鮮活地刻畫民眾的認
知，亦即「多芬親王」查理只有在祝聖禮之後才是國王。接受
神聖的膏油儀式，國王才能領受基督的神聖性，成為基督在塵
世王國的代理人。華洛瓦王朝的查理七世與蘭開斯特家族的亨
利六世之間，不僅僅涉及兩個王國間的封建糾紛，實際上它還
關乎思想意識形態層面的辯證。十五世紀和往後幾個世代，國
王祝聖禮在社會中的評價，產生兩種互相牴觸的觀點。一方

42　杰侯‧德亥雪斯培爾格（Gerhoch Prévôt de Reichersberg, 1093-1169）是十二
　　世紀日耳曼最重要的神學家，他也支持教宗格列哥里的宗教改革思想。他
　　於1093年出生在巴伐利亞的玻林（Polling, Bavaria），1169年6月27日在亥
　　雪斯培爾格去世。1132年，薩爾斯堡大主教康拉德一世任命他為亥雪斯培
　　爾格修院長。大主教康拉德一世多次派他出使教廷，在1143年出使波西米
　　亞和摩拉維亞的外交使命中，他獲得極大的名聲與尊重。尤真尼三世教宗
　　（Eugène III, r. 1145-1153）對他有極高的評價。然而，他與接續尤真尼三世
　　的教宗們關係欠佳。在1159年教宗選舉的爭執中，他支持教宗亞歷山大三
　　世（Alexander III, r. 1159-1181），引起皇帝派的憎恨。1166年薩爾斯堡大
　　主教康拉德由於反對支持偽教宗而被禁止教務，杰侯‧德亥雪斯培爾格的
　　教區也因此受到牽連，他不得已流亡外地。事情平息，他返回亥雪斯培爾
　　格修道院，不久後逝世。

43　杰侯‧德亥雪斯培爾格："Il est évident que la bénédiction des prêtres ne crée
　　point les rois et les princes; mais... une fois qu'ils ont été créés par l'élection..., les
　　prêtres les bénissent." 見 Friedrich Scheibelberg ed. *De Investigatione Antichristi
　　Una cum Tractatu Adversus Graecos*（Linz: Grat, 1875），t. I, p. 85.

面，以法學為依據的社會菁英，認定祝聖禮對王權正當性不具任何法制效力；另一方面，一般民眾普遍相信祝聖禮造就國王。拋開菁英觀點與民眾看法的歧異性，國王本身對於祝聖加冕禮依然非常重視，這一點從每一位國王的祝聖加冕禮如此華貴隆重，可見一斑。即便沒有直接的法制效力，此慶典本身仍保有神聖意義、高度形象化的王權展演性質，以及政治宣傳的積極效用。

　　對每一個世代而言，國王與上帝之間的直接連結可經由祝聖膏油達成，在中世紀人民的思維中，非常需要此種性靈的提升與肯定，來強化國王政權的神聖性特質。即使深具法學素養的查理五世本人，遭逢戰爭的緊迫危局，才能在1364年舉行祝聖加冕禮，對於這典禮的內涵與時代意義，具有深厚的認知。他在位期間曾命人撰寫新的《查理五世祝聖儀典書》，內容極力闡揚此典禮的神聖性，並增添了許多新的祈禱文，如王國擁有後代繼承人，戰勝敵人並維持和平等等。在這份的儀典書中，宗教性和軍事性的特質尤其受到強調，經過「天上聖油」膏油過的國王雙手，必須戴上手套加以保護，而有關「王國與王位的不可轉讓權」的條文，也在當中出現。

　　在法蘭西軍事吃緊和政治危機的情況，如前所述加默爾會修士讓‧戈蘭受命完成的〈祝聖禮論著〉，詮釋祝聖典禮的本質和王權象徵物具有的神聖意義，旨在提升法蘭西王權的神聖性尊嚴，並強化人民的國族認同。然而，不可否認地，隨著王權的擴張與君主國的出現，對於十六世紀以後的法蘭西國王而言，祝聖典禮的法制重要性已逐漸衰退，它成為一種華麗但僵化的儀式。儘管如此，祝聖典禮仍沿用到法蘭西君主政體的結

束。

中世紀晚期以來，法學家雖致力於降低祝聖禮的法制效
力，企圖將王權框限在一種法理的、更偏向世俗性的層次來討
論。然而，一般社會大眾，仍然對受過神聖膏油禮的國王，寄
予更多的尊崇與期待。從此時的民眾觀念可以看出，祝聖加冕
禮是國王威望的基本要素，尤其當中的膏油儀式被認為是神蹟
產生的淵源。經過「天上聖油」的膏油儀式，賦予國王御觸
治病神奇能力的這種觀念（圖44-45），早已跨越國界，根植
在中世紀人民的思維中。十五世紀的伊尼亞斯・皮柯洛米尼
（Aeneas Piccolomini，即後來的教宗庇護二世〔Pius II, r. 1458-
1464〕）寫道，[44]

　　法蘭西人民不承認一個未經聖油膏立的國王為真正的國
　　王，這種聖油，就是被保存在漢斯聖荷密修道院的「天上
　　聖油」。[45]

一般民眾觀念的形成，主要來自於社會傳統與習俗。他們
與當時法學家捍衛君主權力、對抗皇權、教權優越性的理型思
考，是截然不同的。當時的文學或歷史作品，反映出時人對此

---

44 伊尼亞斯・皮柯洛米尼是詩人、外交官以及兩位教宗和神聖羅馬帝國皇帝
腓特烈三世（Frederick III, r. 1452-1493）的機要祕書。1445年他開始新的事
業，前往羅馬並且成為神父。兩年後，被任命為特里埃斯特主教（bishop of
Trieste），1449年成為西耶納主教（bishop of Siena），1456年更晉升為樞
機主教，兩年後當選為教宗。

45 Jules Quicherat ed. "Lettre de Trois Gentilshommes Angevins," vol. IV, p. 513.

圖44　法蘭西斯一世進行御觸治病。
出自波隆那達古修宮壁畫（Francis I touching the scrofulous, as depicted in a fresco at Palazzo d'Accursio, painter: Carlo Cignani, c. 1628–1719）。
© Wikimedia Commons

圖45　亨利四世進行御觸治病的版畫（Gravure de Pierre Firens, extraite de l'ouvrage d'André du Laurens, A. Laurentis de Strumis Earum Causis et Curae, Paris, 1609）。
© Wikimedia Commons

事的反思。查理五世朝開始編纂的《大編年史》，[46]受到法學家的思想啟發，在國王讓二世葬禮之後，直接將國王頭銜賦予王位繼承人——查理五世，全然無須提及祝聖典禮的舉行。然而，另一位史家讓·華沙爾（Jean Froissart, c. 1337-1405）的《華沙爾編年史》，[47]遵循民間流行的慣例，直到查理五世在漢斯大教堂舉行祝聖加冕禮後，才以國王的頭銜稱呼查理五世。此種情形，在查理七世時又再度出現。由此可見，國王登基時舉行的祝聖加冕禮，在民間的習俗與觀念中，是國王政權正當性的真實依據。法蘭西民眾持續地相信，沒有經過祝聖加冕的國王，不是國王。[48]就政治觀點而論，完全摒棄國王祝聖禮，不僅困難而且近乎不可能。祝聖禮對於法蘭西王權的象徵性意義，顯然超過了十五世紀世俗人士賦予它的純粹典禮性、宗教

---

46 查理五世時代的《大編年史》（*Grandes Chroniques de France de Charles V*），以一幅幅精緻的微型彩繪，呈現法蘭西國王的輝煌歷史。參考檔案卷 BNF, fr 2813，以及*Coronation Book of Charles V*, London, B. L, Cottonian Ms. Tiberius B. VIII, fol. 59, v. c. 1365; János Mihaly Bak, *Coronations: Medieval and Early Modern Monarchic Ritual*（Berkeley: University of California Press, 1990），pp. 74-75.

47 讓·華沙爾，十四世紀中葉至十五世紀初的詩人，也是當時極著名的歷史家。由於他擔任巡迴大使，往來於歐洲各個重要的王廷之中，對於當時政治事務極為熟悉。他於1370至1400年間編寫《華沙爾編年史》，可以作為十四世紀歐洲歷史以及英法百年戰爭的歷史見證。有關《華沙爾編年史》關於查理五世記載，參考George T. Diller ed. *Chroniques de Froissart*（Genève: Droz, 1992），Livre I, pp. 318-319.

48 施拉姆提到：「沒有任何人可以成為法蘭西國王，而不經過神聖性的天上聖油之膏油儀式，以及經過留心國王治理國家事務的教會人士之手。」Percy Ernst Schramm, "Die Krönung bei den Westfranken und Angelsachsen," *Zeitschrift der Savigny-Stiftung für Rechtsgeschichte* 23（August 1934），p. 150.

性和神祕性的意義和定位。

　　綜觀十二世紀下半葉，隨著羅馬法研究在西歐的復興，神學家、法學家和政論家，在政治與意識形態層面的辯證，大多集中在王權本質的基礎理論；菁英分子對具有確認王權正當性的祝聖禮，提出強烈的質疑。他們沿循法學視角，宣揚出生、血緣的世襲權，並強調王位繼承立即性的準則。與此相反，對於人民在政治上的權利與訴求，可謂微乎其微。這種以羅馬法為基礎的新政治思維，對於教會以宗教性祝聖禮賦予王權神聖性尊嚴的傳統教理，極具挑釁意味。但不可否認地，直到十五世紀中葉，菁英意識與民眾思維之間，存在著一道深峻鴻溝。國王統治權的正當性與祝聖加冕禮之間的相互共聯，仍根植於民眾思維之中。祝聖禮才真正造就法蘭西國王，這是民眾思維領域的普遍信仰內容。

第八章

「無能君主」與民眾輿論

一、問題、史料、「民眾」與「菁英」

在十四世紀下半葉黑死病肆虐、「教會大分裂」（Le Grand Schisme, 1378-1417）以及英法百年戰爭的詭譎時代氛圍中，法蘭西王國仍然屹立不搖。查理六世親政以來，除了支持亞威農教廷，更在當時國際外交關係上，扮演積極的角色。法蘭西人民心中的查理六世，雖然有一些不忠於婚姻的緋聞、以國王的尊貴身分參加比武競技，甚至在服飾方面，不符合國王身分等負面形象；基本上，人民認為他是一位豐神俊朗、英武挺拔、善於騎馬與各種軍事操練、為人和善親切、樂於聆聽臣民聲音、慷慨且不覬覦教會與他人財貨的人，他是深受人民喜愛的年輕君主。[1]這一位具有自由、寬大、勇敢特質的君主，卻在親政後的第五年突然發瘋。當時法蘭西社會對查理六世瘋狂病作何反應，以及一位發瘋的君主對法蘭西政治的影響，是本章希

1　Mgr. Louis François Bellaguet, *Chronique du Religieux de Saint-Denis*, Liv. XIII, pp. 565-567.（以下均省略為*Chronique du Religieux de Saint-Denis.*）

望釐清的部分。

　　本書最後一個議題的展開，主要分為兩部分。第一部分討論法蘭西社會對查理六世瘋狂病的反應，從「民眾」與「菁英階層」視角的敘事著手，再進行綜合分析。「菁英階層的視角」，包含醫界、法學家、神學家與編年史家等智識分子的觀點。相較於「菁英階層」有比較明確的對象，「民眾看法」這個概念比較模糊，[2]其涵蓋對象為非智識分子，包括不同性別、不同階層（甚至是法蘭西王廷親貴與官員）、不同職業的一般民眾，如何談論查理六世的瘋狂病。第二部分著重考察分析查理六世瘋狂病引發的政治危機與政治理論。

　　討論民眾輿論，自然涉及採用哪些材料。我們將使用查理六世朝官方檔案的犯罪紀錄、編年史，以及當時的私人著作、詩文、書信等史料，再參酌其他二手史料。[3]在這部分，以史

2　彼得‧柏克（Peter Burke）曾論及「大眾文化」難以定義，這是一個很難捕捉的對象。同樣地，「大眾看法」這種概念也很含糊，尤其是十四世紀末到十五世紀初期的民眾看法，存在很大的討論空間。然而這個問題，暫不在本章中討論。此處所稱的「民眾看法」是相對於「菁英階層看法」而言。正如雷德菲爾德（Redfield）所提出的「剩餘」（Residual）概念，將「民眾看法」定義為非學者的、非文人的與非菁英的觀點。參見Peter Burke, *Popular Culture in Early Modern Europe*（New York: Harper & Row, 1978）, pp. 23-87.

3　奧古斯特‧布拉薛（Auguste Brachet）從精神病理學觀點，討論查理六世的疾病。1903年他出版《法蘭西國王精神病理學》一書，建構查理六世瘋狂病來自家族的遺傳。弗朗索瓦茲‧歐特朗（Francoise Autrand）在1986年出版《查理六世，國王的瘋狂病》，敘述查理六世的生平和一個偉大的法蘭西王國。Francoise Autrand, *Charles VI, La Folie du Roi*（Paris: Fayard, 1986）. 貝爾納‧琴內（Bernard Guenée）的《查理六世的瘋狂病》，他從當時的社會基礎與文化觀點，探討罹患瘋狂病的查理六世如何成為人民心

料比對與分析為基礎，區別出民眾看法與菁英觀點，並著重在
輿論與思想、信仰和社會現實之間的交纏關係。無可諱言地，
這些史料在引用上有其局限性。本章使用的十四至十五世紀文
獻，不論它是否以一般社會大眾為訴求對象，或是其記載多麼
忠於事實，這些史料都出自菁英階層之手。即使涉及民眾看
法，也可能只是透過菁英視角呈現的民眾看法。此情形，與其
說是民眾的看法，毋寧視為他者（菁英）觀點下的民眾看法，
更為貼切。這個困難點很難突破，但至少這些參與見證民眾看
法的菁英階層，也非局外人。更由於他們對於民眾看法的記錄
與駁斥，得以管窺十四世紀末法蘭西社會中，民眾與菁英對於
瘋狂病的想像。

二、法蘭西社會的瘋狂病想像

（一）　國王親政與首度發病

　　進入議題之前，首先勾勒法王查理六世早年的政治圖像與
首次發病情形。

　　1380年繼承法蘭西王位的查理六世未滿13足歲，在他父親
查理五世的遺囑安排下，國王的叔父安茹公爵路易以「攝政」

中「摯愛的國王」（le roi bien-Aimé）。Bernard Guenée, *La Folie de Charles
VI*（Paris: Gallimard, 2004）. 關於「無能君主」議題的討論，也不能錯過
愛德華‧彼得（Edward Peters）的論點。Edward Peters, *Shadow King: Rex
Inutilis in Medieval Law and Literature,751-1327*（New Haven: Yale University
Press, 1970）. 以上這些徵引的史料與著作，對於本文多所啟發。

名義代理政權，一同輔政的人士有波旁公爵路易、勃根地公爵勇敢腓力、培里公爵約翰。各親王之間權力消長，高傲且充滿野心的安茹公爵希望單獨領有攝政權，而身分最尊貴的勃根地公爵（「法蘭西貴族團」的首席世俗貴族）也不甘屈居人下，此情形造成這兩位親兄弟之間嚴重的敵意。

　　1385年7月，巴伐利亞公主伊莎坡（Isabeau de Bavière, r. 1385-1422）成為查理六世的王后，尚未親政的查理六世獲得日耳曼家族的支持，在外交方面也牽制英格蘭與日耳曼的結盟關係。查理六世積極地親掌政務，1388年11月3日，在漢斯召開的王家大會，由年滿20歲的查理六世親自主持。[4]會議一開始，拉翁樞機主教皮耶（Pierre de Montagu）發表開幕詞，他首先讚揚查理六世的高貴出生、正當性的王位繼承權，以及具備國王威儀與美德，與會眾人皆點頭認同。緊接著，他向大家詢問「國王是否已達親政年紀？」漢斯大主教、攝政王叔與其他人員沒有別的答覆，只能回答「是」。[5]查理六世對此答覆表示同意，他致詞感謝四位攝政王叔如父親般的關懷、無私和奉獻，並期望今後他們也能提供寶貴的意見與援助。[6]會議後，查理六世宣布正式親政。返回巴黎親政後，他廢除一些不合理的稅捐，而先前諸位親王，此時已逐漸失去對中央王廷的掌控。勃根地

4　Jean Juvénal des Ursins, *Histoire de Charles VI, Roi de France*, p. 76:「國王在萬聖節抵達漢斯，駐蹕漢斯大主教宮。節日過後，他在此宮中召集王家大會，與會人員有攝政王叔們、國王的堂姪親屬、法官與教會人士、隆區樞機主教、漢斯大主教暨其他人員。」

5　*Chronique du Religieux de Saint-Denis*, Liv. IX, pp. 557-559.

6　*Chronique du Religieux de Saint-Denis*, Liv. XI, p. 561.

公爵退回其領地，安茹公爵早已前往南義大利競逐那不勒斯王位，英、法間關係和睦，法蘭西國內享受一段和平時期。

1392年布列塔尼發生亂事，[7]查理六世決定親征，隨軍者有王叔與王弟奧爾良公爵路易。同年7月24日，軍隊抵達芒城（Mans），為了等待勃根地公爵前來會合，軍隊停留在芒城，8月5日就發生查理六世突然瘋狂的事件。

根據華沙爾與聖丹尼修士的敘事，8月5日這一天，查理六世領軍騎馬進入芒城近郊的森林，突然之間，出現一位形貌醜陋的瘋子，攔住他的馬說：「國王不要往前，趕快撤退，您遭到背叛了。」國王身邊的武士驅趕攔住國王的人，國王將他當作瘋子，對他所說的話語，也不以為意。軍隊繼續前進，在炎炎烈陽照耀的中午時分，不知道究竟發生何事，有一個噪雜聲，喚醒馬背上昏沉的國王；他勒住馬韁、突然狂怒大叫，抽出劍來刺向身邊的騎士。國王覺得被出賣、被敵人包圍，揮劍亂砍企圖要靠近他的人，一個接一個地追逐他們。他更揮劍衝向王弟奧爾良公爵，路易受到極大驚嚇。勃根地公爵見狀高喊：「快逃開，親愛的姪兒，我的主君要殺你了。」經過一段時間後，國王的劍砍斷，一位諾曼地騎士在國王背後抱住他，

---

7 布列塔尼貴族皮耶克隆（Pierre de Craon）侵吞王室財物被舉發，導致名聲敗壞，因此他對於法蘭西王室總管歐利維葉（Olivier de Clisson）心懷怨恨。1392年7月13日，王室總管歐利維葉從王廷晚宴返家途中，遭到皮耶克隆及其同黨殺害。事發之後，皮耶克隆潛逃並尋求布列塔尼公爵讓・德蒙福（Jean de Montford）的庇護。法王查理六世要求公爵讓・德蒙福交出皮耶克隆，否則將以「侵犯王權罪」懲罰他。讓・德蒙福猶豫未定，查理六世乃決定親征。

王弟與三位王叔圍了過來，此時國王已經失去了意識，最後被馬車送回巴黎療養。[8]直到同年10月初，國王才恢復正常活動。

　　從1392年8月5日查理六世首次發病，直到1422年10月去世，這三十年當中，他多次反覆病發與康復。查理六世於1393年7月1日再度發病，直到隔年1月恢復健康。1395年11月底三度發病，持續到1399年2月恢復健康；在這一年中，查理六世瘋狂病反覆發作六次。事實上，1395年之後，查理六世每一年都反覆發病，直到1408年3月9日僅僅幾小時的復原。到了這個階段，王室與醫生對於如何治癒國王，已經無能為力。

　　1408年3月10日中午，查理六世病發，直到次年12月1日，短期恢復神智。接著1410年3月瘋狂病再度發作，同年7月有一段暫時復原期，不過很快地又陷入瘋狂狀態。1410-1411年冬天他又短暫復原，然而，自1411年之後，關於國王瘋狂病的記載，已微乎其微。國王的疾病，似乎對法蘭西政局的影響，已然不重要，當時甚至還曾出現「瘋子、無能國王」的言論。[9]唯獨聖丹尼修士提到，1413年5月18日國王健康短暫恢復期，他前往巴黎聖母院朝聖祈禱，藉此表達對上帝的虔誠，[10]在此之後，查理六世的病情完全不見記載（華沙爾從1395年之後，對於查理六世的病情已未記載）。

　　值得深思之處，從1408到1422年的史料，幾乎都提到國

8　Froissart, *Chroniques de Froissart, Oeuvres de Froissart*（Osnabrück: Biblio Verlag, reimpression de l'edition 1867-1877,1967）, XV, pp. 37-42. *Chronique du Religieux de Saint-Denis*, Liv. XIII, p. 25.

9　*Chronique du Religieux de Saint-Denis*, Liv. XXXII, p. 453.

10　*Chronique du Religieux de Saint-Denis*, Liv. XXXIV, p. 39.

王從事每一件涉及內政、軍事、外交，甚至司法方面的行動。
究其實，都是王廷顧問團以查理六世的名義，來治理王國。這
個部分牽涉到「無能君主」行使王權的問題，將在後面專節討
論。

（二） 民眾與王廷對查理六世瘋狂病的看法

查理六世首次爆發瘋狂病後，法蘭西社會對於國王突然發
瘋的反應為何？

在最初階段，王叔與王室成員試圖隱藏國王發病一事。當
下他們立即取消芒城的軍事行動，並且要求兵士必須安靜回到
駐地，不可驚擾地方人民。幾天後，王廷向法蘭西所有城市派
出信差，宣告遠征行動取消，卻未說明原因。王室曾試圖拖延
國王生病消息的公布，儘管這一切的努力，人們還是得知國王
在芒城近郊所發生的事。聽到這消息的人都哭了，[11]人們交相耳
語，說著法蘭西發生可怕與悲慘的禍事了。

國王反覆發病期間，法蘭西王廷並未對人民公布國王的健
康情況，唯有病患周圍人員，從醫藥治療或日常飲食照料的觀
察，才能了解部分情形。更何況御醫與巴黎大學醫學教授，都
未能真正掌握國王的病因，也無從真正對症下藥來治癒國王。
導致查理六世疾病的說法，千頭萬緒、眾說紛紜。然而，從這
些觀察所傳出去的消息，更混雜著個人的不安、恐懼、疑惑與
哀傷等情緒。牽強附會、誇大不實、以訛傳訛的謠言，不僅傳

---

11 *Chroniques de Froissart,* XV, pp. 46-47, 50.

遍各市鎮、鄉村，甚至整個王國與王國以外的地區。

　　查理六世初次爆發瘋狂病時，許多關於國王病因的臆測，紛紛出現。當時，人們開始猜測國王疾病的原因。有些人採取醫生的意見，認為國王突然發病的原因，來自黑膽液分泌過多與天氣酷熱，再加上軍隊行軍遲緩而爆發憤怒，才導致疾病發作。[12]在反覆發作期間，國王不認識其家眷，也忘了自己是誰，他「如同被千穗鐵戟所刺般的大吼大叫，撕裂繡有百合花徽的昂貴掛毯，以鄙俗的方式跳舞；並聲稱自己的名字叫作喬治，他的武器是獅子交叉的劍。」[13]人們無法想像一位身分尊貴、強壯且虔誠的法蘭西國王，會突然失去理性。有些人認為這是上帝降下的災禍，以懲罰祂所愛的人。究竟甚麼原因，使得上帝在法蘭西降下災難？禍事會不會再次發生？

　　關於這些問題，華沙爾隱約透露出當時部分人士（也包含教會與神學家）的看法，他們認為這是1378年法王查理五世支持亞威農，使教會出現「大分裂」局面後上帝的懲罰。支持羅馬教宗的英格蘭、日耳曼、義大利等地區人士，也認同這種看法。因為這件事，1395年法蘭西王廷中的「公會議主義者」，提議國王撤回承認亞威農教宗本篤十三（Antipope Benedict XIII, r.1394-1423），造成亞威農教廷與法蘭西的關係緊繃膠著。

　　為了取悅上帝以醫治國王，法蘭西社會禁止褻瀆上帝的言詞行為、禁娼與禁賭。在巴黎城的地獄之門（Porte d'Enfer，據稱此名來自一個魔鬼化身的美麗女子，現為聖米歇爾門）也

12　*Chronique du Religieux de Saint-Denis*, Liv. XIII, p. 25.

13　*Chronique du Religieux de Saint-Denis*, Liv. XIV, pp. 87-89.

進行驅魔的宗教儀式。在巴黎、盧昂與其他市鎮，為了替國王祈福，人們進行大規模的宗教遊行、虔誠朝聖與宗教戲劇表演等活動。[14]聖米歇爾山修院（Mont Saint-Michel）成為當時最熱門的朝聖地點，法蘭西王后為了榮耀大天使聖米歇爾，更將她當時出生的公主，命名為米雪兒（Michelle de France, c. 1393-1422），這個名字直到當時從未出現在王家命名中。在巴黎，人們一整天赤腳、手持火把、攜帶聖人遺骸，從聖熱納維耶芙修院（Sainte Geneviève）遊行到聖丹尼修院，以及從布洛涅聖母院（Notre-Dame de Boulogne）遊行到文森（Vincennes）。在城內最主要教堂前的空地上，演出精采的救贖神蹟劇。許多城市與鄉村人民，都願意停下工作來參加這些表演，這種演出使他們感到更接近上帝與聖人。此外，〈1394年9月17日猶太人驅逐令〉命令所有猶太人離開法蘭西，[15]以舒緩民眾的焦慮。[16]所有這些宗教遊行與朝聖活動在法蘭西各地不斷地興起，驅逐猶太人作為一個淨化儀式，使法蘭西成為沒有猶太人、異教徒的神聖土地，以平息上帝的憤怒。

查理六世瘋狂病是否與毒藥有關？1392年查理六世首次發

---

14 *Chronique du Religieux de Saint-Denis*, Liv. XX, pp. 407-409.

15 Mgr. Denis François Secousse, *Ordonnances des Roys de France de la Troisième Race*, t.VII（1382-1394）, pp. 674-677.

16 十四世紀期間，西歐社會出現許多社會危機，1348年的瘟疫大流行造成無數西歐人民死亡。猶太人成為眾矢之的，被認為在井中下毒、勾結痲瘋病人來傳播瘟疫。這些因素與後來查理六世突然發瘋的事件，促成1394年底大規模驅逐猶太人的行動。Gilbert Dahan ed. *L'Expulsion des Juifs de France: 1394, avec la Collaboration d'Élie Nicolas*（coll. Nouvelle Gallia Judaïca）（Paris: Cerf, 2004）.

病，到1393年再度發病，關於國王被下毒的謠言，已經傳遍法蘭西王國。這種傳聞的出現，並非無跡可尋，從十四世紀初期以來，有關毒藥事件的紀錄和文獻，愈來愈普遍。1306年，亞威農教廷幾位司鐸與修士，在院長的指使下，試圖毒害主教。[17]神聖羅馬皇帝亨利七世於1313年在西恩納去世，不久後，他被毒殺的謠言很快地傳布開來，[18]即使這純粹是謠傳，在一個世紀之後，仍繼續流傳。「1317年4月22日杰勞德事件」，卡奧爾主教雨果‧杰勞德（Hugues Geraud, évêque de Cahors）被指控試圖對教宗約翰二十二與教宗親屬下毒、施以巫術。根據教會法的審訊，卡奧爾主教以巫術之名被判終身監禁；然而，根據世俗法規的刑責，他最後被判處死刑，在1317年以火刑處死。[19]而他所使用的含有毒礦物質、重金屬水銀、砷雄黃，以及含有蜥蜴、蟾蜍、蜘蛛、老鼠、狗的尾巴、豬膽、絞刑者的腿、指甲與頭髮等物質，所煉製的毒藥成分，也被記載下來。[20]

　　不僅在國際間，有關毒藥的傳聞甚囂塵上；在法蘭西內部關於毒藥的謠言，更加引起民眾的恐慌，在1392年之前各地已

17　Franck Collard, "In Claustro Venenum. Quelques Réflexions sur l'Usage du Poison dans les Communautés Religieuses Médiévales," *Revue d'Histoire de l'Église de France*, 88（Janvier-Juin, 2002）, p. 14.

18　Franck Collard, "L'Empereur et le Poison: de la Rumeur au Mythe. Les Enjeux Historiographiques, Politiques et Idéologiques du Prétendu Empoisonnement d'Henri VII en 1313," *Médiéval*, 41（Juillet-Decembre, 2001）, pp. 113-131.

19　Edmond Albe, *Autour de Jean XXII: Hugues Géraud, Évêque de Cahors, l'Affaire des Poisons et des Envoûtements*（Cahors: J. Girma, 1904）, pp. 163-164.

20　Edmond Albe, *Autour de Jean XXII: Hugues Géraud, Évêque de Cahors, l'Affaire des Poisons et des Envoûtements*, pp. 59-60.

出現毒藥罪行的謠言。毒藥的使用被視為司法層面的罪行，也等同於道德墮落的詛咒巫術。1321年，亞奎丹地區盛傳井水被下毒，更誇張到整個法蘭西王國的井水將被下毒，當時的人們都認為，這是癩瘋病人與猶太人的陰謀。[21]法蘭西南部喀喀森（Carcassonne）的兩位貧窮牧羊人，在1335年，被指控召喚魔鬼取得毒藥，企圖在水井下毒。[22]在1385年，納瓦爾王查理也因為試圖毒害培里公爵與勃根地公爵，而遭到懷疑。[23]即使在法蘭西王廷中，也出現毒藥的傳聞。拉翁樞機皮耶在大會結束、國王離開漢斯之後，突染重疾。不過數日間，他的病情就急遽惡化而病逝。當時眾人都認為，前攝政王叔極為忌恨拉翁樞機，而將其毒死。人們將所有的憤怒，都加在王室親貴的身上。[24]

　　1390年7月，巴黎近郊夏特爾地區，也出現泉水與井水被下毒的傳聞，民眾更進一步謠傳，王國各地也將出現毒害。當時民眾將這種惡行歸罪於幾位沿戶乞食者，說他們在隨身攜帶的布片與小盒子中，裝有毒藥粉末，並且不斷尋求機會，企圖在所有的飲用水中下毒。民眾在幾個可以遇到這些乞討者的地方等候，將他們逮捕與監禁。在刑訊逼供之下，他們承認毒藥是用絞刑者的指甲、髮膚，混合著蟾蜍、不潔動物之血與其他污

21　Jacques Fournier, *Le Registre d'Inquisition de Jacques Fournier, Bishop of Pamiers 1318-1325*（La Haye: Mouton, 1978）, t. II, pp. 135-144; *Registre Criminel du Châtlet*, t. I, pp. 311-322, 409-480.

22　Guenée, *Un Meutre et une Société*（Paris: Gallimard, 1992）, p. 93.

23　*Chronique du Religieux de Saint-Denis*, Liv.VI, pp. 355-357.

24　*Chronique du Religieux de Saint-Denis*, Liv. XII, p. 563.

穢之物所製成的。[25]至於一些被釋放的無辜者宣稱，他們完全不認識調製毒藥者為何人，僅知道調製毒藥者都穿著白衣黑袍，類似於修士的裝束。民眾懷疑這是傳道者修會或雅各賓修會的弟兄，調製這些毒藥。

　　1390年，約翰波席耶（Jean Le Porchier）的審判案，更是轟動一時。約翰波席耶出生於諾曼地的埃特雷帕尼（Etrépagny），他原先是運送貨物的車夫，經常行走於法蘭西北區與巴黎附近的往來大道上。幾年之後，他開始扮成隱士，在這些道路上從事乞討、盜竊，甚至殺人劫財之事。在一次前往布洛涅聖母院（Notre-Dame de Boulogne）的朝聖途中，他遇見一位深諳毒藥草的隱士與另一位騎士，這三人結為同伴前往巴黎，企圖毒害查理六世與王弟路易。當他們抵達巴黎，在酒酣之餘，約翰波席耶無意中說出這個祕密，而遭到逮捕。在他隨身的一個小盒中，發現許多藥草，根據醫生的判斷是有毒性的藥草。經過一段時間的審訊，巴黎夏特萊法官判決約翰波席耶的罪名，是「小偷、殺人犯、叛國者」。在同年7月26日，他被判處「監禁與絞刑」。[26]

　　企圖毒害國王、甘冒大不韙叛國罪名的「約翰波席耶事件」，在當時引起軒然大波。無獨有偶，毒藥與巫術的使用，在當時極為普遍、頻繁，幾乎涉及所有的性別與各階層的人士。在那時，不論是貴族或民眾都極度恐慌，王廷中大多數的

---

25 *Chronique du Religieux de Saint-Denis*, Liv. XXXII, pp. 683-685.

26 Henri Duplès-Agier, *Registre Criminel du Châtelet de Paris du 6 Septembre 1389 au 18 Mai 1392*（Paris: Imprimer par C. Lahure,1861），t. I, pp. 310-322.

人士傾向陰謀論，在王廷中充斥著國王被下毒與巫術的流言。

根據耳聞，華沙爾記錄當時法蘭西王廷與民眾看法。人們說著，為了要摧毀法蘭西王國，當天早晨國王離開芒城後，就已經被下毒並遭巫術之害。眾多的謠言四起，奧爾良公爵與王叔們多次討論此事：

> 在許多地方的人們，私下議論那些負責照顧國王飲食起居的人員，人們談論著，有人對他下毒與施巫術。人們知道這事如何去執行，就是經由醫生之手。

為了這個緣故，醫生們被召集前來問話，並且受到嚴密監視。[27]勃根地公爵與王室成員，為了進一步釐清事端而詢問醫生，當天早晨國王用早膳之際，醫生是否服侍在側？醫生回答說：「以上帝之名，是的。」國王早膳吃了什麼或喝了什麼？醫生回答說：「當然，非常少量，幾乎沒有進食，他一直在思考。」那麼，最後是誰向國王敬酒？總管回答，是赫萊昂騎士，他因此也被召喚前來。總管說，現在仍有當時國王所喝的酒，我們可以在您們面前自願地喝下這些酒。當下培里公爵說：「我們在這裡的辯論，得不出任何結果，因為國王並非被下毒，也並非受到邪惡勸告的蠱惑，現在並非談論這些事情的時機。」[28]在《法蘭西最初四王編年史》中，也記載著當時的情景，國王舉起劍來砍傷周遭多位人員，他似乎是被下毒、被巫

---

27 *Chroniques de Froissart*, XV, pp. 43-44.

28 *Chroniques de Froissart*, XV, pp. 44-45.

術詛咒，或是被魔法牽引著。[29]

　　民眾相信國王心智失常，是毒藥所導致。王族與廷臣也
曾懷疑國王突然發病是否為毒藥所導致，即使培里公爵下結
論，認為國王發病並非源自毒藥或巫術，國王遭受毒藥之害的
傳聞，仍舊傳揚開來，毫無停歇之勢。毒藥的使用，能傷人且
能致人於死，當然西方民俗療法也提到以毒攻毒，毒藥似乎也
能活人性命。即使如此，世人對於毒藥的恐懼，是不爭之實。
現代醫學的發展，對於人類的真確死因，經由解剖、遺傳基因
比對、化學物質鑑定與毒素反應測試，可以科學地確定是否有
毒藥的罪行。然而，六個世紀之前的西歐社會，未有如此進步
的醫學，在犯罪與定罪的思維形態上，古今也存在著極大的
差異。關於毒藥的罪行，不論是真實的事例，或僅是討論的議
題，在中世紀下半葉都極易形成謠言，被四處傳播。尤其十四
世紀，被中世紀史的學者稱為「毒藥的世紀」。[30]

　　探究其實，毒藥的傳聞，有許多是出自集體的想像或某些
人士的幻想。很普遍地，下毒的謠言被傳播開來，可能僅是出
於懷疑或不信任，人們有選擇性的懷疑異教信仰者、陌生人、
外來者、肢體殘障者或形貌醜陋者，咸將一切未知的疾病或死

29　*Chronique des Quatre Premiers Valois*, p. 324: "ou il fut empoisonnéz ou
　　ensorceléz ou entaraudéz, comme l'on tenoit."

30　十四世紀，在西歐地區毒藥的使用時有所聞，尤其在伊比利半島的亞拉岡
　　王國為甚。此外，北義大利與那不勒斯王國的毒藥罪行，也多見記載，
　　尤其米蘭君主更是惡名昭彰，被稱為「米蘭毒蛇」。Michael Rogers Mc
　　Vaugh, *Medicine Before the Plage: Practioners and Their Patients in the Crown
　　of Aragon*（*1285-1345*）（Cambridge: Cambridge University Press, 1993），p.
　　158.

亡，歸結於這些可疑之人的毒藥陰謀。中世紀的人民對於毒藥具有不可抹滅的恐懼心理，這種情緒從當時民眾的反應中，生動地呈現出來。

　　除了毒藥的傳聞之外，民眾更相信巫術之害。巫術或毒藥，都被視為屬於惡魔世界。自從出現人類社會，對於精靈的相信與對神的信仰，幾乎是同時存在的。在不同的宗教中，也明確界定精靈與人的關係。從初期教會時代開始，巫術與魔法一直存在於民間信仰中，巫術在農村生活具有一席之地（此議題至為廣泛，唯恐離題太遠，故本文在此不作討論）。[31]在聖奧古斯丁時代，人民相信基督教世界充滿著墮落的人們，也就是惡魔；他們受到撒旦的掌控，反抗上帝。惡魔幫助人們做壞事，魔法師有能力與惡魔交通，並且召喚惡魔。

　　在葡萄牙地區，563年首次布拉加倫宗教會議的第8條教諭，主要譴責與定罪「魔法、巫術具有操縱自然力量」的信仰。[32]八世紀期間，世俗的法律對於民間使用巫術與魔法的懲

---

31 在《夜間的戰鬥——十六、十七世紀的巫術和農業崇拜》的義大利文版序言中，Ginzburg提到Margaret Alice Murray, *The Witch-Cult in Western Europe*一書。根據Murray的說法，巫術是一種非常古老的宗教，是一種前基督教的農業崇拜。對於這種說法出現不同的聲音，主要是無法僅透過巫師的供詞來證明巫術源於農業和豐產崇拜。關於這個議題的討論，參見Carlo Ginzburg, *The Night Battles, Witchcraft and Agrarian Cults in the Sixteenth and Seventeenth Centuries*.（中譯本：朱歌姝譯，《夜間的戰鬥——十六、十七世紀的巫術和農業崇拜》。）

32 Ier Concile Bracarens. Ann. 563. Buchard, *Le Décret de Burchard de Worms, Zeitschrift der Savigny-Stiftung für Rechtsgeschichte Weimar*（Weimar: Böhlau, 1977），X, p. 8.

罰，僅課處罰金。九世紀，查理曼則加上監禁的刑罰。[33]另一方面，教會堅持主張巫術僅是一種幻覺，教會法規更譴責民間相信魔法巫術的人，稱呼這些人是異教徒、信仰不虔誠者、褻瀆宗教者。為此，教會規定犯罪者的苦修時間與地點，以進行懺悔。民間社會仍相信惡魔的存在與力量，從世俗的觀點而論，民眾對於魔法、巫術的相信，僅僅被視為個人道德的過失，而非犯下司法領域中的罪責。

　　十四世紀期間，巫術逐漸與異端畫上等號，施行巫術也成為司法領域的嚴重罪行。1307年，法王腓力四世為了解散「聖殿騎士團」（L'Ordre du Temple），委派諾加雷（Guillaume de Nogaret, c. 1260-1313）調查聖殿騎士的行動。在不實的調查報告中，聖殿騎士成員被指控為施行魔法與巫術的異端，因而遭受火刑。[34]又，在腓力四世與教宗衝突中，為了證明腓力四世在政教衝突中的正當性，1309至1310年，他要求亞威農教廷針對已故教宗鮑尼法斯八世展開調查，企圖對教宗的名聲指控。審判過程中，當時證人陳述鮑尼法斯八世生前曾說出令人不安的啟示，他不僅經常發表違背基督教基本教理的言論，指證者還共同宣稱，鮑尼法斯八世擁有一個可供私人諮詢的惡魔，並經常放縱於魔法的施行。[35]1310年特里爾主教會議（Synode de Trève）的教諭，它列舉施行魔法巫術的罪責，須判處四十天的苦修懲罰；然而，至1326年，就出現將施行魔法與巫術者

---

33 *Capitularia Regum Francorum*, II, année 806, c. 25.

34 Alain Demurger, *Vie et Mort de l'Ordre du Temple*, pp. 244-245.

35 Jean Coste, *Boniface VIII en Procès. Articles d'Accusation et Dépositions des Témoins*（*1303-1311*）（Rome: L'Erma di Bretschneider, 1995），pp. 140-173.

判處火刑。亞威農教宗約翰二十二認定魔法巫術是異端，在教宗任期內，他始終懷疑受到身邊或他人施行黑魔法與巫術的威脅。1317-1320年，他審訊教廷人員、追捕並審訊巫師與魔法師，由於酷刑，這些人承認所有罪行並被處以火刑。在教宗約翰二十二的影響下，教廷制定許多教規來定罪民間所流行的迷信，尤其在1326年的教諭中，明確提到施行魔法的行為，包括製造或藉助圖像、戒指、瓶子、鏡子及其他邪惡物件來召喚惡魔，施行魔法。[36]從事這種行為者，將被判定為異端，落入宗教裁判所的管轄範圍。

在法蘭西方面，1315年4月30日，腓力四世最得力的法官翁格蘭馬里尼（Enguerrand de Marigny, c. 1260-1315）被絞死，罪名是他的妻子、妹妹製作蠟像，謀害國王與王室成員，這成為翁格蘭馬里尼行巫術的叛國罪名。雖然這些是莫須有的罪名，真正原因是關於「聖殿騎士團」的政治與財政因素，但是翁格蘭馬里尼仍被處以絞刑，直到1317年，其屍體被掛在絞刑架上示眾，極為悲慘。[37]

1393年7月1日查理六世再度發病，博學與具有實務經驗的人士，找不到如國王病情般怪異的疾病。當時醫生們證實國王的健康狀況令人滿意，正值青壯年紀的國王在發病之後神智紊亂，出現有失君王威儀的舉止，人們說：「這是邪惡之徒的

---

36 Alain Boureau, *Le Pape et les Sorciers: Une Consultation de Jean XXII sur la Magie en 1320*（Manuscrit B. A. V. Borghese 348）.

37 Jean Favier, *Un Conseiller de Philippe le Bel: Enguerran de Marigny*, pp. 206-208.

黑巫術所造成的結果。」[38]根據一些年長者的說法，從來沒有一件不幸的事如同此事一般，引起法蘭西人民如此哀傷。人民持續禱告，祈求能找出企圖危害國王的人，並將對他處以惡意叛國罪的極刑懲罰。[39]1395年國王反覆發病，在國內也有一些貴族與平民同樣患病。人們堅持說，這是中了巫術與魔法的結果，國王也是被巫術所迷惑。似是而非地，米蘭公爵吉安‧加萊亞佐‧維斯康蒂（Gian Galeazzo Visconti, c. 1351-1402）被指控為幕後指使者。據稱這種說法是因為米蘭公爵之女瓦倫蒂娜（Valentine Visconti, c. 1368-1408），是國王在神智不清狀態中，唯一認得的人。國王每天都必須看到她，不論她在場或不在場，國王皆稱她為「心愛的妹妹」。[40]然而，奧爾良公爵夫人瓦倫蒂娜系出王族，母親伊莎貝爾‧德法蘭西（Isabelle de France）是法王讓二世的嫡生女，查理六世是她的表親，尤其她與王弟奧爾良公爵路易結婚，更加深這種親屬紐帶關係。除了出身高貴，她年輕貌美，善於義大利語、法語與日耳曼語，表現出優雅的教養與才智；[41]她極為虔誠，尤其喜愛閱讀宗教性書籍，經常往返於朝聖的旅途，不論男女，對奧爾良公爵夫人都極為喜愛。這樣的指控，對當時的王廷造成困擾，為了避免出現更多失序的狀況，在統帥桑塞爾與其他貴族的建議下，奧爾良公爵命令她遠離國王身邊。不久後，瓦倫蒂娜以盛大排場訪

38　*Chronique du Religieux de Saint-Denis*, Liv. XIV, pp. 87-89.

39　*Chronique du Religieux de Saint-Denis*, Liv. XIV, pp. 93-95.

40　*Chronique du Religieux de Saint-Denis*, Liv. XVI, pp. 405-407.

41　Eustache Deschamps, *Oeuvres Complètes*（Paris: Firmin, 1884）, t. IV, pp. 269-270.

視奧爾良公國的領地，而離開巴黎。[42]

　　1407年，又出現一個與奧爾良公爵路易有關的傳聞。根據《聖丹尼修士編年史》的敘事，人們流傳奧爾良公爵曾經收買兩位王廷貴族，企圖毒害國王。這件事情失敗後，他再度僱用另外兩位，指使他們調製毒藥粉末謀害國王。然而，這個陰謀被國王身邊忠實的僕人發現，阻止這項計畫，於是他決定自己行動。某日，前法王腓力六世的王后布朗希，在諾夫勒堡宴請國王晚餐，受邀出席的奧爾良公爵，偷偷地將毒藥粉末放入國王的餐盤中。布朗希王后曾被預警此事，她立即請人將國王的餐盤換新，並派人將國王原先的餐盤食物交給神甫，以發放給窮人。這位神甫將盤中食物分為多份散發出去，之後神甫並未洗手即取麵包進食，食物入口就感到毒藥發作而去世。不久後，王后布朗希也得知，有一隻狗吃過由土掩埋的餐盤菜餚後，就突然暴斃之事。[43]同樣的傳聞，在《蒙斯特勒萊編年史》中也記載著，奧爾良公爵在召喚魔鬼、魔法與巫術失敗後，才開始使用毒藥、毒液與一些有毒的物質。[44]

　　查理六世瘋狂病爆發，關於巫術、毒藥的傳聞四起，不論是基於幻想或實際的事件，毒藥與巫術成為十四世紀的迷思。民眾認為查理六世中了巫術與毒藥，他的疾病並非源於自然原因。1395年更出現王室親屬的政治陰謀論，這種傳聞直到1408年都未曾間斷。民眾普遍相信國王受巫術迷惑，此觀點也符合

42　*Chronique du Religieux de Saint-Denis*, Liv. XVI, pp. 405-407.

43　*Chronique du Religieux de Saint-Denis*, Liv. XXVIII, p. 761.

44　*Chronique d'Enguerran de Monstrelet, 1400-1444*（Paris: Librairie de la société de l'Histoire de France, 1857-1862）, t. I, pp. 224, 230.

王廷顯貴的疑慮。如果國王真是受到巫術迷惑而神智喪失，這種超自然因素，遠超過人類所能掌控的範圍。在不知所措的情況中，王族與廷臣也開始轉向巫術。從史料上顯示1393-1404年這段期間，王室貴族與廷臣曾多次嘗試以巫術來治療查理六世，所有這些被召喚前來的巫師，都宣稱他們可以經由消除魔法來治癒國王。

首先在1393年，廷臣從奎恩帶來一位名為阿爾諾·紀堯姆（Arnaud Guillaume）的巫師，他自稱有熟練的魔法，並吹噓單靠一個詞句，就可以治癒國王。阿爾諾·紀堯姆未曾受過高深教育，儘管其臉色欠佳、長相一般、舉止粗鄙，人們卻非常善待他，希望他能夠履行承諾。他隨身攜帶一本書，聲稱這本名為《斯馬戈拉》的書，是神所賜予，它對於宇宙間四大元素有絕對的掌控力。他還宣稱藉由這本書的幫助，他完全了解所有星球的力量，假如當中有一個星球的影響力，會在一年當中造成巨大的死亡率，他有能力喚起另一個甚至連占星家都不知曉的星球出現，來中和前一個星球的影響力。他多次向王后與王室成員表示國王已經被黑魔法所迷惑，而這些行邪惡巫術者，正竭力阻礙國王被治癒。如果碰巧國王的健康狀況稍微好轉，他更肆無忌憚地歸因於神與他的法術。[45]

1397年，奎恩地區兩位聖奧古斯丁教派隱士——皮耶·托桑（Pierre Tosant）與蘭斯洛·馬丁（Lancelot Martin），自稱懂得醫學與魔法，具有神奇的力量可以指揮惡魔、掌控自然界的元素。這種神奇的名聲傳入王廷，法蘭西統帥桑塞爾禮聘他

---

45 *Chronique du Religieux de Saint-Denis*, Liv. XIV, pp. 89-91.

們，前來為國王治病。當他們抵達巴黎後，下榻於聖安東涅王家城堡，由一名王家軍官特別照顧日常起居，並提供他們一切必要物品以治療國王。兩位隱士經常與勃根地公爵見面，自信地宣稱國王的病情並非出於自然因素，而是來自外部的黑魔法之害，他們承諾經由法術與照顧，不久後國王將完全康復。皮耶與蘭斯洛將含有珍珠粉的水，混合到國王的飲料與飲食中。根據醫生的說法，這種配方對健康無礙。緊接著，他們進行魔法來驅除國王的病源。許多明智之士都不同意這種作法，他們認為只有上帝的恩典，才能治癒國王。[46]

　　1403年，蒲宛松（Poinson）與布里開（Briquet）兩位巫師也宣稱，已經發現國王的病因，他們以魔法與咒語，即可驅除國王的疾病。勃根地公爵勇敢腓力不惜花費鉅資，以2200多鎊，重金禮聘他們在勃根地公國的第戎地區施行魔法。7月間，他們在第戎城門口插上一個厚木板，作為舉行儀式的標誌。在那裡，他們豎立起一個巨大的鐵環，用鐵柱來支撐鐵環的重量，並且加上十二條鐵鏈。經過一段長時間終於完成準備工作，他們著手從騎士、神職人員、鄉紳與市政官中選出十二名人員，以書面形式寫下姓名，並向這些人員保證，如果他們同意進入這個魔法的鐵環中、綁在鐵鏈上，將順利達成他們每個人的願望。為了確保治癒國王的疾病，在指定的日子當天，預計進入鐵環的人選，卻只有十一位。兩位巫師派人前去邀請第戎行政官，來填補這名空缺。第戎行政官參加這一場法術，但他認為這根本是一場無稽的鬧劇，並表示假如他毫髮無傷地從

---

46 *Chronique du Religieux de Saint-Denis*, Liv. XVIII, p. 543.

鐵環中出來，將會逮捕這些騙子，並將他們處以火刑。當十二名人員進入鐵環後，巫師開始施行法術，卻不見任何結果，一切都安然無恙留在鐵環中。正如前述，第戎行政官逮捕其中一名巫師，另一名巫師逃走。不久後，在亞威農附近，他也被逮捕了。這兩名巫師被焚燒之前，人們詢問他們因何失敗？他們說，當這十二名人員進入鐵環時，做出畫十字的舉動，摧毀了魔法的影響力。他們供認魔法的施行與基督教儀式是無法兼容的。[47]在此事件後，從第戎擴大到整個勃根地公國，出現暴風雨的侵襲，破壞了玉米田與葡萄園。這些地區的居民十分驚恐，他們將這場嚴重的災難，歸咎於遭受火刑的兩名巫師之詛咒。

　　在施行巫術治療國王的嘗試上，很顯然是失敗了。民眾似乎相當失望，但對於巫術的信仰，並未因此消失。這些吹噓神奇法術的人都無法治癒國王，反為自身招致極嚴酷的刑罰。其中阿爾諾・威廉、蒲宛松、布里開被判處火刑，皮耶・托桑與蘭斯洛・馬丁兩位聖奧古斯丁教派隱士被判解除聖職後，遭受斬首的刑罰，並將其四肢支解、頭顱懸於脊梁以為警惕。值得觀察的是，這些巫師的下場極為悽慘，皆被處以火刑、斬首或四肢支解的酷刑。這樣殘酷的刑罰，在前一朝的司法檔案中，極少出現。這一點隱約顯出，在查理六世瘋狂病危機中，法蘭西的司法審判趨於嚴酷的情勢。

　　上述的許多例證，說明王廷顯貴企圖透過巫術魔法來治癒國王的期望落空，但民眾相信巫術魔法具有宰制人類與自然力

47　*Chronique du Religieux de Saint-Denis*, Liv. XXIV, pp. 115-117.

量的看法，[48]在一個世紀內，也未有根本性的變動。這種完全違反基督教義的信仰內容，出現在民眾言論與行動當中，除了反映巫術信仰對於民眾心理的滲透，以及民間信仰的複雜心態之外，也呈現出與菁英階層迥異的觀點。

（三） 菁英階層對查理六世瘋狂病的觀點

緊接著可以繼續考察的是，菁英階層對此事的反應。查理六世首次發病，當時法蘭西菁英階層，除了醫生持黑膽汁過度溢出的看法，巴黎大學教授、法學家、神學家等人，對此事保持沉默。1393年查理六世再度病發後，醫生以傳統醫學治療方式，也無成效；於是，在同年11月初，法蘭西的教會發起全國性的祈禱、懺悔和遊行。就神學而言，耶穌基督是最崇高的治病者。沒有上帝的允許，惡魔毫無危害人類的力量。法蘭西各界人士，企圖以神蹟來消除查理六世的疾病，這種方式符合神學家與巴黎大學菁英的意見。

民間信仰中，相信天使與惡魔皆能改變人們的命運；神蹟、奇蹟與災難，也都能改變事物自然運行的軌跡。然而，基督徒可否藉助巫術治病？

關於這一點，從聖奧古斯丁時代，教父們就堅決反對巫術

---

48 根據《聖丹尼編年史》記載，在聖丹尼城附近的一位麵包師已經完全喪失理智，被魔鬼附身，他憤怒地口吐泡沫，並發出可怕的叫喊聲，像一隻野獸般試圖咬向靠近他的人。*Chronique du Religieux de Saint-Denis*, Liv. V, p. 315.

治病，甚至將它定罪為異教的背謬行徑與邪惡行為。[49]在這方面，基督教義從未有任何的鬆動。然而，在1393-1404年間，王室與廷臣開始求助巫術以治療國王的疾病，菁英階層對於這些巫師所稱能夠掌控宇宙元素與巫術治病的說法，無法認同。當時許多民眾都認為巫術是有益的，然而菁英階層卻譴責這是「偏邪的方式」。[50]教會法博士奧諾雷‧玻維（Honoré Bovet），在1398年的著作《約翰蒙恩的顯現》，以詩文的形式，譴責巫術信仰的荒謬：

> 啊，施行邪惡魔法者來臨
> 巫師、魔術家、詐騙狂徒
> 施行召喚精靈邪術來治病
> 上帝力量始免於疫癘綑綁[51]

他譴責這些以巫術治病者，從他的觀點而言，這些術士都是：

---

49 Norman Cohn, *Démonolâtrie et Sorcellerie au Moyen Âge, Fantasmes et Réalités*（Paris: Payot, 1982），p. 193.

50 *Chronique du Religieux de Saint-Denis*, Liv. XIV, p. 89. *Chronique du Religieux de Saint-Denis*, Liv. XIV, p. 543也提到：「當時王廷中的廷臣貴族，極力尋找醫治國王疾病的所有可能辦法，不論是正當的或偏邪的方式。」

51 Ivor Arnold, *L'Apparicion Maistre Jehan de Meun et le Somnium Super Material Scismati d'Honoré Bovet*. 其中，約翰‧蒙恩（Jehan de Meun）是中世紀晚期的法蘭西詩人，也是《玫瑰傳奇》（*Roman de la Rose*）續篇的作者。*L'Apparicion Maistre Jehan*, vers 133-138.

背離著真正的信仰
背離著技藝與法律
背離著章程與教令
背離著一切的智識[52]

　　所謂的正統方式，是當時傳統醫學的治療，以及教會所宣揚的祈禱與懺悔。偏邪的方式，是以巫術與魔法來治病。基督神學教義禁止任何訴諸魔術與巫術的醫治方式，從1393年首次以巫術來醫治查理六世，菁英們便開始譴責巫術治病。1398年，巴黎神學家更持強硬態度，譴責當時在民間流行的「神允許施行巫術治病」、「只要其目的在於活人性命或在於行善，就可以行巫術」等說法。[53]1402年，巴黎大學校長讓・傑森（Jean Gerson, c. 1363-1429）對於民間巫術治病的信仰，極力譴責。他認為巫師誇大具有除魔治病的神奇能力，已全然牴觸基督教義，這些巫師應交由教會法庭判決，永遠監禁，並且受到火刑的懲罰，「為了不使一隻病羊，敗壞整個羊群。」[54]

　　除了巫術的觀點歧異之外，在毒藥與政治陰謀論上，也出現菁英與民眾的不同聲音。民眾的言論指控瓦倫蒂娜，菁英階層對於這種傳聞，不以為然。法學家奧諾雷・玻維針對此事所表達的態度，反映菁英的觀點。他認為公爵夫人瓦倫蒂娜遭受不實的指控，實則受到巫術的牽累：

---

52 *L'Apparicion Maistre Jehan*, vers 114-117.

53 Jean-Patrice Boudet, "Les Condamnations de la Magie à Paris en 1398," *Revue Mabillon*, 12（t. 73）（Octobre, 2001）, pp. 121-153.

54 Bonney, *Autour de Jean Gerson*, p. 97.

折損著無數尊貴者的聲譽
純潔的、忠誠的、高尚的
明智的教士、忠誠尊貴者
卻遭受輕忽與無知的指責[55]

　　聖丹尼修士認為，如此尊貴的夫人犯下滔天大罪的事實，從未得到證明，任何人都無權指控她：

　　至於我，我絕不同意民間關於巫術的看法。這種傳聞，皆由一些愚昧者、占卜者、迷信者而傳播。相反地，醫生與神學家卻一致認為，魔法是毫無力量的。國王的病情，是來自他過度耗損青壯身體的結果。[56]

　　華沙爾提到，瓦倫蒂娜與其父親（外號為「米蘭毒蛇」的米蘭公爵吉安·加萊亞佐·維斯康蒂）的性情極為相似，充滿著野心，並且亟欲促成丈夫奧爾良公爵登上法蘭西王位。[57]他又添加一些細節作為線索，從坊間所流行關於瓦倫蒂娜的醜聞，連結到她遭受巫術指控一事。根據《華沙爾編年史》的敘事，提到瓦倫蒂娜兒子的年紀與王儲相仿，有一天，兩個孩子在公爵夫人寢宮裡玩耍之際，有一個被下毒的蘋果滾到了王儲的跟前，眾人皆以為王儲會將蘋果拾起，然而年幼的王儲並未撿拾

55　*L'Apparicion Maistre Jehan*, vers 194-196.

56　*Chronique du Religieux de Saint-Denis*, Liv. XVI, pp. 405-407.

57　*Chroniques de Froissart*, XV, p. 260.

它，反倒是瓦倫蒂娜的兒子，追著蘋果並且將它拾起、放入嘴中咬食，他即刻毒液發作而去世了。當時，王儲護衛人員即刻將他帶離現場，並且禁止王儲進入奧爾良公爵夫人的寢宮。[58]這事件很快地在巴黎與其他地區傳揚開來，從此之後，隨著國王的發病，人們就流傳著瓦倫蒂娜企圖毒害國王與王儲，以及她對國王施行巫術、蠱惑國王的流言。

對於查理六世的瘋狂病，法蘭西社會中菁英階層知曉什麼是瘋狂，即使無法醫治國王，但他們明確知曉國王發瘋了。除了華沙爾比較直接地使用「瘋癲」（frenaisie）與「發瘋」（desverie）的詞彙，[59]一般史家使用「神智耗弱的」（egritudo）、「虛弱無力的」（invalitudo）、「突發狂怒」（furor）作為所指。[60]弔詭的是，史家從未使用「瘋子」（fou）一詞，來稱呼查理六世。然而，從1405年之後，「瘋子」一詞卻出現在民眾言論之中，也出現在民間流行的小冊子。[61]菁英階層使用「瘋子」一詞，只用在其他人民的身上，卻

---

58 *Chroniques de Froissart*, XV, pp. 260-261.

59 *Chroniques de Froissart*, XV, p. 52: "et est requis et visité de moult de lieux pour ce que les verges sont creuses de frénaisie et de derverie...; En tous lieux où on sçavoit corps saint ou de sainte qui euissent grâce et mérite par la vertu de Dieu à garir de frénaisie et de derverie, on y envoit ordonnéement et devotement l'offrande du roy." 中譯：在各地皆可見「瘋癲」與「發瘋」者前來探訪……，在這些人們所熟知的置放聖人遺骸和聖女遺骸之地，他們蒙上帝的恩典，能夠醫治「瘋癲」與「發瘋」，人們虔敬地渴望來自國王的奉獻。

60 *Chronique du Religieux de Saint-Denis*, Liv. XVIII, p. 19.

61 關於「瘋子」（fou）一詞，在中古時期所代表意涵之討論，除了作為文學中隱喻的手法，實則深具宗教與道德教化的意味。參見Bernard Guenée,

未使用於法蘭西國王。例如華沙爾使用瘋子，來描述在國王行
軍途中，突然出現的醜陋野蠻之人，他說圍繞在國王身邊的軍
官都認為這個人說著囈語，說著「他發瘋了」。[62]《法蘭西最初
四王編年史》中，也特別描述這位突然出現在國王面前的人，
他是一位「臉部變形的瘋子」抓住國王的韁繩，他對國王說，
假如你再往前行，你將死亡。[63]

　　在西歐中世紀，「瘋子」一詞，普遍為人們所熟知，並具
有特殊意涵。從十一世紀中葉以來，開始出現一些滑稽且略帶
瘋癲的丑角，他們專門為貴族與王廷提供娛樂。十三世紀，在
腓力五世王廷中，已經存在類似於弄臣的「瘋子」（le Fou）丑
角。在法蘭西、英格蘭，甚至西歐其他貴族宮廷中，都或多或
少納有這些專門的丑角「瘋子」。[64]除了帶給貴族與人們歡笑的
「瘋子」丑角，不論其人是否真實瘋狂，「瘋子」這個詞語，

"Fous du Roi et Roi Fou. Quelle Place Eurent les Fous à la Cour de Charles VI?"
Comptes-Rendus des Séances de l'Année. Académie des Inscriptions et Belles-Lettres, 146:2（May, 2002）, pp. 649-666. - *La Folie de Charles VI*, pp. 28-34; Margarete Newels, "Le Fol dans les Moralités du Moyen Âge," *Cahiers de l'Association Internationale des Études Francaises*. 37:1（May, 1985）, pp. 23-38.

62　*Chroniques de Froissart*, XV, p. 37.

63　Siméon Luce ed. *Chronique des Quatre Premiers Valois*, p. 324.

64　在法王查理五世的王廷中，先後有兩位「瘋子」丑角，名為約翰・阿司馬
（Jehan Arcemalle）和帖文南（Thévenin de Saint-Léger）。查理五世王后
也有一位名為阿爾托德（Artaude du Puy）的女「瘋子」丑角。儲君查理
（後來的查理六世）也有一位名為葛藍・約翰（Grand Jehan）的「瘋子」
丑角。查理六世也持續這個傳統，直到1392年，他的王廷中有數位「瘋
子」。引自Léopold Delisle, *Mandements et Actes Divers de Charles V*（1364-1380）, pp. 163-166.

並非是一種醫學用詞。與此相反，在基督教文學作品中，「瘋子」卻經常作為一種寓言和參照。從道德教化的觀點，真理在世人的眼中，經常被視為是瘋狂的，每個人各有其智慧與瘋愚的份額。不論在宗教或文學作品的表述中，經常使用瘋子的隱喻方式，來傳達真理與訓示。

在中世紀晚期的戲劇，如1427-1428年在巴黎的納瓦爾學院演出的道德劇，即使用「瘋子」的隱喻方式：

> 啊，世人要知曉
> 正如俚語所說道
> 瘋子給智者忠告
> 諺語由來非新潮[65]

在1439年的道德劇《忠言、巧言》中，也提到「瘋子」所扮演的角色：

> 瘋子給智者忠告
> 卑微地位工匠徒
> 依我所見堪引導
> 國王甚至是君皇

---

65 *Deux Moralités Inédites, Composées Et Représentées en 1427 et 1428 au Collège de Navarre*（Paris: Librairie d'Argences, 1955），verses 292-295: "Ha Monde aprenez, aprenez, On dit en un commun langaige, qu'un fol enseigne bien un sage, C'est un dit qui n'est pas nouveau."

前往巴黎之大道[66]

在《第十二夜》，莎士比亞對「瘋子」這個角色表示敬意，他寫道，這是與睿智一樣艱難的工作，瘋癲足以襯托睿智的獨創性。[67]

在民間，曾使用「瘋子」來稱呼查理六世。在一份小冊子中，記錄巴尼厄（Bagneux）人民對於查理六世的說法：

> 我們已經受夠了辛勞與痛苦了，國王理智失常、他是瘋子，而奧爾良公爵又過於年輕，他喜歡賭博玩樂，以及與那些「妓女」調情。[68]

1406年流行的《真實的夢》（*Songe Veritable*）詩文，毫不諱言查理六世的瘋狂病，國王更是當時國內權貴手中的傀儡，「人們使他清醒、人們使他瘋狂，人們玩弄他，彷彿玩弄傀儡般。」[69]1411年，奧爾良黨的僱傭軍，騷擾、劫掠巴黎及鄉村地

---

66 Werner Helmich, *Die Allegorie im Französischen Theater des 15. und 16. Jahrhunderts, Zeitschrift für Romanische Philologie*, t, I: *Bien advise, Mal advise*, verses 3131-3136: "que un fol enseigne bien un sage, ung petit home de labour, enseigne bien a mon avis, au Roy ou a l'empereur, le chemin a aller a Paris."

67 William Shakespeare, *Twelfth Night, or What You Will.*

68 *Trésor des Chatres*, Reg. JJ 153, pièce 430. 這份記載收錄在1398年的〈赦免信〉中。

69 *Songe Veritable* d'Henri Moranvillé（Paris: Hacette, 1890），p. 26: "On le fait saige, on le fait fol, On joue de ly ou chapifol."《真實的夢》，是一本影射當時政治的小冊子，強調不向暴力和粗俗低頭。它主要是抨擊王國中最具權勢的貴族，包含奧爾良公爵、勃根地公爵等。這本著作在十五世紀初盛行於

區，他們向這些逃難的民眾咆哮著，「回去你們國王的身邊，他是瘋子、無用的、被囚禁的國王。」[70]

綜觀法蘭西社會對於查理六世瘋狂病的反應，在最初的階段，民眾極度震驚、悲傷與恐懼，這也導引出在1393-1398年期間，整個法蘭西呈現很明確與虔誠的宗教熱情。這現象直接連結到查理六世發瘋的事件。實際上，宗教遊行與宗教戲劇活動，成為一種普遍性的市民活動，也在這個時期快速成長起來，民眾文化所反映出來的道德觀，與教會菁英所教誨的觀點，仍有很大的同質性。又，教會大分裂與查理六世發瘋，也出現一些時間上的巧合，無論是在義大利、英格蘭、日耳曼，皆出現這樣的反應——認為法蘭西犯下支持亞威農假教宗的錯誤，法王查理六世的發瘋，是正義上帝的懲罰。甚至在法蘭西民眾之間，也問著類似的問題，這導致1398年，法蘭西撤回承認亞威農的敕令。

查理六世突發的瘋狂病，引起民眾的恐懼，不言而喻。然而，十四世紀末民眾與菁英階層，對於病因的看法，卻出現一些分歧，尤其在巫術究竟能不能治病一事。隨著查理六世瘋狂病的週期日趨密集與頻繁，治療國王的醫生們，對於病情的掌控卻愈加顯得無能為力。從法蘭西王廷到民間社會，許多關於毒藥、黑魔法、巫術的謠言，紛紛出現。王族與廷臣也曾冀望巫術能治病，從1393-1404年間，就陸續出現前述的以巫術來治療查理六世的荒誕行徑。民眾普遍相信巫術與魔法的神奇力

巴黎地區。

70　*Chronique du Religieux de Saint-Denis*, Liv. XXXII, p. 453.

量，查理六世瘋狂病更加深民眾這一層焦慮，它反映出民眾畏懼巫術、魔法的集體心理狀態。有別於民眾的看法，菁英階層所持的觀點是，「沒有上帝的允許，惡魔毫無能力」的信念，傾向自然因素的自主性，而排除巫術、魔法對於自然與人類的掌控力。在1398年，菁英階層出現強力貶斥巫師行徑的聲浪、譴責以魔法來驅除魔法為正當方式的言論、更責難巫術治病的荒謬。巫術與基督教信仰不能相容，即使是巫師本人也如此認為。在巫術治病上，出現贊成與反對的言論，民眾與菁英階層在此事上，出現完全歧異的觀點。

（四）　民眾與菁英觀點的分歧

　　法蘭西社會對於查理六世瘋狂病的反應，民眾看法始終連結於神意或巫術魔法，在高度基督教化的社會中，民眾與菁英的觀點何以產生分歧，我們如何去解釋這個變化？

　　回溯既往，關於瘋狂病的探討，早期希臘人對此疾病的解釋，有極大部分相信神明、精靈等力量的干預。隨著米利都學派興起，科學性的解釋逐漸出現，將許多疾病甚至是瘋狂病的原因，歸源於自然現象。除了古希臘與羅馬傳統醫學觀點，在同一主題中，希臘、羅馬時期，關於「心智異化」（*mentis alienacio*）的哲學討論，儘管是間接的方式，也對於中世紀西歐社會中，瘋狂病的看法產生影響。柏拉圖傾向認為這是來自神的憤怒或生理狂熱。他認為這部分的靈魂存在於腸部，特別是在肝臟的部位；在某種情況中，例如睡眠或精神錯亂時，能感

知到未來之事。[71]亞里斯多德認為患者出現的精神異常，是由一種引燃慾望的興奮物質所導致，而非由神聖的靈引發；此種病態的行動是取決於疾病，而非取決於特定的神意。[72]泛希臘與羅馬時代斯多噶學派哲學家，卻普遍接受神意支配個人心智與精神的觀點。西塞羅的《論神意》提到其弟昆圖斯（Quintus）：

> 他是一位鄙視身體的人，他的靈魂遙遊於外，被一股莫名的赤焰，燃燒與推動。在處於恍惚的預言狀態中，他很清楚地告訴我們，他所看見的事物。這些靈魂可以經由多種方式來激起與推動，來自聲音的呼召或是受到樹木、森林、河流、海洋景象的感動，而產生莫名的狂熱，使他們能夠預測遙遠的將來……。

然而，他具諷刺意涵的提到，「這種狂熱與暴怒，就是人們所稱的神性嗎？也就是聰明者無法洞視，而失去理智者才能窺見，那些失去理智的人是被賦予神性者……。」[73]西塞羅進一步對抗神意的權威，他提到神諭時的用詞是「沒有比這個還要墮落的事。」[74]隨著基督教思想的傳播，這些奇蹟與當時流行的神意觀點，逐漸消隱。

希臘、羅馬時期，以科學與哲學視角討論瘋狂病因；到了

71　*Platonis Dialogi Latine Juxta Interpretationem Ficini*, vol. IX, p. 265.

72　Aristote, *Problem*. 30.

73　Cicéron, de M. De Golbéry trad., *De la Divination*, liv. I, 3、liv. I, 50.

74　Cicéron, de M. De Golbéry trad., *De la Divination*, liv. II, 3、liv. II, 58: "Jam ut nihil possit esse contemtius."

中世紀初期，在信仰、道德觀念，甚至在習俗與社會偏見上，出現一種新的轉變。對於瘋狂病的神意觀點，被詮釋為魔鬼與天使的區分，此觀點也逐漸在人民心中扎根。在善與惡的原則中，上帝與魔鬼的概念，取代以往希臘神話與羅馬宗教關於神意的部分，基督教的苦行教律，也因此被最初的基督信徒嚴厲地遵行。經由《福音書》教誨贖罪的觀點，以精神對抗肉體、善與惡的戰鬥原則，導致許多極為嚴格的宗教習俗出現。齋戒、屈辱、嚴守貧困，都是祈求上帝救贖與防止肉體慾望的手段，但過度禁慾的結果，更導致暴躁，反而受到魔鬼聰明伎倆的攻擊，以幻覺的形式侵襲心靈。虔誠隱士聖安東尼（Antoine l'Ermite, c. 251-356）在荒野中度過近80年的時光，也曾兩度受到惡魔的試探，是當時苦行教律中最著名的例子。

中世紀的西歐民眾，相信魔鬼的存在與力量。在十二世紀下半葉，英格蘭政論家讓・德薩爾茲堡（Jean de Salisbury, évêque de Chartres, 1120-1180）曾針對民間誇大魔法與巫術能力的傳聞，加以駁斥。他提到：

> 惡魔能力的增長，必須受到上帝的許可。那些錯誤地相信魔法之人，由於他們的錯誤，也由於他們的想像，終將遭受痛苦。因此，他們說戴安娜女神或希羅底在月光下召開女巫聚會與夜宴……兒童也成為犧牲，被他們吞食殺害……有誰如眼盲者般，看不出這只是一個純粹的邪惡幻想？不要忘記，這恰巧是那些貧窮婦女、幼稚者與輕信

者，才會遭遇的境遇……。[75]

至十三世紀末，這種民間信仰的流行趨勢逐漸增強。1274-1275年在法蘭西南部的宗教裁判所，已經展開對異端的審判；但巫術尚未受到「異端」定罪，仍屬於道德情操的過失。經院哲學家聖湯瑪斯・阿奎那談論魔鬼的能力，他提到：

> 惡魔不能經由改變自然秩序而創造奇蹟，只有上帝具有這個權力。但是惡魔可以行使超越人所能理解的一些奇異事蹟。也因此，法老藉由惡魔的力量，變出青蛙與蛇，……魔鬼可以經由內部的變化，改變人體與感官的幻覺或想像，使人們看到與實際東西所不同之物。[76]

> 魔鬼也經常以動物的形態出現，牠可能導致降雨、冰雹、風、雷、電等等。當魔鬼對他們說話時，這些惡魔附身者不知道他們說些甚麼，魔鬼透過這些精神異常者的口而發言。[77]

阿奎納也認為魔法與巫術的信仰，是一種道德情操的罪惡。他雖不否定魔法的力量，但也不贊同它能自主地危害人

---

75 Jean de Salisbury, *Polycraticus*, Book II, 17（Oxford: Clarendon, 1909）, p. 17.

76 Saint Thomas d'Aquin, *Summa Totius Théologiae*, première partie, *Quest.,* cxiv, article 4.

77 Saint Thomas d'Aquin, *Summa Totius Théologiae*, première partie, *Quest.,* cxv, article 5.

類。[78]古老民間習俗的巫術信仰，隨著基督教的發展，逐漸地與這些理論融合。在基督教文化的適應過程中，民眾或許經過不可避免的扭曲心理，巫術、魔法的信仰以某種混和基督神學教義的形式，持續存在民眾意識中。查理六世的瘋狂病危機，無形中也檢驗著法蘭西社會民眾與菁英的智識概念和信仰內容。無疑地，法王查理六世瘋狂病在當時是一個政治事件，也是一個社會事件與思想事件。它所引爆的，不僅僅是政治權力的衝擊而已，更浮現中世紀晚期法蘭西社會各階層的內在信仰狀況。在理性智識的發展和情感的表達上，民眾與菁英出現異化的趨勢。

三、「無能君主」的論述

（一）　法蘭西王廷的權力結構

1422年10月21日查理六世去世，王家喪禮在11月10日舉行，由英格蘭的貝德福公爵，引領國王靈柩下葬於聖丹尼修院。沿途的巴黎人民，哀傷痛哭，稱呼他為「我們最摯愛的君王」（le roi bien-Aimé）。不論是當時英法聯合王國的亨利六世王廷或法蘭西人民，都為法王查理六世哀悼，並以隆重的王家

---

78 Saint Thomas d'Aquin, *Opera Omnia*, vol. 14, *Expositio super Iob ad Litteram*, c. I, lect. 3:「沒有上帝的允許，惡魔毫無危害人類的力量。我們必須相信藉由神的允許，惡魔們可以干擾（人類的）環境，引發暴風並從天際降下烈焰。這些經由簡單的操弄所發生之事，不論是善、惡的精靈，皆可做到。然而，風、雨水與其他大氣的擾動，只要透過水氣凝結的單一運動即可完成，因此自然力量便足夠了。」

喪禮尊崇他。瘋狂病困擾查理六世一生，卻沒有剝奪他作為君王的頭銜與權力。我們需要考察的是，查理六世發瘋對當時的政治理論與政治實務有何影響？

1392年8月查理六世瘋狂，自國王親政後失權的王叔們，以敗壞朝政為由，趕緊撤換國王親政後重用的王廷顧問與官員。在查理六世瘋狂病反覆發作期間，權力核心機構為王廷顧問團，直到1404年之後，王廷成為兩派權力——勃根地公爵腓力與奧爾良公爵路易——對壘的場域。處於發病期的查理六世，並未被排除政權，在他神智清醒之際，也考慮一個根本問題——國王一旦因此死亡（雖然瘋狂病不一定會導致死亡），必須由王儲繼承法蘭西王位。因此，他在「1393年1月敕令」中，將成年男子的年齡定為十四歲，並適用於王位繼承法中。[79]年幼王儲的個人監護、保護與管理權，交託王后、查理六世的王叔們；至於王廷行政與捍衛法蘭西王國的權限（gouvernement, garde et défense du royaume），則託付王弟奧爾良公爵路易。1392年王后伊莎坡年僅二十二歲，加上她來自巴伐利亞，不熟悉法語，更遑論與王族、廷臣們的親近。在政治上，她尚未能真正掌握重要的地位，當時王弟路易也年僅二十歲，尚缺乏政治歷練，因此，查理六世發病初期，政務的處理悉由王叔們負責。只要勃根地公爵勇敢腓力仍在王廷顧問團中，路易與王后在王廷的勢力將持續被壓制，十餘年間，法蘭西的政局幾乎是維持現狀。

這段期間，法蘭西社會對於查理六世疾病的說法，皆停留

79　*Ordonnance des Rois de France*, t. VII, pp. 530-535.

在毒藥、巫術、政治陰謀與上帝的懲罰。人們相信只要虔誠祈禱，避開這些邪惡因素，國王就能復原。在這個階段中，從醫藥的治療、衛生的考究，甚至採用巫術、咒語的治療，當時人們極盡所能地尋找一切可行的辦法，企圖治癒國王。隨著查理六世瘋狂病日趨嚴重，1403年，王弟路易聯合王后的勢力，成為王廷中最具權勢者，如果查理六世去世，年僅七歲的王儲路易（Louis le Guyenne, c. 1397-1415）將繼承王位，法蘭西政權也將落入路易的掌控。勃根地公爵擔憂國王去世，除了急召前述的巫師蒲宛松與布里開施行法術治病，還希望取消「1393年1月敕令」。[80]終於，在1403年4月國王恢復神智之際，在勃根地公爵提議下修改繼承法，發布了取消攝政權的〈1403年4月敕令〉，未成年王儲一旦成為法蘭西國王，得立即職掌法蘭西政權。在政務方面，則由王后、培里公爵、勃根地公爵、奧爾良公爵與波旁公爵共同執掌王廷顧問團，所有決議必須以王廷顧問的大多數意見為主。在國王缺席（roi absent）或重症而無法親自視政的情形中，這個決議也生效。

　　在查理六世神智紊亂、社會逐漸失序的情況中，當時的政論家對政治關注的核心，圍繞在維持社會整體的和諧。政論家腓力・德梅奇耶（Philippe de Mézières, 1327-1405）寫給查理六世的詩文：「上帝期待您的良善作為，珍貴的寶石啊，您安慰著法蘭西人民，在巨大的苦難混亂中，急切地等待您的美

80　François André Isambert, *Recueil Général des Anciennes Lois Françaises*, vol. VII, p. 54.

德。」[81]克莉斯汀‧德皮桑（Christine de Pizan, c. 1363-1430）在〈政治論〉一文中，認為國王治理王國的首要任務，是使得王國內各分子的個別利益服從於公共利益，國內和平首重政治體之各個階層之間的和諧，[82]國王是社會整體的領導，國王必須負起協調各階層的責任，正如頭與肢體的關係，社會整體的和諧與統一，必須以國王為中心；要達到真正而持久的和平，全體就必須服從於一位君主。[83]讓‧傑森在1405年11月7日的布道詞中，曾經當著查理六世的面責備說：

> 法蘭克人的國王，法蘭西國王，這麼尊貴的頭銜啊，在哪裡？在我眼目所及的王國中，已經淪喪了。許多地區的人民，完全被一個凶暴者統治，他們的苦難，何時才到盡頭。上帝啊，這是多可怕的事！在審判之日到來時刻，誰將負起暴行的責任？你未曾施行如此的惡事，這是千真萬確；然而，你讓人們受苦了。上帝審判你時，說道：「我

---

81 G. W. Coopland ed., Philippe de Mézières, *Le Song du Vieil Pelerin*, III, p. 235.

82 Christine de Pizan, Kate Langdon Forhan trans., *The Book of the Body Politic*（Cambridge: Cambridge University Press, 1994），p. 90：「正如人類的身體，當它缺少任何一部分肢體時，身體是不完整的，且充滿缺陷與變形。政治也不可能是圓滿、完整，或是健全的，如果我們所提到的社會各階層，缺乏良好並緊密連結。針對保護整個社會共同利益，他們可以互相協助，各階層發揮自身的功能，正如身體各肢體間密切配合，始能指導與滋養全身。」讓‧傑森也持同樣的觀點：「因為國王不能長期忍受以及合理地生活在沒有臣民的境況中，同樣地，臣民也不能沒有國王，因此，協議是必要的……。」

83 Christine de Pizan, Suzanne Solente ed., *Livre de la Mutacion de Fortune*, t. II, p. 4, vers 4924-4926.

將不懲罰你，當地獄惡魔折磨著你，我不會阻止他們，這是你應得之惡。」[84]

傑森繼續強調，世俗王國的秩序是上帝的神聖創作之映照，國王的生命包含有形的生理生命、政治生命與精神的永恆生命。在神聖的秩序中，這三個層次具有一致性與重疊性，身體的存在維護社會整體的福祉。沒有任何社群能常存於分裂之中，社會整體的穩定在於每位成員都成為其他成員的依靠，社會整體始能正常運轉，王國才能和平。[85]

查理六世的疾病，使當時代的政論家更迫切思考國王在維繫社會整體利益上的重要性。作為一個國家領航者（Rex Rector），不論在伊西多爾的《辭源》，或阿奎納的《神學總論》，皆強調國王最重要的兩項任務──「和平」（la Paix）與「公義」（la Justice）。傑森對於查理六世的責備，不在瘋狂病一事上，而是在政治上。查理六世放任王廷的派系爭鬥，導致人民的不幸，從傑森的言論中透露出對於國王的期待。在當時王廷派系爭鬥之中，查理六世被寄予更高的期待，心智失常的查理六世雖然無法親理政務，然而，查理六世作為法蘭西國王的事實，遠超過國王頭銜的象徵性意義，[86]在臣民的心中，查理

84　Jean Gerson, "Vivat Rex," *Oeuvres Complètes*（Paris: Desclee, 1960-1968）, p. 1171.

85　Jean Gerson, "Vivat Rex," pp. 1144, 1149.

86　1422年查理六世辭世後，他的喪禮是法蘭西王國歷史中，首次在棺木中使用擬真塑像，而非他的真實遺體。這塑像的材質通常是銅製與大理石，穿戴所有象徵王權的服飾和物件，象徵國王「政治實體」的生命不死。這個

六世的存在，就隱含著一股安定的力量。

（二）　國王瘋狂病引發的政治危機

自從查理六世瘋狂病爆發，部分國內與國外人士認為，這是上帝對於法蘭西支持亞威農教廷的懲罰。讓・傑森、政論家腓力・德梅奇耶、康登主教貝爾納・阿拉蒙（Bernard Alaman, évêque de Condom）等人，早在查理六世親政時，曾寄望國王放棄支持亞威農，以解決「教會大分裂」的問題。國王發病後，這些人士依舊進行「公會議運動」。1398年7月27日，法蘭西王國以偽誓、造成教會分裂，撤回對亞威農假教宗本篤十三的承認。[87]亞威農教廷認為此舉為瀆神罪，議決將查理六世開除教籍。但是法蘭西王廷也未宣布服從羅馬教廷，這種情形一直懸而未決。法蘭西的教會沒有服從任何一位教宗，這種奇怪的情形，前所未聞。人們思索著，法蘭西的教會可以否定教宗的領導嗎？1399年9月，英格蘭發生國王理查二世被廢黜。次年8月，神聖羅馬皇帝溫切斯拉斯四世（Venceslas IV, r. 1376-1400）也遭廢黜。法蘭西人民卻不質疑查理六世的權威，也未出現廢黜查理六世的呼聲，唯獨支持亞威農的圖盧茲大學神學家們，

概念，在1461年查理七世的王家喪禮中也出現。甚至到文藝復興時代的法蘭西君主，持續沿用「國王不死、國王萬歲」（le roi ne meurt jamais, Vive le Roi）這個概念。在法蘭西王國，從讓・傑森的「三體論」到十六世紀中葉英格蘭法學家的「雙體論」發展過程，法蘭西王家喪禮已經以一種生動且戲劇化的形式，來傳達這個深刻的政治意涵。

87　Noël Valois, *La France et la Grand Schisme d'Occident*（Paris: Picard, 1896）, t. II, p. 413.

在1401年聯名發表一封信函，譴責法蘭西王廷撤回承認亞威農的詔令。他們指責巴黎大學、王廷顧問團大多數人員（奧爾良公爵除外），甚至國王本人，不服從「我們的聖父教宗與我們神聖的母親教會」；他們也指責當時兼領法蘭德斯地區的勃根地公爵不服從亞威農，直言不諱地說出應當廢黜「異端」的勃根地公爵，如同十三世紀初期信奉亞爾比異端（l'Hérésie des Albigeois，即清潔派異端）的圖盧茲伯爵被廢黜一般，直指這些人士，是製造分裂的「異端分子」。[88]

　　1402-1403年，法蘭西王廷在承認或反對亞威農問題上，猶豫不決。培里公爵、勃根地公爵傾向支持羅馬，而奧爾良公爵與本篤十三關係親近，極力挽回法蘭西與亞威農的親善關係。[89]1403年5月底，查理六世在清醒之際召開大會，討論這個問題。奧爾良公爵路易向查理六世進言說，根據巴黎大主教的調查，國內大部分主教、本篤修會與西多修會教士，甚至連奧爾良、安傑斯（université d'Angers）、蒙彼利埃（Montpellier）、圖盧茲等大學，以及巴黎大學中除了諾曼地一個社群（nation）之外的所有成員，都希望回歸承認亞威農教廷。[90]當時其他的親王與王廷顧問，對此不加反駁；查理六世也深知這名單上的人士，皆支持本篤十三，因而國王決定再度承認本篤十三。他任命神學家康布雷主教皮耶·埃力（Pierre d'Ailly, c. 1351-1420），公布回歸承認亞威農教廷。[91]不久後，

88　Noël Valois, *La France et la Grand Schisme*, t. III, pp. 432-433.

89　*Chronique du Religieux de Saint-Denis*, Liv. XXIII, pp. 21-23.

90　*Chronique du Religieux de Saint-Denis*, Liv. XXIII, Liv. XXIV, pp. 87-95.

91　*Chronique du Religieux de Saint-Denis*, Liv. XXIV, pp. 95-97.

查理六世瘋狂發作直到10月才清醒，10月5日至12月間，他焦慮地致信並派遣信差往返亞威農，要求本篤十三撤銷開除教籍令，本篤十三拖至1404年1月1日，才回覆查理六世的要求。

1404年之後，查理六世病情惡化情況加劇，瘋狂病發作的期間遠多於恢復期，王族與廷臣對於治癒查理六世疾病的期待，也逐漸趨於消極。從前一個時期在醫藥上的積極治療、尋找偏方與巫術等嘗試，至此已轉變為僅止於衛生層面的照護。這個時期，波旁公爵與培里公爵在政治上的影響力，已大為降低；勃根地公國改由無畏的約翰繼承（Jean sans Peur, c. 1371-1419），他只是查理六世的侄輩，在王廷的威望，遠不如其父勇敢腓力。反觀，在國王心智昏暗時期，王弟路易聯合王后伊莎坡，以國王最近血親的法理依據，獨攬政權。他們以自身的意願來決定眾多事務，[92]完全無視於王叔的建議，亦不諮詢王廷顧問的意見，並開始排擠勃根地公爵。奧爾良公爵路易的擅權，引起勃根地公爵約翰的不滿，他指責奧爾良公爵意圖利用國王發病時機，為自己謀取「法蘭西王國中最顯赫與最尊貴的權威」。[93]

在1406-1407年間，法蘭西與亞威農的關係再度緊繃。巴黎大學、神學家在巴黎召開教士會議，要求國王再度撤回承認本篤十三的詔令，並公布加利甘教會（Le Gallicanisme）自主的法令與推動公會議運動。1407年2月擬定新的法案，由王廷祕書處封印，這份敕令因為奧爾良公爵的反對，並未公布。法蘭

---

92 *Chronique du Religieux de Saint-Denis*, Liv. XXVI, p.289.

93 *Chronique d'Enguerran de Monstrelet,* t. I, p.223.

西與亞威農教廷互派特使協商此事。5月底，雙方代表在艾克斯（Aix）的開會期間，得知本篤十三在數日前已擬定開除查理六世的教籍令。這件事情被大肆傳揚，人們交頭接耳說著，奧爾良公爵的摯友——本篤十三的祕書，起草撰寫這份文件，同時還有一長串本篤十三敵人的名字也在此列。這種傳聞散布到法蘭西王廷，廷臣與勃根地公爵感受到此事對國王有直接的威脅。勃根地與奧爾良之間的仇恨，與日俱增。約翰被路易排於王國事務之外，也被剝奪王家的金錢援助，於是他收買拉烏爾·奧唐維爾（Raoule d'Auquetonville）來清除對手。11月23日，王弟路易從王后的巴貝特宮返其宮邸的途中，被十幾名男子刺殺身亡。這個謀殺案的調查順利完成，勃根地公爵約翰坦承「受到魔鬼推動」導致他下了謀殺令。奧爾良公爵夫人瓦倫蒂娜要求王廷處置勃根地公爵的罪行，卻只得到約翰退出顧問團、離開巴黎的懲罰。這起謀殺奧爾良公爵事件，導致後續勃根地黨與阿瑪涅克黨的長期內戰。

　　在次年2月8日，勃根地公爵約翰受到巴黎民眾熱烈歡呼，進入巴黎城。3月8日他進駐王廷顧問團的首席，主持會議。當時神學家讓·博蒂（Jean Petit, c. 1360-1411）發表一篇演說〈誅戮暴君辯解書〉（Apologie du tyrannicide），為勃根地公爵謀殺奧爾良公爵一事正名。他陳述，被貪婪與野心推動的奧爾良公爵，施行巫術導致國王瘋狂，支持本篤十三造成教會大分裂。凡此種種，皆證明奧爾良公爵路易應被處死。他更強調勃根地公爵約翰，為王國的利益清除一位叛徒、專橫者，他在此事的

卓著功勳，應獲得祝賀和獎勵。[94]距離奧爾良公爵的死亡近半年時間，在同年5月，本篤十三將法王查理六世開除教籍，禁止法蘭西的貴族與人民對他效忠，這份開除教籍令送到法蘭西之後，被巴黎法院與巴黎大學認定無效而燒毀。

開除教籍的威脅與效力，與國王統治權有何關聯？換言之，它與查理六世瘋狂病是否有關？對於罹患瘋狂病查理六世的王權行使，有無影響？開除教籍對於法蘭西政治的衝擊，是王廷的各派系可意料之事。但出人意表的是，法蘭西內部從無罷黜國王查理六世的聲音和提案。此事若置於當時西歐國際社會，是否出現不同的政治景觀。在漫長的中世紀期間，基督教世界各王國是否出現罷黜國王或皇帝的前例，哪一個權威，得以罷黜世俗的君主？世俗的君主如何與為何被廢黜？這個問題，寓含著對國王權能的整體思考與觀察，下文將回歸到「無能君主」（Inutile Regis）的討論。

（三）　國王權能與罷黜君王的論辯

中世紀的西歐文化中，反對「暴君」或是「無能君主」，有據可考。「無能君主」問題的浮現，始於八世紀中葉，當加洛林家族的矮子丕平取代梅洛溫王朝希爾德里克三世，成為法蘭克國王並建立加洛林王朝。這個事件突顯出，一位欠缺統治實權的國王妨礙世界秩序的觀點，遭廢黜的希爾德里克三世，斷髮剃頭並拘禁在修道院後去世。在《法蘭克王年鑑》、

94　*Chronique d'Enguerran de Monstrelet*, t. I, pp. 187-188.

《福登斯年鑑》、《梅登斯年鑑》與艾因哈德的《查理曼傳》
的敘事中，都正向記載矮子丕平接受教宗的祝聖禮成為法蘭
克國王。即使是那個時代的菁英階層，對於這個事件也未持異
議。[95]《查理曼傳》更直接提到希爾德里克三世，不論是對自
身或他人，皆是一位「無能的、名義上的國王」（inutile regis
nomen）。[96]

　　至九世紀初期，加洛林帝國內發生皇帝虔誠路易與諸子
的戰爭。路易諸子得到教宗格列哥里四世的支持，起兵反抗皇
帝，帝國的貴族們也拒絕效忠皇帝。爾後，帝國高級教士在康
白尼召開大會，要求皇帝必須接受苦行的懺悔。緊接著，由漢
斯大主教埃博（Ebbon, c. 775-851）主持的斯瓦松大會，以他
「失職、缺乏遠見而導致帝國災難」的罪名，剝奪他的皇權。[97]
皇帝虔誠路易在833年宣布放棄皇權，成為日後廢黜君主的援引
條例。

　　十一世紀中葉，日耳曼地區發生皇權與教權的衝突，教
宗格列哥里七世在〈格列哥里教諭〉（Alius item）中引述歷
史說，人民之所以責難法蘭克國王，與其說國王被廢黜，是由
於未貫徹君王任務的懲罰，更關鍵之處在於他是一位「無能君
主」，這正是教宗札卡里（Pope Zacharie, r. 741-752）以查理曼

95　Einhard, Louis Halphen ed., *Vie de Charlemagne*, pp. 8-9, 12-15.

96　Edward Peters, *The Shadow King: Rex Inutilis in Medieval Law and Literature, 751-1327*, p.47.

97　為了證明皇帝虔誠路易放棄皇權與世俗生活之承諾的確實性，當時在會議
　　紀錄中，所有高級教士均聯合簽名。*Capitula Episcoporum*, t. II, no. 197, in
　　MGH., pp. 51-55.

之父丕平取代他（梅洛溫末代國王希爾德里克三世）的原因。[98]
基於此，格列哥里七世以無能為由，將皇帝亨利四世開除教
籍。

　　教宗英諾森四世（Pope Innocent IV, r. 1243-1254）與皇帝兼
那不勒斯國王腓特烈二世（Empereur Frederick II, r. 1220-1250）
的衝突中，教宗援引〈格列哥里教諭〉，在1245年7月17日的
里昂宗教會議中，發布〈教宗權書信教諭〉（*Ad Apostolicae
Dignitatis Apicem*）。在這份教諭中，英諾森四世列舉腓特烈
二世觸犯的罪行——偽證、蔑視羅馬教宗權，無視於開除教籍
的懲罰，以及迫使其他人也如此行事，侵占教會領地、破壞和
平條款、迫害西西里的教會，並將服從羅馬教會的主教與其他
人士折磨致死。猶有甚者，他召集異端分子反抗開除教籍的懲
罰，串謀基督徒的敵人薩拉森、殺害巴伐利亞王等暴行。對於
腓特烈二世的暴行，教宗英諾森四世呼籲基督的信徒們，帝國
的人民應當擺脫「暴君」的統治、拒絕服從他的權威。[99]教宗
英諾森四世將腓特烈二世的皇帝頭銜與權威完全廢黜。同年，
在另一份〈格蘭底教諭〉（*La bulle Grandi*）中，教宗英諾森

98　*Decretum*, v. 378: "Alius Item Romanus Pontifex Regem Francorum non tam
　　pro Suis Iniquitatibus quam pro Eo Tantae Potestati non Erat Utilis, a Regno
　　Deposuit et Pippinum Caroli Magni Imperatoris Patrem in Ejus Loco Substituit."
　　引自*Gratian's Decretum, Causa 15, Quaestio 6, Canon 3* of. and Gregory VII.
　　Registrum, viii. 21.

99　Jean Dominique Mansi, *Sacrorum Conciliorum et Amplissima Collectio*
　　（Florence- Venezia, 1759-1789）, vol. XXIII, 613-619. 引自Anthony Black,
　　Political Thought in Europe, 1250-1450（Cambridge: Cambridge University
　　Press, 1992）, pp. 24-25, 140-152.

四世以「惰於政務、玩忽職守、聽信讒言、識人不明」為由，宣告葡萄牙王桑喬二世（Sanche II de Portugal, r. 1223-1248）為「無能君主」，[100]流放到托雷多地區，但得以保留國王尊嚴與頭銜；葡萄牙國政由王弟阿方索代理。直到1248年沒有子嗣的桑喬二世去世後，王位由王弟阿方索三世（Afonso III, r. 1249-1279）繼承。

在〈格蘭底教諭〉中，以一位「監國者」（curator）代理「無能君主」行使政權的構想，有其歷史淵源。羅馬法復興的時期，在西歐大學中，興起民法與教會法的研究風氣。民法所涵蓋的範疇，也涉及「無能者」是否能執行公職等問題。法學家腓力・德坡曼努瓦（Philippe de Beaumanoir, c. 1247-1296），在《博韋習俗》中，列舉出「耳聾者、瘖啞者、眼盲者與瘋狂者」，不適任地方的公職。針對這些不適任的行政官（ballis）與市長（prévot），人民可以拒絕服從命令與司法判決。[101]羅馬教會對「不適任者」的問題，更為關注。教會法聚焦在「不適任」主教這一層面，神職身分是終身職，除了死亡，主教終其一生連結於所隸屬的教會。針對一位「不適任」的主教，亦即出現年邁力衰、缺乏行政能力，或出現身體、心智衰弱等嚴重疾病，該主教得以保留主教身分，但教區的行政則委任一位

---

100 La bulle Grandi, 1245年7月24日發布，收錄於*Corpus Juris Canonici*, no. 9, t. II, col. 971-974; le Sexte, I, 8, 2.引自Jacques Krynen, Michael Stolleis, *Science Politique et Droit Public dans les Facultés de Droit Européennes*（*XIIIe- XVIIIe Siècle*）（Frankfurt am Main: V. Klostermann, 2008），p.146.

101 Philippe de Beaumanoir, *Coutumes de Beauvaisis of Philippe de Beaumanoir*, t. I, chapite I, De l'Office as Ballis（Paris: Gallimard, 1996），no 40, p.35.

「監督者」（*curator*）或「輔助者」（*coadjutor*），暫時或持續地牧養教區。[102]

自十三世紀以來，原先運用在教會之「不適任」主教的原則，也擴展到世俗政權的層面。葡萄牙統治權的問題，體現了〈格蘭底教諭〉中，以「監國者」代理「無能君主」的原則。教宗英諾森四世剖析此原則，他強調，在公共領域中，必須檢視國王的德行與政治能力是否相稱；「無能」（*nesciunt*）一詞，意指統治者缺乏作為君主的能力（*scientia regnandi*）。設立「監國者」代理國王，是著眼於國王不知如何捍衛王國、維護公義與和平，國王無能收復已丟失的領土與權利。他更強調這一原則也適用於公爵、伯爵以及對他人擁有管轄權的主君。對於私人領域的範疇，教宗英諾森四世提出，除非他們「心智失常或揮霍浪蕩」，並無設立代理者之需要。[103]教宗進一步呼籲，關於廢黜君主一事，除非有立即的迫切性，或國王犯下極嚴重的罪行，甚至是無以復加地聲名狼藉，才能要求廢黜君主。[104]

教宗英諾森四世剝奪葡萄牙王桑喬二世的政權，卻保留其頭銜與威儀，提供處理廢黜世襲君主的解決方案。一方面，對於一位「暴君」，如皇帝腓特烈二世，將全然地廢黜，包括其頭銜與實際政權的行使。另一方面，對於「無能」的世襲君

---

102 Edward Peters, *The Shadow King*, pp. 128-130.

103 Innocent IV, *Apparatus super Libros Decretalium*, ad X 1.10.1 *Grandi*, ad v. utilitate.

104 Innocent IV, *Apparatus super Libros Decretalium*, ad X 2.14.2 Ad Apostolice, ad v. Sempiternam.

主，並未徹底推翻，他仍可保留國王威儀，並委任王國中一位
「監國者」行使政權，直至「無能君主」辭世後，「監國者」
方可繼承王位。整體而論，教宗英諾森四世雖提出以「監國
者」代理「無能君主」的原則，同時也點出「監國者」必須具
有繼承王位正當性的必要條件。這兩個要素，成為西歐的君主
國與帝國最高政權轉移方式，即世襲制、選舉制以外的另一種
政權轉移形式。

〈格蘭底教諭〉對於「無能君主」的觀點，區別出公共
領域與私人領域，以及世襲國王與皇帝之間必須恪守的差異。
羅馬教宗有權干預世俗事務，教宗掌握廢黜「無能君主」的
權力，這個舉動，除了伸張基督教世界的教宗至高權，也完
成「無能君主」理論的建構與實踐，〈格蘭底教諭〉逐漸成
為「無能君主」理論的法理基礎。1306年，塞普勒斯王亨利二
世因健康的理由無法視政（屬於私人領域的無能），國政由
王弟亞摩力（Amaury）以「統治者」（rector）的名義行使。
另外，十四世紀英格蘭兩位國王遭廢黜，都是引用〈格蘭底
教諭〉的「無能君主」理論。[105]在1327年，由高級教士、貴
族與市紳階層聯合組成的英格蘭議會，以愛德華二世「無能
治理王國」（insufficiencia gubernandi）、以及《通俗版聖經
傳道書》中的「喪失民心的昏聵國王」（Rex insipiens perdet
populum suum）為由，[106]發表聲明廢黜愛德華二世，並確立其
子愛德華三世的攝政權；隨後，國會更要求愛德華二世退位。

---

105 Edward Peters, *The Shadow King*, pp. 217-232.
106 *Clementine Latin Vulgate Bible*, L'Ecclesiastique, X, 3.

數月後，愛德華二世去世，由愛德華三世繼承英格蘭王統。[107]
同樣地，在1399年，英王理查二世也以「無能作為王國之統
治者」（*insufficiencia et inutilitas as regimen et gubernacionem*
regnorum）為由被廢黜，[108]並在1400年去世，英格蘭王位由蘭開
斯特朝亨利四世繼承。同年8月21日，皇帝查理四世之子溫切斯
拉斯四世的行為乖張暴戾，被敵視的王室顧問形容為「散漫、
無能、揮霍無度以及自甘墮落」，被廢黜皇帝頭銜。[109]

　　從世俗法律、宗教法與歷史先例所形成的規則，在西歐社
會建構一套廢黜「無能君主」的理論，國王被認定為「無能君
主」而遭廢黜的例子，不在少數。然而，查理六世卻安然立於
法蘭西王位上。這種特殊性，從菁英階層強調以國王為中心的
政治理論，以及從國際情勢、法蘭西派系紛爭與內亂的政治背
景，得到說明。當時可能唯有教宗，能決定罹患瘋狂病的國王
被廢黜，而查理六世的情況符合私人領域的無能，這一點在歷
史上可引證。然而，處於「教會大分裂」時期，不論是亞威農
系統、比薩系統或是羅馬系統的教宗，在基督教社會中完全缺
乏信度。在1401年的圖盧茲書信中，將國王查理六世定義為製
造分裂的異端分子，隨著本篤十三與奧爾良公爵路易的共謀，
能不能廢黜查理六世？開除教籍的危機雖然威脅查理六世的政

---

107 William Stubbs, *Constitutional History of England*, II, pp. 378-381.

108 *Rotuli Parliamentorum*, vol. III（London: Record Commission, 1783）, p. 432,
no. 92-94。

109 Helmut G. Walther, "Das Problem des Untaglichen Herrschers in der Theorie und
Praxis des Europäischen Spätmittelalters, " *Zeitschrift für Historische Forschung*,
23, No 1（Juin, 1996）, p.19.

權，然而，有可能在開除教籍的情境中，本篤十三將法蘭西王冠交給親近他的奧爾良公爵路易嗎？一位發瘋、被開除教籍的法蘭西國王，在這種情況中，為保留王冠，就需要親王、貴族、主教、神職人員與人民的全力支持，如果王弟路易轉向，一切或有可能。查理六世在清醒之際急於協調此事，並急於獲得開除教籍取消令。此舉是出於政治、宗教或道德的因素，目前仍無定論；然而，我們仍察知，清醒時刻的查理六世，在王權行使上毫無爭議，他是法蘭西國王，也是政治的最終決策者。

　　反觀，若查理六世確為「無能君主」，即可引用〈格蘭底教諭〉設立一位「監國者」，先決條件是「監國者」必須是未來的法蘭西王位繼承人。在此框架中，無論是王后伊莎坡、奧爾良公爵路易或是勃根地公爵約翰，都不可能成為「監國者」。首先，由於他們的身分既不符合〈格蘭底教諭〉的原則，也違反法蘭西王位長子世襲繼承法則。其次，查理六世確有子嗣足以繼承法蘭西王位，儘管王儲路易當時年僅8歲。如果引用〈教宗權書信教諭〉，就必須臚列查理六世作為「暴君」的罪行，始能上訴羅馬教廷要求廢黜查理六世，並扶立一位新的國王。無論何種情況，根據長子世襲繼承法則，法蘭西王位仍將歸於王儲，絕無可能由最具權勢的奧爾良公爵或勃根地公爵繼承。再者，當時處於「教會大分裂」晚期，本篤十三對查理六世的開除教籍令，雖禁止法蘭西人民對國王效忠，但此時奧爾良公爵已經去世，國內再無他人作此提議。解決多位教宗並立的公會議運動正值高峰，亞威農與羅馬教宗面臨被逼退的危機，不論是羅馬教宗或是亞威農教宗，是否真有能力介入法

蘭西國王的存廢問題，也是值得斟酌之處（唯此問題離本題甚遠，在此不予討論）。

　　另一個具有威脅性的機制，是形成於十四世紀法蘭西貴族團中的「王族」，它是當時王廷中最大的權力團體，幾乎壟斷王廷顧問團的決策權。在聯合一致的情勢中，他們可以決定國王「無力視政」期間，王權如何行使，或是任命王弟奧爾良公爵作為「監國者」。然而，這種情形並未發生，其主因是勃根地公爵約翰的強力反對，排除這方案的成立。更關鍵在於，法蘭西王權的特殊性——法蘭西國王具有神聖性——根植在《聖經》淵源的大文化敘事背景中，一位膏油祝聖的國王（roi sacré）是不可觸及的。這種神聖性的特徵，使查理六世成為不可取代的國王。在法蘭西王國中，任何其他形式的政權，無法代替王權的神聖性，這個觀點足以化解當時的權力危機。

　　就情感層面而言，法蘭西民眾將查理六世視為社會安定的象徵。查理六世瘋狂病週期，可以1404年作前、後期的分界點。在瘋狂病的後期，法蘭西內部政治危機趨向激烈化，而查理六世在民眾心中的重要性，以及民眾對他的愛戴依舊不減。這現象，可從《聖丹尼修士編年史》和《蒙斯特勒萊編年史》的敘事來觀察。

　　根據《聖丹尼修士編年史》的記載，1408年11月10日勃根地公爵擊退阿瑪涅克軍隊，進入巴黎城。倉皇之際，王后伊莎坡、培里公爵、波旁公爵與其他親貴，帶著發病的查理六世逃離巴黎，坐船前往都爾城避難。當時巴黎市民知道此事後，非常震驚。民眾認為這些災變的出現，是由於國王離開巴黎城。在這段長時間中，巴黎民眾被剝奪私下晉見國王的機會而深感

痛苦；因此，他們派出代表團前往都爾，要求直接晉見國王。此刻，暫時恢復神智的國王接待他們、傾聽他們的心聲，親切地詢問巴黎城內的情況，並且問候他們每一個人。國王向他們表示，再無任何事情比滿足人民的要求，更令他關心，他將竭盡所能地快速返回巴黎。巴黎市民代表向國王致謝之後，便離開了。他們返回巴黎，向民眾傳達這個好消息，全城人民都歡欣喜悅。[110]

在1415年，英王亨利五世進軍諾曼地，當地的法蘭西騎士竟然棄守阿爾弗勒城（Harfleur），後來更經歷阿金庫爾戰役的慘敗。根據《聖丹尼修士編年史》的記載，在此戰役失敗後，人們認為法蘭西騎士的棄守是懦弱行為。在這場戰役中，沒有試圖去捍衛，反而棄守一個最重要的港口，法蘭西騎士的表現已經成為外國人談話的笑柄。法蘭西人民認為這種恥辱累及國王之名，儘管如此，人民對於查理六世的愛戴之心，未曾稍減；反而認為國王是情有可原的。人民相信國王的勇氣，便足以防止這種不幸發生，只要他的健康狀況允許，他能夠捍衛王國。[111]

法蘭西民眾對於查理六世的情感，令人驚訝地，遠超過前此的君王。1422年10月21日查理六世去世時，法蘭西人民哀傷至極，根據《聖丹尼編年史》記載：

在今日，商人未前往王宮販賣貨物，因為人們深愛著國

---

110 *Chronique du Religieux de Saint-Denis*, Liv. XXIX, pp. 189-191.
111 *Chronique du Religieux de Saint-Denis*, Liv. XXXVI, p. 543.

王。所有人民都哀慟哭泣，啜泣聲交織著淚水，深為國王
的辭世感到遺憾與悲哀……。[112]

《查理六世傳》也記載著，在國王辭世後第九日，王家
靈柩從聖保羅宮前行到巴黎聖母院的途中，在靈柩旁隨行著巴
黎所有的教會人士，也包括所有托缽修會弟兄、納瓦爾學院、
巴黎大學附屬的學院成員，甚至是廣大的一般民眾，都前來哀
悼、送行。他們啜泣、號哭，並非毫無緣由。在今日，所有的
店家全部歇業，不僅沒有日用品的買賣，也沒有其他的商品交
易，甚至沒有任何喜慶宴會，所有人民陷入極大的哀慟與悲戚
之中。[113]

總而言之，從政治理論的觀點，法王查理六世的瘋狂病，
使他符合「無能君主」理論中涉及私人領域的無能狀態。然
而，在實際政治運作和心理情感上，他卻是法蘭西王國中無可
取代的君主。從當時社會輿論的觀點，查理六世更是民眾心中
「摯愛的國王」。[114]法蘭西人民對他去世的哀悼之情，這股對
國王的深刻情感，從《巴黎市民日誌》的文辭中，自然流露：

人民，尤其是一般民眾，極度悲戚，發出深深的嘆息
與哀號。當國王的靈柩通行過〔巴黎的〕街道，人民哭喊

---

112 *Chronique du Religieux de Saint-Denis*, Liv. XLIII, p. 491.

113 Jean Juvénal des Ursins, *Histoire de Charles VI, Roi de France*, p. 572.

114 *Chronique d'Enguerran de Monstrelet*, II, p. 537. In *Choix de Chroniques et Mémoires sur l'Histoire de France*. Ed. Bouchon（J.）（Paris: Auguste Desrez, 1838）.

著：「哦，我們最摯愛的君王啊！我們從未見過如您一般
良善的國王。疾病帶走了您，留給我們的，只剩下戰爭，
因為您已經離我們遠去。」[115]

四、民眾輿論的反思

十四世紀末至十五世紀初期，查理六世罹患瘋狂症，造
成法蘭西社會的震盪與政治危機。民眾對於瘋狂病的理解，具
有不同面貌。在中世紀某些基督教與文學的書寫，反映出瘋狂
是上帝的默示。從初期教會時代的教父，出現「我不知道誰是
瘋狂，我不知道誰是智慧」的話語，中世紀出現的瘋子丑角，
或是俗諺「瘋子也能給智者忠告」（*Saepe etiam stultus valde
opportuna locutus est*），關於瘋狂與智慧的對話，從中世紀延續
到伊拉斯謨時期，在文學與戲劇中皆可看見這個主題。即使如
此，仍無法掩蓋一個基本事實，即是在日常生活中，人們仍可
辨出誰發瘋了，誰是神智清醒的。

社會民眾對於查理六世瘋狂病的反應，除了巴黎大學醫生
從體液論的觀點，提出科學性的解釋，民眾普遍認為瘋狂是上
帝的懲罰、毒藥與惡魔附體所導致。菁英階層也部分同意「上
帝的懲罰、惡魔附體」的看法。從1392-1400年期間法蘭西民眾
表現出宗教虔誠的程度，每年舉行宗教淨罪彌撒，從十四世紀
中葉的14%，到了1400年增加到65%。民眾熱衷於懺悔、尋求赦

---

115 Bourgeois de Paris, *Journal d'un Bourgeois de Paris, 1405-1449*, no. 362, p.178.

免、數著念珠背誦一遍又一遍的《玫瑰經》，燃燒著數以千計的蠟燭，死亡的形象裝飾在書籍、教堂的牆上與墓園。上帝的懲罰與死亡的恐懼，在查理六世瘋狂病爆發中，更被挑起。

中世紀毒藥的恐懼，也深植於人民心靈。早在六世紀法蘭克王國時代，至十四世紀中葉黑死病的肆虐，這種現象普遍存在。毒藥的恐懼，反映出當時的社會張力與民眾心態。十四世紀出現許多專門討論毒藥的論著，這些著作並非只談論毒藥驚悚的配方，其實也有助於預防疾病與醫治毒害。然而，不論是基於想像或事實，毒藥罪行確實有增多的趨勢。十四世紀初期以來，毒藥的使用從未消失，對於毒藥的恐懼也感染社會各階層人民。1321年發生指控痲瘋病患對井水下毒的陰謀，以及西元1348年指控猶太人是散布黑死病的元凶，更加說明這種對毒藥恐懼的現象。除了毒藥的流言，民眾看法傾向以巫術與魔法，來詮釋病因。巫術具有本能性與民粹的特點，隱晦地根著在民間信仰中。民眾相信巫術能傳播福祉，同時也能帶來禍害，巫師的治療能力雖然為人們喜愛，但人們也擔心巫師降下疾病與死亡。七世紀期間，編纂《詞源》的伊西多爾認為，魔術師（magi）是擾亂人們心靈的罪犯，毋需使用毒藥，僅靠著咒語的力量，就能致人於死。[116]

法蘭西社會中對於查理六世瘋狂病因的討論，引發民眾與菁英看法的分歧，其關鍵在於巫術、魔法介入治病是否可行，以及對於奧爾良公爵夫人政治陰謀的質疑。巫術、魔法在中世紀下半葉極為盛行，民眾傾向於接納或更進一步相信巫術的

---

116 Claude Gauvard, *Dictionnaire du Moyen Âge*（Paris: PUF, 2002）, p. 863.

力量。對於未知事物的解釋，一般民眾仍反映出迷信與恐懼心態。不論是基督教義的禁令、神學家的教誨，或來自於智識階層的經院哲學論辯，巫術從未停止，無形中，民眾看法仍然助長了巫術、魔法的信仰與使用。出現愈多的譴責聲浪，加深反映民眾對巫術的恐懼和信仰。

然而，菁英階層對於巫術與魔法的譴責，不僅是對於查理六世病因的不同解讀，也是捍衛正統基督教義的精神。從這一點出發，在1398年，巴黎大學神學院轉向強硬的態度，直指巫術是錯誤，巫術不能治癒任何疾病。即使至十五世紀初，以巫術醫治查理六世瘋狂病的期望已經停止，但是相信與使用巫術、魔法，在隨後幾個世紀中，繼續存在。西方社會在打擊巫術的歷史中，查理六世瘋狂病這個事件具有里程碑意義：1398年巴黎神學院對巫術的譴責，從某種意義上支持了十六世紀西方社會對巫術的迫害。雖然不能將早期現代的獵巫行動，完全歸罪於十四世紀末神學家的言論，無形中它卻強化日後宗教法庭，甚至是異端裁判法庭對於巫師的迫害行徑。[117]隨著查理六世瘋狂病的反覆發作，隨著巫術治病的期望與失望，以及巴黎大學神學家、基督教義神聖原則的捍衛者，所表現出的強烈反應，至少在中世紀末的法蘭西社會，已經形成民眾與菁英看法的明顯分野。

中世紀末期，以巫術、毒藥與政治陰謀，作為討論查理六世瘋狂病的中心，國王病因的解析遠非從科學角度去探討。凡

---

117 Jean-Patrice Boudet, "Les Condamnations de la Magie à Paris en 1398," pp. 142-143.

此種種，標誌著中世紀末社會輿論是神學與道德觀念（包括習俗與社會的偏見）的映現。從社會民眾的反應中，透散出人民的恐懼心態與信仰的真實內容。儘管國王無法親自視政，已經瘋狂的查理六世仍安居法蘭西王位之上，未曾遭遇全國三級會議或王廷顯貴的逼宮，其主因在於天上聖油膏立的國王，具有神聖不可侵犯的特質。法蘭西民眾也深信祝聖禮是成為法蘭西國王的首要憑據。查理六世的聖化印記，深刻地浸潤在民眾的思維之中，他是具有合法性王權的法蘭西國王，他也是人民心中摯愛的「無能君主」。

第九章

結語：國王慶典的微光與回聲

　　對某些人而言，歷史是一系列固定的、永恆的事件。它一旦被記載下來，就不能改變，如同上帝的十誡一般。對這些人來說，試圖深入研究歷史現象和事件是浪費時間，因為研究只能在化學、天文學或醫學等科學領域進行，這些領域顯然需要事實和證據。當然，我們不能否認或忽視事實對歷史事件的重要性，但真理並非全部寓居其上，所有這些事實，只是提供知識內容的支柱。對事件和事實意義的解釋，是知識的靈魂。有趣的是，一些解釋比故事本身發展的更頻繁、更快速。然而，所有這些變化，都是對歷史事件不斷研究的結果，這些事件，推動我們走得更遠，走到真理的核心，這就是歷史學者研究的目的。

　　本書關於法蘭西國王祝聖加冕禮的研究目的，是通過禮拜儀式和王權物件，溯源、辨別和解析祝聖儀式相對於王室權力的性質、演變和意義。在這一段被稱為中世紀的歷史時期，可以如此總結這一發展，即，國王祝聖加冕禮經歷了三個不同的階段——萌芽階段、發展階段和形式主義階段。第一階段：從矮子丕平的祝聖禮開啟，持續到九世紀下半葉。第二階段：幾

乎相當於整個卡佩王朝的建立與發展，即十世紀到路易九世統治時期。最後的形式化階段，則從十三世紀下半葉至十五世紀中期。

在第一階段，祝聖禮為早期的加洛林家族，在王朝更迭時提供最高權力的合法性依據。在這期間，祝聖加冕的禮儀持續地擴展，尤其是816年，在虔誠路易的祝聖禮上採用了帝國加冕的儀式，以及869年，在禿頭查理的祝聖禮上採用了王家宣誓的儀式。從那時起，膏油之前的國王宣誓，在法蘭西已充分實踐，遠早於歐洲其他基督教王國，因為英格蘭直到十世紀下半葉，才開始出現同樣的宣誓。在加洛林早期，這種基於宗教聖化的王家權力意識形態，是政治上的創發。隨著基督教在西歐確立思想的主導地位，以及教宗權威的增強，君主獲得教會精神力量的支持，顯然是鞏固世俗權力的必要步驟。在缺乏法律規則的情況中，祝聖禮已經成為王位繼承一種寶貴的、幾乎是不可思議的資源，可以用來確保統治權力轉移的合法性。

在第二階段，無論在法蘭西或其他西歐基督教王國，祝聖加冕禮仍具備構成最高統治權的法制價值。祝聖加冕禮的禮拜儀式，在加洛林王朝結束後持續發展。根據中世紀的祝聖儀典書，國王祝聖加冕典禮由三個主要部分組成，亦即膏油、授予王權御寶和加冕即位。而用於祝聖禮的王權器物種類的疊加，從十二世紀末演變得更加精確。

膏油賦予國王一種神聖的性質，這種性質的起源可以上溯《舊約聖經》，以色列國王被大祭司所膏抹。在以色列國王的頭上塗油，不僅被認為是神聖恩典的標誌，更被視為合法權力的確定。中世紀的人們無法對《聖經》的意識形態，無動於

衷。正是本著《聖經》意識形態延續的精神，膏油才進入西方的王家禮拜儀式之中。對於卡佩君主而言，他們享有神聖王權的威望，實與克洛維的洗禮有關。在克洛維受洗之時，象徵聖靈的白鴿從天而降，帶來法蘭克國王將被膏抹的神奇油膏。藉由「天上聖油」的膏抹，法蘭西國王在西方基督教世界中享有至高威望，凌駕於其他基督教國王之上。克洛維受洗是《聖油瓶》傳說的來源，這一洗禮不僅標誌教會和法蘭克王國聯盟的開始，也是一個神蹟，一個神聖恩典的印記。

國王祝聖加冕禮既是上帝意志的表現，也是超自然力量的一種授權。塗油和授予王權物件是充滿象徵語彙的祕奧儀式，它將凡俗性的塵世政權引入宇宙性的永恆國度價值中。王權御寶——王冠、權杖、正義之手、寶劍、馬刺、戒指、扣環別針和王家服飾，以既定的序列出現在祝聖儀軌中，從物質和視覺意象層面來觀看，權力屬性穩定地寓居在每一個王權御寶之上。在眾人眼光凝視中，具象地呈現國王至高無上的權力。王權御寶充分彰顯王權和君主的威望，這些物件成為祝聖禮的要素絕非偶然，它是中世紀王權聖化概念成熟的映照。這種意識指導著王權器物的類別範疇。因此，我們必須思考選擇王權器物的標準。雖然特定物件的使用，會隨著時間、地域和文化思維而變化，但它們共享三個基本特徵——意識形態、美學和心理層次的共鳴，物質性的王權御寶，是形而上權力圓滿性的縮影。祝聖加冕儀軌以視覺化、形象化的方式，對王國臣民優雅地言說王權的廣闊意象。

十二世紀以來，聖潔騎士的理想成為西歐貴族社會的新風尚，在這一潮流中，騎士敘任禮也融入法蘭西國王祝聖禮。在

膏油儀式前授予國王的王權物件，是象徵著騎士精神的佩劍和馬刺，意指國王必須公正統治並維護和平，彰顯騎士精神的初始形象。膏油之後，法蘭西國王接受了權杖和正義之手，象徵著統治權威和司法權力。在授予象徵權威的戒指之後，隨即進入加冕階段。800年教宗利奧三世加冕查理大帝，標誌著西方使用王冠的開端，王冠至此成為最高權力的完美象徵。王冠是皇權尊嚴和王權圓滿性的最佳標記，它與王權緊密交纏。法蘭西祝聖加冕禮採用的敞開式百合花冠，是法蘭西國王特殊的神聖標誌，它與象徵皇權概念的閉鎖式拱形皇冠，不遑多讓。在祝聖加冕禮上，十二位法蘭西貴族將手指置於王冠之上，象徵著效忠服從的行為，是王國中的權力集團對國王的臣服。

　　值得注意的是，只有法蘭西國王在右手持權杖的同時，左手持著正義之手，反觀在西方的其他宮廷，則以劍或球體為權力象徵。王權物件的授予，雖然沒有膏油般重要，但它絕非毫無意義的純粹裝飾物。中世紀晚期西歐所有的王國中，這些物質性的器物，或多或少成為王權崇拜的一環。這些物件本身是貴重金屬和寶石，對於中世紀人民而言，黃金和寶石的耀眼光澤，讓人憶起上帝的神聖榮光。這些充滿象徵語彙的王家器物，反映出權力的理想屬性。因此，王冠的圓圈形狀指向完美圓滿的權力，花朵、藍寶石或紅寶石是王室美德的象徵，百合花是神性的純潔，它們都被精心保存在著名的聖地，供人民景仰。在理論上，雖然國王總是有能力訂製新的王權器物，但擁有前任君主的神聖王冠或權杖，更能證明權力的合法性和政權的連貫性。

　　法蘭西國王祝聖加冕禮中所使用的王權物件，隨著時代的

推移，工藝技法也日趨繁複精巧，寶石和珍珠的鑲嵌更增添器物的華彩。中世紀時期特別受到青睞的寶石——東方紅寶石，在王冠、權杖、戒指或其他重要物件上，經常占據特別醒目的位置。然而，巨大的東方紅寶石珍貴且稀有，取而代之的往往是玫紅尖晶石（rubis balais）或紅榴石。鑽石，在十四世紀，開始成為王權物件中一種特殊的寶石，但在鑽石切割工藝被引入歐洲之前，尚未受到人們高度的重視。直到十七世紀中葉，鑽石成為王權御寶最重要的鑲嵌寶石，使得其他彩色寶石，黯然失色。同時，高品質的綠寶石、藍寶石和珍珠，作為王權物件的裝飾品，仍然盛行。華麗、繁複裝飾王權物件的趨勢，反映了世俗和物質精神的強勢回歸。它揭示一個深受教會影響之世界的終結，以及邁向絕對王權的新政治格局。十七世紀末以來，藝術政治化的現象極為明顯，王權御寶以其形式化與強烈的裝飾性格，從而弱化初始的神聖氣韻，這也是國王祝聖禮的最後階段——華麗、歡樂的裝飾性慶典。

　　對於早期卡佩君主而言，祝聖儀式與預立王儲緊密勾連，為了落實權力正當性並確保王朝的永續發展，祝聖加冕不僅必要且是有效的。通過塗油構成神聖性王權的概念，烙印在中世紀人們的思維中，實際上這是《聖經》意識形態的延續。中世紀後期，隨著王室繼承規則以血緣世襲形式為依據，祝聖儀式的法制意義趨於式微，國王祝聖加冕禮也益趨形式化和儀式化，進而損害其確認王權的法制效力，以至於從路易八世開始，祝聖儀式與預立繼承人的聯繫，旋遭廢棄。腓力二世奧古斯都是最後一位預立王儲。並且，從十三世紀下半葉起，計算國王的統治年代，已經採用前國王辭世當天作為登基之日，而

非舉行祝聖加冕典禮之時，正如1270年腓力三世朝的統治，即為顯例。

　　繼承法和國王統治權合法性基礎的轉變，對應著當時代蓬勃發展的一種智識運動。從十三世紀開始，法學家、政論家和王廷官員等當代菁英，有意識地推動政治理論的轉向。羅馬法的復興，重新點燃了在大學中君主權力概念的辯論，知識菁英對祝聖儀式的憲制和法律價值，提出質疑。因此，「死者的遺產在死後立即歸屬繼承人」的準則，成為君主權力轉移的嶄新基礎。王位繼承即時性的原則，拒絕承認祝聖儀式對最高權力合法性具有任何法制價值。其目的在排除教宗或皇帝等外部權威，對法蘭西王權進行任何形式監督的可能性。在他們眼中，塗油和接受王權御寶，全然取決於國王的意願，塗油並未帶給國王任何神奇的力量，來治癒罹患慢性肺結核性頸椎腺病的瘰癧病人（御觸治病神蹟）。儘管菁英階層充分掌握法學理論的話語權，消解王權與祝聖禮之間的緻密關係，但祝聖加冕禮對於法蘭西人民而言，卻至關重要。法蘭西的普羅大眾，仍然相信祝聖膏油創造了國王。直到十五世紀，聖女貞德對查理七世的祝聖儀式，仍充滿著深厚的感情依戀，即是對祝聖加冕禮的真正價值，一種含蓄的解釋。

　　國王祝聖禮不只是強化法蘭西王權密度的問題，更是處理繁複且不確定的政治環境，一種有效的途徑。一方面，透過「神聖與世俗」二元合一的神學詮釋，王權聖化的概念，源源不絕地提供法蘭西君主在政治實踐上的規則和資源。再則，國王祝聖加冕禮也具有美學的面向，中世紀下半葉的法蘭西王權發展，不僅關乎國王對於王國事務的統籌管理能力，也涉及象

徵符號的王權政治宣傳。在其中，這些王權象徵物件，涵括權力屬性和美學符徵，以及其他非關政權的心理或情感符碼。因此，國王祝聖加冕禮在法蘭西王權的形塑中，居於核心的樞紐位置。

　　整體而論，中世紀至早期現代，在法蘭西王權發展的軌跡中，權力轉移從武力的軍事征服面向，過渡到象徵符號的文化面向，王權從物質性朝向抽象性、符號性的發展歷程，詮釋國王祝聖加冕禮在這段漫長歷史時期持續存在的意義和價值。國王祝聖加冕典禮，以其如史詩般盛大、華麗的儀典，在「神—人」一致的合奏中，不斷地迴唱法蘭西王權聖化的廣闊性，這一闋權力的聖歌在中世紀人民的心靈中永存；而法蘭西王權的一抹微光，穿越了深邃幽黯的現代性祛魅，也在後人的記憶中蟄伏、流轉。

地圖

一、法蘭克王國的擴張

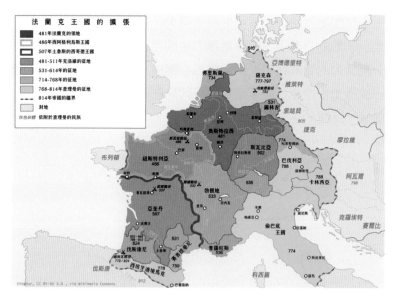

原始作者wiki user Bourrichon，資料來源是基於un fond de carte hydrographique de Sting: Image: France blank.svg. Données ajoutées à partir de Image: Royaume d'Hugues Capet.jpg: d'après Yves Lacoste（dir.），Atlas 2000（Paris, Nathan, 1996），p. 12. ©Bourrichon, CC BY-SA 3.0 / Wikimedia Commons

二、987年修哥卡佩時期的法蘭克王國

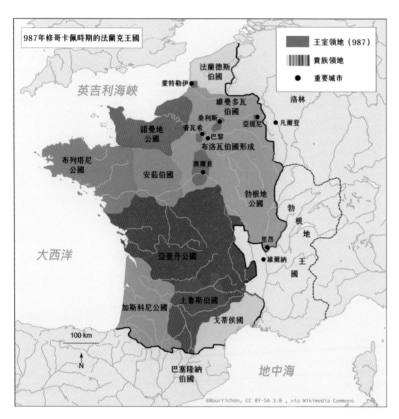

資料來源是基於Image: Frankish empire.jpg，圖片來自：Image: Frankish power 481 to 814.jpg（地圖的基底取自Frankish Empire 的檔案，而這個檔案的原始檔出自Frankish power的圖片，出 自 Shepherd, William. Historical Atlas（New York: Henry Holt and Company, 1911）.

©Sémhur, CC BY-SA 3.0 / Wikimedia Commons

王朝世系表

r.	統治年代
c.	生存年代
d.	卒年
=	配偶
m.	配偶
︱	父母－子女關係
⋮	同一家族的隔代成員

世系表內容主要根據Anselme de Sainte-Marie, *Histoire Généalogique et Chronologique de la Maison Royale de France, des Pairs, Grands Officiers de la Couronne, de la Maison du Roy et des Anciens Barons du Royaume...*, 3ᵉ éd（Paris: la Compagnie des libraires, 1726-1733）.

梅洛溫王朝（481-751）

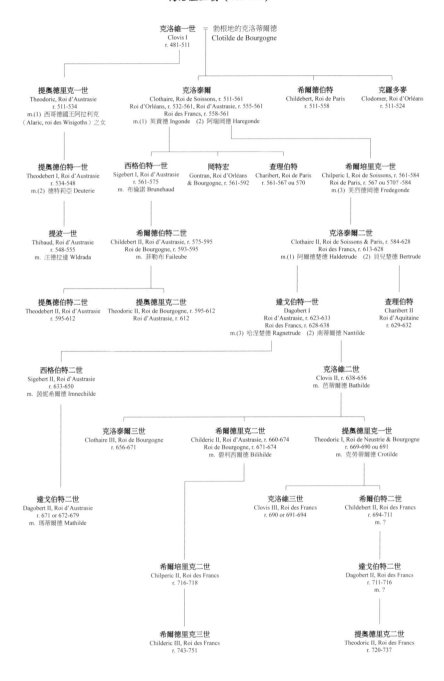

加洛林王朝——以西法蘭克王國為主（751-987）

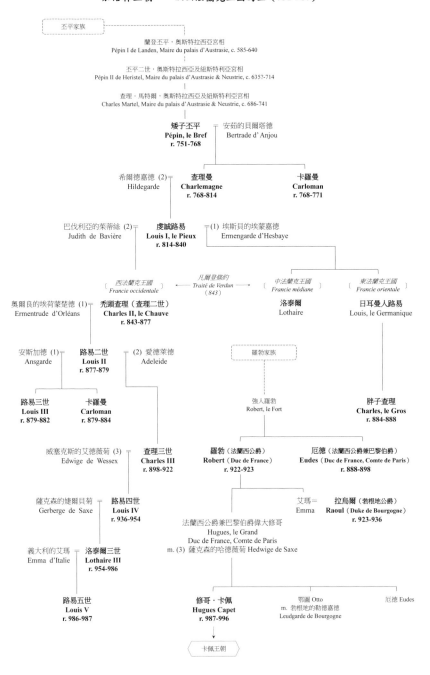

丕平家族

蘭登丕平，奧斯特拉西亞宮相
Pépin I de Landen, Maire du palais d'Austrasie, c. 585-640

丕平二世，奧斯特拉西亞及紐斯特利亞宮相
Pépin II de Heristel, Maire du palais d'Austrasie & Neustrie, c. 635?-714

查理·馬特爾，奧斯特拉西亞及紐斯特利亞宮相
Charles Martel, Maire du palais d'Austrasie & Neustrie, c. 686-741

矮子丕平　　安茹的貝爾塔德
Pépin, le Bref　Bertrade d' Anjou
r. 751-768

希爾德嘉德 (2)　查理曼　　　　　　　卡羅曼
Hildegarde　**Charlemagne**　　　　**Carloman**
r. 768-814　　　　**r. 768-771**

巴伐利亞的茱蒂絲 (2)　虔誠路易　　(1) 埃斯貝的埃蒙嘉德
Judith de Bavière　**Louis I, le Pieux**　Ermengarde d'Hesbaye
r. 814-840

西法蘭克王國　　凡爾登條約　　中法蘭克王國　　東法蘭克王國
Francie occidentale　*Traité de Verdun*　*Francie médiane*　*Francie orientale*
（843）

奧爾良的埃荷蒙楚德 (1)　禿頭查理（查理二世）　　　洛泰爾　　日耳曼人路易
Ermentrude d'Orléans　**Charles II, le Chauve**　　Lothaire　Louis, le Germanique
r. 843-877

　　　　　　　　　　　　　　　羅勃家族

安斯加德 (1)　路易二世　　(2) 愛德萊德
Ansgarde　**Louis II**　　Adeleide
r. 877-879

　　　　　　　　　　　　　強人羅勃
　　　　　　　　　　　　　Robert, le Fort

路易三世　　卡羅曼　　　　　　　　　　　　　　　胖子查理
Louis III　**Carloman**　　　　　　　　　　**Charles, le Gros**
r. 879-882　**r. 879-884**　　　　　　　　　**r. 884-888**

威塞克斯的艾德薇菊 (3)　查理三世　　　羅勃（法蘭西公爵）　　厄德（法蘭西公爵兼巴黎伯爵）
Edwige de Wessex　**Charles III**　**Robert（Duc de France）**　**Eudes（Duc de France, Comte de Paris）**
r. 898-922　**r. 922-923**　　　**r. 888-898**

薩克森的婕爾貝菊　路易四世　　　　　　艾瑪＝　拉烏爾（勃根地公爵）
Gerberge de Saxe　**Louis IV**　　　Emma　**Raoul（Duke de Bourgogne）**
r. 936-954　　　　　　**r. 923-936**

　　　　　　　　　　　　　　　法蘭西公爵兼巴黎伯爵偉大修哥
義大利的艾瑪　洛泰爾三世　　　Hugues, le Grand
Emma d'Italie　**Lothaire III**　Duc de France, Comte de Paris
r. 954-986　m. (3) 薩克森的哈德薇菊 Hedwige de Saxe

路易五世　　　　修哥·卡佩　　　鄂圖 Otto　　厄德 Eudes
Louis V　　**Hugues Capet**　m. 勃根地的勒德嘉德
r. 986-987　**r. 987-996**　Leudgarde de Bourgogne

卡佩王朝

卡佩王朝（987-1328）

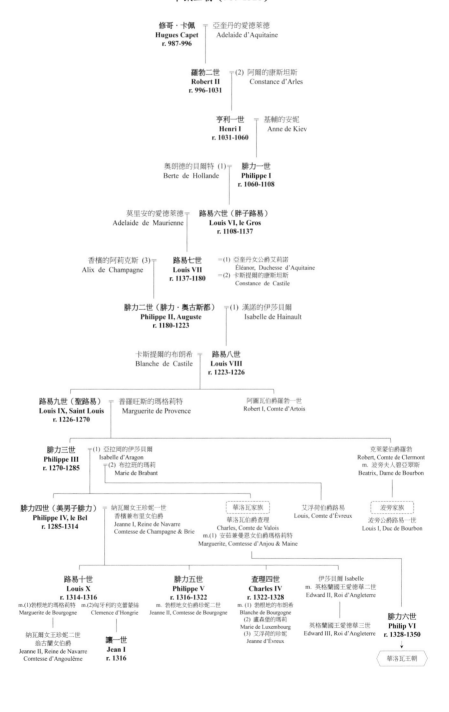

修哥‧卡佩
Hugues Capet
r. 987-996
— 亞奎丹的愛德萊德
Adelaide d'Aquitaine

羅勃二世
Robert II
r. 996-1031
— (2) 阿爾的康斯坦斯
Constance d'Arles

亨利一世
Henri I
r. 1031-1060
— 基輔的安妮
Anne de Kiev

奧朗德的貝爾特 (1)
Berte de Hollande
— 腓力一世
Philippe I
r. 1060-1108

莫里安的愛德萊德
Adelaide de Maurienne
— 路易六世（胖子路易）
Louis VI, le Gros
r. 1108-1137

香檳的阿莉克斯 (3)
Alix de Champagne
— 路易七世
Louis VII
r. 1137-1180
= (1) 亞奎丹女公爵艾莉諾
Éléanor, Duchesse d'Aquitaine
= (2) 卡斯提爾的康斯坦斯
Constance de Castile

腓力二世（腓力‧奧古斯都）
Philippe II, Auguste
r. 1180-1223
— (1) 漢諾的伊莎貝爾
Isabelle de Hainault

卡斯提爾的布朗希
Blanche de Castile
— 路易八世
Louis VIII
r. 1223-1226

路易九世（聖路易）
Louis IX, Saint Louis
r. 1226-1270
— 普羅旺斯的瑪格莉特
Marguerite de Provence

阿圖瓦伯爵羅勃一世
Robert I, Comte d'Artois

腓力三世
Philippe III
r. 1270-1285
— (1) 亞拉岡的伊莎貝爾
Isabelle d'Aragon
— (2) 布拉班的瑪莉
Marie de Brabant

克萊蒙伯爵羅勃
Robert, Comte de Clermont
m. 波旁夫人碧亞翠斯
Beatrix, Dame de Bourbon

腓力四世（美男子腓力）
Philippe IV, le Bel
r. 1285-1314
— 納瓦拉女王珍妮一世
香檳兼布里女伯爵
Jeanne I, Reine de Navarre
Comtesse de Champagne & Brie

華洛瓦家族
華洛瓦伯爵查理
Charles, Comte de Valois
m.(1) 安茹兼曼恩女伯爵瑪格莉特
Marguerite, Comtesse d'Anjou & Maine

艾浮荷伯爵路易
Louis, Comte d'Évreux

波旁家族
波旁公爵路易一世
Louis I, Duc de Bourbon

路易十世
Louis X
r. 1314-1316
m.(1)勃根地的瑪格莉特
Marguerite de Bourgogne
m.(2)匈牙利的克蕾蒙絲
Clemence d'Hongrie

納瓦拉女王珍妮二世
翁古蘭女伯爵
Jeanne II, Reine de Navarre
Comtesse d'Angoulême

讓一世
Jean I
r. 1316

腓力五世
Philippe V
r. 1316-1322
m. 勃根地女伯爵珍妮二世
Jeanne II, Comtesse de Bourgogne

查理四世
Charles IV
r. 1322-1328
m.(1) 勃根地的布朗希
Blanche de Bourgogne
(2) 盧森堡的瑪莉
Marie de Luxembourg
(3) 艾浮荷的珍妮
Jeanne d'Évreux

伊莎貝爾 Isabelle
m. 英格蘭國王愛德華二世
Edward II, Roi d'Angleterre

英格蘭國王愛德華三世
Edward III, Roi d'Angleterre

腓力六世
Philip VI
r. 1328-1350

華洛瓦王朝

華洛瓦王朝（1328-1589）

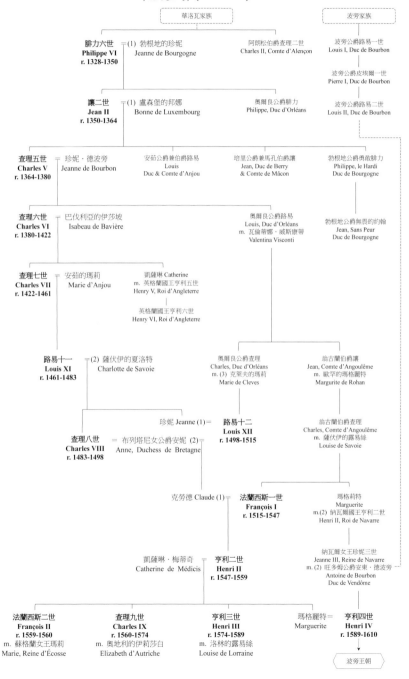

華洛瓦家族

波旁家族

腓力六世
Philippe VI
r. 1328-1350
═(1) 勃根地的珍妮
Jeanne de Bourgogne

阿朗松伯爵查理二世
Charles II, Comte d'Alençon

波旁公爵路易一世
Louis I, Duc de Bourbon

波旁公爵皮埃爾一世
Pierre I, Duc de Bourbon

讓二世
Jean II
r. 1350-1364
═(1) 盧森堡的邦娜
Bonne de Luxembourg

奧爾良公爵腓力
Philippe, Duc d'Orléans

波旁公爵路易二世
Louis II, Duc de Bourbon

查理五世
Charles V
r. 1364-1380
═ 珍妮・德波旁
Jeanne de Bourbon

安茹公爵兼伯爵路易
Louis
Duc & Comte d'Anjou

培里公爵兼馬孔伯爵讓
Jean, Duc de Berry
& Comte de Mâcon

勃根地公爵勇敢腓力
Philippe, le Hardi
Duc de Bourgogne

查理六世
Charles VI
r. 1380-1422
═ 巴伐利亞的伊莎坡
Isabeau de Bavière

奧爾良公爵路易
Louis, Duc d'Orléans
m. 瓦倫蒂娜・威斯康蒂
Valentina Visconti

勃根地公爵無畏的約翰
Jean, Sans Peur
Duc de Bourgogne

查理七世
Charles VII
r. 1422-1461
═ 安茹的瑪莉
Marie d'Anjou

凱薩琳 Catherine
m. 英格蘭國王亨利五世
Henry V, Roi d'Angleterre

英格蘭國王亨利六世
Henry VI, Roi d'Angleterre

路易十一
Louis XI
r. 1461-1483
═(2) 薩伏伊的夏洛特
Charlotte de Savoie

奧爾良公爵查理
Charles, Duc d'Orléans
m. (3) 克萊夫的瑪莉
Marie de Cleves

翁古蘭伯爵讓
Jean, Comte d'Angoulême
m. 歐罕的瑪格麗特
Margurite de Rohan

珍妮 Jeanne (1)═

路易十二
Louis XII
r. 1498-1515

翁古蘭伯爵查理
Charles, Comte d'Angoulême
m. 薩伏伊的露易絲
Louise de Savoie

查理八世
Charles VIII
r. 1483-1498
═ 布列塔尼女公爵安妮 (2)
Anne, Duchess de Bretagne

克勞德 Claude (1)═

法蘭西斯一世
François I
r. 1515-1547

瑪格莉特
Marguerite
m.(2) 納瓦爾國王亨利二世
Henri II, Roi de Navarre

凱薩琳・梅蒂奇
Catherine de Médicis
═ 亨利二世
Henri II
r. 1547-1559

納瓦爾女王珍妮三世
Jeanne III, Reine de Navarre
m. (2) 旺多姆公爵安東・德波旁
Antoine de Bourbon
Duc de Vendôme

法蘭西斯二世
François II
r. 1559-1560
m. 蘇格蘭女王瑪莉
Marie, Reine d'Écosse

查理九世
Charles IX
r. 1560-1574
m. 奧地利的伊莉莎白
Elizabeth d'Autriche

亨利三世
Henri III
r. 1574-1589
m. 洛林的露易絲
Louise de Lorraine

瑪格麗特
Marguerite
═ 亨利四世
Henri IV
r. 1589-1610

波旁王朝

參考書目

一、傳統文獻

（一） 檔案

BNF.fr. 2707, no. 34.

BNF.fr. 2707, no. 58.

BNF.fr. 2707, no. 62.

BNF, fr 2813.

BN, lat.1246.

BN Ms fr. 5024.

Capitula Episcoporum. M.G. H., Hanover: Hannsche, 1984.

Capitularia Regum Francorum. M. G. H., Hannover: Hahn, 1897.

Chatres, Trésor des. Reg. JJ 153, pièce 430.

Clementine Latin Vulgate Bible. L'Ecclesiastique, X3.

Ier Concile Bracarens. Ann. 563.

Coronation Book of Charles V, London, B. L., Cottonian Ms. Tiberius B. VIII, fol. 59, v. c. 1365.

Londres British Library Tiberius B. viii, fol. n 46v- 47.

St. Gallen, Stiftsbibliothek. *Codex Sang*, 266.

Trésor des Chatres, Reg. JJ 153.

（二） 書籍

Abbonis Floriacensis Passio Sancti Eadmundi, Memorials of Saint Edmund's Abbey, éd. par Arnold（Th.）. London: Printed for. Her Majesty's Stationery Office, 1890.

Actes du Concile de Saint-Macre. Eds. Philippe Labbe, Gabriel Cossart. In *Sacrosancta Concilia ad Regiam Editionem Exacta Auctori.* Paris: Société Typographique, 1671-1672.

Annales Bertiniani, éd. par Perze（Georg Heinrich）, *Momumenta Germaniae Historiae. Scriptores*（縮寫 *MGH, SS.*）. Hanover: Hahn, 1883.

Annales de Saint-Bertin. Eds. Grat, Félix, J. Vieillard & S. Clémencet. Paris: C. Klincksieck, 1964.

Annales Fuldenses, MGH, Scriptores Rerum Germanicarum. Ed. Kurze, Friedrich. Hanover: Hahn, 1891.

Annales Laureshamenses. Ed. Perze, Georg Heinrich. *MGH, Scriptores.* t. I. Hanover: Hahn, 1883.

Annales Mettenses. Ed. Simson, Bernhard. *M.G.H., Scriptores. in Usum Scholarum Separatim Editi*, Ann. 750, p. 42. Hanover: Hahn, 1905.

Annales Regni Francorum, M.G.H., Scriptores Rerum Germanicarum. in Usum Scholarum Separatim Editi. Ed. Kurze, Friedrich. Hanover: Hahn,1895.

Beda Venerabilis, *De Tabernaculo, De Templo, Quaestiones in Libros Regum,*

Lib. 2, cap. V et IX. St. Gallen, Stiftsbibliothek, Codex Sang, 266.

Bellaguet, Mgr. Louis François. *Chronique du Religieux de Saint-Denis.* Paris: CTHS, 1842.

Biblia Sacra Vulgatae. Venetiis: ex typographia Remondiana, 1757.

Boretius, Alfred, et Victor Krause eds. *Capitularia Regum Francorum, Monumenta Germaniæ Historica*（縮寫 *M.G.H*）*Leges II, Capitularia Regum Francorum.* Hanover: Hahn, 1897.

Boureau, Alain. *Le Pape et les Sorciers: Une Consultation de Jean XXII sur la Magie en 1320*（Manuscrit B. A. V. Borghese 348）. Rome: École Française de Rome, 2004.

Bourgeois de Paris. *Journal d'Un Bourgeois de Paris, 1405-1449.* Paris: Champion, 1881.

Canones Apostolorum et Conciliorum Veterium Selecti: Collegit atque Insignioris Lectionum Varietatis Notationes Subiunxit. Ed. Bruns, Hermann Theodor. Berolini: Typis et sumptibus G. Reimeri, 1839.

Chartier, Jean ed. *Chronique de Charles VII.* Paris: P. Jannet, 1858.

Chevalier, Chanoine Ulysse ed. *Une Nouvelle* Édition des Œuvres Complètes de Saint Avit, Évêque de Vienne. *Notice sur Saint Avit.* Lyon: librairie générale catholique et classique, 1890.

Choix de Chroniques et Mémoires sur l'Histoire de France. Paris: A. Desrez, 1836.

Chronique de Frédégaire. Ed Krusch, Bruno. *MGH, Scriptores Rerum Merovingicarum,* t. II, pp. 18-193. Hanover, 1888.

Cicéron, *De la Divination.* Trans. M. De Golbéry, Paris: Béchet Jeune, libraire de la faculté de médecine de Paris, 1837.

Clausula, M.G.H., Scriptores Rerum Merovingicarum. Ed. Krusch, Bruno. t. I,

Hanover, 1885.

Codex Carolinus, éd. par Gundlach（Wilfelm）, *MGH., Epistulae Merovingici et Karolini. aevi.* t I. Beronlini, 1892.

Delisle, Léopold. *Mandements et Actes Divers de Charles V（1364-1380）*. Paris: Imprimerie nationale, 1874.

Deschamps, Eustache. *Oeuvres Complètes.* t. IV. Paris: Firmin, 1884.

Deux Moralités Inédites, Composées et Représentées en 1427 et 1428 au Collège de Navarre. Paris: Librairie d'Argences, 1955.

Dewick, Edward Samuel. "*The Coronation Book of Charles of France*," *Henry Bradshaw Society*, XVI, London: Harrison and Sons, 1899.

Diller, George T. ed. *Chroniques de Froissart*, Genève: Droz, 1992.

Doublet, Dom Jacques, *Histoire de l'Abbaye de S. Denys en France*. Paris: Nicolas Buon, 1625.

Douët d'Arcq, Louis. *Comptes de l'Argenterie des Rois de France, Société de l'Histoire de Franc*（簡稱 *SHF*）. Paris: J. Renouard et cie, 1851.

Duchesne, Mgr. Louis ed. *Liber Pontificalis*. Vol. I. Paris: Ernest Thorin, 1886.

——. ed. *Liber Pontificalis*. Vol. II. Paris: Ernest Thorin, 1892.

Duplès-Agier, Henri. *Registre Criminel du Châtelet de Paris du 6 Septembre 1389 au 18 Mai 1392*. Paris: Imprimer par C. Lahure, 1861-1864.

Einhard. *Vie de Charlemagne*. In *Classiques de l'Histoire de France au Moyen Âge*. Ed. Louis Halphen. Paris: Champion, 1938.

Ermold le Noir, *In Honorem Ludovici*, in *Classiques de l'Histoire de France au Moyen Âge, Lib*. II. Ed. Faral, Edmond. Paris: Champion, 1932.

Eusèbe de Césarée. *Histoire Ecclésiastique*. Trans. Emile Grappin. Paris: Picard, 1905.

Félibien, Dom Michel, *Histoire de l'Abbaye Royale de Saint-Denis en France*,

Paris: Chez Frederic Leonard,1706, vignettes, plans et planches.

Gerbert, *Lettres de Gerbert*. Ed. Havet, Julien. Paris: A. Picard, 1889.

Gerson, Jean. "Vivat Rex," *Oeuvres Complètes*. Paris: Desclee, 1960-1968.

Godefroy, Théodore, *Le Cérémonial François*. Paris: chez Sébastien Cramoisy et Gabriel Cramoisy, 1619.

Grandes Chroniques de France. Ed. Viard, Jules. *SHF*, 10 vol. Paris: Champion, 1920-1953.

Grat, Félix, Jeanne Vielliard & Suzanne Clémencet eds. *Annales de Saint-Bertin*. Paris: C. Klincksieck, 1964.

Gratian's Decretum, Causa 15, Quaestio 6, Canon 3 of. and Gregory VII. Registrum, viii. 21.

Grégoire de Nysse, *La Vie de Moïse*. Paris: Cerf, 1955.

Grégoire de Tours., *Historiae Francorum*. In *Monumenta Germaniae Historica, Scriptores Rerum Merovingicarum*, t. I. Ed. Bruno Krusch. Hanover: Hahn, 1951.

——., *Histoire des Francs*, texte des manuscrits de Corbie et de Bruxelles publiée par Omont（H.）et Collon（G.）, éd. par R. Poupardin, Paris, 1913. - *Histoire des Francs*, trad. fr. par Latouche（R.）, t. I, 1963; t. II, 1965.

Gregory Bishop of Tours, *History of the Franks*, Selections, Translated with Notes by Ernest Brehaut, Ph.D. New York: Columbia University Press, 1916.

Guillaume de Nangis, *Chronique Latine de Guillaume de Nangis de 1113-1300 avec les Continuations de 1300 à 1368*. Ed. Géraud, Hercule. SHF, 2 vol, Paris: Imprimerie royale, 1843.

Gundlach, Wilfelm ed. *Monumenta Germaniae Historica, Codex Carolinus*.

Beronlini: Weidmannos, 1892.

——., ed. *Monumenta Germaniae Historica, Epistulae Merovingici et Karolini Aaevi*. Beronlini: Weidmannos, 1895.

Guyotjeannin, Olivier, and Serge Lusignan eds. *Le Formulaire d'Odart Morchesne*. Paris: École des Chartes, 2005.

Hefele, Cardinal Joseph. *Conciliengeschichte, nach den Quellen*. Freiburg: Herder, 1887.

Helmich, Werner. *Die Allegorie im Französischen Theater des 15. und 16. Jahrhunderts, Zeitschrift für Romanische Philologie*, Beiheft Bd. 156, Tübingen: Niemeyer, 1976.

Hincmar, "Lettre à Louis le Germanique," 858. In *Recueil des Historiens des Gaules et de la France*. Ed. Martin Bouquet. Paris: Victor Palmé, H. Welter, Imprimerie nationale, 1738-1904.

——., *Vita Sancti Remigii*, éd. par Krusch（B.）, *MGH., Scriptores Rerum Merovingicarum*. t. III, pp. 250-349, Hanover, 1896.

Innocent IV, *Apparatus super Libros Decretalium*. Venice: Bernardinus Stagninus, 1481.

Isambert, François André ed. *Recueil Général des Anciennes Lois Françaises*. Paris: Belin-Le Prieur, 1822-1833.

Isidore de Séville. *De Ecclesiasticis Officiis*, t. II: *De Chrismate*, n° 1. In *Patrologiae Cursus Completus. Series Latina.*（縮寫 *P.L.*）Ed. Migne, Jean Paul. Paris: Les Belles Lettres, 1844-1864, vol. 83, col. 736-826.

Iter Hierosolymitanum（*Descriptio qualiter Carolus Magnus Clavum Domini a Constantinopoli Aquisgrani Attulerit Qualiterque Carolus Calvus hec ad S. Dionysium Retulerit*）, in *Revue des Langues Romanes*. Ed. Castets, Ferdinand. Monpellier, 1913, t. LVI, 417-467.

Journal du Siège d'Orléans. Le Recueil des Procès, t. IV. Orléans: H. Herluison 1896.

Julien de Tolède. *Histoire de Wamba*. In *Monumenta Germaniae Historica. Scriptores Rerum Merovingicarum*, t. V. Ed. Bruno Krusch. Hanover: Hahn, 1883.

Juvénal des Ursins, *Histoire de Charles VI, Roi de France*. Ed. Michaud et Poujoula, *Nouvelle Collection de Mémoires pour Servir à l'Histoire de France*, t. XII. Paris: Imprerie Royale, 1653.

Krusch, Bruno ed. *Monumenta Germaniae Historica, La Clausula*. Hanover: Hahn, 1885.

Kurze, Friedrich ed. *Monumenta Germaniae Historica. Scriptores Rerum Germanicarum. in Usum Scholarum, Annales Fuldenses*. Hanover: Hahn, 1891.

——., ed. *Monumenta Germaniae Historica. Scriptores Rerum Germanicarum. in Usum Scholarum, Annales Regni Francorum*. Hanover: Hahn, 1895.

Labarte, Jules. *L'Inventaire du Mobilier de Charles V, Roi de France*. Paris: Imprimerie Nationale, 1879.

La bulle Grandi, *Corpus Juris Canonici*. Rome: Gregorii Jussu editum, 1582.

Lacroix, Paul, "Inventaire du trésor de Saint-Denis en 1793," in *Revue Universelle des Arts*（n° de février 1856）, 123-143 et 340-366.

L'Apparicion Maistre Jehan de Meun et le Somnium Super Material Scismati d'Honoré Bovet. Paris: Ivor Arnold, 1926.

Gautier, Léon. *La Chanson de Roland*. Tours: Mame, 1872.

Le Religieux de Saint-Denys, *Chronique, Contenant le Règne de Charles VI de 1380 à 1442*. Paris: Crapelet, 1839-1852.

Lex Salica. Ed. Behrend, Richard. Weimar: H. Bôhlau's Nachfolger, 1897.

Liste des Objets Remis aux Commissaires du Museum. Extrait du Procès-Verbal du 15 Frimaire, An II. Cf. Archive du Musée du Louvre, M. 4. 1793, 5 décembre.

Ludwig, Emil, Emil Friedberg eds. *Corpus Iuris Canonici*, vol. II. Leipzip: Tauchnitz, 1839, Liber Extra, c. 8 X 3, 13.

Mansi, Jean Dominique ed. *Sacrorum Conciliorum Nova et Amplissima Collectio.* Florence: A. Zatta, 1759-1798.

Marquet de Vasselot, Jean Joseph. *Musée du Louvre. Orfèvrerie, Emaillerie et Gemmes du Moyen Âge au XVIIe Siècle*, Catalogue du musée, Paris, 1914.

Meyer, Jacob. *Commentaire Sive Annales Rerum Flandricarum Libri Septemdecim.* Anvers: Joannes Grapheus for Joannes Steelsius, 1561.

Mézières, Philippe de. *Le Song du Vieil Pelerin.* Oxford: Cambridge University Press, 1969.

Millet, Dom Germain, *Le Trésor Sacré ou Inventaire des Sainctes Reliques et Autres Précieux Joyaux Qui Se Voient en L'Eglise et au Thrésor de L'Abbaye Royale de Sainct Denys en France.* Paris: Jean Billaine,1646.

Migne, Jean-Paul ed. *Patrologiae Cursus Completus, Accurante, Series Latina.* （縮寫為 P. L.）. Paris: Garnier, 1844-1903.

Monstrelet, Enguerran de. *Chronique.* Ed. par Louis Douët d'Arcq, *SHF*, Paris: Renouard, 1860.

Montfaucon, Bernard de, *Les Monumens de la Monarchie Françoise, Qui Comprennent L'Histoire de France avec les Figures de Chaque Regne Que l'Injure des Tems à Epargnées.* Paris: Chez Julien-Michel Gandouin, 1729.

Moninier, Émile, *Histoire Générale des Arts Appliqués à L'Industrie du Ve à la Fin du XVIIIe Siècle.* t, IV. Paris: Centrale des Beaux-Arts, E. Levy et Cie,

1901.

Objets du Museum Proposés par L'Administration pour Être Vendus au Profit du Museum. Cf. Arch. du Musée du Louvre, M. 4.

Oresme, Nicole. *Le Livre de Politiques d'Aristote.* Ed. Menut, Albert Douglas. Philadelphia: American Philosophical Society, 1970.

Passio Sancti Venczlavi Martiris, Gumpoldi Mantuani Episcopi, Fontes Rerum Bohemicarum. Ed. Emler, Josef. t. I, Praha: Nadání Františka, 1873.

Perceval de Cagny, *Chronique.* Paris: Librairie Renouard, 1902.

Perè Anselme, Pierre de Guibours. *Histoire Généalogique et Chronologique de la Maison Royale de France, des Pairs et Grands Officiers de la Couronne,* 3ᵉ edn. Paris: La Compagnie des Libraires, 1726-1733.

Perze, Georg Heinrich ed. *Monumenta Germaniae Historiae, Scriptores,* t. I. Hanover: Hahn, 1826

——., ed. *Monumenta Germaniae Historiae, Scriptores,* t. II. Hanover: Hahn, 1829.

——., ed. *Monumenta Germaniae Historiae, Scriptores, Annales Laureshamense.* Hanover: Hahn, t. I. 1883.

——., ed. *Monumenta Germaniae Historiae, Scriptores, Annales Bertiniani.* Hanover: Hahn, t. I. 1883.

Pizan, Christine de, Kate Langdon Forhan trans. *The Book of the Body Politic.* Cambridge: Cambridge University Press, 1994.

——., *Le Livre des Fais et Bonnes Mœurs du Sage Roy Charles V.* Paris: H. Champion, 1936.

——., *Livre de la Mutacion de Fortune.* Paris: Picard 1959.

Platonis Dialogi Latine Juxta Interpretationem Ficini, vol. IX. London: Sumptius Richardi Priestley, 1826.

Platter le Jeune, Thomas, *Description de Paris, 1599*, Traduction de l'allemand par L. Sieber, achevée par MM. Weibel. Paris: Société de l'Histoire de Paris, 1896.

Quicherat, Jules ed. "Lettre de Trois Gentilshommes Angevins"（17 juillet 1429）, *Procès de Condemnation et de Réhabilitation de Jeanne d'Arc, Société de l'Histoire de France*（*S.H.F.*）. Paris: Renouard, 1841-1849.

Richer. *Histoire de France*（*888-995*）. Ed. Latouche, Robert. 2 vol., Classiques français de l'hist. de France au Moyen Âge. Paris: Libr. ancienne H. Champion, 1930.

Rigord, *Oeuvres de Rigord et Guillaume le Breton Historiens de Philippe Auguste*（*I. Chronique de Rigord et Guillaume le Breton; II. Philippe de Guillaume le Breton*）. Ed. Delaborde, Henri-François. *SHF*, t. I. Paris: Renouard, 1882.

Rodulfi Glabri Historiarum Libri Quinque, in *Momumenta Germaniae Historiae. Scriptores*. éd. Perze（G. H.）（Hanover, 1826 - ）.

Rotuli Parliamentorum. London: Record Commission, 1783.

Salisbury, Jean de. *Polycraticus*, Book II, 17. Oxford: Clarendon, 1909.

Saint Augustin. *La Cité de Dieu*. Trans. Émile Edmond Saisset. Paris: Charpentier, 1855.

——., *De Civitate Dei*, vol. I. c. 21. Ed. Welldon, J. E. C. London: David, 1924.

Saint Ambrose of Milan, *Letters*, 21. Oxford, UK: James Parker, 1881.

Saint Thomas d'Aquin. *Summa Totius Théologiae*. Lyon: Jean Pillehotte, 1624.

——., *Opera Omnia*, vol. 14, *Expositio super Iob ad Litteram*, c. I, lect. 3. Parma: P. Ficcadori, 1862-1870（1948）.

Scheibelberg, Friedrich ed. *De Investigatione Antichristi Una cum Tractatu*

Adversus Graecos. Linz: Grat, 1875.

Schnerb-Lièvre, Marion ed. *Le Songe du Vergier*. Paris: Publications du C.N.R.S. 1982.

Secousse, Mgr. Denis François. *Ordonnances des Roys de France de la Troisième Race*, t.VII, 1382-1394. Paris: l'Imprimerie Royale, 1745.

Shakespeare, William, *Twelfth Night, or What You Will*. London: Penguin Classics, 2000.

Simson, Bernhard von ed. *Monumenta Germaniae Historica, Annales Mettenses*. Hanover: Hahn, 1905.

Songe Veritable d'Henri Moranvillé. Paris: Hacette, 1890.

Suger, *Vie de Louis VI le Gros, Sources de l'Histoire*. Trad. fr. par Waquet, Henri. *Les Belles Lettres*, Paris: H. Champion, 1929.

──., *Oeuvres*, t. I. *L'Oeuvre Administrative et Histoire de Louis VII*. Ed. Gasparri, Françoise. Paris: Les Belles Lettres, 1996.

Thégan, *Gesta Hudovici Imperatoris*. In *Monumenta Germaniae Historiae, Scriptores*, t. II. Ed. Georg Heinrich Perze. Hanover: Hahn, 1829.

Tillet, Jean du. *Recueil des Roys de France, Leurs Couronne et Maison, Ensemble le Rang des Grands de France*. Paris: Jacques Du Puys, 1588.

Tristan de Saint-Amant, Jean, *Traicté du Lis, Symbole Divin de L'Espérance Contenant la Juste Défense de Sa Gloire, Dignité et Prérogative*. Paris: Chez Jean Piot, 1656.

Valois, Noël. *La France et la Grand Schisme d'Occident*. t. II. Paris: Picard, 1896.

Vita Remigii. In *Monumenta Germaniae Historiae, Scriptores*, t. II. Ed. Georg Heinrich Perze. Hanover: Hahn, 1829.

Widukind, *Res Gestae Saxonicae Sive Annalium Libri I*, 26. in *Momumenta*

Germaniae Historiae. Scriptores. éd. par Perze（G. H.）, 32 vol. Hanover, 1826-1934.

Zeumer, Karl. *Formulae Merowingici et Karolini Aevi*, in *Monumenta Germaniae Historiae, Formulae, Marculfe,* I. Hanover: Hahnsche Buchhandlung, 1882.

二、近人論著

《聖經》新標點合和本（Chinese V），台北：臺灣聖經公會，1961。

陳秀鳳，〈卡佩王朝建立時期封建領主之形成〉，《臺灣師大歷史學報》第 42 期（2009 年 12 月），頁 327-366。

陳秀鳳，〈政權神聖化──以法蘭克國王祝聖典禮為中心的探討〉，《新史學》第 16 卷第 4 期（2005 年），頁 57-98。

陶理博士主編，李伯明，林牧野譯：《基督教二千年史》三版，香港：海天書樓，2001。

Albe, Edmond. *Autour de Jean XXII: Hugues Géraud, Évêque de Cahors, l'Affaire des Poisons et des Envoûtements*. Cahors: J. Girma, 1904.

Arquilliere, Henri Xavier. *L'Augustinisme Politique: Essai sur la Formation des Théories Politiques au Moyen Âge*. Paris: J. Vrin, 1934.

Autrand, Francoise. *Charles VI, La folie du Roi*. Paris: Fayard, 1986.

Bak, János Mihaly. *Coronations: Medieval and Early Modern Monarchic Ritual*. Berkeley: University of California Press, 1990.

Barbet de Jouy, Henry. *Notices des Antiquités, Objets du Moyen Âge, de la Renaissance et des Temps Modernes Composant le Musée des Souverains*, 2e éd., *Catalogues du Musée du Louvre*. Paris: Charles de Mourgues Frères, 1868.

Bayard, Jean-Pierre. *Sacres et Couronnements Royaux*. Paris: Guy Tredaniel, 1984.

Beaumanoir, Philippe de, *Coutumes de Beauvaisis of Philippe de Beaumanoir*. Paris: Gallimard, 1996.

Beaune, Colette, *Naissance de la Nation France*. 2nd ed. Paris: Gallimard, 1986.

Bendix, Reinhard. *Kings or People: Power and the Mandate to Rule*. Berkeley, Los Angeles: University of California Press, 1980.

Benveniste, Émile. *Le Vocabulaire des Institutions Indo-Européennes*, t. II: *Pouvoir, Droit, Religion*. Paris: Les Éditions de Minuit, 1969.

Black, Anthony. *Political Thought in Europe, 1250-1450*. Cambridge: *Cambridge* University Press, 1992.

Bloch, Marc. *Les Rois Thaumaturges: Étude sur le Caractère Surnaturel Attribué à la Puissance Royale Particulièrement en France et en Angleterre*. Strasbourg and Paris: Istra, 1924.

Bossuat, Robert. "Raoul de Presles." *Histoire Littéraire de la France*. Paris: Imprimerie nationale, 1974.

Boudet, Jean-Patrice. "Les Condamnations de la Magie à Paris en 1398," *Revue Mabillon*, 12（t. 73）, Octobre, 2001, 121-153.

Boulet-Sautel, Marguerite. "Le Princeps chez Guillaume Durand." In *Études d'Histoire du Droit Canonique Offertes à G. Le Bras*. Paris: Sirey, 1965, t. II, 803-813.

——., "Le Princeps chez Guillaume Durand," *Études d'Histoire du Droit Canonique Offertes à G. Le Bras*. Paris: Sirey, 1965, 803-813.

Boureau, Alain & C. S. Ingerflom, *La Royauté Sacrée dans le Monde Chrétien*. Paris: l'École des Hautes études en sciences sociales, 1992.

Bréhier, Louis. *Les Institutions de L'Empire Byzantin*, Paris: Albin-Michel, 1949.

──., *Les Sculptures de la Façade de la Cathédrale de Reims et les Prières Liturgiques du Sacre*. Paris: Laurens, 1920.

Buchner, Max. "Rom oder Reims die Heimat des Constitutum Constantini?: Eine Skizze." In *Historisches Jahrbuch* 53（1933）, 157-168.

Bullet, Jean-Baptiste. *Dissertation sur la Main de Justice*. Paris: chez H. L. Guerin & L. F. De la Tour, 1759.

Burke, Peter. *Popular Culture in Early Modern Europe*. New York: Harper & Row, 1978.

Burns, James Henderson. *Lordship, Kingship, and Empire. The Idea of Monarchy 1400–1525*. Oxford: Clarendon Press, 1992.

Carlyle, Alexander James. *A History of Medieval Political Theory in the West*, vol. I. New York: Putnam, 1903.

Cazelles, Raymond. *La Société Politique et la Crise de la Royauté sous Philippe de Valois*. Paris: Bibliothèque Elzévirienne, 1958.

Chevalier, Ulysse. *Sacramentaire et Martyrologe de l'Abbaye de Saint-Remy*. Paris: Pieard, 1900.

Cohn, Norman. *Démonolâtrie et Sorcellerie au Moyen Âge, Fantasmes et Réalités*. Paris: Payot, 1982.

Collard, Franck. "In Claustro Venenum. Quelques Réflexions sur l'Usage du Poison dans les Communautés Religieuses Médiévales," *Revue d'Histoire de l'Église de France*, 88（Janvier-Juin, 2002）, 5-19.

──., "L'Empereur et le Poison: de la Rumeur au Mythe. Les Enjeux Historiographiques, Politiques et Idéologiques du Prétendu Empoisonnement d'Henri VII en 1313," *Médiéval*, 41（Juillet-Decembre,

2001）, 113-131.

Contamine, Philippe."Le Royaume de France ne Peut Tomber en Fille. Fondement, Formulation et Implication d'une Théorie Politique à la fin du Moyen Âge," *Perspectives Médiévales*, 13（juin 1987）, 67-81.

Coste, Jean. *Boniface VIII en Procès. Articles d'Accusation et Dépositions des Témoins（1303-1311）*. Rome: L'Erma di Bretschneider, 1995.

Dahan, Glibert ed. *L'Expulsion des Juifs de France: 1394, avec la Collaboration d'Élie Nicolas*（coll. Nouvelle Gallia Judaicà）. Paris: Cerf, 2004.

De Launay, Marc B. "L'onction", *Archives de Sciences Sociales des Religions*, Janvier-mars 2015, 60ᵉ Année, No. 169（Janvier-mars 2015）, pp. 47-62.

Delisle, M. Léopold, *Mandements et Actes Divers de Charles V:（1364 - 1380）*. Paris: Imprimerie natonale, 1874.

Demouy, Patrick. *Reims, Ville d'Art et d'Histoire*. Reims: La Goélette, 1992.

Demurger, Alain. *Vie et Mort de l'Ordre du Temple*. Paris: du Seuil, 1985.

De Pange, Jean. *Le Rois Très Chrétien*. Paris: Arthème Fayard, 1949.

De Vaux, Roland. *Les Institutions de L'Ancien Testament*. Paris: Editions le Cerf, 1960.

Delachenal, Roland. *Histoire de Charles V*, t. III. Paris: A. Picard, 1927.

Dom Séjourne, Paul. *Le Dernier Père de l'Église: Saint Isidore de Séville. Son Rôle dans l'Histoire du Droit Canonique*. Paris: Gabriel Beauchesne, 1929.

Duby, Georges. *The Three Orders: Feudal Society Imagined*. Chicago: University of Chicago Press, 1981.

——., *Histoire de la France, des Origins à Nos Jours*. Paris: Larousse/VUEF, 2003.

——., *La Noblesse au Moyen Âge XIe-XVe Siècles*. Paris: Librairie Honoré Champion,1976.

Dumas, Auguste. *Le Serment de Fidélité et la Conception du Pouvoir du Ier au IXe Siècle*. Paris: Recueil Sirey, 1931.

Evola, Julius. *Le Mystère du Graal*. Paris: Éditions Traditionnelles, 1974.

Favier, Jean. *Philippe le Bel*, Paris: Fayard, 1978.

——., *Un Conseiller de Philippe le Bel: Enguerran de Marigny*. Paris: PUF, 1963.

Ferguson O'Meara, Carra. *Monarchy and Consent, The Coronation Book of Charles V of France*, Londres, 2001.

Fingerlin, Ilse. *Gürtel des Höhen und Späten Mittelalters*. Berlin: Deutscher Kunstverlag, 1971.

Fliche, Augustin. *Le Règne de Philippe Ier Roi de France*（*1060-1108*）. Paris: Société française d'imprimerie et de librairie, 1912.

Flori, Jean. *Chevaliers et Chevalerie au Moyen Âge*, Paris: Hachette Littératures, 1998.

——., "Pour Une Histoire de la Chevalerie: L'adoubement dans les Romans de Chrétien de Troyes", *Romania*, Vol. 100, No. 397（1）（1979）, 21-53.

Fournier, Jacques. *Le Registre d'Inquisition de Jacques Fournier, Bishop of Pamiers 1318-1325*. La Haye: Mouton, 1978.

Fritz, Jean-Marie. *Goldschmiedekunst der Gotik in Mitteleuropa*. Munich: C. H. Beck, 1982.

Gaborit-Chopin, Danielle. *Le Trésor de Saint-Denis*. Paris: Réunion des Musées Nationaux, 1991.

——., "Le Bâton Cantoral de la Sainte-Chapelle," *Bulletin Monumental*（簡稱 *BM*）, 132, I, 1974, pp. 67-81.

——., *Les Instruments du Sacre des Rois de France. Les "Honneurs de Charlemagne."* Paris: Ministere de la culture et de la communication, 1987.

——.,*Communication à la Société Nationale des Antiquaires de France, Communication du 13 février 1974* et "les Couronnes du Sacre des Rois et des Reines au Trésor de Saint-Denis," in *BM*, 135, 1975, 165-174.

——., *Regalia: les Instruments du Sacre des Rois de France, les"Honneurs de Charlemagne."* Paris: Editions de la Réunion des musées nationaux, 1987.

Gauvard, Claude. *Dictionnaire du Moyen Âge*. Paris: PUF, 2002.

Genet, Jean-Philippe. "Le Roi de France Anglais et la Nation Française au XVe Siècle" In Rainer Babel et Jean-Marie Moeglin（dir.）, *Identité Régionale et Conscience Nationale en France et en Allemagne du Moyen Âge à L'Époque Moderne: Actes du Colloque Organisé par l'Université Paris XII-Val de Marne, l'Institut Universitaire de France et l'Institut Historique Allemand à l'Université Paris XII et la Fondation Singer-Polignac, les 6, 7 et 8 octobre 1993*, Sigmaringen, Jan Thorbecke Verlag, coll." Beihefte der Francia"（no. 39）, 1997, 39-58.

Giesey, Ralph E. *Cérémonial et Puissance Souveraine: France, XVe-XVIIe Siècles*. Paris: Armand Colin, 1987.

——., *Le Roi Ne Meurt Jamais*. Paris: Flammarion, 1987.

——., "Models of Rulership in French Royal Ceremonial," *Rulership in France, 15th -17th Centuries*. Aldershot: Ashgate, 2004.

Ginzburg, Carlo. *The Night Battles, Witchcraft and Agrarian Cults in the Sixteenth and Seventeenth Centuries*. Baltimore: The Johns Hopkins University Press, 1983. 中譯本：朱歌姝譯，《夜間的戰鬥——十六、

十七世紀的巫術和農業崇拜》，上海：上海人民出版社，2006。

Goy, Abbé Jean. *Pontifical, Reims, Couronnement - Ordre pour Oindre et Couronner Le Roi de France*, Traduit du Latin par Jean de Foigny. Reims: Impr. Atelier graphique, 1987.

Guenée, Bernard. "Fous du Roi et Roi Fou. Quelle Place Eurent les Fous à la Cour de Charles VI?" *Comptes-Rendus des Séances de l'Année. Académie des Inscriptions et Belles-Lettres*, 146:2（May, 2002）, 649-666.

──., *La Folie de Charles VI*. Paris: Gallimard, 2004.

──., *Un Meutre et une Société*. Paris: Gallimard, 1992.

Guillot, Olivier & Sassier, Yves. *Pouvoirs et Institutions dans la France Médiévale, Des Origines à l'Époque Féodale*, t. I. Paris: A. Colin, 2003.

Guizot, François. *Histoire de la Civilisation en Europe depuis la Chute de l'Empire Romain jusqu'à la Révolution Française*. Paris: Pichon et Didier, 1882.

Halphen, Louis. *Charlemagne et l'Empire Carolingien*. Paris: Albin Michel, 1995.

Head, Thomas. *Hagiogrphy and the Cult of Saints. The Dioces of Orléans 800-1200,* Cambridge: Cambridge University Press, 1990.

Heller, Bernard, "L'Épée Symbole et Gardienne de Chasteté," *Romania*, 1907, Vol. 36, No. 141（1907）, 36-49.

Homo, Léon. *Les Institutions Politiques Romaines, de la Cité à l'État*. Paris: Albin-Michel, 1950.

Jacq, Christian. Perrière, Patrice de la. *Les Origines Sacrées de la Royauté Française, Scriptoria I*. Paris: Leopard d'or, 1981.

Jackson, Richard A. *Vivat Rex, Histoire des Sacres et Couronnements en France（1364-1825）*. Paris: Ophrys, 1984.

——., "Traite du Sacre"of Jean Golein, *Proceedings of the American Philosophical Society*, Vol. 113, No. 4（Aug. 15, 1969）, pp. 305-324.

Jones, Michael. "Some Documents Relating to the Disputed Succession to the Duchy of Brittanny," 引自 Philippe Contamine, "Le Royaume de France ne Peut Tomber en Fille. Fondement, Formulation et Implication d'une Théorie Politique à la fin du Moyen Âge," *Perspectives Médiévales*, 13,（1987）, 67-81.

Habermas, Jürgen. *Strukturwandel der Öffentlichkeit: Untersuchungen zu einer Kategorie der Bürgerlichen Gesellschaft.* 中文譯本，尤爾根‧哈貝馬斯著，曹魏東等合譯，《公共領域的結構轉型——論資產階級社會的類型》（新北：聯經，2002）。

Kantorowicz, Ernst. *Les Deux Corps du Roi, Essai sur la Théologie Politique au Moyen Âge.* Paris: Gallimard, 1989.

Keen, Marice H. *England in the Later Middle Ages.* London: Methuen, 1973.

Kern, Fritz. *Kingship and Law in the Middle Ages: I. The Divine Right of Kings and the Right of Resistance in the Early Middle Ages. II. Law and Constitution in the Middle Ages.* Oxford: Basil Blackwell,1939.

Klaniczay, Gabor. "L'Image Chevaleresque du Saint Roi au XIIe Siècle," *La Royauté Sacrée dans le Monde Chrétien, Actes du Colloque de Royaumont, mars 1989.* Eds. Alain Boureau & Claudio-Sergio Ingerflom. Paris: l'École des Hautes études en sciences sociales, 1992. 53-61.

Kleinclausz, Arthur. *Charlemagne.* Paris: Hachette, 1934.

Krynen, Jacques. *L'Empire du Roi, Idées et Croyances Politiques en France XIIIe-XVe Siècle.* Paris: Gallimard, 1993.

——., Stolleis, Michael. *Science Politique et Droit Public dans les Facultés de Droit Européennes（XIIIe-XVIIIe Siècle）.* Frankfurt am Main: V.

Klostermann, 2008.

Laforet, Auguste. "Le bâton," *Mémoires de l'Académie des Science, Belles Lettres et Arts de Marseille*. Marseille: Au Librairie de Canoix, 1876, pp. 193-278.

Langlois, Charles-Victor. *Le Règne de Philippe III le Hardi*. Paris: Hachette, 1887.

Le Goff, Jacques, Eric Palazzo, Jean-Claude Bonne & Marie-Noëlle Colette. *Le Sacre Royal à l'Époque de Saint Louis*, Paris: Gallimard, 2001.

Le Goff, Jacques. "Le Rituel Symbolique de la Vassalité," *Un Autre Moyen Âge*. Paris: Gallimard, 1977.

Lehugeur, Paul. *Histoire de Philippe le Long, Roi de France*. Paris: Hachette et cie, 1897.

Leoffler-Delachaux, Marguerite. *Le Cercle. Un Symbole*. Genève: Ed. du Mont-Blanc, 1947.

Levillain, Léon. "Essai sur les Origines du Lendit," *Revue Historique*, t. 155（1927）, pp. 241-276.

——., "La Conversion et le Baptême de Clovis," *Revue d'Histoire de l'Église de France*（縮寫 *RHEF*）. Paris: Société d'Histoire Religieuse de la France, t. XXI, 1935, pp. 161-192.

Lewis, Andrew W. *Le Sang Royal, La Famille Capétienne et l'État, France, X^e-XIVe Siècle*. Paris: Gallimard, 1981.

Lot, Ferdinand. *La France dès l'Origine à la Guerre de Cent Ans*. Paris: Gallimard, 1941.

——., *La Naissance de la France*. Paris: Fayard, 1948.

——., *Les Origine, L'Histoire de France*, tome I. Paris: Fayard, 1984.

Luchaire, Achille. *Histoire des Institutions Monarchiques de la France sous les*

Premiers Capétiens（*987-1180*），t. I. Paris: Imprerie Nationale, 1883.

Massey, Dorren. "Power-Geometry and a Progressive Sense of Place." Ed. Jon Bird. *Mapping the Futures: Local Cultures, Global Change*. London, New York: Routledge, 1992. pp. 59-69.

McKitterick, Rosamond. "The Illusion of Royal Power in the Carolingian Annals," *The English Historical Review*, Vol. 115, No. 460（Feb., 2000）, pp. 1-20.

Mc Vaugh, Michael Rogers. *Medicine Before the Plage: Practioners and Their Patients in the Crown of Aragon*（*1285-1345*）. Cambridge: Cambridge University Press, 1993.

Mead, Georges Herbert. *The Philosophy of the Present*, Ed. Arthur Murphy. La Salle, Illinois: Open Court, 1959.

Mochi Onory, Sergio. *Fonti Canonistichi dell'Idea Moderna dello Stato*. Milan: Pubblicazioni dell'Università cattolica del S. Cuore, 1951.

Molinier, Emile. *Histoire Générale des Arts Appliqués à L'Industrie du Ve à la Fin du XVIIIe Siècle*. IV: *L'Orfèvrerie Religieuse et Civile*. Première partie: Du Ve à la fin du XVe siècle. Paris: Centrale des Beaux-Arts, E. Levy et Cie, 1901.

Montesquiou-Fezensac, Blaise de, Danielle Gaborit-Chopin, *Le Trésor de Saint-Denis, Inventaire de 1634*. vol. I. Paris: Picard, 1973.

Morel, Bernard. "Le Trésor de l'Abbaye Royale de Saint-Denis," *Bulletin de l'Association Française de Gemmologie*（juin 1979）, n° 59, pp. 10-12.

——., *Les Joyaux de la Couronne de France*, Paris: Albin Michel, 1988.

New Catholic Encyclopedia. New York: McGraw-Hill, 1967.

Nelson, Janet. "Kingship and Empire," in *The Cambridge History of Medieval Political Thought c.310-c.1450*, James Henderson Burns Ed. Cambridge:

Cambridge University Press, 1988.

Newels, Margarete, "Le Fol dans les Moralités du Moyen Âge," *Cahiers de l'Association Internationale des Études Francaises*. 37:1（May, 1985）, pp. 23-38.

Oakley, Francis, *Kingship-The Politics of Enchantmant*. UK: Wiley-Blackwell, 2006.

Odegaard, Charles. "Carolingian Oaths of Fidelity," *Speculum*, t. 16, no. 3（1941）, pp. 284-296.

——., "The Concept of Royal Power in Carolingian Oaths of Fidelity", *Speculum*, Vol. 20, No. 3（Julllet, 1945）, pp. 279-289.

Olivier-Martin, Félix. *Les Régences et la Majorité des Rois sous les Capétiens Directs et les Premiers Valois（1060-1375）*. Paris: Recueil Sirey, 1931.

Pennington, Kenneth. *The Prince and the Law 1200-1600: Sovereignty and Rights in the Western Legal Tradition*. Berkeley: University of California Press, 1993.

Peters, Edward. *Shadow King: Rex Inutilis in Medieval Law and Literature, 751-1327*. New Haven: Yale University Press, 1970.

Petit-Dutaillis, Charles. *Étude sur la Vie et le Règne de Louis VIII（1187-1226）*, Paris: Libraire Émile Bouillon, 1894.

Petot, Pierre. "L'Hommage Servile," *Revue Historique de Droit Français et Étranger*, 4th Series, 6（1927）: 90-91.

Pinoteau, Baron Hervé, *Vingt-Cinq Ans d'Études Dynastiques*. Paris: Christian, 1982.

——., "Les Insignes du Pouvoir des Capétiens Directs," *Itinéraires,* 323（mai, 1988）, pp. 40-53.

——., "Quelques Réflexions sur l'Oeuvre de Jean du Tillet et la Symbolique

Royale Française", *Les Archives Héraldiques Suisse* 70. Lausanne: Impr. Réunies, 1956, pp. 2-25.

Pognon, Edmond, *Hugues Capet, Roi de France*. Paris: A. Michel, 1966.

Rouche, Michel. *Clovis, Histoire et Mémoire*. Paris: Presses de l'Université Paris-Sorbonne, 1996.

Roux, Jean-Paul. *Le Roi, Mythes et Symboles*. Paris: Fayard, 1995.

Sassier, Yves. *Hugues Capet: Naissanee d'une Dynastie*. Paris: Fayard, 1987.

Schramm, Percy Ernst. "Die Krönung bei den Westfranken und Angelsachsen." *Zeitschrift der Savigny-Stiftung für Rechtsgeschichte* 23（August, 1934）, pp. 117-242.

——., *Herrschaftzeichen und Staatssymbolik*. Stuttgard: Hiersemann, 1954.

Schreuer, Hans. *Über Altfranzösische Krönungsordnungen*. Weimer: Hermann Böhlaus Nachfolger, 1909.

Smith, William. A *Dictionary of Greek and Roman Antiquities*. London: John Murray, 1875.

Taburet-Delahaye, Elisabeth. *L'Orfèvrerie Gothique（XIIIe-Début XVe Siècle）au Musée de Cluny*. Paris: Réunion des Musées Nationaux, 1989.

Taralon, Jean. L. Grodecki, Fl. Mütherich & Fr. Wormald. *Le Siècle de l'An Mil*. Paris: Gallimard,1973.

Theis, Laurent. *L'Avènement d'Hugues Capet*. Paris: Gallimard, 1984.

The Royal Abbey of Saint-Denis in the Time of Abbot Suger（1125-1151）. New York: The Cloisters, 1981.

Turner, Bryan S ed. *The Blackwell Companion to Social Theory*, 2nd edition. Oxford: Blackwell publisher, 2000.

Twining, Lord Edward Francis, *A History of the Crown Jewels of Europe*. London: B. T. Batsford, 1960.

———., *European Regalia*. London: B. T. Batsford Ltd, 1967.

Ullmann, Walter. *The Growth of Papal Gouvernment in the Middle Ages, A Study in the Ideological Relation of Clerical to Lay Power*. Londres: Methuen and Company, 1955.

Verlet, Pierre, *La Galerie d'Apollon et Ses Trésor. Guide sommaire,* Paris: Éditions du Chêne, 1942.

Wallace-Hadrill, John Michael. *Early Germanic Kingship in England and on the Continent*（Oxford: Clarendon Press, 1971）.

———., *The Long-Haired Kings: And Other Studies in Frankish History.* London: Methuen and Company Ltd. 1962.

Walther, Helmut G. "Das Problem des Untaglichen Herrschers in der Theorie und Praxis des Europäischen Spätmittelalters," *Zeitschrift für Historische Forschung*, 23, N° 1（Juin, 1996）, pp. 1-28.

Werner, Karl Ferdinand. *Histoire de France: Les Origines*（*avant l'An Mil*）, t. I. Paris: Fayard, 1984.

三、網路資源

Cambridge Dictionary, https://dictionary.cambridge.org/dictionary/english/monarchy, Accessed Octobre 05. 2020.

Gelasius I, Epistolae XII, Epistolae Romanorum Pontificum, Ed. Andreas Thiel, Vol. 1（*Braunsberg: Eduard Peter, 1868*）, *Letter of Gelasius no 12, 349-358.* http://www.web.pdx.edu/~ott/Gelasius/, Accessed June 01. 2020.

Merriam-Webster Dictionary, https://www.merriam-webster.com/dictionary/monarchy, Accessed Octobre 05. 2020.

Merriam-Webster Dictionary, https://www.merriam-webster.com/dictionary/ kingship, Accessed Octobre 05. 2020.

Merriam-Webster Dictionary, https://www.merriam-webster.com/dictionary/ king, Accessed Octobre 05. 2020.

本書接受補助案暨已發表章節出處一覽

一、科技部（原國科會）的學術性專書寫作計畫補助案

103年度，〈跨越「神聖性」與「世俗性」的政治文化——中古時期法蘭西王權的形塑與發展〉，計畫編號：MOST 103-2410-H-003-003-MY2

二、部分已發表章節出處

期刊論文：

1. 〈神聖性王權「世俗化」——中世紀晚期法學思想與法蘭西王權關係的探討〉，《新史學》，18卷，第3期，2007年9月，頁103-138。

2. 〈「法蘭西貴族」團與法蘭西王權關係的探討〉，《臺灣師大歷史學報》第38期，2007年12月，頁189-210。

3. 〈法國社會對查理六世瘋狂病的反應及其引發的政治危機〉，《新史學》，22卷，第2期，2011年6月，頁1-54。

專書論文：

1. 陳秀鳳（2019年01月）。〈第一章、王權神聖化：法蘭克國王的祝聖典禮〉。《百合與玫瑰：中古至近代早期英法王權的發展》（ISBN：9789863503330）（頁63-101）。台北：國立臺灣大學出版中心。

2. 陳秀鳳（2019年01月）。〈第二章、王權世俗化：中世紀晚期法學思想與法蘭西王權〉。《百合與玫瑰：中古至近代早期英法王權的發展》（ISBN：9789863503330）（頁103-138）。台北：國立臺灣大學出版中心。

索引

王權劇場：中世紀法蘭西的慶典、儀式與權力

2022年4月初版　　　　　　　　　　　　　　　　　定價：新臺幣750元
有著作權・翻印必究
Printed in Taiwan.

著　　　者	陳　秀　鳳		
叢書主編	沙　淑　芬		
校　　　對	吳　美　滿		
內文排版	菩　薩　蠻		
封面設計	廖　婉　茹		

出　版　者　聯經出版事業股份有限公司　　副總編輯　陳　逸　華
地　　　址　新北市汐止區大同路一段369號1樓　總編輯　涂　豐　恩
叢書主編電話　(02)86925588轉5310　　總經理　陳　芝　宇
台北聯經書房　台北市新生南路三段94號　　社　長　羅　國　俊
電　　　話　(02)23620308　　發行人　林　載　爵
台中分公司　台中市北區崇德路一段198號
暨門市電話　(04)22312023
台中電子信箱　e-mail：linking2@ms42.hinet.net
郵政劃撥帳戶第0100559-3號
郵撥電話　(02)23620308
印　刷　者　文聯彩色製版印刷有限公司
總　經　銷　聯合發行股份有限公司
發　行　所　新北市新店區寶橋路235巷6弄6號2樓
電　　　話　(02)29178022

行政院新聞局出版事業登記證局版臺業字第0130號

本書如有缺頁，破損，倒裝請寄回台北聯經書房更換。　ISBN 978-957-08-6261-4 (精裝)
聯經網址：www.linkingbooks.com.tw
電子信箱：linking@udngroup.com

國家圖書館出版品預行編目資料

王權劇場：中世紀法蘭西的慶典、儀式與權力/陳秀鳳著.
初版 . 新北市 . 聯經 . 2022年4月 . 440面 . 14.8×21公分
ISBN　978-957-08-6261-4（精裝）

1.CST：中世紀　2.CST：法國史

742.23　　　　　　　　　　　　　　　　　　111003800